旅游扶贫风险管理与乡村振兴

——以三峡库区为例

王 昕 续 嵩 杨渝红 张 科 ◎ 著

基于风险管理理论,构建旅游扶贫返贫风险评价模式
提出旅游扶贫返贫风险预警理论模型和返贫干预机制

中国旅游出版社

编委会名单
(排名不分先后)

王　昕　续　嵩　杨渝红　张　科
孙天怡　龚　凤　万芋良　许璐瑶
张罗雪　陈曙杰　朱　姚　张栀皓

前　言

自新中国成立以来，我国根据不同历史时期的基本国情和社会经济发展状况，因时因地制宜地开展了脱贫减贫工作，并持续深化改革、推陈创新，形成了具有中国特色的减贫方案和路径。党的十八大以来，以习近平同志为核心的党中央，将脱贫攻坚作为实现第一个百年奋斗目标的重点任务，纳入"五位一体"总体布局和"四个全面"战略布局。截至2020年年底，中国实现了现行标准下农村贫困人口全部脱贫，贫困县全部摘帽，取得了脱贫攻坚战的全面胜利，历史性地解决了困扰中华民族绝对贫困问题，脱贫攻坚成果举世瞩目。

早在1991年，我国就提出了"旅游扶贫"，旨在通过发展旅游产业，推动乡村社区及居民脱贫。随着旅游业在国民经济中战略性支柱地位的逐步确立和不断巩固，随着我国旅游业的蓬勃发展，旅游产业和乡村旅游作为产业精准扶贫的重要方式和旅游扶贫的重要形式之一，为我国的减贫事业做出了重要贡献，实现了2.26万个具备旅游扶贫条件的建档立卡贫困村的全面脱贫。根据文化和旅游部监测点数据，2019年乡村旅游实现脱贫人数占脱贫总人数的33.3%，乡村旅游区生活垃圾集中收集点覆盖率达到91.9%，水冲式厕所普及率达到72.5%，接入生活污水处理设施的农户比率为63.1%。

2020年《关于抓好"三农"领域重点工作确保如期实现全面小康的意见》指出，脱贫攻坚取得全面胜利后，工作重心向解决相对贫困转移。2021年习近平在《在全国脱贫攻坚总结表彰大会上的讲话》中要求，要切实做好巩固拓展脱贫攻坚成果同乡村振兴有效衔接各项工作，对易返贫致贫人口要加强监测早干预，并适时组织开展巩固脱贫成果后评估工作，坚决守住不发生规模性返贫的底线。防止规模性返贫是巩固拓展脱贫攻坚成果同乡村振兴战略有效衔接的基本要求和关键任务。中国反贫困事业进入防止和阻断返贫的新阶段。脱贫摘帽不是终点，而是新生活和新奋斗的起点。

在本研究之前，已有很多学者从不同视角、不同层次、不同环节研究旅游减贫，本研究则更多关注旅游产业扶贫适宜性、返贫风险与返贫机制干预等；虽然脱贫攻坚和乡村振兴是我国不同发展阶段的战略安排，但返贫风险给予了乡村振兴比较有价值的启示和思考，我们应该如何研判与规避新风险？如何从脱贫攻坚工作中吸取经验？尽管乡村振兴战略有更复杂、更艰巨问题需要解决，但也可以从贫困发生、贫困治理和返贫防范的实践和理论中汲取经验和教训。本研究聚焦于三峡库区，从旅游扶贫风险管理的角度探讨乡村振兴，与国家扶贫、巩固扶贫成果和乡村振兴战略的政策导向高度契合。

本研究基于风险管理理论探讨旅游扶贫的返贫风险评估与预警机制，基于风险评价模型建构返贫干预机制，对丰富旅游扶贫研究视角和研究内容，建立科学的返贫风险管控体系具有重要意义；返贫预警模型与干预机制对及时预见、防止和管控返贫不但提供了科学合理的管理工具，而且有利于优化扶贫工作系统；另外，本研究还为"支持民族地区等特殊类型地区发展""健全扶贫工作机制"，建立"旅游扶贫动态跟踪观测机制"等国家高度重视的可持续性减贫问题，提供了科学方法的支撑和借鉴。在旅游扶贫风险研究接近尾声之际，恰逢我国全面开始乡村振兴战略，因此又进一步从乡村振兴视角进行了调研和思考，研究有效地衔接了旅游扶贫经验与乡村振兴实践，为三峡库区可持续性旅游减贫、乡村振兴战略实施、乡村社会经济协同发展抛砖引玉。

三峡库区是我国的特殊地理区域，既有自然特性，又有强烈的人文属性，还有独特的旅游区域性形象，旅游已经成为当地重要的产业，对经济贡献巨大，值得从旅游视角研究扶贫和乡村振兴。三峡库区地跨重庆和湖北20个区县，覆盖区域与全国14个集中连片特困地区中的秦巴山区和武陵山区交叠，其中巴东县、万州区、丰都县、武隆县、开州区、云阳县、奉节县、巫山县、巫溪县、石柱县等10区县都曾是国家级贫困区县。研究区域自然地理环境复杂、自然生态脆弱，依托传统产业难以实现可持续发展；区域内拥有世界自然与文化遗产1处、国家级森林公园14处、国家级自然保护区6处、4A级及以上景区百余处，旅游资源富集、三峡旅游品牌吸引力强、旅游产业关联度较高。

在脱贫攻坚战略中，三峡库区贫困村、贫困主体对旅游扶贫高度支持、参与意愿较强且整体满意度较高；社区管理和保障机制逐步完善且扶贫举措具有创新性；通过旅游扶贫，贫困乡村生活资源与生活环境明显改善，市场环境步入良性发展。本研究先后调查了重庆、湖北的20多个村，例如重庆市石柱县中益乡华溪村、石柱县黄水镇金花村、丰都县三建乡双鹰坝村、万州区长岭镇安溪村、巫山县骡坪镇茶园村，以及湖北省秭归县茅坪镇月亮包村和巴东县东瀼口镇羊乳山村等典型旅游扶贫村社。这些村社已经走出了旅游主导型、旅游依托型、产业＋旅游型等旅游扶贫模式，形成了自主经营、参与服务与管理、参与旅游基础服务、为旅游实体供给产品和入股等多种参与模式，为旅游扶贫、乡村旅游振兴事业贡献了思路和经验。

调研认为，三峡库区发生整体返贫的可能性低，但个体维度的脆弱性是主要的返贫诱因，同时库区环境维度的生态脆弱性增加了返贫的外部风险，疫情等突发公共卫生事件衍生的链式反应增加了旅游扶贫的不确定性。在来自贫困主体、旅游实体运营管理、旅游市场、旅游资源与环境、社区管理与保障、旅游基建和不可预见风险等因素的单一或综合作用下，三峡库区可能出现以下返贫风险：一是贫困主体因素导致直接返贫；二是因为旅游产业系统导致产业返贫；三是保障不力和各种意外导致返贫。

研究还认为，由于特殊的战略背景和工作目的原因，三峡库区旅游扶贫下的基础设施、旅游服务设施质量未必满足高品质旅游需求，还有待进一步完善；贫困主体的素质和内生动力，以及旅游产品服务与管理能力还有待进一步提升；旅游利益关系有待进一步梳理；个别旅游扶贫项目定位、旅游产品吸引力和竞争力有待进一步提升；个别村社旅游经营方式有待进一步优化，旅游参与方式和参与程度有待进一步深化；需要对自然灾害和生理疾病等主要致贫诱因保持长期警醒，需要对旅游产业适宜性和要求保持清醒认知。为此，从乡村振兴角度看，我们需要从更深层次考虑问题和风险，在乡村振兴战略中，还可能面临土地、生态、经济、文化、美学和社会等方面的复杂风险，我们应该从不同高度和角度提前研判和预防，例如三峡库区乡村旅游和乡村振兴可能面临的城乡发展基本逻辑与路径中的诸如功利思维与形式主义，乡村社会复杂性与乡村振兴举措简单化，乡村空间的有限性与城镇产业无限挤压，乡村美学元素缺失与过度美术包装，乡村文化传承与新乡村重塑等系列问题。

本研究运用灰色关联分析方法进行多变量相关分析，从宏观层面分析了三峡库区各区县当前乡村产业特征、旅游经济与贫困现状；运用地理空间分析软件ArcGIS10.0，完成了三峡库区旅游扶贫的地理空间特征的定量分析；运用田野调查法，通过实地走访和深度访谈，掌握了三峡库区旅游减贫一手资料；运用网络文本分析法，获取并分析了三峡库区旅游扶贫的社会认知以及社会和市场的融入情况；运用层次分析方法，完成了典型乡村旅游扶贫的产业适宜性评价；进而应用多元线性回归方法和模糊综合评价法，剖析了三峡库区旅游扶贫的返贫风险，建构了返贫预警理论模型；运用协同学理论，提出了三峡库区旅游扶贫、乡村振兴与社会发展的协作协同思路。

本研究构建的防返贫风险管理理论模型以社保、医保、金融和就业部门的大数据为依托，以预警线为显性返贫预警线初始参考，向后定位返贫对象，摸排返贫关键原因，通过返贫风险评价，确定返贫风险指数；构建了由数据采集、数据库、数据甄别、评价模型、预警研判和预警干预等环节组成的旅游扶贫的返贫预警系统，以及由干预时机、干预主体、干预客体、干预靶向和干预措施五个要素构成的返贫干预机制。通过典型旅游村社的分析，认为在衔接乡村振兴中，主体文化素养和工作能力，产业适宜性和产品竞争力，以及制度保障和社区管理能力，是三峡库区村社风险监测和预防的关键因素；应根据村社风险等级特征，制定差异化的乡村振兴策略。

最后，研究基于旅游的社会经济关系分析，确立了三峡库区旅游扶贫与乡村振兴的社会协作思路与原则，建议构建基于经济产业要素协同、旅游产业与社会系统协同、区域关系协同、旅游要素协同、政策制度协同，以及利益关系协调、主体观念与行动的协调的社会协作机制，通过组织、政策制度、财物、技术和社会保障的协同，推动并实现三峡库区乡村振兴。

本研究是国家社科基金项目《三峡库区旅游扶贫风险与返贫干预机制研究（18XSH013）》的拓展性研究成果，得到了重庆师范大学现代智慧旅游产业学院的大力支持。主要研究者包括王昕、续嵩、杨渝红、张科等老师。在研究过程中，还有杜佳蓉、宋娟、刘宇航、邓皓玉、孙天怡、万芊良、龚凤、张罗雪、许璐瑶、范卓、张玲瑶、曾凤君、陈曙杰、朱姚、张栀皓等的参与，他们在文献收集、资料汇总与整理、田野调查、数据整理与分析、文字编写与整理等方面贡献了力量。同时向调查点（村）的扶贫工作者致以最真挚的谢意，谢谢各方面的支持与配合！

作者于重庆市旅游地管理与应用研究室

2023 年 2 月重庆缙云山麓

摘 要

本研究以贫困理论、风险管理理论和协同学理论为指导，对三峡库区旅游扶贫特征、旅游扶贫模式和路径、风险特征进行了深入调研，研究了三峡库区旅游扶贫的产业适宜评价模式，提出了乡村振兴产业选择的适宜性问题，认为乡村振兴还是应该以粮食安全为根本，构建以农业为中心的乡村产业体系，发挥乡村的多功能性，促进产业多元融合。研究从乡村振兴的基本逻辑与城乡公平性，功利思维与形式主义，乡村社会复杂性，乡村空间的有限性，乡村美学元素缺失与过度美术包装，乡村文化传承与乡村重塑等方面进行了建设性思考。

基于风险管理理论，构建了返贫风险评价模式，提出了返贫风险预警理论模型和返贫干预机制；同时认为乡村振兴应该主动防范与规避土地、生态、经济、文化、美学和社会等方面的风险。从保障角度认为应该落实经济产业要素、旅游产业与社会系统、区域关系、利益关系、旅游要素、政策制度，以及主体观念与行动的协调；在组织、政策、财物、技术和社会保障的基础上，协同推动与实现三峡库区的乡村振兴。

本成果可以为旅游产业驱动型的返贫管理、乡村振兴提供有益借鉴；也能够为相关学习、研究、工作和实践提供科学参考与交流。

目 录

第一章 绪 论 ·· 1
    一、研究背景与意义 ································· 1
    二、研究实施 ······································· 4

第二章 研究基础 ······································ 12
    一、脱贫攻坚与乡村振兴战略解析 ···················· 12
    二、研究综述 ······································ 17
    三、理论支撑与应用 ································ 40
    四、脱贫攻坚与乡村振兴的政策解析 ·················· 48

第三章 三峡库区旅游扶贫特征与乡村振兴 ·············· 59
    一、脱贫攻坚背景下旅游经济与贫困特征分析 ·········· 59
    二、乡村振兴背景下三峡库区社会经济基本情况 ········ 73
    三、贫困主体对旅游扶贫的感知分析 ·················· 80
    四、管理者对旅游扶贫的风险认知 ···················· 91
    五、典型村社的旅游扶贫路径分析 ···················· 94
    六、致贫原因综合分析 ····························· 106
    七、三峡库区旅游扶贫的主要特点 ··················· 111
    八、启示：乡村振兴面临的挑战 ····················· 122

第四章 旅游扶贫的产业适宜性与乡村振兴 ············· 137
    一、选择旅游扶贫的主要原因 ······················· 137

二、旅游扶贫的产业适宜性评价 …………………………… 143

三、启示：乡村振兴的产业适宜性选择 …………………… 161

第五章 三峡库区旅游扶贫风险与乡村振兴 …………………… 169

一、返贫风险特征 …………………………………………… 169

二、扶贫绩效表现与返贫形态 ……………………………… 176

三、返贫发生路径 …………………………………………… 180

四、返贫风险的影响因素 …………………………………… 185

五、启示：乡村振兴的风险解析 …………………………… 189

第六章 旅游扶贫的风险管理与乡村振兴 …………………… 219

一、旅游扶贫返贫风险评价 ………………………………… 219

二、返贫预警系统 …………………………………………… 238

三、返贫干预机制 …………………………………………… 242

四、启示：乡村振兴背景下的风险管理 …………………… 250

第七章 旅游视域下扶贫和乡村振兴的社会协作 …………… 258

一、社会经济关系分析 ……………………………………… 258

二、社会协作思路与原则 …………………………………… 261

三、社会协作机制的构建 …………………………………… 269

四、社会协同保障体系 ……………………………………… 296

参考文献 ………………………………………………………… 307

附　表 …………………………………………………………… 321

附表1　三峡库区26个区县的相关统计数据（对缺值进行插值计算后）
……………………………………………………………… 321

附表2　返贫风险评价指标五级加权总得分表 …………… 326

附表3　扶贫风险评价一级模糊综合评价指标矩阵表 …… 340

附表4　基于贫困户感知的旅游扶贫调研表 ……………… 342

第一章

绪　论

一、研究背景与意义

（一）旅游是脱贫攻坚的重要方式

2020年是我国脱贫攻坚战的收官之年，也是全面建成小康社会目标的实现之年。回顾新中国成立至今70多年的减贫历程，我国根据不同历史时期的基本国情和社会经济发展状况，不断改革、推进扶贫脱贫方式，形成了具有中国特色社会主义的减贫实施方案。旅游的产业与事业双重属性使得旅游扶贫模式成为我国脱贫攻坚战略的重要组成部分。1991年全国旅游局长会议上首次提出"旅游扶贫"；2013年，国家就已经提出从产业、教育、转移就业等方面实施精准扶贫，旅游扶贫作为产业扶贫的重要方式，为减贫事业做出了重要贡献。

根据普查摸底，在全国12.8万个建档立卡贫困村中，确定2.26万个贫困村具备旅游扶贫条件，占比17.7%[①]。"十三五"期间，我国通过发展乡村旅游带动全国25个省（区、市）2.26万个建档立卡贫困村、230万贫困户、747万贫困人口实现脱贫。2016—2018年减少建档立卡贫困村1.26万个，实现400万贫困人口脱贫；2019—2020年减少1万个建档立卡贫困村，实现347万贫困人口脱贫[1]。据文化和旅游部公布的数据显示，2017年全国乡村旅游规模达32.99亿人次，通过乡村旅游实现脱贫人数占脱贫总人数的17.5%。对

---

① 中国经济网：http://www.ce.cn/xwzx/gnsz/gdxw/201809/14/t20180914_30306743.shtml

于有可开发旅游资源的老、少、边、穷地区,旅游不失为发展产业的重要选择。随着旅游扶贫的推进,贫困地区依据区域贫困背景与本底条件创新发展出多种旅游扶贫模式。2018年全国乡村旅游与旅游扶贫工作推进大会指出,党的十八大以来,基层在扶贫实践中探索创新出"两带两加"旅游扶贫项目,通过景区、合作社、企业和能人等旅游市场主体的投资和运营,带动贫困户和贫困人口分享旅游收益,实现脱贫,产业可持续发展能力强劲[1]。与其他传统扶贫方式相比,旅游扶贫在经济、生态、社会效应等方面都有其独特的作用和一定的内生动力。

(二)旅游是乡村振兴战略的重要抓手

旅游产业的综合效应已经在扶贫战略中得到体现,它对乡村脱贫、环境改善、社会基础建设、文化建设等起到显著作用。首先,旅游产业的广联性、带动性、综合性等特征同样可以在乡村振兴战略中发挥重要作用,并且正好契合乡村经济、文化、社会、治理、生态等五方面的要求。其次,旅游对美丽乡村建设具有直接作用,无论是对乡村经济还是乡村环境都有明显作用。再次,人民对美好生活的愿望能够激发出巨大的旅游市场潜力,其中乡村旅游是旅游市场的重要选择,乡村休闲与乡村体验都是重要的旅游产品;特别是新冠疫情背景下,人们的旅游消费特征发生明显变化,近程化、休闲化、乡野化等消费需求日臻明显。乡村振兴战略应该抓住这个旅游市场机遇,旅游一定是乡村振兴战略的重要抓手。

三峡库区发展乡村旅游能有效激活农村产业。旅游业作为扶贫产业、综合产业、美丽产业、幸福产业,能为乡村振兴发挥重要引擎作用,为农村产业转型发展提供新的方向;发展乡村旅游和休闲农业可以盘活农村土地,是提高农村土地资源利用效率和产出附加价值的最佳途径之一。发展乡村旅游能够有效吸引人才和乡村振兴精英等,能够吸引一定的乡村居民返乡创业、城市创客下乡创业,进一步凝聚农村人气,为乡村振兴汇聚人力资源。乡村旅游能更好地传承乡村文化,传承乡村农耕、民俗、餐饮、建筑等物质和非

---

[1] 2015年国民经济和社会发展统计公报

物质乡土文化，促进我国乡村文化传承与繁荣。乡村旅游有利于生态宜居乡村的建设，乡村旅游需要以良好生态环境为前提条件，良好的自然生态、田园风光等都是乡村旅游的主要资源条件。

（三）脱贫攻坚经验是乡村振兴实践的有益借鉴

从理论和实践价值看，研究旅游扶贫、旅游乡村振兴等都很有必要，扶贫经验可以防止不必要的乡村振兴风险。精准扶贫与乡村振兴战略应该有效有序衔接、无缝衔接；旅游扶贫的风险管理经验对乡村振兴具有一定的溢出效应，这也是本研究的目的所在，即以旅游扶贫的风险管理研究为核心和基础，启示乡村振兴，尽量预防和规避乡村振兴可能的风险发生。

从理论意义看，旅游扶贫作为减贫的重要方式之一，具有研究价值。在本研究立项之前，国内外学者基于不同视角、不同层次、不同环节等对旅游减贫研究颇多，但对返贫风险与返贫机制干预的研究相对较少。鉴于此，本研究以三峡库区为空间范畴，以社会协同学为理论基础，基于风险管理理论研究旅游扶贫的返贫风险评估与预警研究；基于风险评价模型，建构返贫干预机制，建立科学的扶贫管控体系。本研究丰富了旅游扶贫的研究视角和研究领域，为三峡库区扶贫风险管理与旅游研究提供新的学术参考。

精准扶贫实践及成效为乡村振兴战略实施提供了理论思维和实践经验。党的十八大以来，精准扶贫、精准脱贫方略的全面实施，脱贫攻坚战的决定性进展，形成了多方面的实践成果和理论成果，这些理论方法、实践经验、治理体系为乡村振兴战略的有效实施提供了重要借鉴；虽然乡村振兴战略比脱贫攻坚更复杂、更艰巨，但贫困发生、贫困治理、返贫防范中出现的经验和教训同样给予了乡村振兴启示，我们需要慎重审度和研究乡村振兴可能面临的问题，规避不必要的风险。

从应用价值看，本研究与国家扶贫、巩固扶贫成果、乡村振兴战略的政策导向契合。通过构建返贫预警模型与干预机制，及时预见、防止返贫，对巩固旅游扶贫成果具有实践意义。一是为旅游扶贫管理提供科学工具。通过建构风险评价、预警模型、干预机制，为旅游扶贫提供科学的管控办法，优化扶贫工作系统。二是社会发展的需要，为扶贫工作提供科学的工具。近年来，国家高度重视扶贫（脱贫）问题，要求"支持民族地区等特殊类型地区发展""健全扶贫工作机制"，建立"旅游扶贫动态跟踪观测机制"，旨在提高扶贫的科学性和持续力。返贫问题是我国反贫困战略中必须关注的重要环节，截至本研究结题，我国扶贫工作已经进入到脱贫后的防返贫阶段，保持和巩固扶贫成果，需要科学方法的支撑和指导。三是区域发展的需要，帮助解决三峡库区扶贫成效的持续性问题。三峡工程在服务全国的同时，还需要自我发展。"三峡旅游"又是相对体系化的旅游区域，如何让三峡旅游扶贫得以持续，关乎三峡库区的社会经济发展，它需要一定的科学方法指导。四是有效衔接了三峡库区旅游扶贫中风险研究与乡村振兴战略中的乡村旅游发展、风险规避，为乡村振兴战略保驾护航，发展具有可持续的乡村。五是基于问题分析，构建机制体系，提出有利于乡村社会经济协同发展的保障方略。

二、研究实施

（一）研究对象与范围

本研究以长江三峡库区为区域范畴，围绕"返贫风险""返贫干预""乡村振兴"等展开系列研究。三峡库区地处四川盆地与长江中下游平原的结合部，跨越鄂中山区峡谷及川东岭谷地带，北屏秦巴山脉、南依武陵山和云贵高原，涉及重庆市和湖北省所辖的 26 个县（区）。三峡库区主体部分在重庆，包括了万州区、涪陵区、丰都县、开州区、忠县、云阳县、奉节县、巫山县、巫溪县、武隆县、石柱县，以及主城九区（即渝中区、大渡口区、沙坪坝区、江北区、南岸区、九龙坡区、北碚区、渝北区、巴南区）、江津区以及长寿区等 22 个区县，地处长江上游，地理坐标为北纬 28°31′–31°44′、东经 105°49′–110°12′，面积 4.62 万平方公里，占整个三峡库区总面积的 85% 以上[2]。三峡库区湖北段包括宜昌市和恩施州所辖的 4 个区县，秭归县、兴山县、夷陵区和巴东县。

扶贫是国家和社会各方面通过多种方法帮助贫困户解决生产和生活困难，使他们增加收入，达到摆脱贫困的目的。旅游扶贫是扶贫的主要方式和有效脱贫的重要手段，通过政府主导、社会投资、居民参与、社会扶持等多种方式发展旅游业，使贫困人口在旅游发展中摆脱贫困，获得发展并实现自身价值的能力。扶贫作为一个泛概念，以脱贫致富为出发点，衍生出各种模式的扶贫方式，旅游扶贫就是具体的一种扶贫方式。

旅游扶贫适用于有一定旅游资源与条件的地区。作为扶贫方式的一种，旅游扶贫有诸多限制，在对某贫困村社采取相关扶贫策略时，选择旅游扶贫时需考虑其产业适宜性。旅游扶贫是通过开发旅游资源，兴办旅游产业实体，因此要求该地具有良好的旅游资源基础。另外，旅游扶贫作为产业扶贫的新引擎，行业门槛低，收益可观，又符合乡村振兴的时代主题，相对于其他扶贫模式，旅游扶贫循环性效果较好。旅游扶贫是产业扶贫的主要方式和有效脱贫的重要手段，其通过政府主导、社会投资、居民参与、社会扶持等多种方式发展旅游业，使贫困人口在旅游开发中脱离贫困，获得发展并实现自身价值的能力。

旅游扶贫较其他模式的优势：一是针对性强。产业扶贫方式内生动力极强，而旅游扶贫为产业扶贫的重要组成部分，旅游产业属于服务性产业，贫困居民可以根据各自能力参与其中，对贫困居民从内部摆脱贫困具有重要作用。二是带动性强。旅游产业的六要素"吃、住、行、游、购、娱"涉及较广，能够带动当地其他产业发展。在旅游扶贫过程，促进健全旅游服务要素建设，从而带动其他服务产业的发展。三是收入来源多样化。旅游业涉及点较多，相关行业也较多，因此旅游扶贫创造的工作岗位就多，促进贫困地区产业多样化，让它们的社会经济真正"活"起来。四是社会文化效益佳。旅游扶贫一方面是对地区资源进行开发，同时也能够对人文资源等进行保护和传承，具有较好的社会文化效益。

同理，基于旅游的乡村振兴具有较广泛的效应，一是经济效应，带动性很强，而且能够增强地方农产品等的附加值，当地居民的创业机会较大，就业机会多；二是旅游需要高品质的乡村环境，对生态环境保护作用明显，有利于实现生态宜居的振兴目的；三是旅游有利乡村文化的传承和利用，能够刺激乡村自觉保护自我文化，并从中获得尊严感，形成地方依恋；四是旅游能够拉近城乡距离，让乡村居民获得更有尊严的生活和更好的生活环境。

而本研究则专注于三峡库区旅游扶贫存在的问题，可能存在的风险，以及预防风险的模型、干预机制等；在扶贫风险管理启示下，本研究认为乡村振兴应该提前预判风险，预测可能面临的挑战和考验，并提出具体预防举措。

（二）研究方法与执行

本研究具有跨学科性，需要以社会学、经济学、地理学等相关学科为支撑，运用社会协同学、风险学的思路和方法进行研究。

一是文献分析法。主要通过文献资源（知网 CNKI、Google、百度等），选取了 446 篇旅游扶贫相关文献、国家部委颁布的 14 份旅游扶贫政策文件及其他相关 130 份扶贫政策文件；乡村振兴主要文件 12 份（截至 2022.01.04）。通过词频处理分析，保留相关理论与实践成果，作为研究的主要材料和理论基础。在此基础上形成了研究的理论框架和假设，分别设计了旅游扶贫干部访谈问卷和贫困户问卷。

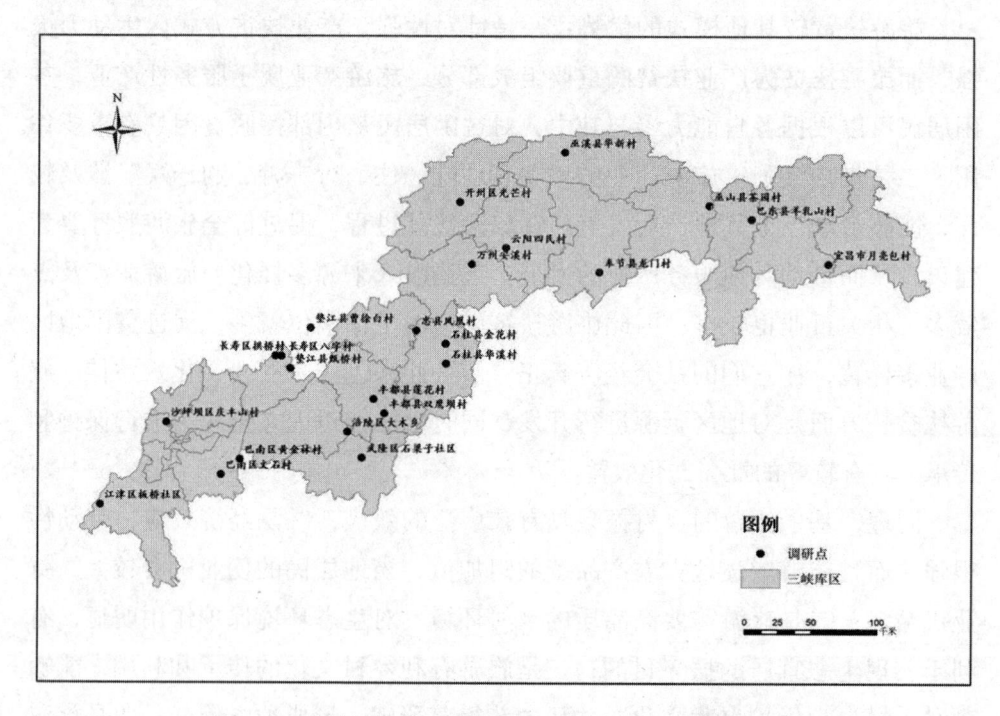

图 1.1　实地调查的三峡库区旅游扶贫村（点）分布图

二是统计学和灰色关联分析方法。通过当地政府与统计局等官方网站查询政府相关报告以及有关扶贫研究成果，检索三峡库区26个区县有关GDP总量、城乡可支配收入、旅游规模、旅游总收入等统计数据，应用灰色关联分析法进行多变量相关分析，从宏观层面分析目前三峡库区区县旅游经济与贫困关系，区县乡村产业特征等。

三是田野调查法。即基于扶贫的旅游村的调查和基于乡村振兴的典型村的概查。结合政府公告等信息选择了有代表性的旅游扶贫村为调查对象（调查点），实地走访、深度访谈，了解旅游扶贫的实际情况；访问扶贫干部和贫困户等，获取了第一手数据，用以研究三峡库区旅游扶贫村的实际情况。第一，三峡库区贫困乡村较多，分布较分散，村之间距离较远、交通不畅，路途耗时较多；调研从2019年年初开始，直到2021年10月结束。具体选择了长寿区云台镇八字村清迈良园、云台镇拱桥村；垫江县包家镇甄桥村、曹回镇徐白村；丰都县双路镇莲花洞村、三建乡双鹰坝村；开州区丰乐街道光芒村；巫山骡坪镇茶园村；巴东县羊乳山村；秭归县月亮包村；江津区朱杨镇板桥社区；巴南区姜家镇文石村、东温泉镇黄金林村；黄水镇金花村、中益乡华溪村、万州安溪村等23个村（表1.1；其中巫溪华新村、奉节龙门村为课题立项前的预调研，对沙坪坝庆丰山村进行了多次调研，此处未呈现）。第二，每个调研点的调研内容较多，与当地政府干部、贫困户、援助单位等有关人士进行了访谈、座谈等。第三，最终有效访谈17个村社干部[①]，访谈了贫困户55个。

表1.1 实地调查村的基本情况

编号	调查点	所属省域	所属县域	主导产业	选点原因	旅游产品	地理特征	调研时间
1	华新村	重庆	巫溪	农业、林业+旅游	深度贫困村，依托型	服务接待	大巴山区	2018年
2	龙门村	重庆	奉节	农业+旅游	重点帮扶村	接待、休闲	三峡山区	2018年

① 注：个别村没有进行深度访谈

续表

编号	调查点	所属省域	所属县域	主导产业	选点原因	旅游产品	地理特征	调研时间
3	庆丰山村	重庆	沙坪坝	农业+旅游	城郊山村	休闲	山地	2020年
4	云台镇八字村	重庆	长寿	农业+旅游	具有代表性旅游企业	产业+休闲	湿地+耕地	2019年
5	云台镇拱桥村	重庆	长寿	综合（农业、养殖业）	区重点贫困村	产业+电商	高山气候	2019年
6	包家镇甄桥村	重庆	垫江	综合（农业+旅游）	市级扶贫重点村；产业单一	产业+电商	丘陵地貌	2019年
7	曹回镇徐白村	重庆	垫江	种植业+旅游	市级贫困村	花卉+特色果园	丘陵地貌	2019年
8	双路镇莲花洞村	重庆	丰都	综合（旅游+农业、养殖业、林业）	县级深度贫困村；山区，交通不便	林业+养殖业+旅游	位于山区，林地较多	2019年
9	三建乡双鹰坝村	重庆	丰都	综合（林业+旅游；养殖）	重庆市深度贫困乡镇	避暑旅游+采摘	高山峡谷	2019年
10	丰乐街道光芒村	重庆	开州	林业+种植业+旅游	市级贫困村；山区，交通条件差	产业+电商	浅丘地区	2019年
11	骡坪镇茶园村	重庆	巫山	综合（种植业+旅游）	典型旅游扶贫贫困村	产业+电商	海拔860米，梯田	2019年
12	东瀼口镇羊乳山村	湖北	巴东县	高山采茶产业；种植业+养殖业	三峡移民村，地灾严重；杭州下城区帮扶	产业+电商	低山区，平均海拔500米	2019年
13	茅坪镇月亮包村	湖北	秭归县	综合（种植+旅游）	国家级茶业项目；旅游参与	产业+电商+旅游	山区	2019年
14	大木乡	重庆	涪陵	旅游	花卉种植+旅游	观光、休闲	山地，海拔900米左右	2019年
15	朱杨镇板桥社区	重庆	江津	综合（种植业+旅游）	多家旅游公司参与	低山	山区	2020年

续表

编号	调查点	所属省域	所属县域	主导产业	选点原因	旅游产品	地理特征	调研时间
16	姜家镇文石村	重庆	巴南	综合（种植业+旅游）	溶洞旅游	溶洞资源	山区	2020年
17	东温泉镇黄金林村	重庆	巴南	综合（林业、养殖业、种植业+旅游业）	市级贫困村；自然条件不足；支柱产业受限	休闲观光农业园温泉旅游	位置较偏僻；耕地、林地、水域	2020年
18	中益乡华溪村	重庆	石柱	综合（农业、林业、养殖业+旅游业）	重庆市深度贫困村	观光、休闲、农业旅游	大武陵山区；临近黄水旅游区	2020年、2021年
19	黄水镇金花村	重庆	石柱	综合（农业、林业+旅游）	县旅游局对口帮扶、驻点	依托黄水度假区，发展避暑旅游	大武陵山区，海拔1400米，紧临黄水镇	2019年、2020年
20	石梁子社区	重庆	涪陵	农业	依托区位	接待服务	山地，紧邻仙女山	2020年
21	盘龙街道四民村	重庆	云阳	综合（农业、林业+旅游业）	市级贫困村	依靠樱花观赏的观光旅游	高山峡谷地带	2021年
22	凤凰村	重庆	忠县	综合（种植业、养殖业+旅游）	区域贫困村，自然条件先天不足	季节性林果花卉的观光旅游		2021年
23	安溪村	重庆	万州	综合（种植业、养殖业+旅游业）	市级贫困村	文旅融合的全域旅游	城郊	2021年

  从数量看，调查样本偏少，但代表性强。关于管理者的调研，每个村以座谈会的方式进行，参加干部一般为2~5位，由于他们的观点比较相似，回答口径基本一致，因此问卷按1份来统计。关于贫困户调查，研究小组在旅游扶贫村（点）调查时，需要当地干部的推荐和引领，否则难找到，一般一个村能够调查代表性贫困户1~2户；由于大多数贫困户文化水平很低（甚至文盲，或其他原因），无法自己填写问卷，需要调查组一一解释、交流，否则无法深度了解情况，因此调查入户后，平均1个样本用时1~2小时；有时找

到贫困户住处时，也有不在家的情况。实地调查非常耗时，因此贫困户调查样本偏少，但结果真实、可靠，具有代表性。通过实地调研，为具体分析旅游扶贫现状提供了充足的现实资料，为后续研究提供了可靠数据。

针对乡村振兴典型村社的调查，选择乡村振兴重点帮扶镇、村，于2022年2月（春节期间）根据方便性原则，随机调研了三峡库区的9个村，对乡村振兴实际情况进行了初步考察和访谈，积累了一定信息和认知。

四是网络文本分析方法。通过网络获取关于三峡库区旅游扶贫方面的社会认知，分析旅游扶贫的社会、市场融入情况。

五是层次分析方法。影响三峡库区旅游扶贫适宜性的因素呈现多样性特征，各因素的重要性程度不一，以层次分析方法计算三峡库区旅游扶贫的适宜性评价指标体系权重，并对相关指标进行赋值，以确定旅游扶贫适宜值域，并对典型村进行旅游扶贫适宜性评价。

六是用多元线性回归方法和模糊综合评价法研究返贫风险问题；建构返贫预警理论模型。

七是利用地理空间分析软件ArcGIS10.0。定量分析三峡库区旅游扶贫的地理空间特征，分析地理区位与旅游扶贫的关系特征，揭示其空间分布特征。并将研究成果进行一定的可视化呈现，如代表性调查点分布图，通过利用ArcGIS为旅游扶贫研究提供技术层面支撑。

（三）研究技术路线

基于"提出问题—分析问题—解决问题"的基本思路，本研究在社会协同理论的总体框架下对三峡库区旅游扶贫中的风险问题和乡村振兴可能面临的问题进行深入研究。

研究有如下逻辑框架：（1）运用田野调查方法，结合三峡库区旅游扶贫的现状，应用灰色关联法、层次分析法等对三峡库区旅游扶贫产业适宜性、社会协同情况进行分析评价，思考发展障碍和问题、可能存在的风险。主要包括旅游扶贫的适宜性评价、存在的主要问题；由此启示了对乡村振兴的思考，结合实地调研，提出了乡村振兴需要面临的考验。（2）基于社会协同学理论与风险管理理论，应用模糊综合评价模型法，研究返贫风险的评价模型，构建旅游扶贫的返贫预警理论模型,同时分析了乡村振兴可能面临的风险。

(3)研究防止返贫干预机制。通过多要素分析和风险评估分析,研究干预机制,提出返贫风险的阻断机制,创新性建立巩固扶贫成果的防控体系。

(4)基于社会协同学理论,构建旅游扶贫和乡村振兴的社会协同体系。基于返贫风险研究,本研究应用社会协同学理论研究旅游扶贫与社会协同问题,进行旅游扶贫、乡村振兴的社会协同体系构建研究,形成"扶贫—社会响应—协同发展"的管控系统,以保障旅游扶贫成效、乡村振兴的持续性。

第二章

研究基础

一、脱贫攻坚与乡村振兴战略解析

脱贫攻坚战略和乡村振兴战略是我国阶段性发展政策，二者之间有一个承上启下的衔接关系。由于不同的发展阶段，战略目标和任务存在差异，各有重点，所面临的问题也各不相同。虽然脱贫攻坚战略已经于2020年顺利完成，但是今天还需要巩固扶贫成果、预防返贫风险；为了便于理解，有必要对二者进行一定解读（见表2.1）。

表2.1 脱贫攻坚与乡村振兴战略比对

主要内容	脱贫攻坚	乡村振兴
完成时间	2020年前	分2020、2035、2050年三个时间节点。
发展定位	全部脱贫，全面建成小康社会	乡村全面振兴，缩小城乡差距
工作对象	聚焦于贫困县、贫困村和贫户人口，有具体的帮扶对象	面向农村社会，以农业、农村、农民（三农）为重点的乡村社会各方面、多维度
目标任务	2020年前，稳定实现农村贫困人口不愁吃、不愁穿，义务教育、基本医疗和住房安全有保障，实现贫困地区农民人均可支配收入增长幅度高于全国平均水平，基本公共服务主要领域指标接近全国平均水平	最终目的是解决新时代我国社会主要矛盾、实现"两个一百年"奋斗目标。到2050年前，实现乡村全面振兴，具体包括产业振兴、人才振兴、生态振兴、文化振兴、组织振兴；达成"产业兴旺、生态宜居、乡风文明、治理有效、生活富裕"中国乡村
参与主体	政府部门；贫困户；社会	政府部门，市场、社会、金融、农民等；具有全员化特征。

续表

主要内容	脱贫攻坚	乡村振兴
基本路径或举措	"五个一批"（发展生产脱贫一批，易地安置脱贫一批，生态保护脱贫一批，教育扶贫脱贫一批，低保兜底保障一批）和"十大工程"	目前处于探索阶段，但有以下基本路径：重塑城乡关系，走城乡融合发展之路；巩固和完善农村基本经营制度，走共同富裕之路；深化农业供给侧结构性改革，走质量兴农之路；坚持人与自然和谐共生，走乡村绿色发展之路；传承发展提升农耕文明，走乡村文化兴盛之路；创新乡村治理体系，走乡村善治之路
方法与原则	贫困识别：谁贫扶谁 贫困帮扶：因贫施策 过程监督：管理高效	农业农村优先：农业农村现代化 激发农村活力：保障粮食自给 保障改善民生：增强农民获得感 坚持生态导向：建设美丽乡村 坚持党的领导：遵循发展规律

（一）关于脱贫攻坚战略

1. 主要目标

实现贫困地区基本公共服务主要领域指标接近全国平均水平，主要有：贫困地区具备条件的乡镇和建制村通硬化路，贫困村全部实现通动力电，全面解决贫困人口住房和饮水安全问题，贫困村达到人居环境干净整洁的基本要求，切实解决义务教育学生因贫失学辍学问题，基本养老保险和基本医疗保险、大病保险实现贫困人口全覆盖，最低生活保障实现应保尽保。集中连片特困地区和革命老区、民族地区、边疆地区发展环境明显改善，深度贫困地区如期完成全面脱贫任务[①]。

2. 主要任务

严格按照"两不愁、三保障"要求，确保贫困人口不愁吃、不愁穿；保障贫困家庭孩子接受九年义务教育，确保有学上、上得起学；保障贫困人口基本医疗需求，确保大病和慢性病得到有效救治和保障；保障贫困人口基本居住条件，确保住上安全住房。要量力而行，既不能降低标准，也不能擅自拔高标准、提不切实际的目标，避免陷入"福利陷阱"，防止产生贫困村和非

---

① 中共中央 国务院关于打赢脱贫攻坚战三年行动的指导意见_中央有关文件_中国政府网（www.gov.cn）

贫困村、贫困户和非贫困户待遇的"悬崖效应",留下后遗症。

3. 工作对象

在扶贫标准以下具备劳动能力的农村人口为扶贫工作主要对象,主要包括重点县和贫困村、14个连片特困地区[①]。实施精准扶贫,一户一策,一人一法,当前主要包含以下对象:低保户,五保户,精神病患者,家庭经济困难且有大学生的,当年出现重大灾情或疾病的,脱贫户,监测户。

4. 工作导向

2015年《中共中央国务院关于打赢脱贫攻坚战的决定》从方略、建设、政策、社会力量、氛围、党的领导多方面做出了指示,提出实施精准扶贫方略,加快贫困人口精准脱贫;加强贫困地区基础设施建设,加快破除发展瓶颈制约;强化政策保障,健全脱贫攻坚支撑体系;广泛动员全社会力量,合力推进脱贫攻坚;大力营造良好氛围,为脱贫攻坚提供强大精神动力;切实加强党的领导,为脱贫攻坚提供坚强政治保障。

5. 扶贫路径

精准扶贫、精准脱贫作为脱贫攻坚期实施的基本政策方略,引领当下的扶贫开发全局工作。其扶贫路经主要围绕五个一批、十大工程全面发展。围绕"五个一批"主要途径,创新和完善精准扶贫工作机制。第一,培植和发展产业是增强贫困地区内生动力的根本之策。第二,实施绿色发展理念、推进生态文明制度体系建设,通过生态补偿和生态保护脱贫一批,为实施精准扶贫创造了新的机遇。第三,易地扶贫搬迁脱贫一批。第四,发展教育脱贫一批。第五,社会保障兜底一批。围绕精准扶贫十大工程精准扶贫,即干部驻村帮扶、职业教育培训、扶贫小额信贷、易地扶贫搬迁、电商扶贫、旅游扶贫、光伏扶贫、构树扶贫、致富带头人创业培训、龙头企业带动。这既包括干部驻村帮扶、职业教育培训等"传统项目",也包括电商扶贫、光伏扶贫等新手段新方法。

---

① 决胜"十三五"脱贫攻坚 _ 解读 _ 中国政府网(www.gov.cn)

（二）关于乡村振兴战略

脱贫战略是让部分贫困地区、贫困人口摆脱了贫困，乡村振兴战略则推动乡村地区整体共同富裕，两者之间是递进关系。

1. 乡村振兴的目标

乡村振兴政策文件紧紧跟随着习近平同志2017年10月18日在党的十九大报告中提出的乡村振兴战略，主要解决农业农村农民的根本性问题，其目标明确：到2020年，乡村振兴取得重要进展，制度框架和政策体系基本形成；到2035年，乡村振兴取得决定性进展，农业农村现代化基本实现；到2050年，乡村全面振兴，农业强、农村美、农民富全面实现（见图2.1）。

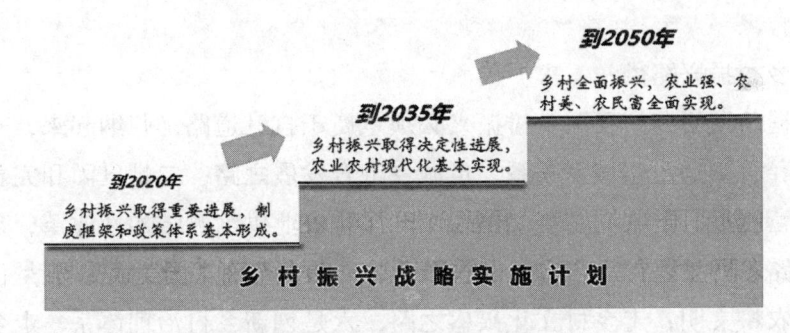

图2.1 乡村振兴战略实施计划

2. 乡村振兴重点任务

规划按照产业兴旺、生态宜居、乡风文明、治理有效、生活富裕的总要求，明确了阶段性重点任务。一是以农业供给侧结构性改革为主线，促进乡村产业兴旺；二是以践行绿水青山就是金山银山的理念为遵循，促进乡村生态宜居；三是以社会主义核心价值观为引领，促进乡村乡风文明；四是以构建农村基层党组织为核心、自治法治德治"三治结合"的现代乡村社会治理体系为重点，促进乡村治理有效；五是以确保实现全面小康为目标，促进乡村生活富裕。

3. 乡村振兴对象

统领农村、农业和农民全面发展的整体性战略，工作对象覆盖了全部地区和农村人口。由于各个村庄地理区位、资源禀赋、经济状况、产业结构、人口结构等方面差异性较大，每个村庄发展面临的机遇、挑战和困境也不同，农村人口内部的结构分化也十分明显。乡村振兴的工作对象不仅范围更广、规模更大，异质性非常强。

4. 乡村振兴理念

当前我国最大的发展不平衡是城乡发展不平衡，最大的发展不充分是农村发展不充分。城乡发展的不平衡亟须大力实施乡村振兴战略，这也是适应时代发展要求的必然选择。要想打破这种城乡发展的不平衡，首先要解决中国的农业、农村、农民的发展所面临的问题。而乡村振兴战略正是解决"三农"问题的总抓手，施行这一个"乡村振兴"战略，新发展理念是最好的助力。

5. 乡村振兴路径

根据前期研究，我国乡村振兴必须走属于自己道路，归纳起来，有以下基本路径，一是重塑城乡关系，走城乡融合发展之路；二是巩固和完善农村基本经营制度，走共同富裕之路；三是深化农业供给侧结构性改革，走质量兴农之路；四是坚持人与自然和谐共生，走乡村绿色发展之路；五是传承发展提升农耕文明，走乡村文化兴盛之路；六是创新乡村治理体系，走乡村善治之路（见图2.2）。

实现路径		具体表现
□必须重塑城乡关系，走**城乡融合发展**之路		● 产业兴旺
□必须巩固和完善农村基本经营制度，走**共同富裕**之路	乡	● 生态宜居
□必须深化农业供给侧结构性改革，走**质量兴农**之路	村振	● 乡风文明
□必须坚持人与自然和谐共生，走**乡村绿色发展**之路	兴	● 治理有效
□必须传承发展提升农耕文明，走**乡村文化兴盛**之路		● 生活富裕
□必须创新乡村治理体系，走**乡村善治**之路		

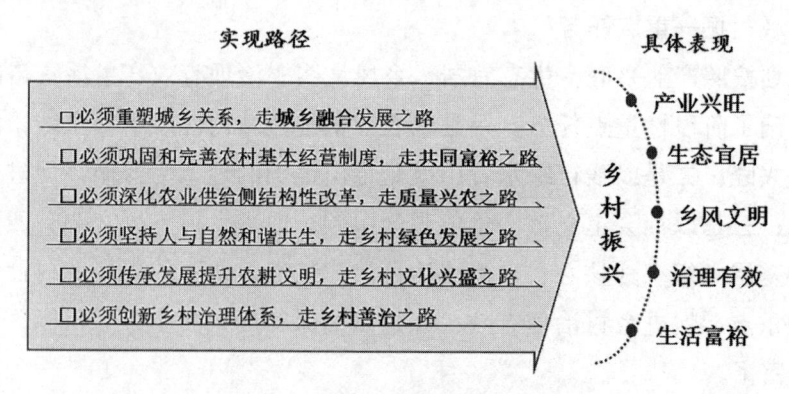

图2.2 乡村振兴的基本实现路径

二、研究综述

我国关于旅游扶贫的理论研究始于20世纪90年代，近年来呈逐年上升趋势。自2015年国务院扶贫办等有关政府部门颁布《关于开展贫困村旅游扶贫试点工作方案》（国开办司发〔2015〕3号）、《关于启动2015年贫困村旅游扶贫试点工作的通知》（国开办司发〔2015〕61号）等相关旅游扶贫政策后，旅游扶贫理论研究呈现井喷式增长。通过中国知网CNKI知识库以"旅游扶贫"为主题共检索到文章4800篇，通过发表年度可视化图谱分析，旅游扶贫研究论文年度发文量（见图2.3）表明近几年旅游扶贫研究一直是学界关注热点（特别是2015-2020）。从频次看，位列前三的主题词为旅游扶贫、乡村旅游、精准扶贫等（见图2.4），旅游扶贫研究的理论、学科视角与实证研究得到了丰富。

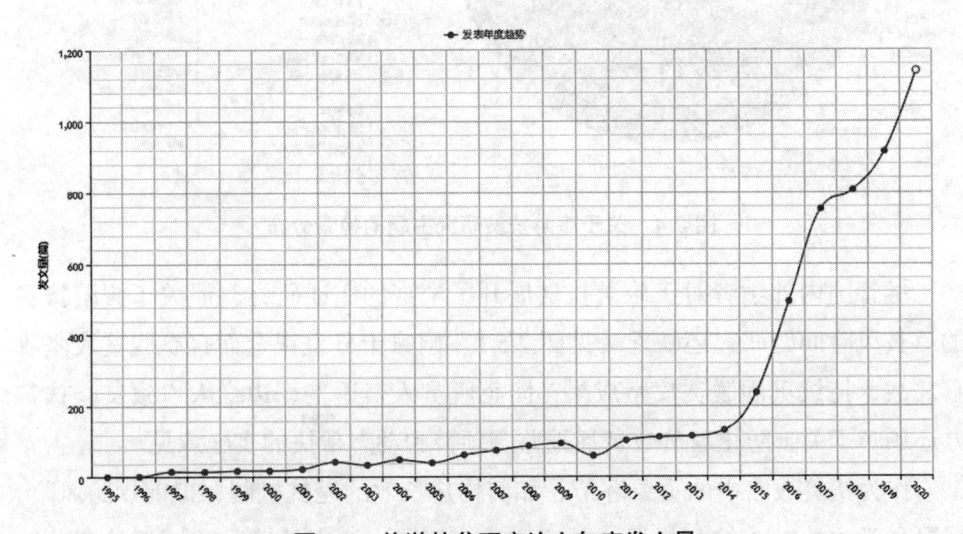

图2.3 旅游扶贫研究论文年度发文量

返贫研究是巩固扶贫成果的工作重点。贫困问题一直是个无法彻底解决的世界性难题[3]。截至2020年，我国减贫的主要目标是消除绝对贫困，稳步实现现行标准下农村贫困人口不愁吃、不愁穿，义务教育、基本医疗和住房安全有保障。做到真脱贫还需对扶贫成果进行巩固，防止返贫。根据国家统计局发布的《2015年国民经济和社会发展统计公报》数据，2000年以来，我国农村返贫率一般在20%以上，有年份甚至达到60%以上，其中2009年贫困人口的返贫比例达62%。虽然旅游扶贫模式在巩固扶贫中成效显著，但也存在参与巩固脱贫主体的积极性不高、因病返贫、因学返贫、因懒惰返贫等风险因素[4]。

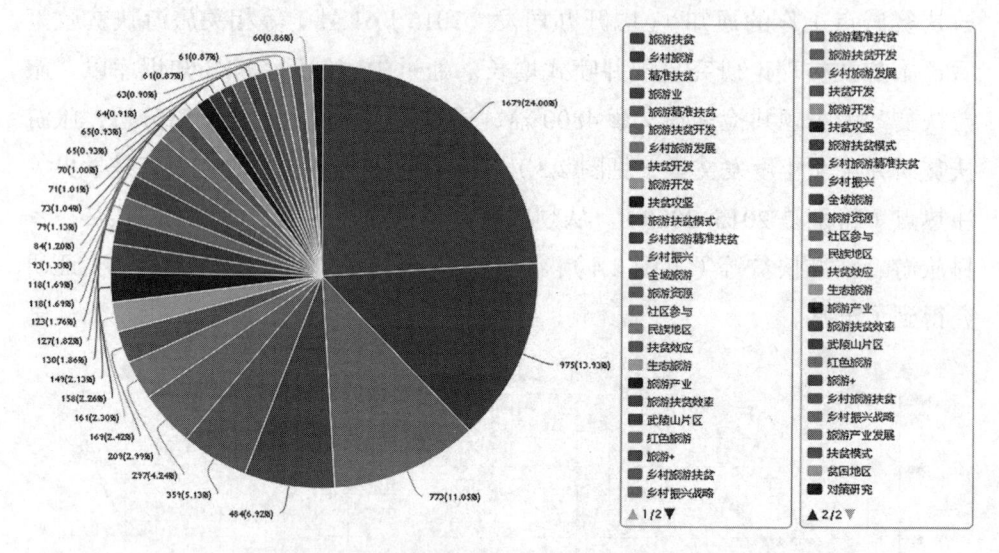

图2.4　关于旅游扶贫研究主题的检索分布

尽管国内外学者对于旅游扶贫展开了丰富的实证研究，但关于旅游扶贫的返贫风险问题研究还缺乏（见图2.5）。国家十分重视全面打赢脱贫攻坚收官之战，持续巩固脱贫攻坚成果，防止脱贫人口返贫、边缘人口致贫，扶贫办还颁布了关于防止返贫致贫加强监测预警和动态帮扶的实施意见。

作为扶贫战略中的重要环节，如何构建长效的返贫机制，提前预防风险，需要科学方法的支撑与指导。从区域看，西北、西南地区是我国返贫高发地区[5]。三峡库区是我国长江经济带和西部的重要地理区域，也是大山大水的地理单元，存在大量贫困人口。发展旅游业也是三峡库区重要的脱贫方式，三峡库区旅游扶贫工作开展得轰轰烈烈，但是从学术层面，关于三峡旅游扶贫返贫研究尚需进一步加强。

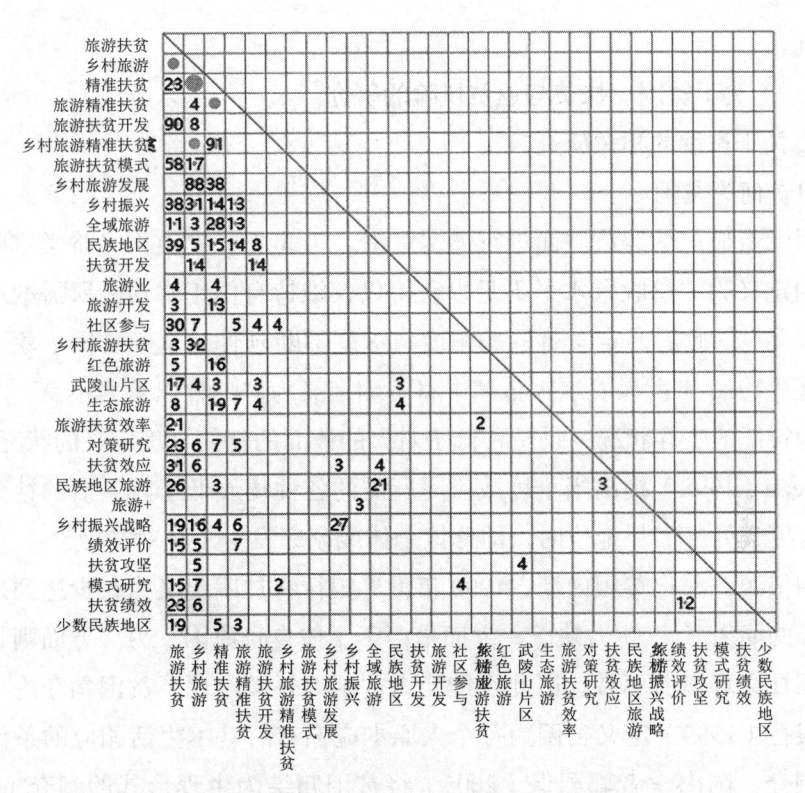

图 2.5　旅游扶贫研究文献主要主题分布共现矩阵分析

　　贫困所导致的饥饿、疾病、文化程度低等现象衍生出一系列的社会冲突问题，不利于任何国家或地区的可持续发展，因此各国都采取了积极的扶贫行动以消除贫困，共同推进全球减贫。习近平总书记强调，消除贫困、改善民生、实现共同富裕，是我国社会主义的本质要求。近些年，我国脱贫攻坚工作取得巨大进展，为国际减贫事业做出了突出贡献，形成了以政府为主导的中国特色减贫实施方案，成效显著。其中，旅游扶贫模式为贫困地区旅游业开发和推进产业融合提供了发展契机[6]。旅游产业强劲的增长势头和极强的关联带动作用对贫困地区的经济发展做出了特有贡献，助力贫困地区第三产业发展，引进资金，建设完善公共基础服务设施，从而促进贫困地区的全方位改革发展。通过系统认识贫困、扶贫与返贫的概念、类型与模式，深入了解旅游扶贫模式的适宜性与可持续性，能为旅游扶贫风险返贫干预研究奠定基础。

（一）关于贫困、扶贫与返贫风险的研究

1. 关于贫困的相关研究

（1）何为贫困

国际上最早从经济层面进行界定贫困。20世纪，初英国经济学家朗特里把贫困定义为"总收入水平不足以获得仅仅维持身体正常功能所需的最低生活必需品"。此后，定义贫困的角度与深度不断延伸；基于贫困表象，世界银行在《1980年世界发展报告》中将贫困定义为"一种以营养不良、文盲和疾病为特征的生存状况，是一种低于对人的体面的任何合理定义的状况"[7]。Townsend（1998）提出当个体或家庭所需的各种物质低于其生活的社会阶层一定程度且处于劣势地位时，即称该个体或家庭发生了相对贫困[8]。通过探究贫困根源，深化贫困内涵，1990年世界银行将贫困定义为缺少达到最低生活水准的能力[9]。能力缺乏一方面是由于个体自身原因，另一方面则是因整个外部社会环境所引致，因此在继能力贫困论外又出现了贫困剥夺论。亚洲发展银行（1999）定义贫困为每个人原本应拥有的基本生活相应的条件与权利被剥夺。国内学者郭熙保（2005）将贫困归结为生理形式的剥夺（营养、健康、教育、住所等物质或生理上的基本需要无法得到满足）和社会形式的剥夺（脆弱性、无发言权、社会排斥等）[10]。叶普万（2006）总结贫困概念界定有缺乏说、社会排斥说、能力说、权利说[11]。从最初的绝对收入贫困到相对收入理论，再发展到能力贫困理论，贫困概念经历了由收入贫困到多维贫困发展的过程[12]。

作为伴随人类发展而产生的复杂社会现象，贫困内涵跟随社会发展不断深化。国内外学者对贫困内涵及特征的研究同样处于不断发展和完善中，呈现单维贫困到多维贫困、绝对性到相对性的认识路径。一是起初简单从物质层面认为以解决人们基本生存需要问题，由收入考量划分贫困，便于制定量化标准。二是结合物质和精神层面考察人们的相对生存状况，随着社会发展，贫富差距越发悬殊，虽然人们基本生存能够有所保障，但从日常生存质量来说，低于大众平均生活水准的状况也属贫困范畴。三是从综合视角出发，考虑主客观致贫原因，包括能力贫困（收入不能维持基本生活所需是因其没有相应能力）、权利贫困、资本贫困等。

（2）贫困成因

安志杰（1993）认为中国贫困地区的形成主要是因自然条件差和社会比较封闭，并派生出科学技术落后、产业结构简单、基础设施差、资金短缺、人员素质不高等一系列原因，多因素作用形成贫困地区综合征[13]。李春根等（2019）从三方面综合讨论致贫原因：一是自然环境方面（自然资源贫乏、地理位置不佳）；二是社会环境方面（公共基础设施不足、制度选择、政策执行偏差、文化）；三是个体方面（人力资本、可行能力、内生动力不足）[14]。贫困的形成主要是主客观等综合因素所致，因人因地因事因时而异，错综复杂，因此需因地制宜，不可一概而论。

（3）贫困类型

国内外学者主要基于贫困程度、规模、原因、性质等特征探讨贫困的类型，划分依据各有侧重，但在内涵上各贫困类型都有其重合之处，相互补充，并呈现一定阶段性发展（见表2.2）。绝对贫困作为威胁人民生存问题所在，消除绝对贫困是目前反贫困的首要任务。我国减贫目标是在2020年消除绝对贫困，稳定实现现行标准下农村贫困人口不愁吃、不愁穿，义务教育、基本医疗和住房安全有保障。同时绝对贫困的消除并不意味减贫事业的终结，消除相对贫困、防止返贫则是下一阶段的主要战略目标。

表2.2 贫困类型的划分

划分依据	类型
规模	整体角度：贫困国、贫困区、贫困村、农村贫困、城市贫困等； 个体角度：个体意义上的贫困；
原因 吴国宝 （1996）	资源或条件制约型贫困：资金、土地和基础设施等方面的原因导致的贫困，表现为区域性贫困。可再分为边际土地型贫困和资源结构不合理贫困； 能力约束型贫困：家庭主要劳动力缺乏正常的体力、智力和必要的专业技能，表现为个体贫困；可再分为丧失劳动能力（包括体力和智力）导致的贫困和缺乏专业技能引起的贫困；

续表

划分依据	类型
性质 张海东等 （2000）	收入贫困：人们在财富等物质方面的收益匮乏而难以维持基本生活需求；（朗特里） 能力贫困：人的能力被剥夺产生的贫困，该能力是指一个人可以获得的各种功能性活动的不同选择组合；（阿玛塔亚森） 权利贫困：人们由于话语权、社会参与权等权利的缺乏而呈现的贫困生活状态；（罗伯特·坎勃） 社会资源贫困：在市场体制不完善、制度缺失及规范真空情况下，强关系为核心的社会关系网络按有利于自身的方式分配着社会资源，致使缺乏有效社会关系支持和保护的个人、家庭、群体因资源匮乏而贫困或于困境中挣扎；
收支状况 陈成文 （2017）	收入型贫困：因家庭结构残缺、劳动力不足、家庭成员患有重大疾病或残疾等，或因家庭所处的自然环境、经济、社会、文化等限制，使得整个家庭获取财富的劳动力不足而造成的贫困； 支出型贫困：家庭收入中的绝大部分甚至全部收入用于支出和消费，使得家庭积累少甚至举债生活；
贫困深度 李春根 （2019）	极端贫困　　一般贫困　　相对贫困 深度贫困：自然条件、经济发展、社会文明、公共服务、民生水平等较差，以及贫困发生率较高、脱贫难度大的区域，是贫困的"贫中之贫"；
生态 龙先琼（2019）	生态贫困：特定自然环境中因无力改变所处自然环境的不利影响导致无法获得基本生存和发展资源。主要包括环境退化型、自然灾变型、能力脆弱型和行为后果型等四种生态贫困。
性质与原因 谢维营 （2002）	制度型贫困：社会制度不合理导致的广大人民群众的极端贫困状态； 体制型贫困：因具体的经济制度和政治制度不合理，使生产关系和上层建筑在较长时期内不适合生产力状况，导致大多数劳动者处于贫困状态； 政策型贫困：因某些不合理政策，致使部分公民处于相对不利的社会位置，过着相对贫困的生活； 环境型贫困：因自然环境恶劣导致生活质量低下； 灾祸型贫困：因天灾人祸造成人员伤亡或重大财产损失，分为短期和长期贫困两种。短期贫困主要是遭受水灾、火灾、地震、车祸等突发性灾难。长期贫困多由于伤病或家中主要劳动力残废、死亡而造成家庭经济长期入不敷出； 风险型贫困：因投资风险性很大的项目失败而导致的生活贫困状态； 懒惰型贫困：因某些人生性懒惰，不愿劳动，因而生活处于贫困状态； 愚昧型贫困：因思想意识落后，科学文化知识缺乏导致的贫穷； 恶习型贫困：因当事人奢靡无度，肆意挥霍钱财并沾染上不良习惯而使生活处于贫困状态； 综合型贫困：由上述两个以上的致贫原因而导致的贫困；

续表

划分依据	类型
地域 朱金鹤（2011）任晓冬（2010）	新疆贫困类型：生态贫困、地域贫困、民族贫困、文化教育贫困、市场竞争引致性贫困和制度性贫困等； 喀斯特环境贫困类型：喀斯特石漠化贫困、水资源缺乏贫困、自然保护与生存冲突贫困、环境污染贫困、自然灾害贫困等；
流动性 万良杰等（2019）	支出型贫困　　收入型贫困　　技能开发型贫困　　脆弱型贫困 急难型贫困　　人情型贫困　　人力资本型贫困　　依赖型贫困
新型贫困 王太明（2019）	知识贫困：贫困人口由于知识学习、知识吸收、知识转化、知识利用、知识交流等原因而导致的贫困 精神贫困：个体或组织的人生观、价值观、世界观等低于正常的精神生活需要的一种精神失常和精神失灵现象 隐形贫困：在特定环境（包括政治、经济、文化等），特定群体贫困发生的潜在可能性 代际贫困：在特定的家庭组织结构中，贫困在上代人和下代人之间传递的一种贫困现象。
视角 洪泸敏等（2004）	广义：包括从经济、社会、文化等各方面理解的如物质贫困、社会权利贫困、能力贫困、社会资源贫困等； 狭义：从经济意义上理解的物质生活资料匮乏的贫困；

（资料来源：根据相关文献资料整理）

2. 关于扶贫的相关研究

（1）何为扶贫

扶贫是一个具有中国特色的词汇[15]，是向农村贫困地区提供资金、物质、技术等其他条件扶助其摆脱贫困[16]，是国家和社会各方面通过多种方法帮助贫困户解决生产和生活困难，使他们增加收入，达到摆脱贫困的目的[17]。扶贫作为达到反贫困目标的手段与方式，主要扶助对象是农村地区，扶贫力量是国家及社会各集体团结协作，扶贫方式由救济式到与开发式扶贫相结合，以"发展"作为解决贫困的主要途径。

（2）扶贫类型与模式

经过数十年减贫历程，我国扶贫经验越发丰富，各阶段扶贫政策、目标、手段各有侧重，形成了针对性、多样化、高效率的中国特色扶贫路径。总体看，中国的扶贫开发工作主要沿两条路径推进：一是社会保障体系建设，强调通过社会救助维持基本收入与最低生活保障；二是通过发展贫困地区经济的方式增加贫困人口收入，实现开发式扶贫[18]。曾小溪（2017）等将我国扶贫工作分为救济性扶贫、预防性扶贫和开发性扶贫[19]。依据我国政府的治理策略，苏志豪（2020）等把扶贫工作划分为制度变迁型扶贫（1978—1985），以解决温饱为主题的开发式扶贫（1986—2000），双轮驱动型减贫（2001—2012），以及精准扶贫四个阶段（2013—2020）[20]。

40年来，中国农村扶贫走了一条从贫困地区区域开发为主转向以贫困家庭和人口为对象的精准扶贫之路[21]。帮扶方式由救济式扶贫向开发式扶贫转变，由外力帮扶转向以发展贫困户内生动力为重点，两种方式相互补充支持，发挥最大效率，同时也意味着我国由粗放式转向精准化扶贫模式。李春明（2015）认为精准扶贫是针对不同贫困地区的生活场地、每个贫困农户的实际状况，采用科学的手段对贫困农户精准识别、精准帮扶和管理的方式，由此衍生出独具我国特色社会主义道路的减贫实施模式[22]。自党的十八大以来，我国大力实施精准脱贫，不断丰富和拓展中国特色扶贫道路，形成发展产业脱贫（电商扶贫、旅游扶贫、科技扶贫、高效农业扶贫等）、转移就业脱贫、异地搬迁脱贫、教育扶贫、健康扶贫、生态保护扶贫、兜底保障、社会扶贫等扶贫方式。扶贫模式也由政府主导型逐步转变为由政府、非政府组织、企业、金融机构等所构成的多元主体复合型扶贫模式[23]。

产业扶贫方式内生动力极强，旅游扶贫是区域发展产业扶贫的重要组成部分。从《国家八七扶贫攻坚计划》所确定的592个重点贫困县分布来看，贫困县分布态势可概括为"一带两片"，从自然地理环境和历史文化背景来看，贫困地区与资源富集区有一定程度的叠加性[24]。2011年，我国出台发布的《中国农村扶贫开发纲要（2011-2020）》文件首次将"旅游扶贫"纳入"产业扶贫"范畴。2013年，我国明确指出将乡村旅游作为扶贫手段。同时，旅游精准扶贫也于2014年《国务院关于促进旅游产业改革若干意见》（国发〔2014〕31号）文件中正式提出。旅游助力脱贫成为一种特殊的扶贫开发模式，其发挥的巨大效应引起社会各界关注，2018年恩施州"旅游扶贫"模式还入选了联合国减贫案例。

3. 关于返贫风险的研究

《现代汉语词典》对返贫的定义为,"返贫是个体重新回归到钱财和生活物资匮乏状态"。因自然灾害、生态环境变化、经济格局调整、外部市场变化等因素,原有离开贫困或者处于贫困标准线之上的人口又重新掉入贫困域或者贫困线之下,再次成为贫困人口[25]。金鑫(2015)认为返贫是指穷人以及介于穷人和富人之间的个人或家庭,由于缺失社会分配正义底线平等规范认同的、必需的资源、机会、能力和权利,不能维持尊严的体面生活的最低程度的过程和状况[26]。虽然国内学者对于返贫的表述有所不同,但其内涵具有一定的共性,即认为"返贫是指经过扶贫开发后摆脱了贫困的部分人口再度返回到贫困人口行列的现象[27]"。返贫对象表述为非贫困群体与脱贫后群体,研究重点主要集中于相对狭义的脱贫后群体再返贫。因贫困成因的复杂性与贫困对象的脆弱性,摆脱贫困是一个长期艰难的过程,但扶贫对象回归贫困状态却相对容易。相关学者就返贫危害大于单纯的贫困危害达成共识,一方面是政府及各社会力量多年的努力付诸东流,浪费了大量的人、财、物;另一方面是打击扶贫对象的脱贫信心,造成消极情绪,增加整个脱贫攻坚难度。

颜廷武,雷海章(2005)基于返贫特征,将返贫类型概括为因"灾、病、学、愚、婚、懒、粗(种植方式粗糙)、险(市场风险)"等八种类型[17]。致贫的主要原因也极易引起同样的返贫现象[28]。包国宪,杨瑚(2018)认为形成返贫现象的诱导因素主要源于返贫主体(贫困家庭或个人本身存在的脆弱性)、客体(国家内部发展的经济、社会、教育、科技等的差异性)与载体(自然、生态环境的供养力)三方面[29]。兰定松(2020)认为返贫困现象的产生既有农民自身的原因(懒散思想、消费观念、不可抗力、就业创业失败);也有政府层面的原因(产业支撑效果欠佳、错误理解扶贫的"政绩指向"、扶贫方式内生动力不足、"三变改革"中存在一定市场风险)[30]。潘文轩(2020)利用扶贫微观数据,动态监测贫困地区的贫困增量状况与分析其成因结构,发现各贫困地区增量的形成原因有所差异,但成因的比例结构呈现出一定相似性。疾病、残疾与缺乏劳动力,是导致返贫和新增贫困的三个最主要直接原因,且因病返贫比重明显高于因残与因劳动力缺乏[31]。返贫研究致力于找准返贫成因,何华征、盛德荣(2017)认为断血式返贫、狩猎式返贫、失敏性返贫、转移性返贫和传递性返贫等五种返贫模式需要通过财富内生、心理介入、制度供应、价值挖掘、新民塑造等方式阻断农村脱贫人口返贫的通道[32]。

2019年,在解决"两不愁三保障"突出问题座谈会上习近平总书记强调:"要把防止返贫摆在重要位置,适时组织对脱贫人口开展'回头看',要探索建立稳定脱贫长效机制"。做好返贫工作,最重要与首要环节是找准导致返贫关键影响因素,将事先防范与及时阻断进行到底,构建相关返贫预警与干预机制。和立道,王英杰(2018)等认为人力资本的积累和增加是农村贫困地区减贫和预防返贫的关键,并建立了人力资本投资降低返贫风险的理论模型[33]。卜海(2018)建议构建预警机制、识别机制、利益调适机制、协同机制、稳定机制和考核机制等返贫防范机制[34]。范和生(2018)提出可将返贫预警划分为政策环境预警、自然环境预警与主体自身预警三种预警类型,由此有针对性地构建预警机制[35]。包国宪,杨瑚(2018)通过利用事故链理论对多重因素造成的返贫现象进行整体分析,选择突变理论分析单一因素造成的返贫现象的突发性与破坏性;并从预警模型主体构成、预警程序、支撑条件等构建了我国返贫预警模型,确定预警标准[29]。潘文轩(2020)通过二值Logit回归分析,实证研究L县贫困人口返贫的影响因素,并提出构建防止因病返贫的长效机制的意见[31]。陈明(2020)认为帮扶对象底子相对薄弱,难抗风险,政府除了鼓励帮扶对象参与旅游扶贫项目外,还应根据旅游扶贫项目构建配套的阻止返贫机制体系,加强乡村旅游扶贫地区的"软基建"建设[36]。蒋和胜,田永(2020)等认为可持续性脱贫是防止返贫的目的,一是确保脱贫基础牢固,贫困户脱贫后,有能力、有动力持续发展,不会出现返贫;二是确保返贫、新致贫隐患出现时,能及时启动相关机制,有效解决,遏制贫困再生。并提出返贫因素监测机制、脱贫效果监测机制、稳固脱贫信息传递机制等3个稳固脱贫监测机制[37]。

国内学者对于返贫研究的关注焦点逐渐由返贫危害、返贫现象、返贫产生根源、返贫类型及返贫对策的一般性研究向构建稳固脱贫的长效机制，实现返贫预警与干预转变。目前研究主要集中于微观数据研究、实证研究与定性研究，定量研究缺乏，相关研究视角相对局限。

（二）旅游扶贫适宜性与可持续性研究

20世纪90年代以来，旅游减贫一直是一个重要的研究课题，尤其是在发展中国家。旅游开发在中国已经被普遍定义为旅游扶贫战略，它的特点是政府主导，市场导向，以农村地区独特的资源为基础，以对市场具有吸引力的旅游产品和服务为支撑。目标是为当地社区，特别是当地穷人创造利益，并有助于当地减贫，同时维持区域经济发展和环境保护[38]。以"旅游扶贫"为主题，在CNKI上共检索到3072篇期刊，博硕士论文595篇，自进入21世纪，旅游扶贫研究数量稳步上升，2015年以后急剧增多（见图2.6）。研究主题除了精准扶贫、旅游扶贫、旅游精准扶贫外，多围绕乡村旅游、旅游扶贫开发、模式、路径、贫困地区等方面展开研究（见图2.7）。为缩小文献的研究范围，选用核心期刊496篇，截至2020年6月底。

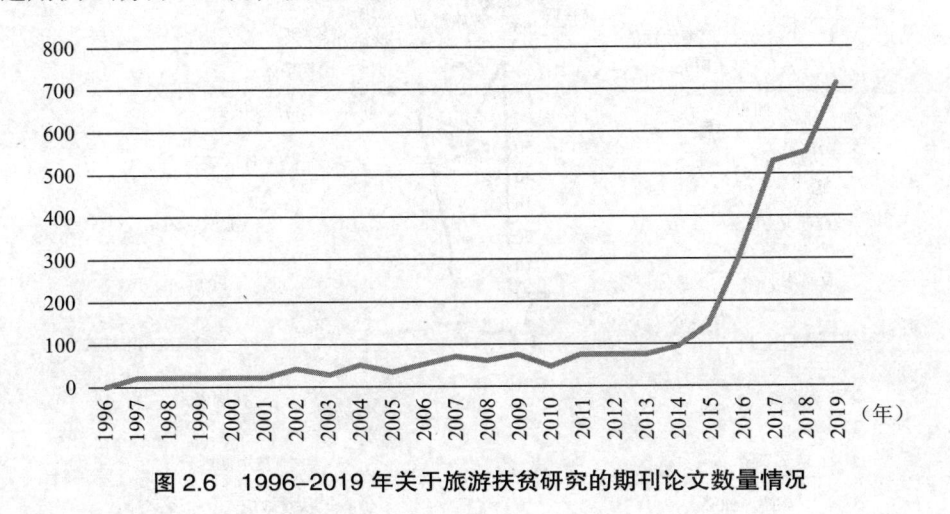

图2.6　1996-2019年关于旅游扶贫研究的期刊论文数量情况

1. 何为旅游扶贫

20世纪90年代末，英国国际发展局提出了"有利于贫困人口的旅游（PPT，Pro-Poor Tourism）"，使旅游作为一种新产业减贫有力模式正式提出[39]。2002年8月世界旅游组织（UNWTO）在"旅游扶贫"世界首脑会议上推出了可持续旅游消除贫困计划（ST-EP），强调旅游业在缓解贫困中的重要作用，通过经济资助、项目示范、能力建设和技能培训等方式助力旅游减贫[40]。旅游扶贫就是在贫困地区通过充分利用旅游资源，大力发展旅游业，吸引人们前来旅游和消费，使旅游资源产生效益，将资源优势转化为经济优势；使旅游商品的生产、交换、消费在贫困地区产生；逐步实现部分财富、经验、技术和产业向农村转移，增加贫困地区的"造血功能"，从而使其脱贫致富[41]。旅游扶贫的"贫"指的是相对贫困[42]，"扶贫地区"主要是具有一定的旅游发展基础的经济欠发达地区[43]，主导目标是贫困人口利益的保证和发展机会的创造[44]。旅游之所以被选作为扶贫的一种重要手段，是因为它具有其他众多行业不可比拟的投资少、收效快、返贫率低和成效大等优势[45]。通过发展以旅游业为代表的第三产业与一二产业联动发展，能有效提升贫困地区的抗风险能力。

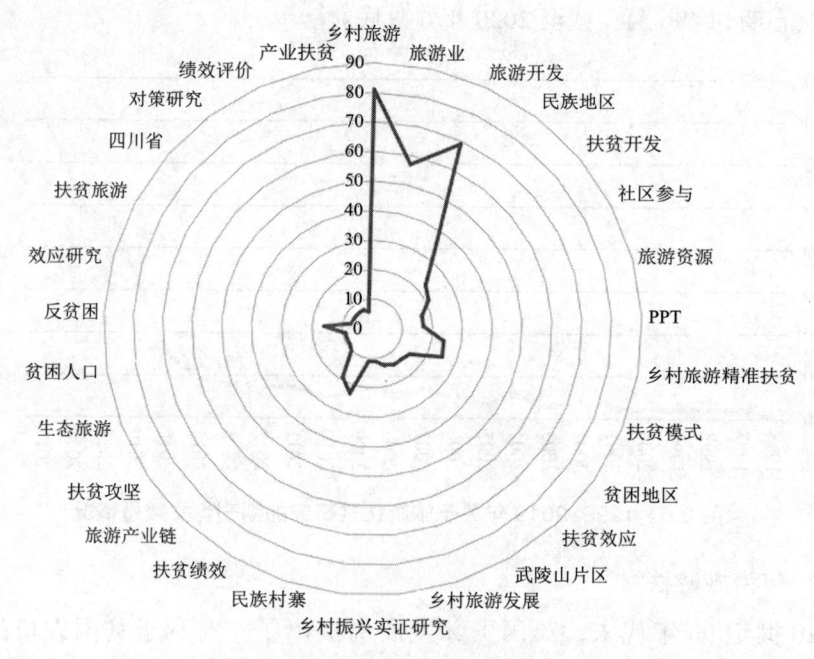

图2.7 1996—2019年旅游扶贫期刊论文主题词分析

2. 旅游扶贫的适宜性与可持续性研究

国内外学者对于旅游扶贫的适宜性与可持续性研究主要基于实证、案例解析、战略思路、影响因素、评价、可持续性旅游开发模式入手，由一般性研究逐渐深化，以定性和实证研究证明为主向定量评估测评转变。经过实证研究，袁书琪（2001）发现福建省实施PPT旅游战略的必要性和可行性来自福建特殊省情。与一、二产业发展相比，旅游资源能对交往环境相对闭塞的福建聚人气和商机，适应市场经济，实现广大乡村脱贫和推动非农化进展[46]。旅游扶贫具有其独有的特征，以政府为主导，农村地区的旅游项目建设投入使用后便能够长期存在、持久获取经济效益且返贫率较低[47]。

除了从旅游产业本身特征与优势探讨旅游扶贫方式的适宜性与可持续发展外，还体现在相关参与主体、基础设施建设、扶贫地区本身资源条件上。毛勇（2002）研究发现在贫困的农村地区开展旅游扶贫的适应性条件包括当地居民、领导干部认识、思想观念的转变、丰富的旅游资源、良好的区位条件、一定的筹资能力和良好的人才机制[41]。Andrew Lepp（2007）在bigodi通过超过6个月的行为观察，采用定性研究方法，根据理性行为理论，假设积极的态度会导致有利于旅游的行为，进一步证实居民对旅游的态度是衡量旅游适宜性的指标之一[48]。耿宝江（2016）等发现贫困人口利益诉求的理性行为及扶贫主体的驱动是旅游扶贫可持续发展的动力源泉[49]。邱云美（2004）[50]、陈丽华（2008）[51]、饶勇（2008）[52]等认为社区参与旅游发展是旅游可持续发展的一个重要内容、评判依据和有效的可持续扶贫开发模式。

Harrison and Schipani（2007）指出经济发展本身并不总是为最贫穷者带来利益，发展可能是"自上而下"或"自下而上"，它可能被称为"可持续发展"[53]，确实有利于穷人的旅游业发展吸引了批评者，批评者认为这种发展往往是外部强加的，或者只是加剧了社会内部的收入差距[54]。同时，旅游业作为第三产业的重要组成部分，其特有的季节性、综合性特征使旅游扶贫发展面对现实困境。李刚（2006）等从可持续旅游扶贫的效应角度出发，认为收益不均、旅游漏损、产品模仿严重等问题会弱化旅游扶贫的可持续效应[55]。王明霞，李旭超（2007）认为要想实现旅游扶贫的可持续性需处理好政府部门、旅游企业、当地居民和游客四方面利益分配关系[44]。邹芳芳（2018）认为旅游发展下受益者不是贫困人口，当地群众的贫困现状并未得到真正改善，因此作为扶贫旅游的主体——贫困农户的适应情况应成为展现扶贫效果的最好指标。从农户适应性的角度，对个体感知的研究为旅游扶贫适应性提供了一个新的研究视角[56]。

除了实证研究外，旅游扶贫适宜性评价多通过计量方法构建评价指标体系，分析决定旅游扶贫适宜性的关键因素，对旅游扶贫开发起指导作用。罗盛锋（2015）等以桂西北石漠化地区16个国家级特困县为案例地，用熵权法、灰色关联分析法等从贫困程度、发展潜力、环境条件三个维度构建评价指标体系。将桂西北石漠化特困县旅游扶贫适宜性分成最适宜区、适宜区、一般适宜区三个等级，并发现交通、经济、旅游资源是决定旅游扶贫适宜性的关键因素[57]。还有不少学者如张琼（2019）等致力通过定量方法进行旅游扶贫与精准扶贫的耦合性研究[58]。

（三）旅游扶贫绩效与模式研究

1. 旅游扶贫绩效

国内外学者对旅游扶贫绩效研究主要基于实践总结和构建评价指标体系进行绩效评估。旅游扶贫的基本逻辑思路是通过发挥旅游业的乘数效应和涓滴效应，直接或间接为区域及贫困人口带来经济效益[59]。其非经济利益也很显著，于贫困群体，可突破其所处环境、改变贫困心理、提升人力资本、社会资本[60]，提升话语权和技能[61]。对农村贫困地区，可激活农村特色资源，促进农业增效及经济结构优化，引导更多消费和社会资源流向农村[62]。从经济、社会、生态等综合效率出发，旅游扶贫具有贫困人口参与面广、生产经营成本较低、扶贫效果来得快、返贫率低等优势[63]。能推动贫困地区物质生活与精神文明进步、推动贫困地区乡村的可持续发展[64]。同时，旅游扶贫效果也备受质疑，在正确认识旅游扶贫助推作用的前提下，需有效识别风险，采取必要的防控管制措施。Ashley（2001）指出在一些地区，旅游被部分精英分子所控制，出现了资金分配失衡，贫富差距扩大，悖于PPT的初衷[39]。李耀锋（2015）研究发现旅游开发对当地居民的致贫效应源于经济、心理、社会和权利等多因素的综合作用[65]。张琼（2019）认为现实中旅游扶贫被运作成旅游开发，导致旅游飞地化现象严重、利益分配不均衡、地区居民消极反抗旅游发展等，使旅游扶贫绩效削弱，更对其和谐长久发展产生重大影响[58]。因旅游业自身的敏感性、市场性、季节性、综合性等特点，旅游扶贫开展存在诸多限制是正常情况。在该认识下，不少学者综合旅游扶贫的积极与消极效应指导实践，规避风险，及时采取有效防控措施。

旅游扶贫绩效评估向定量与定性结合研究发展，以绩效评价研究居多，主要集中在综合绩效评价及单一方面绩效评价，如旅游扶贫效率评价、生态绩效评价、经济绩效评价等。大致可分为三类。一是扶贫绩效评价指标体系研究，1990年，世界银行提出贫困群体生活福利指标，联合国开发计划署（UNDP）提出人类发展指数，影响非常广泛。国外学者关于旅游影响的评价指标主要是基于居民感知而言，而较全面且被广泛使用的是Ap.和Crompton（1998）进行实证研究后所提出的衡量旅游影响的评估指标体系。陈骏兰（2018）从经济发展、社会发展、精准帮扶、扶贫效果4个层面构建贫困县精准扶贫绩效评价指标体系[66]。罗盛锋、黄燕玲（2015）构建了包括客观绩效、感知绩效与潜力绩效三个一级指标在内的生态旅游扶贫绩效评价体系[57]。二是扶贫绩效评价方法研究，杨建春、肖小虹（2011）在建立向量自回归模型的基础上，通过Granger因果检验、脉冲响应函数等方法，分析贵州旅游业发展与贫困减缓的动态关系[67]。黄梅芳（2014）利用层次分析法的基本原理，结合德尔菲法和定量模型方法，从微观和宏观两个层面，从长期和短期两个维度构建了关于民族旅游扶贫绩效评价的指标体系，同时考虑民族旅游扶贫的微观绩效和宏观绩效[68]。邓小海（2015）[69]、党红艳和金媛媛（2017）[70]等通过灰色关联分析和问卷调查法从正负和综合效应分析旅游业对区域经济、社会、生态、社区居民的效应。龙祖坤（2015）等运用数据包络分析（DEA）从时空结合测算旅游扶贫效率[71]。黄渊基（2017）构建从经典DEA模型到Bootstrap方法的两阶段评价模型，实证测量武陵山湖南片区旅游扶贫效率形态[72]。李烨（2017）利用数据包络分析方法的CCR模型和BCC模型进行旅游扶贫效率评价[73]。陈超群、胡伏湘（2019）则通过德尔菲法与层次分析法构建了基于可持续生计的乡村旅游扶贫绩效指标体系[74]。三是基于绩效评价的扶贫路径研究，某些扶贫绩效评估不仅能呈现扶贫效果，还能对影响扶贫成效的因素进行分析，部分学者基于绩效评价提出了具体扶贫路径。张伟（2005）从贫困人口感知效应对贫困人口在旅游扶贫开发中实际受益和发展情况进行评估[75]。龙梅、张扬（2014）通过对四川桃坪羌寨社区参与旅游发展的扶贫效应进行定量和定性研究，创新性地提出用收入贫困和权力贫困双重标准来评判扶贫效应[76]。

整体来看，旅游扶贫绩效是旅游扶贫研究热点，研究方法由定性逐步向定量及定性定量相结合转变。相关学者基于不同的研究视角与研究主题，多采用问卷调查、实地访谈、层次分析法、灰色关联、数据包络分析（DEA）等定性定量方法构建绩效指标体系及模型进行单一或综合绩效评价。从经济、环境、文化、生态等多维贫困及各利益相关主体入手，主要基于宏观视角，由最早侧重关注经济绩效，转向关注经济、生态、文化、社会等综合绩效评估及其他相关因素对旅游扶贫效果的影响，并综合兼顾正面效应和负面效应。研究视角也以逐渐从贫困地区回归到贫困人口，贫困人口的感知、态度、参与、收益、权利、能力等日益被重视。但以精神作为评价指标进行扶贫绩效评估的研究较少，一方面在于指标选择与数据的可获取性难，另一方面则是精神评价指标主观性太强。扶贫绩效评估主要以静态绩效评估为主，动态跟踪评估研究较少。整体来看，缺乏绩效的动态绩效监测研究。

2. 旅游扶贫模式

旅游扶贫模式具有显著的区域性，不能完全照搬照抄。旅游扶贫必须因地制宜，充分考虑区域的特殊性，才能增强旅游扶贫的科学性、针对性和有效性[77]。四川北川县通过选择适合的旅游扶贫开发模式，在经济、政治、文化等方面产生了积极的效应，初步为脱贫致富提供了一种范式[78]。当然，旅游发展对当地贫困人口带来的负面影响也不容忽视，存在一定的社会风险和生态环境风险。

根据贫困内涵及致贫原因的复杂性，我国寻根问诊，因症下药，在政府引导与实践探索中形成了独具中国特色的旅游扶贫模式。胡锡茹（2003）对云南旅游扶贫实践进行了总结，有生态旅游扶贫模式、民族文化旅游扶贫模式、边境旅游扶贫模式[79]。从国内实践出发，李国平（2004）根据参与主体、内涵和特色的不同，将旅游扶贫归类为旅游扶贫试验区模式、大旅游大扶贫模式、对口旅游扶贫模式，以及广东在旅游扶贫政策实践过程中创造的立体化旅游扶贫模式4种基本模式[80]。陈琴（2011）总结归纳的旅游扶贫模式有：BOT模式、RHB模式、生态旅游扶贫模式、民族风情旅游扶贫模式、传统旅游模式、非大众旅游扶贫模式、社区旅游开发模式，并归纳出三峡库区旅游扶贫模式有三峡库区旅游移民安置扶贫模式、三峡库区生态旅游模式、三峡库区非大众旅游扶贫模式、三峡库区社区旅游扶贫模式[81]。肖建红（2014）运用PPT的核心理念，以宁夏六盘山旅游扶贫试验区为例，从微观经济效应视角提出了以核心景区为基础的传统旅游PPT模式，以彭阳小流域治理生态景观和西吉马铃薯农作物景观为基础的摄影利基旅游PPT模式，以回乡文化、地域文化、丝路文化和红色文化等文化资源为基础的文化利基旅游PPT模式[82]。王晓伟、戈大专（2019）实地研究发现山东省旅游扶贫村主要形成了依托景区型、农户自组织型、合资共建型等发展模式[83]。此外，"地质遗迹调查+"等特色旅游扶贫模式也正在被推广[84]。

（四）扶贫风险与干预研究

返贫主要表现为两种情况：一是脱贫农户又重回贫困；二是未脱贫农户贫困程度加深[85]。返贫同样作为反贫困战略中的关键环节，主要目的是巩固扶贫成果。国外相关研究没有关于返贫的特定词汇，对返贫研究主要基于贫困动态学和脆弱性贫困角度进行[86][87]。国内学者通常对返贫现象的成因、致贫风险（政策性返贫、环境返贫、发展型返贫…）展开探讨，综合政府、扶贫工作、贫困人口、社会等提出防治返贫的相关对策[88]，建议健全返贫风险预警[89]。冉光荣（2006）描述藏区返贫形势严峻，表现在贫困面大、返贫突出、新的城镇贫困群体的出现与扩大等方面[90]。丁军（2010）等从提升人口素质、完善社会保障体系、建立扶贫监测系统、配套资金管理、配套设施建设等角度提出相关建议[91]。

国内学者对旅游脱贫后的返贫现象还未引起重视，如旅游区内因对历史遗存的保护而出现的"因护返贫"、新村建设中的"因建返贫"等问题[92]。对返贫风险的定量化与实质性研究相对较少。返贫相对于贫困，更具有不稳定性，并且具有隐形性，比单纯的贫困更具危害性，会降低社会对于贫困工作的积极性与信心。据国家统计局测算，2017年湖南返贫率在6%左右，其中湘西州更高至16.4%，远远超出全国平均水平。为通过返贫防控措施彻底解决贫困问题，湖南通过体旅产业融合发展视角对湘西地区展开返贫防控研究[93]。陈超群、胡伏湘（2019）通过长沙市乡村旅游扶贫绩效的综合结果，找出已脱贫农户返贫的关键影响因子并提出相关对策建议[74]。

正如构建反贫困长效机制必须重视扶贫干预的环节前置一样，曾永泉（2008）从社会学角度，定性地思考了社会风险预警与干预机制，建议建立科学的风险意识和健康的社会心理[94]。从社会风险角度，定性分析了返贫风险的类型，建议建设防控机制。此外，可持续生计资本分析也多被用于建构返贫风险综合评价模型，陈超群、罗芬（2018）构建了乡村旅游地脱贫居民可持续生计资本返贫风险综合评价模型，并从长沙市乡村旅游地脱贫居民的人力资本、自然资本、物质资本、金融资本、社会资本5种类型的返贫风险性进行了多层次的实证分析与评价[95]。杨静凤（2020）基于可持续生计框架下运用熵权法、模糊数学法和灰色关联法综合分析民族旅游村寨农户的返贫风险，并从农户生计环境的返贫预警、生计资本的均衡增收、生计适应的长效衔接三个方面构建返贫阻断机制[85]。

聂君、束锡红（2019）认为扶贫成效的初显伴随着返贫风险加剧的矛盾，建议通过模糊层次分析法，建立稳定脱贫的长效机制[96]。整体来看，对贫困地区或贫困人口的返贫研究多基于社会角度展开，但是对于返贫风险干预研究大多局限于一般性策略性探讨，缺乏系统的、具体的解决方案。

（五）关于乡村振兴的研究

1. 何为乡村振兴

2017年10月18日，习近平在党的十九大报告中提出"乡村振兴战略"。保虎（2018年）从边境民族的角度出发，剖析出乡村振兴战略的"二十字方针"蕴含了人本理性，并据此说明"乡村振兴"是一个与农村衰落相对应的综合概念，涵盖了乡村政治、经济、文化、社会、生态文明建设，具有多重功能和价值[97]。刘晓雪（2018年）通过对2018年中央一号文件的解读，指出"乡村振兴必战略"须把解决"三农"问题放在重中之重的位置[98]。郑琼洁和潘文轩（2021年）从发展不平衡不充分的视角出发，对后脱贫时代的农村衰落展开研究，文中解释由于工业化和城镇化的不断发展，农村衰落也成为全球面临的普遍问题[99]。姜德波和彭程（2018年）从"乡村振兴战略"实施视角剖析出我国乡村的衰落现象，既是市场经济运行的结果，也是历史积淀的问题，还是国家在发展战略方面过分偏重工业和城市的结果[100]。王振波和刘亚男（2020年）以新时代为背景并以党的十九大以来的文献为基础，对我国的乡村振兴展开研究述评，"乡村振兴"是为应对新时代社会主要矛盾转变而提出的重要战略，是治理乡村衰退难题的重要举措，更是推动新型城乡关系发展的动力基础[101]。

2.乡村振兴实践及相关研究

乡村振兴的模式多样，学者们从不同背景、不同视角出发，结合振兴地的地域特点和时代特征总结出各具特色的乡村振兴模式。张志胜（2020年）对农村生态环境治理与乡村振兴战略的关系进行梳理，提出了乡村振兴的"多元共治模式"[102]。刘志阳和李斌（2017年）以湖北省咸宁市170名返乡创业者为研究对象，研究了乡村振兴视野下的"农民工返乡创业模式"的创业绩效[103]。王晨光（2018年）通过对一些优秀的乡村旅游案例研究发现，"集体化乡村旅游发展模式"对乡村振兴战略具有积极影响[104]。李晓夏和赵秀凤（2020年）通过对"直播助农新模式"的内涵、发展逻辑和基本范式梳理，发现其具有助推乡村振兴发展的重要意义[105]。郭俊华和卢京宇（2021年）从产业发展是乡村振兴的根本出发，总结出全国乡村振兴的产业模式："生态+"产业模式、"文化+"产业模式、"旅游+"产业模式、"金融+"产业模式和"互联网+"产业模式[106]。朱成晨和闫广芬等（2019年）从乡村振兴的逻辑生长点农村职业教育出发，提出乡村振兴战略的农村职业教育精准扶贫融合模式[107]。肖远平和王伟杰（2019年）从非遗可持续发展视角出发，以西江苗寨对村振兴建设方面的有效尝试研究，剖析了"西江模式"成功的原因[108]。李博和杨朔（2019年）以乡村振兴战略中的治理有效为核心，对陕南汉阴县的"321"乡村治理模式展开探索[109]。拜茹和尤光付（2019年）将乡村振兴战略的基层治理实践归纳为"政府主导的治理模式""弱合作治理模式"和"协同治理模式"[110]。杨园园和臧玉珠等（2019年）以城乡转型功能分区为基础，梳理京津冀地区的乡村振兴模式总结为主导转型区的乡村振兴模式、核心转型区的乡村振兴模式、潜在转型区的乡村振兴模式和限制转型区的乡村振兴模式[111]。龙井然和杜姗姗等（2021年）从文旅融合视角下出发对乡村振兴发展模式进行总结，有城郊融合振兴模式、特色开发振兴模式、休闲农业振兴模式、乡村工业振兴模式[112]。

此外，模式还具有不断演进的功能，乡村振兴模式亦随着时代的发展产生动态变化。武小龙和谭清美（2019年）以新时代转型发展时期为背景，对的费孝通先生提出的"苏南模式"展开研究，发现苏南模式亦开始出现新的发展动向，进而提出"新苏南模式"[113]。

3. 我国乡村振兴战略的关键与实施保障

实施乡村振兴战略须抓好战略关键点，要正确认识乡村振兴战略的关键。蒋卓晔（2018年）指出人才是实施乡村振兴战略的关键因素[114]。王科和王让新（2018年）认为乡村振兴的关键是深挖各种资源优势，包括土地、生态、产业、文化、人力资源五个方面[115]。李韬（2019年）对第三届中国县域治理高层论坛会议进行整理，乡村振兴的关键在"人力要素""制度要素""土地要素"和"资本要素"四个领域[116]。袁方成和靳永广（2020年）在论证土地制度改革是乡村全面振兴的核心支撑中指出，我国乡村全面振兴的关键在"人、地、钱"[117]。

乡村振兴战略的实施离不开制度保障，各学者通过对乡村振兴战略的关键探索，强调乡村振兴应在各方面建立保障。廖彩荣和郭如良等（2019年）提出思想协同保障、产业协同保障、人才协同保障、文化协同保障、生态协同保障、组织协同保障和社会协同保障等7个协同推进脱贫攻坚与乡村振兴保障措施[118]。叶兴庆（2020年）对乡村振兴战略在内的各方面制度进行梳理，强调乡村振兴要对乡村产业、乡村人才、乡村文化、乡村生态和乡村组织提供制度保障[119]。

4. 乡村产业振兴的适宜性与可持续性研究

乡村振兴是新时代解决我国社会主要矛盾和应对世界百年未有之大变局的必然要求，而乡村产业振兴是乡村全面振兴的物质基础[120]。王艺明（2022）认为农民的现代化是乡村产业的现代化的内涵，要依靠乡村的农业资源，把农民作为乡村产业振兴的主体，积极创新创业，在乡村形成业态丰富的产业体系[121]。李琳（2022）认为在脱贫攻坚之后的农业产业可持续性以及其生命力是实现乡村产业振兴乃至实现农业农村现代化一体设计、一并推进的关键[122]。

目前，乡村旅游业是实施乡村产业振兴的切入点，是实现乡村振兴的重要推动力。乡村旅游业的发展促进乡村产业融合与高质量发展。乡村旅游具有显著的经济效应，能带动地方经济的增长，发挥平衡城乡收入的作用[123]。林菁（2021）针对乡村旅游对于乡村振兴战略的实施产生的正面影响进行了深入分析，认为乡村旅游对农村产业结构的调整和农村生态环境的改善具有积极作用[124]。吴思斌，刘细发（2018）认为旅游产业带来的经济效益不能满足乡村经济的全面振兴，但旅游业的发展能带动更多的旅游附属产业发展，形成复合生态循环产业链[125]。

刘畅等（2021）将我国农村产业适宜性的研究大致可分为两个阶段：产业优先阶段（1992-2010年）和生态优先阶段（2011-2020年）[126]。叶有华等（2022）提出发展生态产业是践行"绿水青山就是金山银山"发展理念、平衡经济发展与生态环境关系和乡村绿色发展的核心要求[127]。刘智（2020）通过构建乡村旅游与农村可持续生计系统指标体系，分析张家界乡村旅游与农村可持续生计的耦合协调度的空间格局，并运用地理探测器方法对其驱动机制进行分析，提出乡村产业振兴要求实现产业的绿色和可持续发展，进而实现农村人口的可持续乡村生计目标[128]。

乡村旅游以优美的乡村生态环境作为旅游资源，因此，乡村旅游的发展必定会促进地方政府和居民的环保意识。张香菊等（2019）基于环境正义理论，将环境问题与社会正义结合起来，分析了乡村旅游环境问题产生的根源，认为乡村旅游能带来良好的经济效应，对农村带来的生态环境破坏是不容忽视的，乡村旅游必须同时兼顾经济效益和环境效益，推动乡村旅游的可持续[129]。

5. 乡村振兴的风险性研究

乡村振兴主要面临的风险大致包括：生态风险、土地风险、经济风险、文化风险、美学风险、社会风险和可持续发展等风险。乡村地域的快速现代化，导致生态功能的逐渐弱化，增加乡村面临的生态风险。于金华等（2022）对乡村振兴过程中乡村面临的生态风险进行研究，以苏南乡村的地域特征为基础，选取苏州吴江三白荡北部片区的乡村为研究对象，通过景观干扰度分析和景观脆弱度分析构建生态风险评价体系，并得到研究区生态风险空间分布，提出苏南水网乡村生态风险预防的规划策略[130]。王海卉（2021）对乡村土地资本化的理论借鉴与实践效应进行研究，认为乡村振兴希望将农村闲置的土地进行合理的利用，但不乏城市资本利用乡村振兴的热潮抢先挤占土地，使乡村土地的性质发生转变，乡村土地在进行资本化转变的过程中，政府应及时发挥其引导作用，防范土地资本化带来的风险[131]。杨艳文（2021）提出在我国农业农村现代化转型过程中，农村居民分化加剧可能带来乡村社会割裂与集体行动困境、营利型经纪人主导下的项目进村可能导致乡村公共决策失误，土地大规模流转后经营的不可持续可能带来村集体债务累积风险、村民自治弱化与组织叠加可能带来乡村基层组织内卷化风险[132]。赵晓旭（2020）认为在我国人口老龄化进程中，民族地区面临的农民养老风险相对突出，这也是乡村振兴战略需要着力解决的问题之一。通过对民族地区家庭养老保障、社会养老保障、社会救助制度和商业养老保险现状及存在问题的分析，提出在民族地区宜多种养老保障模式并存，在操作中应考虑到民族地区的实际情况[133]。

乡村振兴的风险防范。张广庆等（2021）分析了目前农地抵押贷款中存在风险的主要原因，有针对性地从政府部门、金融机构和农业经营主体的三个方面提出了推广现代化农业服务平台、完善农业保险等风险防范措施[134]。贺林波，乔逸平（2020）认为地方政府以产业项目推进乡村产业振兴将面临不同的风险转化问题，为防范风险转化，应当扩大乡村产业项目中的"特定权利"，合理配置"剩余控制权"，完善第三方法律解决争议机制[135]。崔煜雯等（2019）认为"互联网+"农业众筹是促进农业转型升级的先导力量，而风险问题制约了其发展，为防控其中的风险问题，在构建风险防控识别体系的基础上，评价风险来源，并且为农户及农企提供合理的风险防控措施[136]。

乡村振兴过程中发展旅游业的风险防范。邓小海等（2022）认为乡村振兴战略下脱贫地旅游发展可能出现后续支撑不足引发的资源沉没风险、市场定位失准引发的经营风险以及过度卷入引发的依赖风险等风险，所以需要精准识别这些风险，并从认知定位、政策机制、产业发展三个层面防范和应对脱贫地旅游发展的风险及其危害的发生[137]。

6. 旅游扶贫与乡村振兴的衔接研究

旅游扶贫与乡村振兴都要坚持以"乡村"为主，确保"乡村"与"城市"在政策、资源等方面的平等。以旅游扶贫为依托的乡村振兴，必须处理由村民、市场和国家构成的多元主体的协调问题。乡村旅游"贫困"的景观化，是旅游扶贫区别于其他旅游的标志性特征之一。

部分学者认为，乡村产业扶贫对乡村振兴具有显著的积极意义。徐晓军，张楠楠（2019）认为在乡村振兴与脱贫攻坚对接的过渡时期，脱贫攻坚为乡村振兴做好一定的基础性准备，但脱贫攻坚引发的乡村新矛盾与高返贫风险等挑战依然存在，必须处理好分配矛盾以促进平等共享、构建脱贫后续可持续的发展机制，才能推动脱贫攻坚向乡村振兴的平稳过渡[138]。吴春来（2021年）认为在后扶贫时代及乡村振兴战略背景下，巩固和提升产业扶贫成果对于乡村产业振兴有积极意义。指出产业扶贫和产业兴旺从政策、要素、竞争三方面具有内在联系的逻辑，此外，产业扶贫和产业振兴的目标都是为了解决农业发展困境以及城乡的不平衡发展[139]。曾迎霄（2022）对乡村振兴与扶贫开发两大战略内在逻辑进行研究分析，发掘乡村振兴与扶贫开发的衔接困难之处，提出促进两大战略有效衔接需做出相应的政策选择，打破部门分割、加快政策衔接、加快人才培养以及加大资金投入[140]。张太宇等（2022）围绕金融支持脱贫攻坚与乡村振兴有效衔接的作用机制、金融支持精准扶贫与乡村振兴有效衔接的江苏实践、脱贫攻坚与乡村振兴有效衔接面临的金融堵点、金融支持脱贫攻坚与乡村振兴有效衔接的实践等方面进行分析和探讨[141]。

❶数据来源： 文献总数： 4432 篇； 检索条件： （题名%='乡村振兴' or title%=xls('乡村振兴'))AND（来源标识码='P01'）; 检索范围： 期刊。

总体趋势分析

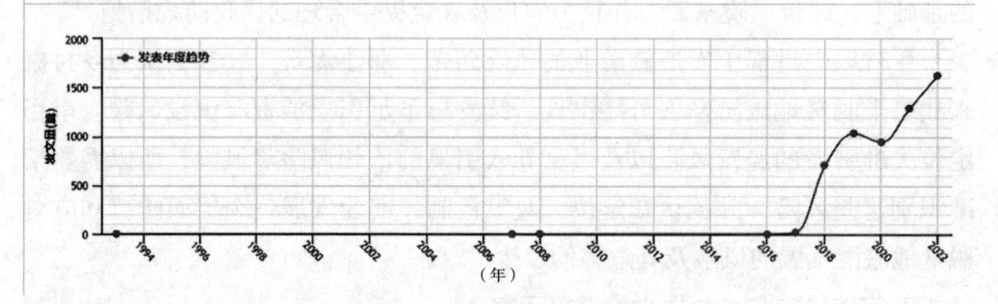

❶数据来源： 文献总数： 590 篇； 检索条件： （title%=xls('乡村振兴')）; 检索范围： 外文期刊。

总体趋势分析

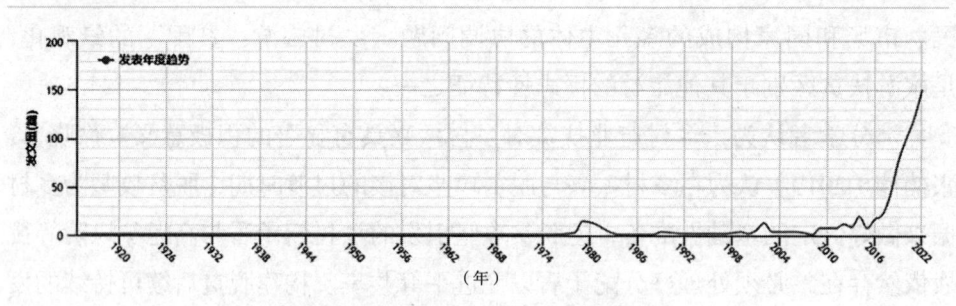

图 2.8　国内外乡村振兴研究期刊情况

三、理论支撑与应用

（一）贫困理论

自 1901 年 Rowntree 提出"绝对贫困"以来，贫困概念不断得到丰富。绝对贫困反映了家庭所拥有的收入不足以维持对食、宿、衣等生活必需品的贫困状态。随着社会的发展，"相对贫困"被用来反映与某一参照在包括收入和其他"相对剥夺"在内的差距。目前来看，发展中国家普遍采用绝对贫困衡量贫困状态，而发达国家则倾向于采用相对贫困。20 世纪 80 年代以来，阿玛蒂亚·森提出了"能力贫困"，将由于收入低下、社会歧视、公共基础设施缺乏及家庭内部资源收益分配不均、政府公共财政支出不到位等因素引起的

"可行能力剥夺"也视为一种贫困。20世纪90年代，由于个体在政治、经济、社会和文化方面的权利丧失所引起的"权利贫困"受到关注。

自1978年始，中国在反贫困理论和实践中先后经历了体制改革推动扶贫（1978—1985）、大规模开发式扶贫（1986—1993）、扶贫攻坚（1994—2000）、深入扶贫（2001—2012）、精准脱贫攻坚（2013—2020）和乡村振兴（2021至今）共六个阶段，形成了基于经济增长、个体发展、制度文化、组织及区域系统视角的反贫困理论。

经济增长视角关注经济增长、收入分配与减贫。马尔萨斯人口学和马克思主义无产阶级贫困理论是西方反贫困理论与实践的基础，在此基础上先后形成了"贫困的恶性循环"（纳克斯）、"低水平均衡陷阱"（纳尔逊）、"循环积累因果关系"（缪尔达尔）等理论。在对上述理论总结并结合中国反贫困实践的检验和融合的基础上，形成了"渭滴效应""益贫式增长""包容性增长"以及"益贫式绿色增长"等理论，并于20世纪末提出了多元发展理论。

个体发展视角关注个人能力和社会权利的不平衡，认为个体不适当于或缺乏性的生产行为导致贫困，以贫困的代际传递理论（刘易斯）、能力贫困理论（阿玛蒂亚·森）为代表。前者推动中国减贫政策由补偿型向发展型转变，后者促成了"可持续生计"分析框架的理论形成和中国实践的推广。此外，20世纪70年代提出的参与式扶贫于21世纪初引入中国，使贫困社区居民的决策、基建服务、社会服务、组织经济活动、管理社区资源、社区发展和治理、贫困群体保障等因素受到关注。

制度和文化向来被认为是可能致贫的原因。制度贫困、文化贫困、权利贫困、全面贫困、社会风险管理、社会质量等理论是该视角的主流理论。随着贫困治理受到普遍关注，上述理论被广泛用于中国贫困地区的贫困机制剖析以及合作、多中心和整体性治理等实践。

区域和系统视角关注贫困与区域和空间系统的关系，将反贫困聚焦于特定区域或空间系统，从系统和动态层面关注反贫困。基于增长极和涓流理论等区域经济增长理论，中国反贫困实践认为，集中连片贫困和少数民族贫困地区应关注产业升级和新兴产业发展，加强区域协同与经济合作，增强贫困人口的学习和创新能力。

经历了共同富裕、扶贫开发、精准脱贫等理论与实践，中国在反贫困理论和实践上走出了以社会保障兜底，关注精神、教育、生态脱贫和内源式的科学的乡村振兴发展道路。

受区域视角启示，结合调研便利性，研究以三峡库区为案例区域；由于研究不具有历时性特征，主要关注案例区域的绝对贫困；受反贫困经济、制度和文化，以及系统视角的启示，在具体调研中通过贫困个体调研、贫困社区调研、扶贫干部访谈、帮扶企业负责人和管理者访谈，既关注了案例区域贫困个体在经济、能力和权利上贫困，又关注了案例区域贫困社区在基建、社会服务、经济产业活动、社区资源特征与管理、社区发展和治理能力等贫困环境。

（二）风险管理

"风险"的由来有二。其一是远古渔民在长期的劳动实践中体会到"风"带来的便利与未知的危险。其二则源于意大利语"risque"，早期被认为是客观的危险；19世纪后常用于与"保险"有关的事务。*Risk Management*：*Principle and Guidelines*（*BS*：*ISO31000*：*2018*）（《风险管理：原则与指南（2018）》）将"风险"定义为 *effect of uncertainty on an organizations' objectives*（"不确定性对组织目标的影响"）。该国际标准认为，风险管理由风险识别、风险分析和风险评估组成。

20世纪30年代提出的风险管理理论于20世纪50年代发展成为美国工商企业的一种管理方法，并于90年代在发达国家企业得到广泛应用。《中央企业全面风险管理指引》基于美国COSO理论，将风险管理定义为"企业围绕总体经营目标，通过在企业管理的各个环节和经营过程中执行风险管理的基本流程，培育良好的风险管理文化，建立健全全面风险管理体系，包括风险管理策略、风险理财措施、风险管理的组织职能体系、风险管理信息系统和内部控制系统"。

2020年《关于抓好"三农"领域重点工作 确保如期实现全面小康的意见》指出，脱贫攻坚取得全面胜利后，扶贫工作重心向解决相对贫困转移。

2021年习近平在《在全国脱贫攻坚总结表彰大会上的讲话》中要求，要切实做好巩固拓展脱贫攻坚成果同乡村振兴有效衔接各项工作，对易返贫致贫人口要加强监测早干预，并适时组织开展巩固脱贫成果后评估工作，坚决守住不发生规模性返贫的底线。防止规模性返贫是巩固拓展脱贫攻坚成果同乡村振兴战略有效衔接的基本要求和关键任务。

当前，风险管理理论被视为贫困预防的主要理论。尽管2020年年底中国已经全面完成脱贫攻坚目标任务，但由于贫困地区致贫原因复杂性，旅游产业的脆弱性、市场需求的个性化以及包括公共卫生安全等多致贫因素的不确定，返贫及衔接乡村振兴中的风险预期及预防成为学术关注的重点。本研究在致贫多因素分析的基础上，完成了三峡库区旅游村社返贫风险因素分析，总结了返贫风险特征，归纳了返贫发生路径和风险评价，解析了三峡库区乡村振兴的土地、生态、经济、文化、美学和社会风险，构建了三峡库区旅游村社返贫风险预警系统框架与模型，以及返贫干预机制。

（三）协同理论

协同学是一种从同一观点出发，将复杂系统分解为各个子系统，通过大量子系统基于平衡空间和时间的有序性研究，演变为趋向协同一致和产生质变，形成新的结构和功能。其不仅对远离平衡状态的开放式系统进行研究，同时也对处于平衡状态的封闭式系统进行研究[142]。研究的内容是系统内部的各个要素或者子系统之间或者要素与系统之间、系统与外部环境之间、系统与系统之间所存在的非线性作用而形成的各种互补、合作以及协调关系。其核心思想理念就是"协同导致有序"，而这一核心思想则是协同效应原理、支配原理以及自组织原理三种基本原理共同作用之下形成的[143]。

三峡库区的旅游乡村的反贫困及衔接乡村振兴实践，涉及包括旅游产业在内多主体、区域、多层面、多因素的协同。本研究以协调学为指导，分析了三峡库区旅游扶贫和乡村振兴的社会经济关系，确立了社会协作思路与原则，构建了基于经济产业要素、旅游产业要素、区域关系、利益关系以及政策等方面的社会协作机制，提出了以组织、政策、财物、技术和社会保障为主要内容的社会协同保障体系。

(四)贫困根源理论

关于贫困产生的原因,国内外学者从不同角度进行了大量研究。基于复杂的现实情况,不同的国家、地区,乃至同一地区的不同时期的贫困成因都可能不同,由此出现了众多的贫困根源理论。

马尔萨斯的"人口法则"指出人口增殖力比土地的生活资料生产力无限地大,并认为贫穷是这个法则绝对必然的结果[144]。纳克斯的"贫困恶性循环"理论认为贫困的原因是资本的缺乏,其认为资本是经济发展的关键,资本的匮乏使得经济发展和摆脱贫困十分困难[145]。大卫·莫尔的社会职能分层学说认为每个社会的发展都需要很多不同的位置,因工作位置的不同,整个社会被分成许多层次,这样就产生了收入、地位和权利的不平等。这种报酬和他们的分配成为社会秩序的一部分,因此,社会分层以及由此产生的不平等和贫困是普遍的和不可避免的;发展学者的贫困学说则认为贫困国家片面采取"西化"的发展战略是贫困的根源所在,特别是不切实际的工业化赶超战略,忽视了农业和农村的发展,特别是农村贫困问题。康晓光的区域性贫困成因学说中提及自然条件、发展起点、制度创新、市场机制、政治结构等都是影响区域经济发展的重要因素,这些因素的共同作用造成了区域的贫困[146]。夏永祥的恶性循环和恶性均衡学说认为贫困地区农户的心理基础是生存需要,在小农心理预期(多投入产出心理与边际劳动生产率和边际土地生产率递减规律的矛盾)和小农生产特点(自给自足,多投入与就业机会为零或接近于零的矛盾)与客观经济规律背离,导致了"越穷越生—越生越穷","越垦越穷—越穷越垦"等几个恶性循环;环境决定学说认为恶劣的自然环境、交通条件是贫困的根源[147]。能力剥夺学说中诺贝尔经济学奖获得者阿马蒂亚.森认为,贫困是权利被剥夺的结果,贫困是因为交换权利的恶化。认为贫困更多的是因为能力被剥夺的结果,是缺少各种经济机会以及交换权利束的残缺或缩水的结果[148]。杨小凯等新兴古典学派提出的分工和交易学说认为贫困地区的贫困是因为缺乏分工和交易,而这又是因为交易效率的低下使然(交易效率的高低决定着均衡投资回报的高低,因而作为节约交易费用的制度安排则成为贫困分析的落脚点)[149]。世界银行在其2000至

2001年发展报告中指出，无发言权、无权无势是贫困的制度性基础，也提出了安全保障（可能就是社会保障）的缺乏是贫困的成因之一[150]。

贫困根源理论学说都是基于某个国家或地区在特定的时间段的贫困缘由，或是对贫困缘由进行共性因素的归纳。我国的贫困原因有一定共性的同时，必然有个性缘由，在各个地区会出现差异。三峡库区致贫原因除了三峡库区地理条件、交通条件外，26个区县还存在各自不同的特殊原因。治理贫困和进行返贫预警机制建立，对当下贫困原因追根溯源是必然步骤，各个地区不同的致贫根源分析应结合当地实际情况，实地调研成为基础方法。对此，本研究走访三峡库区的典型旅游扶贫村（点），基于贫困户的旅游扶贫感知分析和扶贫干部的走访调查，从而总结出三峡库区旅游扶贫点的贫困原因和特征，为后续的返贫干预机制提供依据。

（五）权利贫困

权利贫困是指社会里的部分人群（一般是社会弱者）在政治、经济、社会和文化权利等方面享有不足的状态，该理论由阿玛蒂亚.森提出，其以权利方法为核心，将一定政治经济背景下的权利集合的剥夺与被剥夺作为贫困分析的进路，将贫困理解为权利被剥夺到一定程度的结果。阿玛蒂亚.森的权利分析方法以贫困的极端现象——饥荒作为起点，通过分析不同阶层的权利集合，将贫困分析精确到个体层面的权利差异及其影响因素[151]。而权力体系包含以交换为基础的权利、以生产为基础的权利、以自身劳动力为基础的权利以及以继承或转让为基础的权利等四个方面。阿玛蒂亚.森所指的权利，是一个人能够通过自己的合法劳动取得收入和生活必需品，以此来满足自己的基本生活需要。如果说一个人丧失了能够独立地行使自己权利来满足自己生活的需要，那么他将会很快走向饥饿的状态，严重的还会丧失生命。

就贫困地区而言，权利贫困主要体现在社会权利、经济权利和文化权利层次的贫困。社会权利的贫困，主要体现在某些农村地区与城镇居民有一定的差距，不论是医疗保险和养老保险的标准方面，还是社会福利的种类上，城镇居民都享有优越于农民的待遇，不同区域也存在着很大的差距[152]。经济权利的贫困则主要是体现在就业机会方面，进入城市务工的农民受到排斥或一定的限制，虽然有受能力因素的影响，但就其机会层面来看，该类权利有所缺失。而文化权利的贫困，主要体现在农民在受教育权上面的不平等待遇。政府把大量的教育资源往城市倾斜，教育资源分配严重不均，教育机会严重不均等，这直接导致了"城乡教育资源的不均衡、教育机会的不公平、教育质量的相对低下、教育费用的高涨以及就业难等问题"[153]。农村居民难以享受到高质量的教育，导致农村居民的知识性贫困和能力性贫困，造成贫困的代际传递。

权利贫困其实意味着权利资源占有或分配的不公平，而使得一部分人丧失了可选择的机会和自由，导致贫困的发生，引发社会矛盾冲突。如此看来贫困不单纯是一种收入和供给不足，还是权利与能力不足，所以仅仅依靠单纯的提高收入和社会供给难以实现反贫困的目标，而是要努力地让人们享有生活与自由的权利，让人们最大限度地拥有自由，拥有可供选择的机会。这是对扶贫方式的一种启发，三峡库区的扶贫内容不应该仅仅停留在对地区经济层面的扶持，而应该从方方面面提升地区的整体能力和水平，提高地区居民的社会、经济、文化等方面的权利意识，在建立预警机制时，应从各个层面考虑可能存在的风险，也应该认识到精神层面的贫困和物质层面的贫困同等重要，"扶志"将成为精准扶贫"后2020时代"的关键内容。

（六）可持续发展理论

人类进入20世纪80年代以来，世界范围内的人口增长、资源危机和环境恶化，使越来越多的人感到掠夺性开发资源带来的严重后果，不得不重新认识人与自然的关系，重新寻找人类活动的经济目标、生态目标和社会目标的统一性和协调性。可持续发展理论便由此而生。其核心内容有以下几点：一是发展的可持续性。即当前的决策不应该对保持和改善将来的生活水平的前景造成危害。人类在实现"满足需求"的同时，必须有"限制"的因素；二是发展的协调性。即人类的经济和社会发展必须限定在资源和环境的承载能力之内。或者说，经济、社会与资源、环境四大系统之间要协调发展；三是发展的公平性，即当代人群间、国际间、资源利用分配以及资源利用和环境保护两者效益——分配和负担的公平[154]。在我国，党的十六届三中全会提出的科学发展观重要思想中也呼应了可持续发展理论这一观点，在党的十七大报告中明确指出：科学发展观以"发展"为第一要义，以"以人为本"为核心，以"全面协调和可持续"为基本要求，以"统筹兼顾"为根本方法。

科学发展观作为我国的重要指导思想，是开展各项工作的前提条件，为指导旅游精准扶贫工作的全面开展提供了强有力的理论依据和强大的动力支撑。科学发展观中，基本思想强调可持续，将此观点放到扶贫工作中，就是要求脱贫要具有持续性，即要求扶贫手段的科学性和返贫预警机制的完善性，从而促进贫困地区各个方面的良性发展。旅游精准扶贫工作必须以"发展"为基础，以"以人为本"为核心价值追求，以"全面协调和可持续发展"为基本要求，以"统筹兼顾"为根本方法。三峡库区的某些地区选择发展旅游业为扶贫手段，是可持续发展的体现。旅游业本身就是一个可持续的产业，其在为地区增加收入、脱贫致富的同时，改善了周边的基础设施，对当地资源进行开发的同时实现了保护。

（七）风险管控理论

风险管理理论从20世纪30年代开始提出，首先在美国保险业中实践，50年代发展成为美国工商企业的一种管理方法，90年代在发达国家企业得到广泛应用。《中央企业全面风险管理指引》对于风险管理的定义是：全面风险管理，指企业围绕总体经营目标，通过在企业管理的各个环节和经营过程中执行风险管理的基本流程，培育良好的风险管理文化，建立健全全面风险管理体系，包括风险管理策略、风险理财措施、风险管理的组织职能体系、风险管理信息系统和内部控制系统，从而为实现风险管理的总体目标提供合理保证的过程和方法[155]。该定义是基于美国COSO理论提出的，风险管理定义的明确可以帮助管理层理清企业存在的风险管理问题和相应的解决措施，有利于企业重视风险管理并加强风险管理，提高企业应对风险的能力。美国COSO将企业风险管理定义为：企业风险管理是企业的董事会、管理层、和其他员工共同参与的一个过程，应用于企业的战略制定和企业的各个部门和各项经营活动，用于确认可能影响企业的潜在事项并在其风险偏好范围内管理风险，对企业目标的实现提供合理的保证[156]。

随着各项扶贫工作的展开和扶贫政策的落实，扶贫效果日见成效。2020

年成为扶贫工作的一个节点,新时代脱贫攻坚目标任务如期实现,但这并不意味着扶贫工作的终结。贫困地区致贫原因本就复杂多样,加之旅游业的脆弱性和市场发展和众多不确定因素的存在,需要提前预警,提高对危机的识别、积极准备与预防各种风险的发生。习近平总书记指出,各地区各部门要总结脱贫攻坚经验,发挥脱贫攻坚体制机制作用,保持脱贫攻坚政策总体稳定,多措并举巩固脱贫成果。即要求现有的脱贫成果具有持续性,要求我们建立可行的监测预警机制,从而对相关风险进行有效监控。本研究基于此,建立预警模型,提出干预机制。

四、脱贫攻坚与乡村振兴的政策解析

(一)脱贫攻坚政策解析

学术文献的关键词表征了论文的研究主题,是学术文献的基本要素之一,其通常由文献的核心内容来确定。与学术文献相类似,早期我国的政策文献在制定时,也必须由文件的制定者确定表征文献核心内容的特征词汇,成为主题词,其概念与学术文献的关键词相接近。本节通过国务院扶贫办官网《公开扶贫政策》一栏,以"旅游扶贫"为关键词,搜索相关国家部委颁布的旅游扶贫政策文件,对收集到的文件进行一一阅读筛选(截至2020.11),剔除和旅游扶贫不相关的政策文件,最终确定涉及关于《实施乡村旅游富民工程推进旅游扶贫工作的通知》《国家旅游局关于进一步做好当前旅游扶贫工作的通知》等共14份文件。这些经由国务院、原国家旅游局、国家发展改革委等部门出台的政策为我国整个旅游扶贫发展提供了重要的指导支持与保障。通过NVIVO对最终确定的旅游扶贫政策文件进行词频分析,统计过程中,停用无关词汇如"支持""推进""加强""实施"等类似的表达动词,再进行数据预处理操作,得出关键词词汇云及高频主题词导向图(见图2.9、图2.10);通过对以上主题词进行解析(见表2.3),划分为六大主题聚类(见表2.4),并总结为以下七方面内容。

1. 目标手段明确

旅游扶贫模式作为深入扶贫攻坚战主要战略之一,目标明确。在

"十三五"期间,力争通过发展乡村旅游带动全国25个省(区、市)2.26万个建档立卡贫困村、230万贫困户、747万贫困人口实现脱贫[157]。旅游扶贫助力2020年我国全面退出绝对贫困范畴,实现社会发展。所要解决的困难一方面表现在要解决贫困群众实际生活和生产困难,另一方面则是精神帮扶,提高贫困群众的造血能力,使产业转型升级,提高可持续发展能力,达到事半功倍之效。

2. 扶贫主体

绝对贫困主要发生于农村、乡村地区。对于贫困区域,我国有重点地采取相关扶贫策略,瞄准贫困人口精准施策,通过建设与改革针对深度贫困地区集中发力,促进发展。除了政府层面,还要积极鼓励相关企业、机构与其他社会力量共同合作促进贫困地区的发展。旅游扶贫区域具有一定的针对性,前提是具备可开展旅游业的旅游资源和条件;其次是对扶贫对象力争全面囊括,从贫困规模(区、县、村、户)、贫困程度(特困、困难、建档立卡、残疾人)等精准施策,共享旅游扶贫发展红利。注重地区协调,提高服务水平。注重城乡一体化发展,提高扶贫服务质量和水平。构成了专项扶贫、行业扶贫与社会扶贫"三位一体"的大扶贫格局。

图2.9 旅游扶贫政策高频词汇云

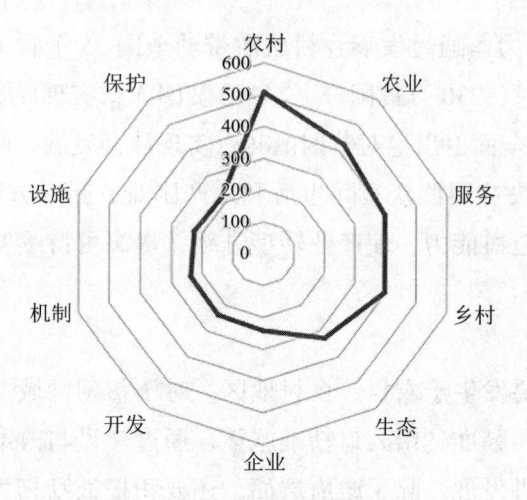

图 2.10 旅游扶贫政策导向

3. 政策支撑

在不同区县设立试点，重点开发先试先行。对于政策执行的人员，通过结对帮扶、政企合作等形式，致力创新旅游扶贫新模式。从政策制定的相关环境因素来说，为了创造能让乡村旅游扶贫政策更好执行的经济、政治、文化、自然环境，一方面发布相关的政策性文件，另一方面通过资金扶持，为政策支撑提供更好的经济环境。

4. 扶贫内容

绿水青山就是金山银山，旅游开发以生态环境保护为发展前提。通过基础设施建设、危房改造、易地搬迁、交通工程等完善人居环境。通过资金扶持，发展产业。依托互联网技术、当地资源与特色，发展一二三产业（农业、农产品、旅游、网络等）；农村贫困地区发展，在依托农业的基础上，统筹资源。深度挖掘农业多种功能，增强农产品产业链，聚焦具有旅游资源、具备旅游发展条件的贫困地区，进行资源的整合与统筹，推进农业与旅游、文化、健康养老等产业深度融合，完成旅游资源的开发，为扶贫工作创造更多"路子"。同时通过职业教育或培训培养旅游人才或劳动力的技术技能，提升能力，鼓励创业，支持带头人引领提升就业机会。

表 2.3 扶贫政策词频分析

排序	词语	频次	排序	词语	频次	排序	词语	频次
1	旅游	1863	16	产业	219	31	创新	144
2	扶贫	593	17	规划	218	32	培训	141
3	贫困	530	18	资源	218	33	农产品	133
4	农村	507	19	鼓励	210	34	就业	132
5	农业	425	20	体系	208	35	市场	130
6	服务	398	21	社会	207	36	农民	129
7	乡村	396	22	改革	197	37	资金	125
8	生态	327	23	特色	187	38	旅游业	124
9	企业	242	24	制度	181	39	合作	123
10	开发	238	25	管理	165	40	教育	122
11	机制	237	26	文化	161	42	政府	117
12	脱贫	232	27	组织	149	43	产品	111
13	政策	231	28	保障	148	44	安全	111
14	设施	226	29	环境	148	45	生产	105
15	保护	220	30	景区	147	46	能力	105
………
98	生活	55	99	贫困县	55	100	补助	54

（资料来源：根据国家部委的相关文件，截至 2020.11）

5. 扶贫重点：精准脱贫、改革创新、生态建设

脱贫攻坚战已经到决胜时期，精准脱贫成为重要手段，散漫式的扶贫已然不能奏效，精准扶贫，对症下药成为热门话题。扶贫方式和扶贫机制体制要不断完善和创新，紧跟时代潮流和形势变化。要始终注重生态环境建设，旅游扶贫需要对资源进行挖掘是无法回避的，因此，生态建设也成为一个伴生问题，要始终将生态建设放在第一位。

6. 管理贯穿全程

旅游扶贫政策通过"计划—组织—管理—监督—评估—保障"等管理环节落实。通过计划制订，完善旅游扶贫规划，明确各主体管理责任、任务职

责、目标与范围；通过政策制定，完善总体指导思想，预先制定旅游扶贫点旅游规划，做到有序发展。通过组织政企、社会力量协作、参与支持扶贫对象，指导鼓励扶贫对象脱贫，鼓励社会力量参与扶贫；同时制定完善返贫工作相关机制以达到实施、落实、统筹、协调的管理目的；监督扶贫工作基本情况，扶贫对象纳入是否符合标准脱贫以及核实其实际情况（问题），做到重点难点优先专项解决；通过检查、考核、制定指标等方式综合评估，防止返贫，及时解决问题，巩固脱贫成果。以上环节与扶贫工作的实现通过制定制度、信息公开而得到保障。

表2.4 旅游扶贫政策文件高频主题词聚类

目标	脱贫
主体	帮扶对象：建档立卡 贫困村 贫困户 贫困区域 民族地区 农民 帮扶力量：企业 政府 城乡 国际 机构 城市 社会
扶贫内容	综合帮扶措施：教育 科技 资金 保险 土地 交通 金融 医疗 安全 经济 专项 产业 创业 技术 职业 政策 旅游产业帮扶：旅游 景区 旅游业 产品 休闲 本底资源：农村 乡村 农业 资源 生态 特色 环境 文化 农产品 森林 基础要素：公共服务 设施 培训 市场 创新 能力 专业 人才 知名度：宣传 品牌 规模 信息
手段	建设 发展 改革 鼓励 合作 引导 参与 带动
前提条件	基础 基本 优势 重点 优先 开发 保护 规划
先试先行	培育 试点 标准 生产 规范 示范 基地
管理	管理 组织 落实 保障 经营 统筹 治理 布局 体系 制度 机制

7. 保障机制的建设

保障机制的建立建设是促进扶贫工作的完成，预防返贫现象发生的重要环节。在贫困地区，对于生态、机制、基础设施、体系、制度等方面进行大力建设及完善，使旅游扶贫工作机制基本建立，政策体系日益完善，产品业态不断丰富，为旅游发展及扶贫创造条件。

（1）制定切实可行的保障措施，层层落实责任。落实工作机制由中央有关部门负责制定政策，明确工作部署，强化考核监督。省级政府有关部门负责完善政策措施，加强协调配合。市县级政府有关部门负责做好本行政区域内的扶贫各项工作,确保政策措施落到实处。

(2)加大投入力度,改革财政投入机制,完善农业补贴制度。各类涉及民生的专项转移支付资金、中央预算内投资要进一步向贫困地区和贫困人口倾斜。

(3)加强技术培训,激发农村人口创造力,激活农业农村内生发展动力,健全农业劳动力转移就业和农村创业创新体制。

(4)强化建设监督管理体制,确保扶贫工作的公平性和公正性。

(5)在发展旅游产业助推旅游扶贫的同时,需做好健康保障,减轻因病致贫风险。

(二)乡村振兴政策解析

以"乡村振兴"为关键词,搜索中华人民共和国中央人民政府官网、中华人民共和国最高人民法院官网、国家税务局官网、国家乡村振兴局等政府官网有关乡村振兴报告、政策和意见,对搜集到的文件进行一一阅读筛选(截至2022年一号文件前),对《中共中央国务院关于实施乡村振兴战略的意见》《乡村振兴战略规划(2018—2022年)》《关于做好2022年全面推进乡村振兴重点工作的意见》等12份文件进行分析(见表2.5)。

表2.5 乡村振兴的主要政策与时点

发布时间	发布网站来源	文件决策名称
2017.10.18	央广网(新华社电)	党的十九大报告,正式提出乡村振兴战略
2018.02.04	中华人民共和国中央人民政府官网(新华社电)	《中共中央国务院关于实施乡村振兴战略的意见》
2018.03.05	中国政府网	《政府工作报告》讲到大力实施乡村振兴战略
2018.09.26	中华人民共和国中央人民政府官网(新华社电)	中共中央国务院印发《乡村振兴战略规划(2018—2022年)》
2021.02.21	中华人民共和国中央人民政府官网(新华社电)	《中共中央国务院关于全面推进乡村振兴加快农业农村现代化的意见》
2021.03.22	中华人民共和国中央人民政府官网(新华社电)	《中共中央国务院关于实现巩固拓展脱贫攻坚成果同乡村振兴有效衔接的意见》
2021.04.29	中国人大网	《中华人民共和国乡村振兴促进法》

续表

发布时间	发布网站来源	文件决策名称
2021.05.18	中华人民共和国司法部官网	《"乡村振兴·法治同行"活动方案》
2021.07.26	中华人民共和国最高人民法院官网	《最高人民法院关于为全面推进乡村振兴加快农业农村现代化提供司法服务和保障的意见》
2021.08	国家税务总局办公室	《关于在巩固脱贫攻坚成果同乡村振兴有效衔接中积极贡献税务力量的通知》
2021.08.27	国家乡村振兴局官网（规划财务司）	中央农村工作领导小组办公室《国家乡村振兴局关于公布国家乡村振兴重点帮扶县名单的通知》
2022.01.04	中华人民共和国中央人民政府官网（新华社电）	《中共中央国务院关于做好2022年全面推进乡村振兴重点工作的意见》

（资料来源：根据国家官网的相关文件，截至2022.01.04）

1. 乡村振兴战略实施需要多部门协作

从发布政策的部门可以看出，乡村振兴需要多部门的协同实施，国家已经从顶层进行了统筹，实施更加有序，乡村振兴需要跨部门协作，制定相关政策并贡献力量。从各地成立的乡村振兴工作领导小组组成来看，其人员来自各个部门，通过制定地方目标规划和统筹重大事项来推动乡村振兴。

2. 乡村振兴战略的主体

乡村振兴面向我国诸多问题的广阔农村与乡村，农村和农民是乡村振兴的主体（见图2.11、表2.6），与脱贫攻坚有较大区别。根据《中国城乡建设统计年鉴2020》，我国目前有49.3万个行政村、236.3万个自然村共占据我国国土面积1273万公顷，村庄人口77671万人。农村与农民在国家发展过程中地位不容忽视，振兴乡村能更好地促进我国发展。同时乡村振兴战略属于一个长期复杂的系统工程，需要多元主体参与共建共治共享，需要政府、社会、人民、城镇多

图2.11 乡村振兴政策关键词词汇云

元协作发展。

3. 工作内容

乡村振兴工作目标体现在"产业兴旺、生态宜居、乡风文明、治理有效、生活富裕"五个方面，具体则涉及非常广的内容。产业兴旺旨在繁荣乡村经济、带动乡村生产、吸引企业与人才以及带动村民就业；生态宜居旨在改善乡村环境、合理配置生态资源；乡风文明是乡村建设的灵魂，旨在保护乡村优良文化、重塑精神；治理有效旨在通过政策、法律等提升和巩固战略实施效果；生活富裕旨在提高村民生活质量、做好脱贫攻坚工作。

表 2.6 乡村振兴政策高频词汇总表

排序	单词	计数	排序	单词	计数	排序	单词	计数
1	农村	964	11	制度	335	21	健全	246
2	乡村	918	12	完善	313	22	产业	244
3	发展	861	13	机制	309	23	创新	230
4	建设	800	14	人民	288	24	社会主义	225
5	农业	625	15	政策	285	25	地区	221
6	服务	515	16	文化	283	26	经济	209
7	振兴	466	17	农民	280	27	特色	207
8	全面	363	18	改革	269	28	基本	206
9	社会	349	19	脱贫	266	29	基础	196
10	体系	344	20	生态	260	30	治理	192
...
98	机构	83	99	技术	81	100	任务	80

（资料来源：根据国家官网的相关文件，截至 2022.01.04）

通过对高频主题词进行聚类分析，可以看出乡村振兴政策文件的核心内容（见表2.7）。其目标是乡村振兴，乡村振兴主体顾名思义就是乡村、农民；乡村振兴需要政府发挥主导作用、社会多方协同、城镇相互扶持、人民共同努力。乡村振兴战略二十字方针内容是"产业兴旺、生态宜居、乡风文明、治理有效、生活富裕"，这是实施乡村振兴战略的总要求，与乡村振兴政策文件中提取出的振兴内容相符合。实现乡村振兴需要通过建立社会主义特色的制度与体系；帮扶贫困人口缩小城乡差距，巩固脱贫攻坚成果。

4. 体制机制保障建设

实现乡村振兴，离不开有效的保障机制，这也是脱贫攻坚的经验总结，乡村振兴任务更复杂、更艰巨，更是需要机制保障与建设。首先，需要对农村相关制度进行完善：农村基本经营制度、土地制度、集体产权制度要适应农村未来发展。其次，需要健全农村机制建设：上下联动机制、多元协作发展的机制、督促检查机制和宣传引导机制。乡村振兴需要践行上下联动的群众路线，产业发展和服务群众多元化，过程权责明确，发动广大群众参与乡村振兴。

表 2.7 乡村振兴政策文件高频主题词聚类

目标	乡村振兴
主体	振兴主体：农村、乡村、村庄、农民
	协作主体：政府、社会、人民、城镇
振兴内容	文明：文化、精神、教育
	生态：环境、资源
	生活：质量、脱贫、攻坚
	法治：政策、法律、公共、安全、依法
	产业：金融、经济、生产、企业、人才、就业
方式	体系、制度、帮扶、巩固、体制
手段	建设、发展、健全、创新、治理、统筹、深化

5. 巩固脱贫攻坚成果同乡村振兴衔接政策解析

中国扶贫开始于 1978 年，扶贫可分为三个阶段：1978—1985 年：在农村经济恢复基础上的大规模减贫；1986—2000 年：反贫困战略的正式开展；2000 年至今：促发展重开发的扶贫新阶段[158]。"十三五"时期，新时代脱贫攻坚目标任务如期完成，在巩固拓展脱贫攻坚成果的基础上衔接乡村振兴，事关第二个百年目标的实现和建设社会主义现代化国家的战略全局。自党的十九大提出实施乡村振兴战略开始，中央就布局脱贫攻坚与乡村振兴的衔接工作，具体时间与政策见表 2.8。

2018 年 8 月 19 日，中共中央、国务院发布《中共中央国务院关于打赢脱贫攻坚战三年行动的指导意见》，在肯定过去五年脱贫成果的同时，提出"统筹衔接脱贫攻坚与乡村振兴：脱贫攻坚期内，贫困地区乡村振兴主要任务是脱贫攻坚"。2021年3月22日，中共中央国务院发布《中共中央国务院关于实现巩固拓展脱贫攻坚成果同乡村振兴有效衔接的意见》明确：全面建成小康社会后，要进一步巩固拓展脱贫攻坚成果，接续推动脱贫地区发展和乡村全面振兴。对两大战略有效衔接问题作出系统而全面的部署。

2019、2020、2021和2022年的"一号文件"都以"三农"问题作为全党工作重中之重提出了巩固拓展脱贫攻坚成果同乡村振兴衔接的有关内容[159]。"做好脱贫攻坚与乡村振兴的衔接""抓紧研究制定脱贫攻坚与实施乡村振兴战略有机衔接的意见""实现巩固拓展脱贫攻坚成果同乡村振兴有效衔接"和坚决守住不发生规模性返贫底线的基础上，促进乡村发展、推进乡村建设、改进乡村治理。

表2.8 脱贫攻坚与乡村振兴政策

规划时期	时间	政策	成果与目标
"十二五"时期（2011—2015）	2015年11月23日	中共中央政治局审议通过《关于打赢脱贫攻坚战的决定》	中国十年扶贫开发（2000—2010）成绩突出，贫困人口减至2688万人，"十二五"期间，全国通过发展乡村旅游实现了10%以上贫困人口的脱贫，人数达1000万以上
	2015年11月29日	《中共中央国务院关于打赢脱贫攻坚战的决定》发布	
"十三五"时期（2016—2020）	2017年10月18日	党的十九大报告中，确保到2020年，农村贫困人口实现脱贫，贫困县全部摘帽	现代农业建设取得重大进展，乡村振兴实现良好开局；新时代脱贫攻坚目标任务如期完成，现行标准下农村贫困人口全部脱贫，贫困县全部摘帽，区域性整体贫困得到解决
	2018年8月19日	《中共中央国务院关于打赢脱贫攻坚战三年行动的指导意见》	
	2019年1月3日	《中共中央国务院关于坚持农业农村优先发展做好"三农"工作的若干意见》	
	2019年3月5日	2019年国务院政府工作报告中提出，打好精准脱贫攻坚战	
	2020年1月2日	《中共中央国务院关于抓好"三农"领域重点工作确保如期实现全面小康的意见》	

续表

规划时期	时间	政策	成果与目标
"十四五"时期（2021—2025）衔接5年过渡期	2021年2月21日	《中共中央 国务院关于全面推进乡村振兴加快农业农村现代化的意见》提出实现巩固拓展脱贫攻坚成果同乡村振兴有效衔接	解决好"三农"问题作为全党工作重中之重，把全面推进乡村振兴作为实现中华民族伟大复兴的一项重大任务
	2021年3月22日	《中共中央 国务院关于实现巩固拓展脱贫攻坚成果同乡村振兴有效衔接的意见》	2025年，脱贫攻坚成果巩固拓展，乡村振兴全面推进；2035年，脱贫地区经济实力显著增强，乡村振兴取得重大进展
	2022.1月4日	《中共中央 国务院关于做好2022年全面推进乡村振兴重点工作的意见》	

（资料来源：根据国家官网的相关文件，截至2022.01.04）

第三章

三峡库区旅游扶贫特征与乡村振兴

一、脱贫攻坚背景下旅游经济与贫困特征分析

根据相关平台查询三峡库区26个区县连续五年[①]的GDP总量、常住人口数量、旅游规模、旅游总收入、贫困人口、贫困率等统计数据（附表1）。通过相关数据整理分析，可以看出三峡库区26个区县的GDP总量、城乡可支配收入、旅游规模、旅游总收入等指标基本上是逐年增加；贫困人口与贫困率等指标则逐年下降。分析其原因，得益于我国稳定的社会环境、快速的经济发展，以及我国脱贫攻坚战略、2020年全面建成小康社会的国家政治战略的推进等。

以2017年为特例[②]，三峡库区26个区县各项统计指标有以下的数据分析平面图（如图3.1~图3.5所示）。

[①] 注：数据为2015—2019年；由于2020年疫情，旅游业受到严重冲击，非正常发展，此处未纳入分析。
[②] 注：2017年为脱贫攻坚中段，也是乡村振兴战略正式开启之年。

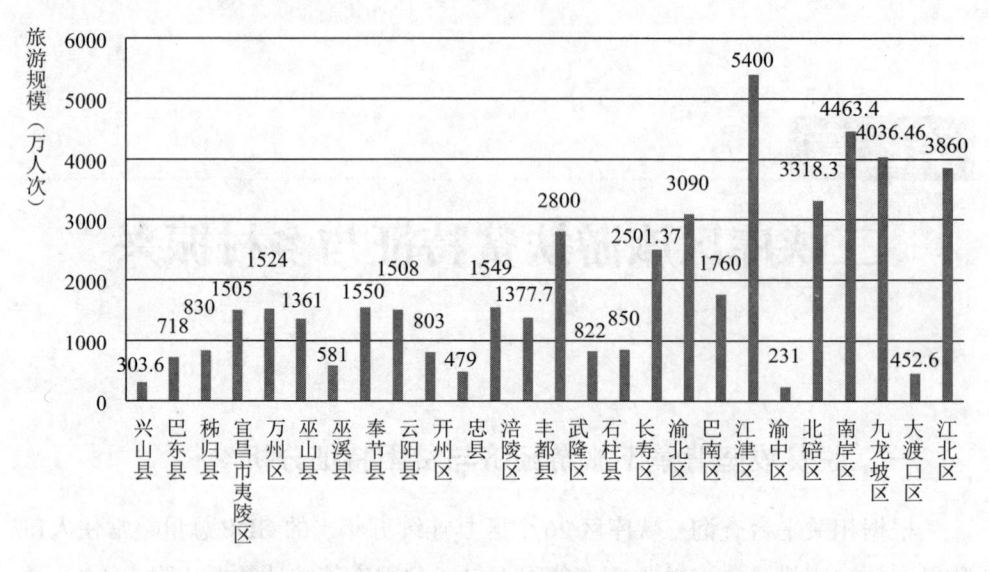

图 3.1　2017 年三峡库区 26 个区县的旅游人数规模

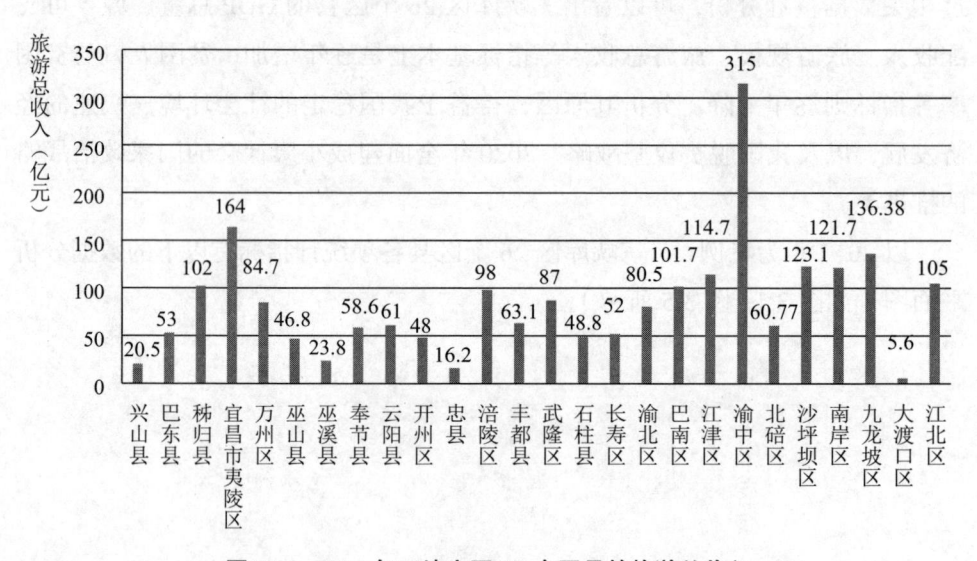

图 3.2　2017 年三峡库区 26 个区县的旅游总收入

第三章 三峡库区旅游扶贫特征与乡村振兴

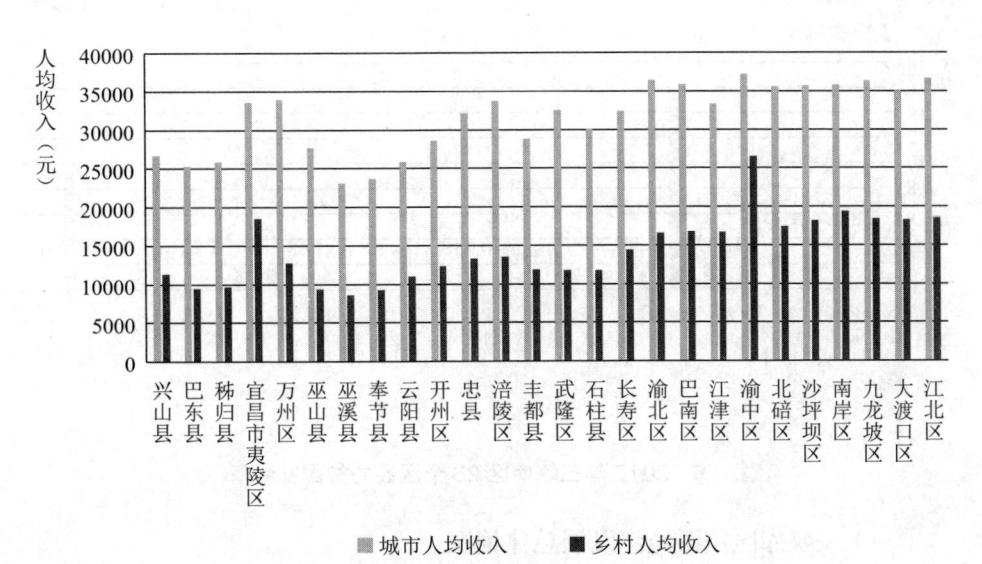

图 3.3 2017 年三峡库区 26 个区县的城乡人均收入

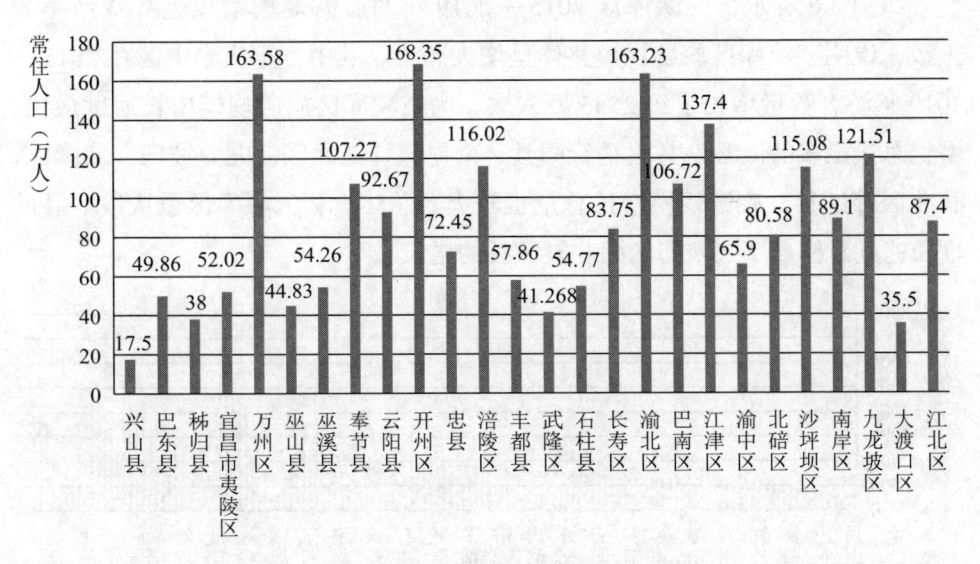

图 3.4 2017 年三峡库区 26 个区县的常住人口

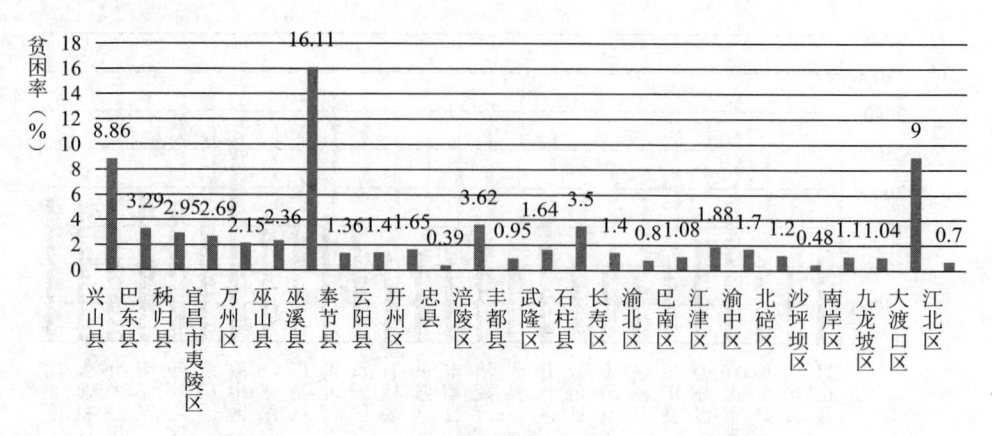

图 3.5　2017 年三峡库区 26 个区县的贫困发生率

（一）三峡库区旅游经济发展总体情况

1. 旅游规模与增长

如图 3.6 所示，三峡库区 2015—2019 年的旅游规模增长趋势线斜率为正数，说明三峡库区旅游规模整体呈增大态势。其中，重庆渝中区在 2015—2019 年游客数量增长了约 2545 万人次，为三峡库区旅游规模增长速度最快、增长总量最多的区县。其次是云阳县、南岸区、江北区、九龙坡区、武隆区、渝北区等区县，旅游规模增长总量也较大。总体上，三峡库区重庆段区县的增长速度总体高于三峡库区湖北段区县的增长。

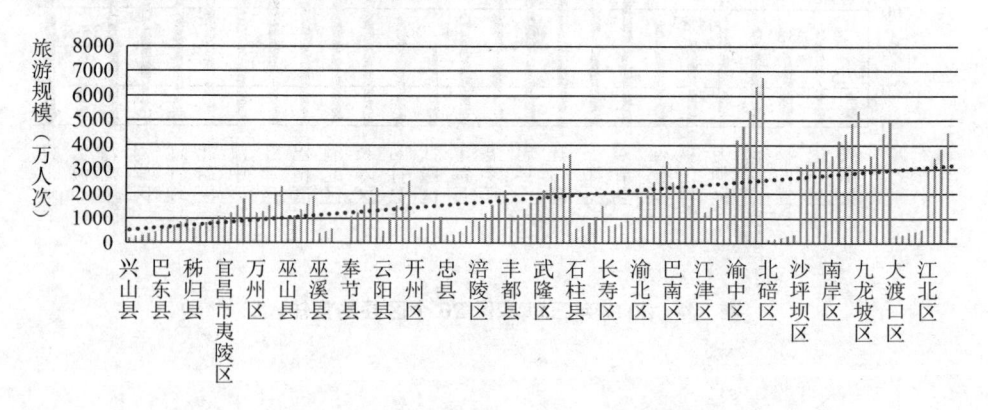

图 3.6　三峡库区 26 个区县 2015—2019 年的旅游规模增长图

（数据来源：根据三峡库区各区县政府官方公布数据，以下同）

2. 旅游收入和 GDP 总量

如图 3.7 和图 3.8 所示，三峡库区 2015—2019 年的旅游总收入、GDP 总量增长趋势线斜率为正数，且 GDP 总量的增长斜率高于旅游总收入的增长斜率，说明三峡库区的旅游总收入、GDP 总量呈逐年增加发展趋势，且 GDP 总量的增速明显高于旅游总收入的增速。其中，重庆渝中区 2015—2019 年期间的旅游总收入增长速度最快、增长总量最大（226 亿元），其次为重庆南岸区、湖北宜昌市夷陵区、重庆涪陵区、重庆武隆区等区县；重庆渝北区 2015—2019 年期间的 GDP 总量增长最大（655 亿元），其次为重庆江北区、重庆九龙坡区、重庆巴南区、重庆江津区等区县。

三峡库区的旅游总收入在 2019 年之前处于稳步增加状态。其中渝中区旅游发展速度极快，这与网红旅游有关，2020 年后由于新冠疫情影响各区县的旅游总收入都受到了不同程度的影响，主城区段受到的影响最大。同时，近 4 年三峡库区 26 个区县的地区生产总值处于稳步上升状态，说明其他产业发展较好，对旅游业的依赖性不大，重庆渝中区 2017—2019 年的旅游总收入增长速度最快、增长总量最大，其次为重庆南岸区、湖北宜昌市夷陵区、重庆涪陵区、重庆武隆区等区县；重庆渝北区 2017—2019 年的 GDP 总量增长最大，其次为重庆江北区、重庆九龙坡区、重庆巴南区、重庆江津区等区县。

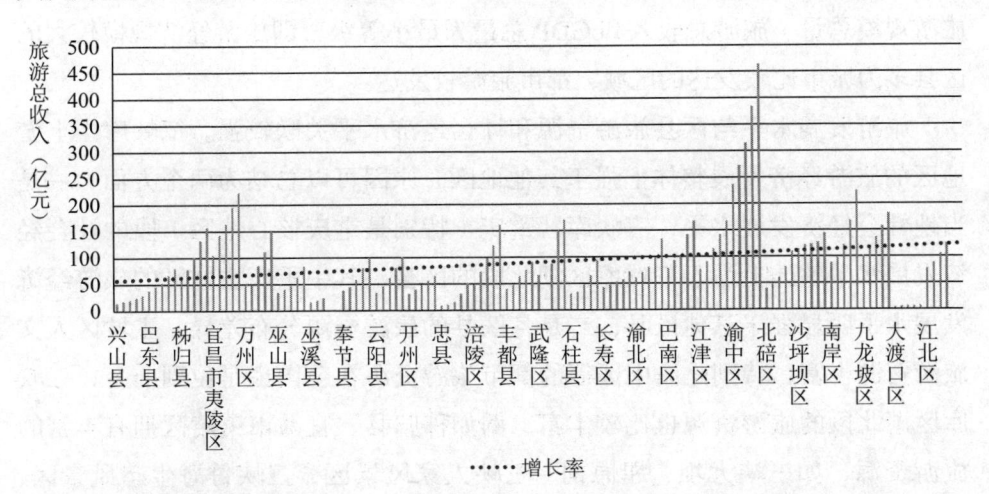

图 3.7 三峡库区 26 个区县 2015—2019 年的旅游总收入与增长图

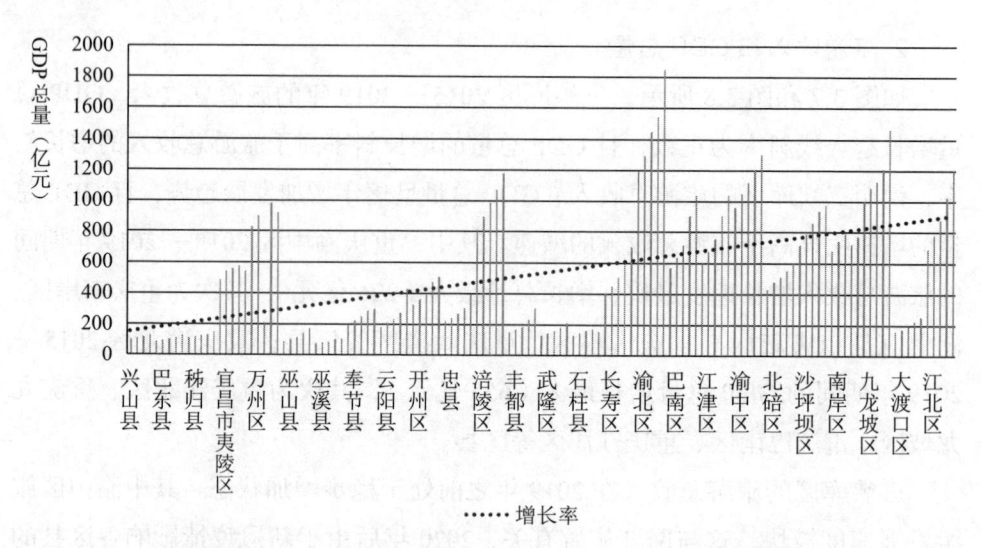

图3.8 三峡库区26个区县2015—2019年的GDP总量增长图

3. 空间分布特征与原因分析

旅游经济的空间分布不均衡。就旅游总收入、GDP总量指标看，三峡库区各区县的空间分布呈现不均衡的发展态势。例如，渝中区、渝北区、南岸区、九龙坡区、江北区等重庆核心城区的旅游规模总量、旅游总收入和GDP总量均为最大；湖北兴山县、重庆巫溪县、湖北巴东县、重庆忠县等区县的旅游规模总量、旅游总收入和GDP总量为最小等级，即旅游经济规模较大的区县多为城市比较发达的区域，都市旅游较发达。

旅游发展水平与区县旅游资源和社会经济水平关联较强。三峡库区上游地区的旅游经济发展整体上强于其他地区。原因可以总结为两个方面，一是当地社会经济发展水平，三峡库区重庆（特别是重庆核心地区）段的社会经济发展水平整体上强于三峡库区湖北段的区县，其中重庆主城区的旅游经济发展水平明显强于其他区县；二是各区县的旅游资源分布差异，主城区人文旅游资源丰富，特别是渝中区等的都市旅游资源在全国也是位列前茅；三峡库区湖北段的旅游资源也比较丰富，例如秭归县、宜昌市夷陵区拥有丰富的旅游资源，如三峡大坝、屈原祠、三峡人家风景区、三峡竹海生态风景区、三峡展览馆等，对该地区的旅游经济起到很大的带动作用（图3.9~图3.11）。

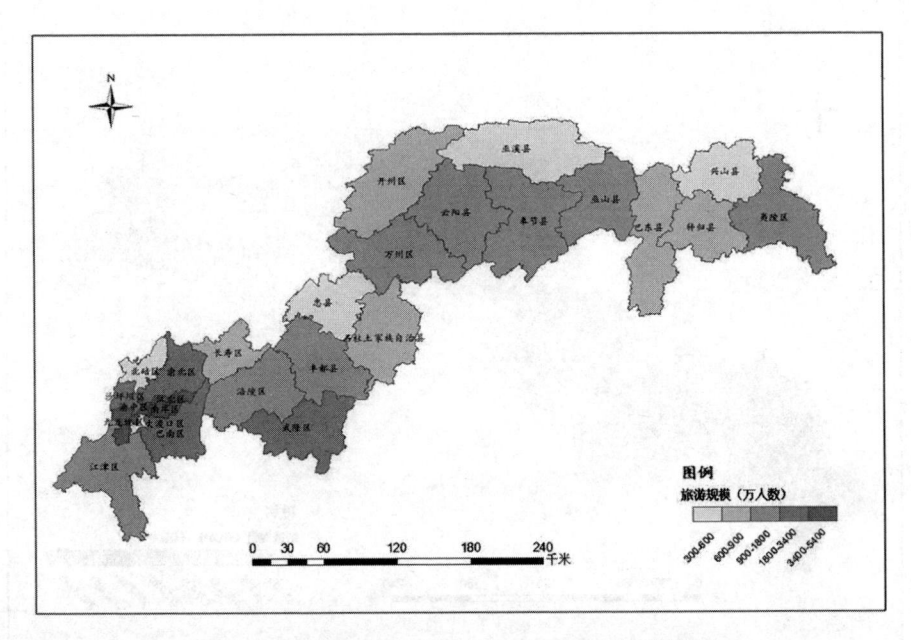

图3.9 三峡库区26个区县2017年旅游规模分布

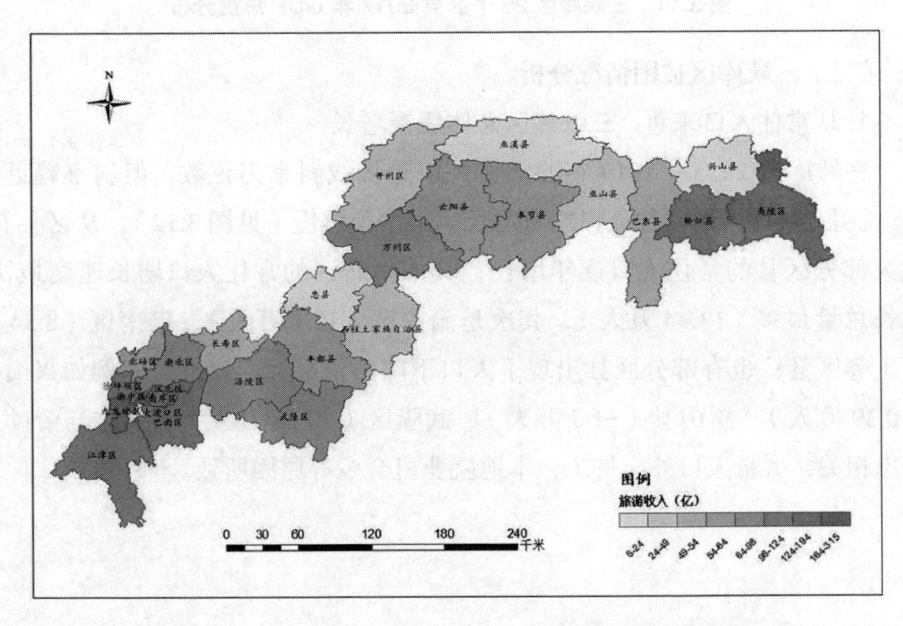

图3.10 三峡库区26个区县2017年旅游收入总量分布

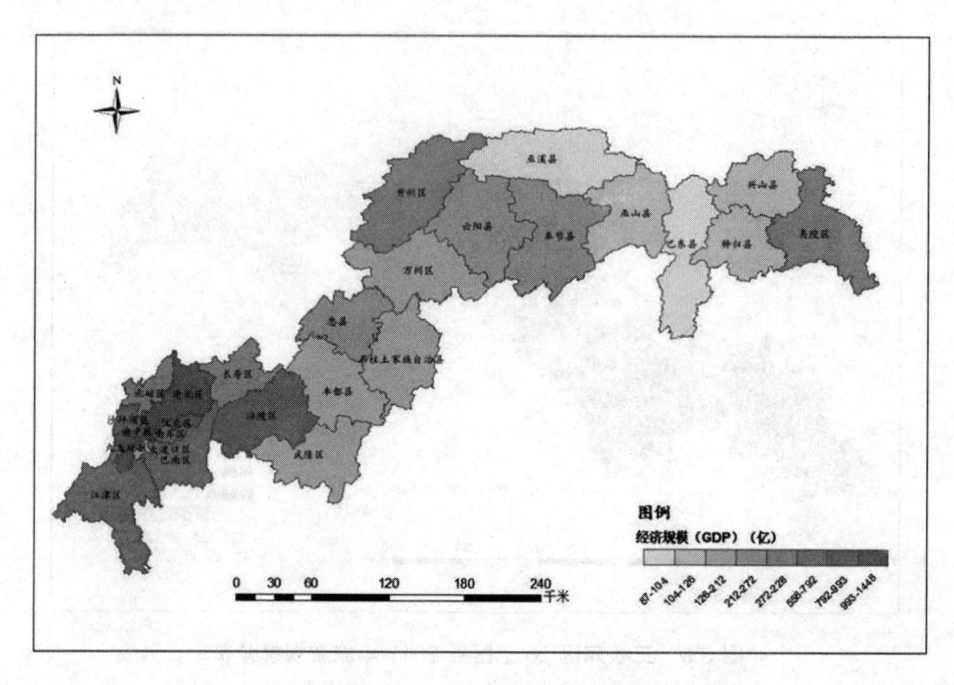

图 3.11　三峡库区 26 个区县 2017 年 GDP 总量分布

（二）三峡库区贫困情况分析

1. 从常住人口来看，三峡库区总体缓慢增长

三峡库区 2015—2019 年的常住人口趋势线斜率为正数，但斜率趋近于 0，说明三峡库区的常住人口略有增长，但增长缓慢（见图 3.12）。从区县看，绝大部分区县的常住人口逐年增长，其中渝北区的常住人口增长速度最快，增长总量最多（13.44 万人），其次是渝中区（13.1 万人）、巴南区（8.54 万人）等区县；也有部分区县出现了人口下降的情况，人口外流，例如兴山县（-0.39 万人）、巫山县（-1.7 万人）、武隆区（-0.38 万人）等，这与劳动力输出相关，大量人口外出打工，本地就业机会少等原因所致。

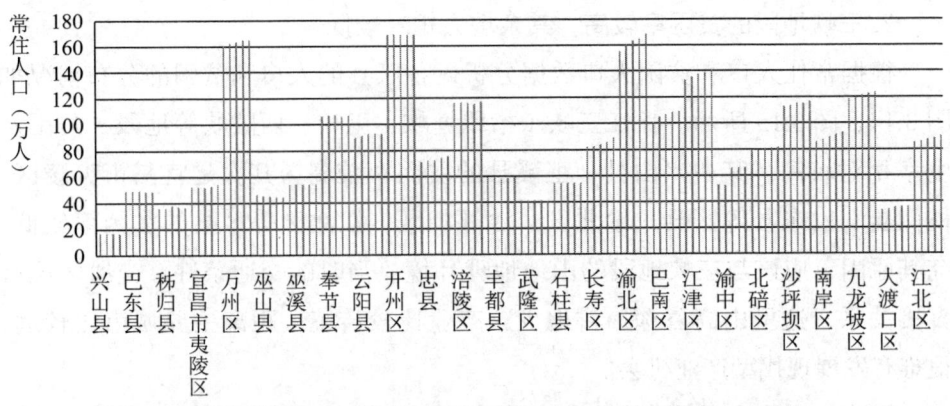

图 3.12　三峡库区 26 个区县 2015—2019 年的常住人口变化

2. 从贫困发生率来看，三峡库区整体显著下降

三峡库区 2015—2019 年的贫困率趋势线斜率为负数（如图 3.13 所示），说明三峡库区贫困率呈显著下降趋势。其中，武隆区 2015—2019 年的贫困率从 2015 年的 13.39% 下降到 0.03%、巴东县从 12.87% 下降到 0.34%、丰都县从 11.22% 下降到 0.02%、奉节县从 11.36% 下降到 0.36% 等，是三峡库区贫困率下降最快的几个区县。结合各区县的经济水平分析，可以发现社会经济基础较弱的区县，贫困率下降的绝对速度较快；社会经济基础较好的区县，其贫困率下降速度相对缓慢，这主要是因为它们的贫困人口总数少，贫困率低。

┈┈ 趋势线斜率

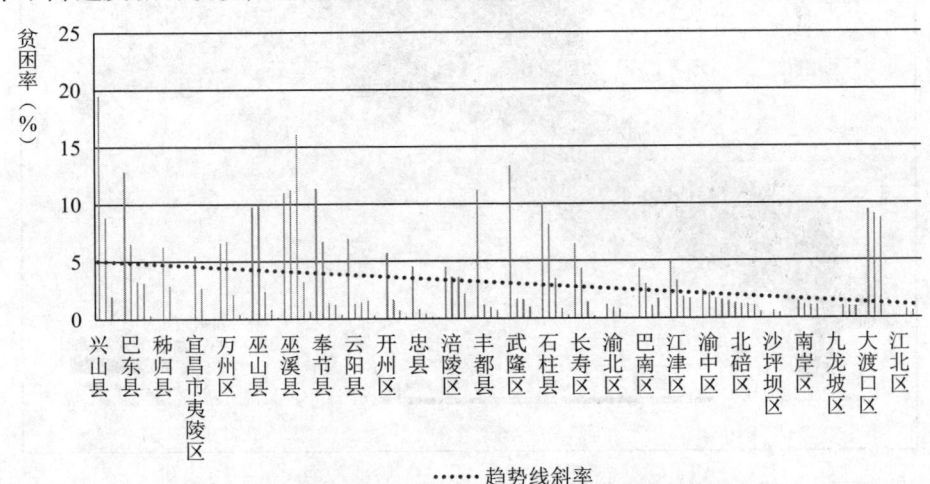

图 3.13　三峡库区 26 个区县 2015—2019 年的贫困率变化

3. 三峡地段的贫困率较高,其余地方相对较低

根据常住人口和贫困人口数据分析,各区县的人口和贫困的分布情况如图 3.14、图 3.15 所示。长江三峡(指瞿塘峡、巫峡、西陵峡等地段)贫困发生率相对较高。其中兴山县、巫溪县的贫困率较高,其次是宜昌市夷陵区、秭归县、巴东县等区县。渝北区、沙坪坝区、江北区等区县的贫困率较低。究其原因,应该与三峡地段的山地地理环境、当时的交通条件、交通区位有直接关系,这里山高谷深,耕地少,产业比较传统;距离主要城市比较远,很难有发展现代型产业机会。

因此,三峡库区的贫困空间分布存在一差异,主要与区县(当地)的社会经济基础、地理条件有关。重庆主城地区的社会经济显然好于其他地区,其贫困率也较小;秭归县、夷陵区等区县的社会经济基础较为薄弱,贫困率相对较高。自然条件和交通区位条件是导致贫困发生的根本原因,在传统经济思维下,三峡库区的资源和条件没有任何优势,甚至与全国比,也是较差的地方。

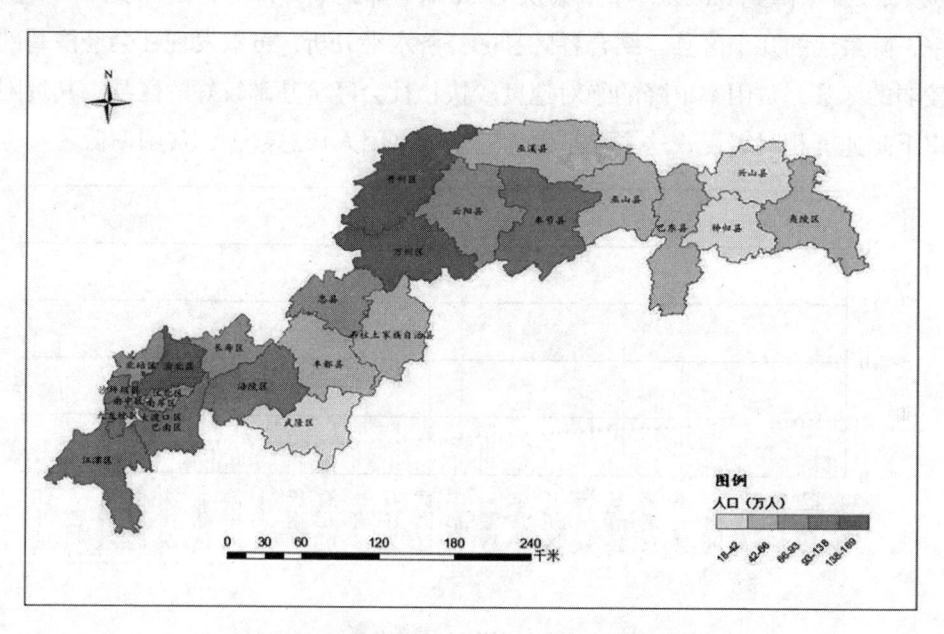

图 3.14 三峡库区 26 个区县 2017 年常住人口分布

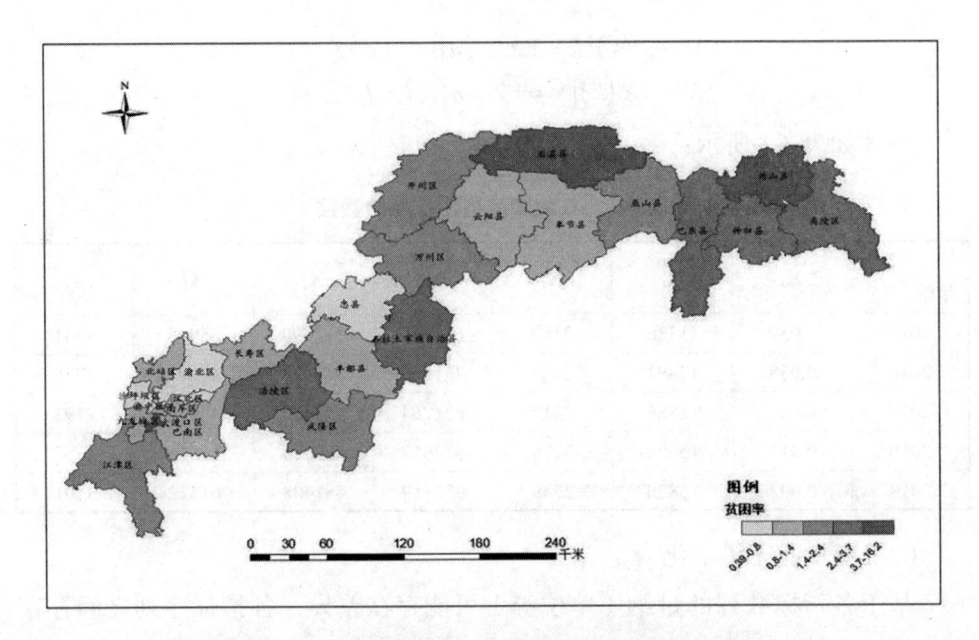

图3.15 三峡库区26个区县2017年贫困率分布

（三）三峡库区旅游与贫困关联性分析

1.灰色关联分析法

灰色关联分析法是对一个系统内各因素间关联程度的定量描述和比较方法，其基本思想是比较参考序列与其他序列几何形状的相似程度（曲线间的关联程度）来判断其关联是否紧密，常用于定量数据的动态历程分析。虽然进行三峡库区旅游与贫困关联性分析只能从比较宏观层面了解二者关系，很难判断旅游起到的具体作用，但作为基础分析还是有必要的。

运用收集到的三峡库区26个区县2015—2019年的统计数据，对缺失的数据进行插值处理有如下的灰色关联分析法过程。

（1）确定分析数列

反映系统行为特征的数列为母序列或者参考序列（Y），三峡库区近五年的贫困率（X_0）即可视为母序列；影响系统行为的序列为子序列或比较序列（X_i），三峡库区近五年的GDP（X_1）、常住人口（X_2）、城乡人均可支配收入（X_3和X_4）、旅游规模（X_5）、旅游收入（X_6）等即为比较序列。

$$Y = \{Y(k) | k = 1, 2, \ldots, n\};$$
$$X_i = \{X_i(k) | k = 1, 2, \ldots n\}, \quad i = 1, 2, \ldots m。$$

具体如表 3.1 所示：

表 3.1　三峡库区各指标原始数据

指标 年份	X_0	X_1	X_2	X_3	X_4	X_5	Y_6
2015	0.059	11336	2162	694128	312890	35918	1531
2016	0.038	12491	2184	761465	347423	41297	1735
2017	0.021	12886	2217	821764	375462	47443	2192
2018	0.012	15004	2229	877632	407015	53626	2767
2019	0.003	16828	2249	972119	451408	61322	3401

（2）变量的无量纲化

基于各指标数列的量纲（单位等）可能存在差异，各指标序列之间存在不便于比较或难以得到正确结论的现象，因此，为保证结果的可靠性，需对各数列进行无量纲化处理，处理的方法主要包括了初值化和均值化两种，此处选用初值化方式，即把每个序列的所有数据除以该序列的第一个数据，便可得到一个新数列，进而消除量纲的差异所带来的影响。

$$x_i(k) = \frac{X_i(k)}{X_i(1)}, k = 1, 2, \ldots, n; i = 0, 1, 2, \ldots, m;$$

计算结果如表 3.2 所示：

表 3.2　无纲量化数据

年份 指标	2015	2016	2017	2018	2019
X_0	1	0.6445	0.3576	0.1984	0.0577
X_1	1	1.1019	1.1367	1.3236	1.4844
X_2	1	1.0102	1.0255	1.0312	1.0405
X_3	1	1.0970	1.1839	1.2644	1.4005
X_4	1	1.1104	1.2000	1.3008	1.4427
X_5	1	1.1497	1.3209	1.4930	1.7073
X_6	1	1.1329	1.4315	1.8068	2.2212

（3）计算关联系数

$X_0(k)$ 与 $X_1(k)$ 的关联系数计算公式为：

$$\xi_i(k) = \frac{\min\limits_{i}\min\limits_{k}|y(k)-x_i(k)| + \rho \max\limits_{i}\max\limits_{k}|y(k)-x_i(k)|}{|y(k)-x_i(k)| + \rho \max\limits_{i}\max\limits_{k}|y(k)-x_i(k)|};$$

其中，$\rho \in (0, \infty)$，ρ 为分辨系数，通常取值为 0.5. 计算结果如表 3.3 所示：

表 3.3　关联系数数值

年份 指标	2015	2016	2017	2018	2019
X_0	1	0.7028	0.5813	0.4902	0.4312
X_1	1	0.7473	0.6183	0.5650	0.5240
X_2	1	0.7051	0.5669	0.5037	0.4462
X_3	1	0.6990	0.5622	0.4953	0.4385
X_4	1	0.6816	0.5290	0.4552	0.3961
X_5	1	0.6889	0.5018	0.4021	0.3333
X_6	1	0.9940	0.9917	0.9943	0.9978

（4）计算关联度

根据公式 $r_i = \frac{1}{n}\sum\limits_{k=1}^{n}\xi_i(k)$ 分别计算出 GDP（X_1）、常住人口（X_2）、城乡人均可支配收入（X_3 和 X_4）、旅游规模（X_5）、旅游收入（X_6）的关联度 R_1、R_2、R_3、R_4、R_5、R_6。经计算，得到 $R_1, R_2, R_3, R_4, R_5, R_6 = (0.6411, 0.6909, 0.6444, 0.6390, 0.6124, 0.5852)$。

表 3.4　综合关联度系数

指标	综合关联度系数	排序
X_1	0.6411	3
X_2	0.6909	1
X_3	0.6444	2
X_4	0.6390	4
X_5	0.6124	5
X_6	0.5852	6

（5）关联度排序

由表 3.4 可知，$R_2 > R_3 > R_1 > R_4 > R_5 > R_6$，说明三峡库区的常住总人口、GDP 与贫困率的关系最为密切，而城乡人均可支配收入、旅游规模、旅游收入等与贫困率的密切程度则依次减小。

2. 关系分析

由上述分析结果可知，三峡库区贫困率与常住人口、GDP 总量关系较密切。人口增加往往能带动 GDP 的增长，能够促进整体贫困率的下降。三峡库区产业扶贫方式多样，而旅游扶贫作为扶贫方式之一，为三峡库区社会经济贡献了能量。旅游规模、旅游收入等与贫困率具有一定的相关关系（与旅游规模、旅游收入的关联度分别为 0.6124 与 0.5852）。而且以上数据还不能完全反映旅游扶贫的综合绩效，它对当地的基础设施、人文环境、生活设施等的建设促进较大。

（1）旅游产业为扶贫事业提供了新的扶贫模式

旅游业具有高附加值、持续性强等特点，如果定位合理、开发得当，能为地方带来良好的综合效益。对扶贫事业而言，旅游扶贫更是一种绿色生态、效益高、效应广的扶贫方式。杨胜明（1997）表示，贵州旅游业的发展，不仅有利于对外开放和经济发展，还促使了 33.15 万贫困人口走上了脱贫致富的道路[160]。张雪、王怡等（2019）则以秦巴山区陕南地区旅游扶贫的探索和经验指出，旅游的发展不仅是打赢脱贫攻坚战的有力抓手，还是生态资源优势转化为经济优势、实现绿色循环发展的重要途径[161]。刘思羽、王梦瑶等（2020）明确指出旅游脱贫是贵州省扶贫攻坚的主要手段，也是实现贫困地区居民和地方财政双脱贫致富的重要途径之一[162]。可以说，旅游产业为我国贫困事业提供了新的模式。

近年来，三峡库区各区县因地制宜，充分利用各自的旅游资源，发展旅游产业，有效带动了居民收入提高，促进了贫困发生率下降等。在实践中，旅游资源较丰富的地区（村）往往也是贫困地区、高山地区等，如秭归县、夷陵区、巫山县、巴东县等都属于这一情况，他们充分利用旅游产业的优点和地方旅游资源，选择了旅游、"旅游+""+旅游"扶贫模式，挖掘地方文化资源、开发旅游产品、改善交通条件和基础设施，各方面取得了好的效果。

（2）旅游业为三峡库区持续减贫困提供了可靠保障

旅游扶贫在促进脱贫增收的同时，也为减少贫困提供了可靠保障。2017年，世界旅游联盟大会上便将"旅游促进减贫"列为大会的三大目标之一。可见，旅游对减贫和可持续发展的贡献已得到国际公认[163]。

2017年三峡库区贫困人口达50多万，且多生活在深山、高山、少数民族聚集区等，虽然土地资源少，但这些地区拥有丰富、独特的旅游资源，这恰是旅游扶贫不可或缺的资源基础。旅游业发展不仅改善了贫困地区的经济和人民生活水平，还将现代文化、技术、生活理念等带进了深山处，帮助贫困村社居民的思想观念得到更新，社区精神文明得到提升建设等。可以说，旅游扶贫不仅帮助解决了贫困地区居民的温饱问题，还极大冲击了他们的思想观念，有助于帮扶贫困户的"精神脱贫"。由于旅游产业是一个高关联性产业，涉及产业领域多，产生的就业岗位丰富，致富领域广，贫困地区居民可享受到旅游带来的各方面红利。

（3）旅游扶贫促进了三峡库区旅游产业的综合发展

旅游产业的发展有助于三峡库区贫困地区的脱贫，其扶贫成效反映在社会经济的方方面面。例如对于贫困户，人均收入逐渐增长；对于当地社会经济，产业经济得到大力发展；对于社会服务，社会基础设施得到大幅改善，居民生活环境得到质的改变；对于人文精神、思想文化，社会风气得到好转，勤劳致富观念得以深化等。可以说，旅游扶贫的返贫率低、可持续性较强、帮助面广。

此外，旅游扶贫又丰富了三峡库区旅游的产品内容，对整个三峡旅游起到较好支撑和提升作用，例如，石柱县中益乡的扶贫旅游进一步丰富了三峡旅游的文化内涵和产品；丰都县旅游扶贫项目对三峡旅游起到了很好补充。

二、乡村振兴背景下三峡库区社会经济基本情况

（一）三峡库区区县人口与地方生产总值特征

由于乡村振兴为2017年提出，2020年既是脱贫攻坚的收官之年，又是乡村振兴第一阶段结束之年，此处研究选取2020年为特例进行分析。根据重庆

市与湖北省的统计年鉴与各区县统计局的区县统计公报，查询三峡库区 26 个区县的 GDP 总量、人均 GDP、农林牧渔业生产总值、常住人口数量、城乡居民人均可支配收入、旅游总收入统计数据。通过相关数据整理分析，可以看出三峡库区 26 个区县的人口和地方生产总值的总量与空间特征。

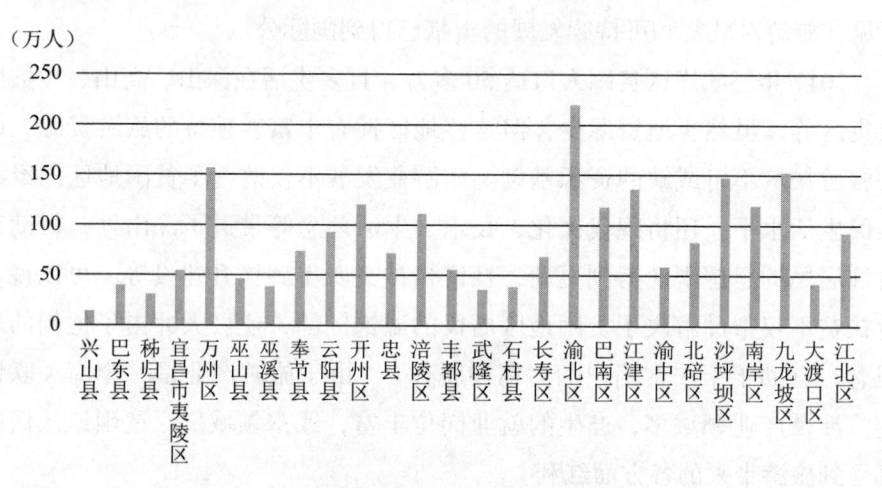

图 3.16　三峡库区 26 个区县 2020 年常住人口

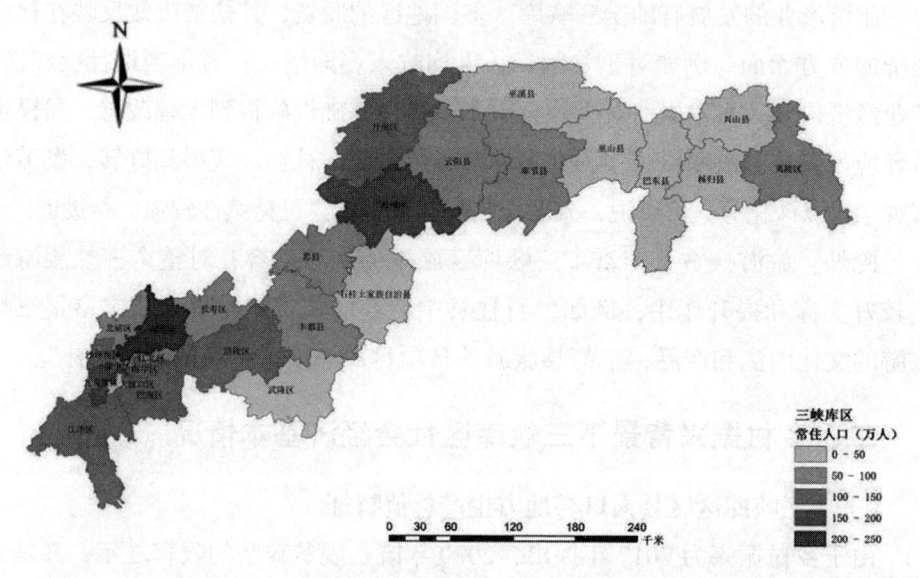

图 3.17　三峡库区 26 个区县 2020 年常住人口分布

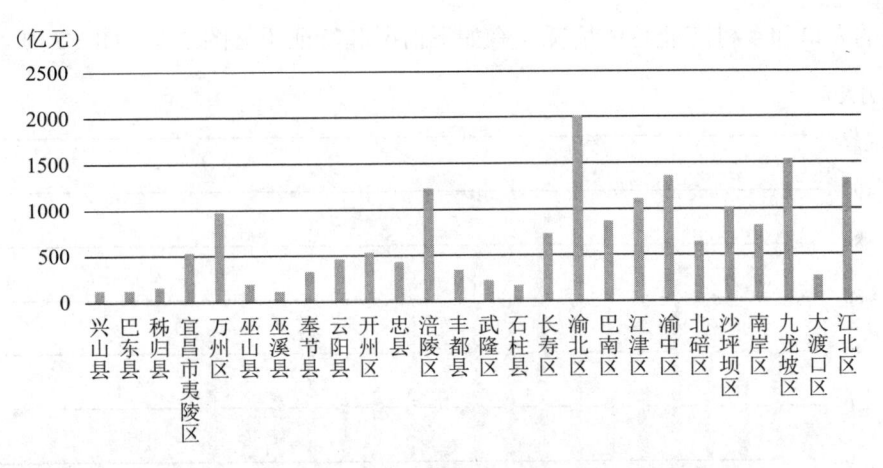

图 3.18　三峡库区 26 个区县 2020 年地区生产总值

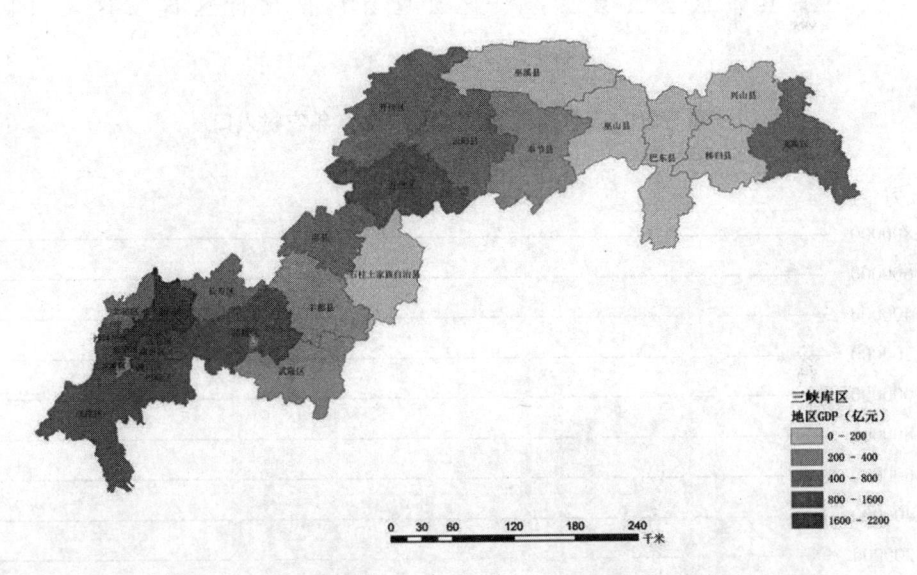

图 3.19　三峡库区 26 个区县 2020 年地区生产总值分布

从图 3.16~图 3.19 可以看出，区县常住人口与地区生产总值较匹配，三峡库区重庆段西南部常住人口与地区生产总值量都较高，经济发展水平高；三峡库区湖北段的宜昌市夷陵区经济发展较好，其他 3 个区县经济相对落后。

从乡村振兴角度看，人力资源是影响发展的重要因素。分析三峡库区区县的人口和乡村产业总体情况，有如下情况和特征（见图3.20~图3.23）。

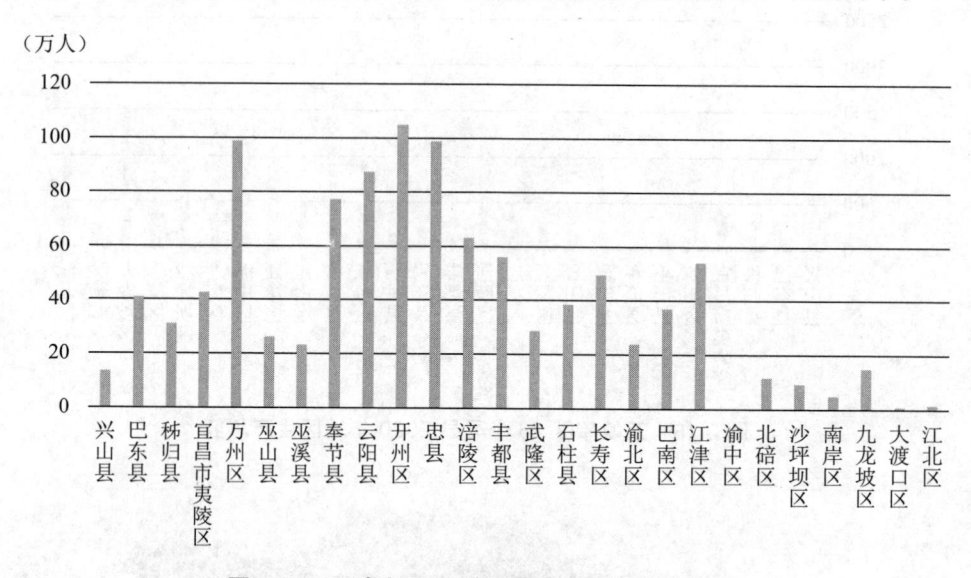

图3.20 三峡库区26个区县2020年农村人口

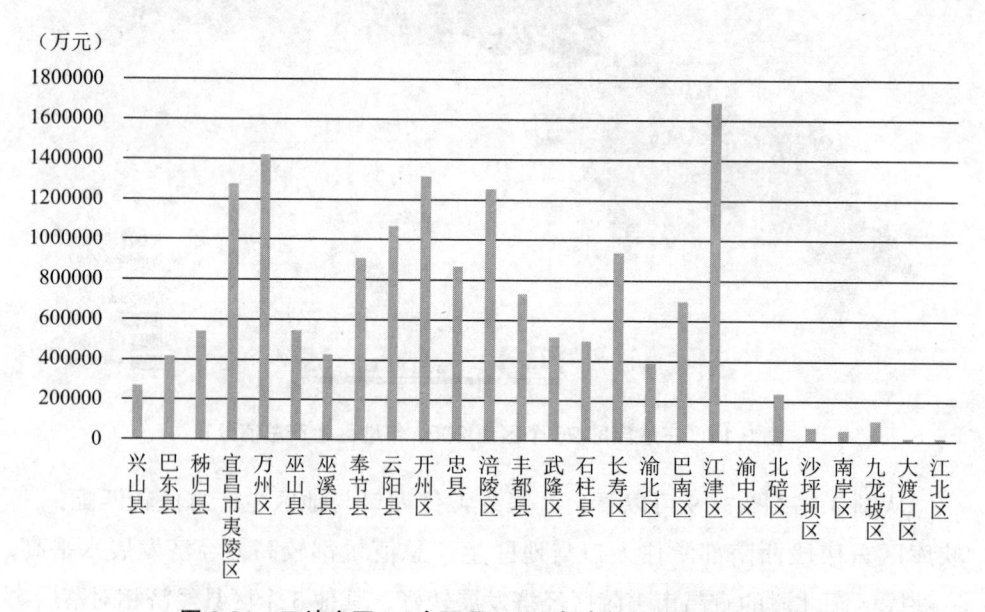

图3.21 三峡库区26个区县2020年农林牧渔业生产总值

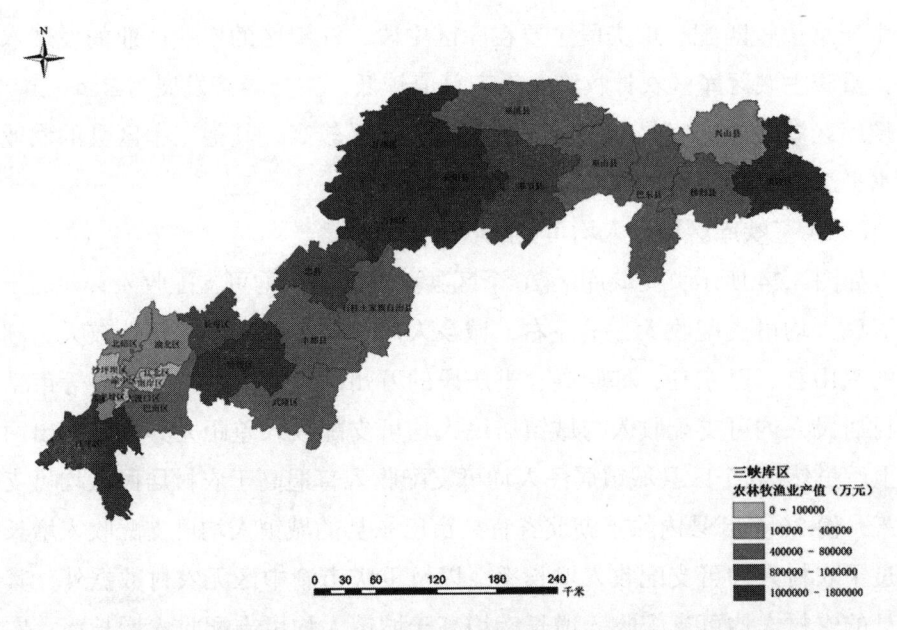

图 3.22　三峡库区 26 个区县 2020 年农林牧渔业生产总值分布

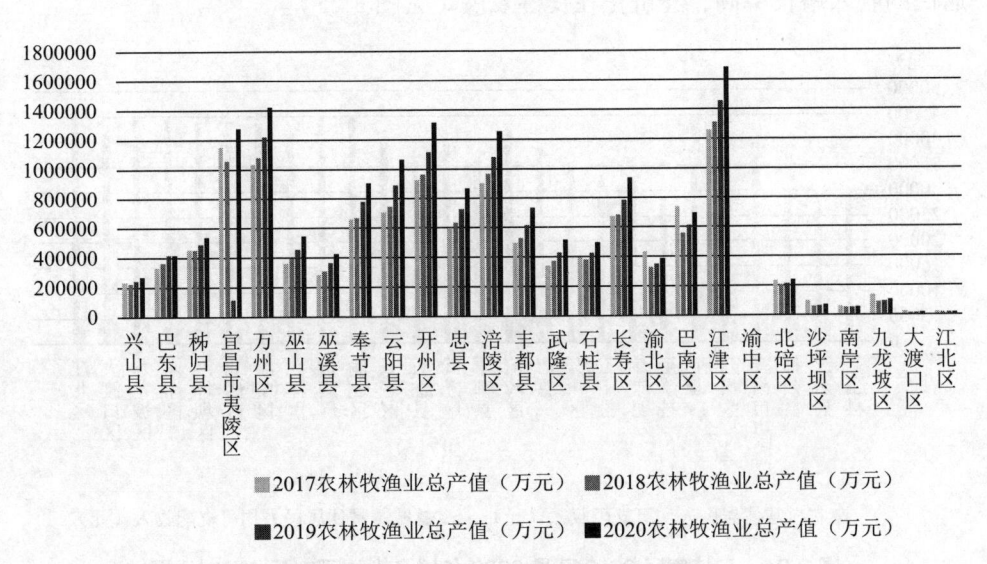

图 3.23　三峡库区 26 个区县 2017-2020 年农林牧渔业生产总值增长

由图 3.22、图 3.23 可见，2020 年三峡库区重庆段的农村人口和农林牧渔业生产总值较匹配，重庆段主要在库区中段，江津区的农业产业的发展水平高，重庆主城区库区农林牧渔业生产总值较低，主要经济发展为二、三产业。三峡库区湖北段的宜昌市夷陵区农业发展水平较高，其他三个区县的农业发展水平总体较低。

（二）三峡库区城乡人均可支配收入

如图 3.24 所示，三峡库区 26 个区县城镇居民人均可支配收入普遍高出农村居民人均可支配收入一倍左右，城乡人均可支配收入差距仍然较大，湖北段的兴山县、巴东县、秭归县、重庆段的万州区、巫山县、巫溪县等市辖县农村居民人均可支配收入与城镇居民人均可支配收入差距尤其大，高出两倍以上。虽然 26 个区县城镇居民人均可支配收入普遍高于农村居民人均可支配收入，但 26 个区县内除了湖北省宜昌市巴东县的城镇人均可支配收入增长率超过了农村人均可支配收入增长率，以及重庆市渝中区无农村数据外，其他区县的农村人均可支配收入增长率均高于城镇人均可支配收入增长率，农村居民的收入增长率高，经济正在良性发展（见图 3.25）。

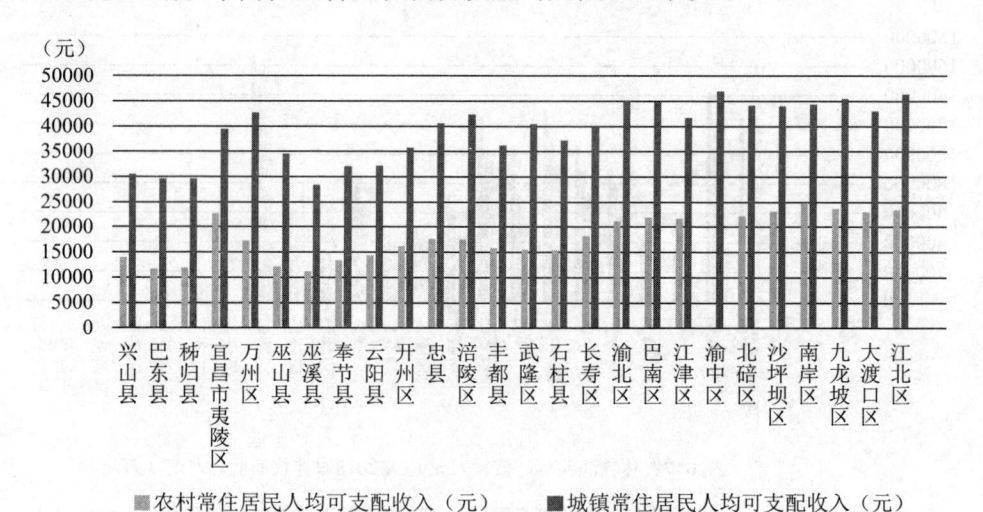

图 3.24 三峡库区 26 个区县 2020 年城乡人均可支配收入对比图

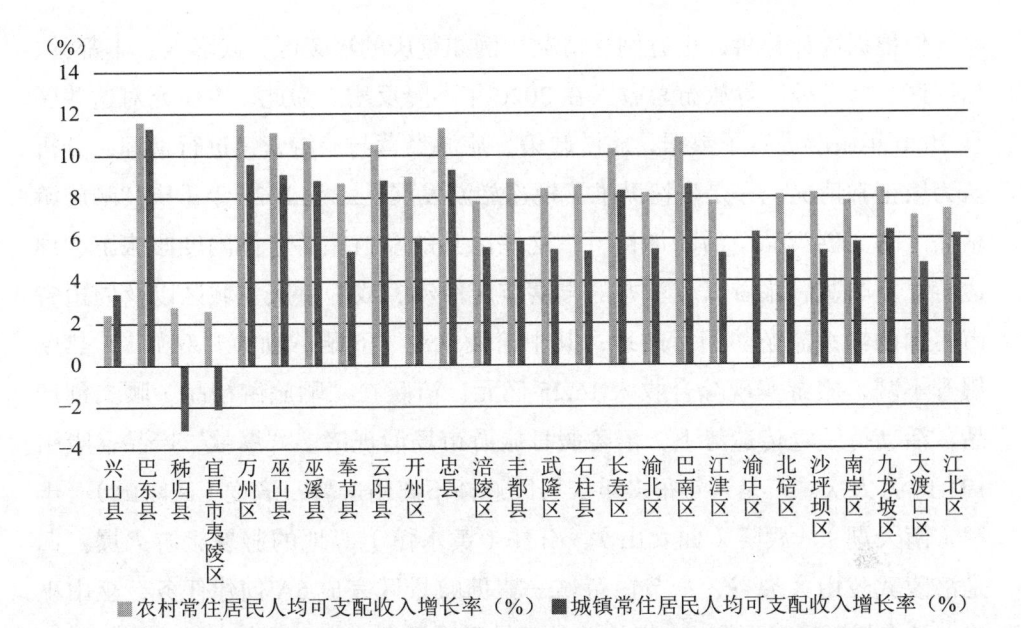

图 3.25 三峡库区 26 个区县 2020 年城乡人均可支配收入增长率对比

（三）乡村振兴战略以来的旅游发展情况

总体上，三峡库区各区县的旅游业在 2017—2019 年基本呈稳定增长趋势，2020 年由于疫情发生，各区县旅游出现了比较明显的下降（见图 3.26）。

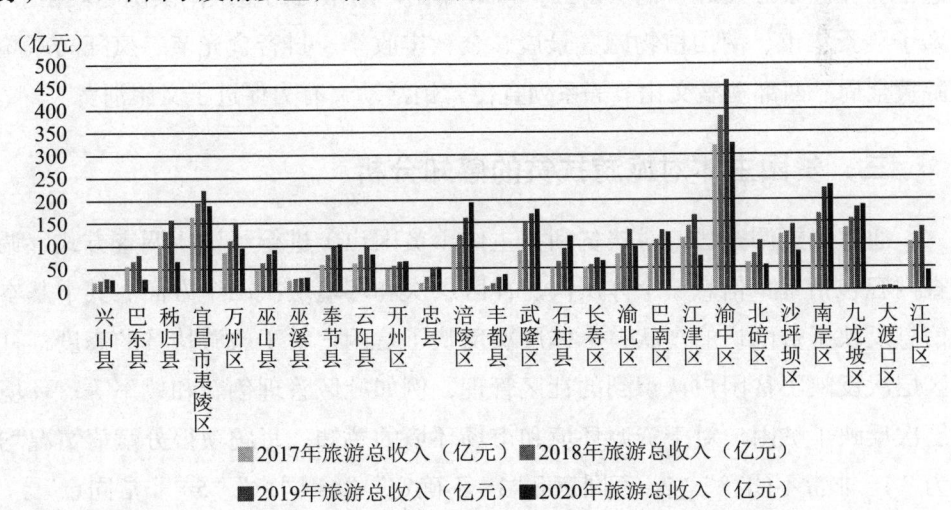

图 3.26 三峡库区 26 个区县 2017—2020 年旅游收入增长图

但根据统计分析，也有例外情况，例如重庆的涪陵区、武隆区、丰都县、南岸区、九龙坡区等旅游总收入在 2020 年不降反增。为此，本研究对这些区县 2020 年旅游进行了数据、旅游政策、旅游经营与旅游营销进行追踪，分析认为属正常情况。一是疫情助推了短途旅游发展。二是 2020 年重庆"晒旅游精品·晒文创产品"活动加持下，这些区县的乡村旅游、休闲度假旅游、周边游、夏季避暑旅游以及举办的丰富节庆活动，成为重庆主城区以及周边省市客源的短途旅游热门目的地；其中涪陵区在"双晒"助力"双节"，热度飙升不减，旅游实现综合收入 16.25 亿元！涪陵在"晒旅游精品·晒文创产品"活动持续宣传造势下，涪陵假日旅游市场涌现诸多"爆款"产品，吸引 191.15 万人次。三是当年很多重庆居民选择不离渝避暑，涪陵（武陵山）、丰都（南天湖）、武隆（仙女山）、石柱（黄水镇）等地的避暑旅游火爆。四是涪陵武陵山大裂谷、奉节白帝城—瞿塘峡景区完成 5A 创建任务，巫山巫峡·神女景区通过国家 5A 级旅游景区景观质量评审列入预备名录，增加了旅游人气；九龙坡区精心挑选策划了重庆九龙坡文化艺术之旅及重庆九龙经典景点体验游精品旅游线路，其中"重庆城市文化艺术之旅"线路成功入选由中国旅游报社推出的"疫去春来 江山多娇"全国 100 条精品主题旅游线路，这个"文艺旅游大 IP"悄然走红，口碑爆棚；南岸区的重庆南滨国际戏剧节、亲子跳蚤集市、南山植物园盆景展、金秋丰收季、抖音食光节、疯狂马戏嗨翻黄金周、西部动漫文化节等系列宣传营销活动，有力促进了文旅消费。

三、贫困主体对旅游扶贫的感知分析

通过田野调查法，对扶贫利益主体（贫困户）进行了访谈调查方式，调查内容包括基本信息、个体层次、社区层次和环境层次四个方面。其中基本信息反映了贫困户的现状；个体层次反映了贫困户对于旅游扶贫的态度；社区层次反映了贫困户认识到的社区管理，例如社区管理创新和效率等；环境层次反映了贫困户对于资源环境和市场环境的感知。每题项得分赋值情况均为"1=非常不同意""2=不同意""3=不确定""4=同意""5=非常同意"。

（一）调查问卷有效性分析

为了简化实地调查的有效性验证，选择以贫困户访谈调查中的社区层次量表为例，进行信度、效度和差异等分析[①]。

1. 信度分析

社区层次量表包含 4 个维度：第三方支持、保障机制、创新能力和市场能力，利用 SPSS24.0 计算得出四个维度的 Cronbach's Alpha 值分别为 0.824、0.767、0.768 和 0.719（见表 3.5），均符合大于 0.7 的标准，这说明量表题数据的可靠性良好，符合进一步分析的要求。

表 3.5 信度分析结果

社区层次	题项数	样本数	克隆巴赫系数（Alpha）
第三方支持	3	55	0.824
保障机制	6	55	0.767
创新能力	3	55	0.768
市场能力	5	55	0.719

2. 效度分析

（1）模型修正

已知维度量表采用验证性因子分析的方法进行效度检验。使用 AMOS 进行初步分析，可得 x^2/df（卡方自由度比）、RMSEA（近似误差均方根）、GFI（拟合优度指数）、AGFI（修正后优度指数）、CFI（比较拟合指数）、IFI（增量拟合指数）和 TLI（Tucker-lewis 指数）的值，分别为 1.408、0.087、0.785、0.739、0.893、0.857 和 0.886，不符合标准（表 3.6），说明初始问卷模型不理想，需进行修正。

根据结果提示，对问卷结构进行修正。删除不能够充分体现维度的题项"政府组织了旅游扶贫培训""农副产品的附加值得到提升""旅游扶贫对本地文化充分挖掘和特色打造"；将"当地引入有益经济发展"题项转入解释度更

[①] 注：根据 AMOS 方法要求，一般要求问卷数量为 200 以上，但本研究的样本数确实无法达到，但还是尝试进行检验分析，以作旁证。如果样本数足够，效果应该更佳。

高的维度 F4；关联符合逻辑且相关程度显著的题项。修正后的模型效果理想（见表 3.6），各题项对所在维度的解释度均在 0.5 以上，各维度之间显著正相关（见图 3.27）。

需要说明的是：

①删除题项对于维度的解释度均小于 0.5。分析原因，主要是贫困户对问题的理解能力有限，访谈者据实填写。贫困者确实没有认识到旅游扶贫的价值。

②转入题项对于 F4 的解释度为 0.69，并符合实际调研结果。当地引入了有利于经济发展的项目，对于当地的市场能力的提升，有相关关系。

③关联题项之间存在逻辑关系。政府的联动机制健全，协调内外的能力也就越强，对于贫困户而言，最为直观的感受就是自己的作物销售的更方便，因此呈现显著正向相关。在实地调研中，贫困户对政府工作的认知程度低，他们通常认为政府工作单一，这与他们的知识文化水平和情绪相关，因此"当地政府工作手段与时俱进"与"当地经济作物销售更方便"在问卷中呈现负相关。事实上，政府扶贫工作不断与时俱进，贫困户并未看到，他们采用多种方式对当地旅游进行宣传和协调内外关系，这为农产品售卖提供了保障。

④AGFI 受到样本容量的影响，本次问卷的样本容量为 55 份，因此 AGFI 在修正后仍然不能够达到 0.85 的标准。55 份调查问卷确实存在一定的局限性，但这与调研数据记录方式有关，一个村的调查样本虽然只有 1~4 份，但代表了村绝大多数贫困户情况，加之要找到贫困户比较困难，因此数据基本能反应旅游扶贫真实性。

表 3.6　各项指标值

	x^2/df	RMSEA	GFI	AGFI	CFI	IFI	TLI
理想值	小于 5；最优小于 3	小于 0.1；最优小于 0.05	大于 0.85；最优大于 0.9			
初始模型	1.408	0.087	0.785	0.739	0.893	0.857	0.886
修正模型	1.029	0.023	0.851	0.811	0.993	0.993	0.991

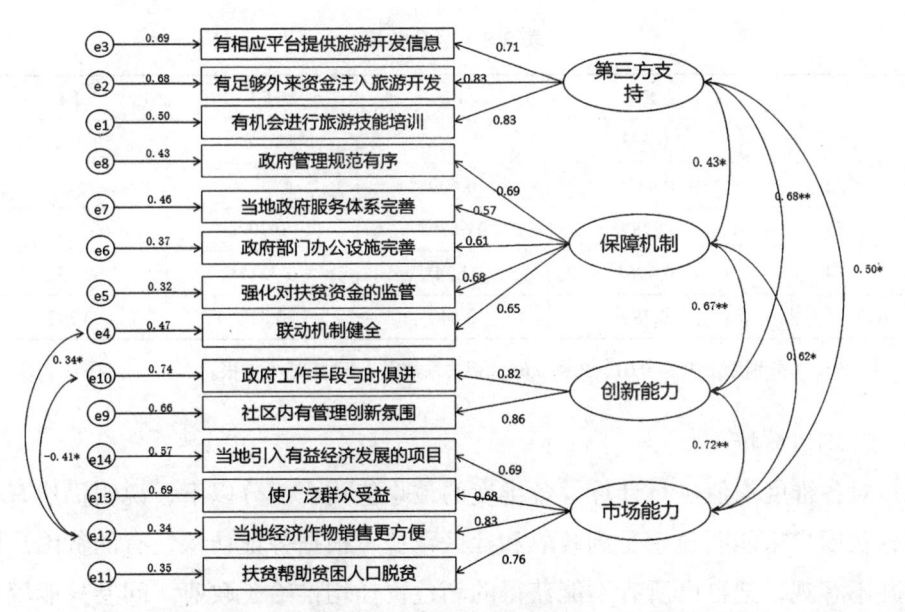

第三章　三峡库区旅游扶贫特征与乡村振兴

（注：e 为残差，* 表示 P < 0.05，** 表示 P < 0.01）

图 3.27　修正后模型结构

（2）聚合效度、组合信度与区分效度

对修正后的模型进行计算。聚合效度、组合信度与区分效度基本符合标准（见表 3.7、表 3.8）。聚合效度中 F2（保障机制）的值小于 0.5，是因为贫困者受到文化水平的限制，对政府工作了解很有限，聚合效度因此较低，在此次调研中可被接受；同理，区分效度中 F2（保障机制）的 0.667 > 0.640 在此次调研中可被接受。

表 3.7　聚合效度

维度	AVE（平均方差抽取率），大于 0.5	CR（组合信度），大于 0.5
F1	0.622	0.831
F2	0.409	0.775
F3	0.702	0.825
F4	0.552	0.830

表 3.8 区分效度

	F1	F2	F3	F4
F1	0.622			
F2	0.431*	0.409		
F3	0.678**	0.667**	0.702	
F4	0.496*	0.624*	0.721**	0.552
AVE 平方根	0.789	0.640	0.838	0.743

注：**、* 分别表示 $P < 0.01$、$P < 0.05$，相关系数需小于 AVE 平方根。

3. 均值分析

对各维度均值进行计算。各维度的最小值均在 3 分以下，说明仍然有小部分贫困户未能明显感受到政府和社区帮扶（根据旁证访谈，有的贫困户回答并不客观，把自己所有不能获得的利益责任均推给了政府。问卷只能填写贫困户意见）；最大值和均值在 4 分以上，说明旅游扶贫整体效果显著（见表 3.9）。截至实地调研完成时，大部分贫困户已经脱贫、或生活走向小康水平，但有个别贫困户因为各种原因还未摆脱贫困。

表 3.9 各维度得分情况

	个案数	最小值	最大值	平均值	标准差
第三方支持得分（F1）	55	2.6	5	3.73	0.45
保障机制得分（F2）	55	2	4.3	3.54	0.58
创新能力得分（F3）	55	2	5	3.67	0.62
市场能力得分（F4）	55	2.5	5	4.01	0.54

4. 差异分析

各维度与人口统计学变量结合进行差异分析。性别在各维度的 P 值大于 0.05，说明不同性别的贫困户对于旅游扶贫感知的社区层次不存在显著差异；年龄在各维度的 P 值大于 0.05，不存在显著差异；文化水平在各维度的 P 值大于 0.05，不存在显著差异。

收入水平在 F3 的 P 值小于 0.05，说明收入不同的贫困户对市场能力的认知存在明显差异。在实地调研了解到，大量贫困户收入来源主要是农产品，因此通过市场能够获得高收入的贫困户，对于市场能力的认知和评价较高；而通过市场获得收入较低的贫困户，对市场能力的认知和评价也较低（见表3.10）。

表 3.10　收入差异分析

组别		F	P
第三方支持得分（F1）	收入组	0.89	0.51
保障机制得分（F2）	收入组	1.22	0.31
创新能力得分（F3）	收入组	1.39	0.24
市场能力得分（F4）	收入组	3.41	0.01
整体得分	收入组	1.37	0.25

（二）调查对象的基本特征

1. 偏老龄化，文化水平低，月均收入低

在受访贫困户中，年龄在46~55岁和55岁以上的人数占所有人数的80%，根据我国老龄化人口的定义，随着时间的推移，老龄化趋势将会越发明显。

受访者的文化水平低。最高学历为高中学历，并仅有2人；76.3%受访者为小学和初中学历，另有相当一部分受访者未有教育经历。由于学历水平的限制，受访者的职业结构以从事农业为主（占总数的67.3%），小部分为个体户、企业职工和务工人员，也存在无业的情况。

此外，通过对"家庭月收入"和"家庭劳动力人数"联立分析，可以得到"受访者家庭劳动力人数和家庭月收入联立表"（见表3.11、表3.12）。从表中可知，家庭劳动力人数范围在1~4人间，其中劳动力人数为1人的有29个家庭，为2人的有19个家庭，为3人的有4个家庭，为4人的有3个家庭，大部分家庭劳动力人数不多。家庭月收入共分7个层次，其中1000元以下有5个家庭，1001~2000元有20个家庭，2001~3000元有11个家庭，3001~4000元有9个家庭，4001~5000元有7个家庭，5001~6000元有2个家庭，

6000元以上有1个家庭，大部分家庭的月收入不高。结合二者，可以计算其单个劳动力月创收为1566元（1000元以下计1000元，6000元以上计6000元，其余部分取中位数），单个劳动力月创收较低，加之家庭总人数往往大于家庭劳动力人数，家庭人均收入往往更低。造成这样收入的原因是，在职业主要以务农为主的背景下受访者老龄化趋势明显，劳动力素质降低。

表 3.11 受访者家庭劳动力人数与月收入联立表

家庭劳动力人数	1000元以下	1001~2000元	2001~3000元	3001~4000元	4001~5000元	5001~6000元	6000元以上	总计
1	4	14	7	4	0	0	0	29
2	1	5	3	3	4	2	1	19
3	0	1	1	2	0	0	0	4
4	0	0	0	0	3	0	0	3
总计	5	20	11	9	7	2	1	55

表 3.12 受访者家庭劳动力人数与总人数联立表

总人数 劳动力人数	1人	2人	3人	4人	总计
1人	5	0	0	0	5
2人	14	5	0	0	19
3人	3	1	0	0	4
4人	7	11	3	1	22
5人及以上	0	2	1	2	5
总计	29	19	4	3	55

2. 致贫原因多样化、综合化，但以疾病和家庭原因为主

问卷"自己贫困的原因（可多选）"问题共设计了7个主要原因，分别是疾病原因、家庭问题、区位因素、信息沟通问题、个人因素、制度原因和就业问题。通过对问卷该部分内容的整理，选择2个原因和3个原因及以上的人数共有42人，占总人数的76.4%。这表明受访者致贫的原因具有多样化、综合化的特点。38名受访者认为疾病原因是他们致贫的原因之一，35名受访

者认为家庭问题(通常是家庭内部关系不合理、家庭人口素质低和家庭代际贫困)是他们致贫的原因之一,两者分别占总人数的69.1%和63.6%,这说明致贫原因主要是疾病和家庭原因。此外,多数受访者还认为区位因素是导致他们贫困的原因,例如光芒村由于受到地理位置原因,与外界联系不够紧密,产业发展困难,基本自给自足,政府因此组织村民进行技能培训,并成了村民与外界联系的桥梁。

(三)个体层次

1. 对旅游扶贫的支持度高,整体满意度较高

针对"受访者对于旅游扶贫的态度"这一问题,将受访者态度分为5个等级(见表3.13),分别是"非常不同意""不同意""不确定""同意"和"非常同意"。92.7%受访者认同旅游扶贫工作,其中有11名受访者持"非常同意"的态度。在"受访者对本地旅游发展的满意度"问题中,将受访者满意度分为5个等级,分别是"非常不满意""不满意""不确定""满意"和"非常满意"。其中"非常不满意"和"不满意"共有9人,"不确定"有11人,"满意"和"非常满意"共有35人,占总人数的63.6%。可以看出,受访者对旅游扶贫的支持度高,整体满意度较高。产生不满意的受访者认为,旅游开发未能带来预期的经济效益,例如文石村依托溶洞自然资源,打造了溶洞景区,起初由政府负责,后来通过区级招商转给私企山东龙岗集团负责管理,据称景区已经投入了几千万元,但对该村的拉动作用还未体现出来,受访者在参与旅游扶贫的活动后,未能达到预期的期望,对旅游开发的满意程度下降。

表3.13 受访者态度与满意度频数

对开展旅游扶贫的态度	频数(人)	对目前本地旅游发展满意度	频数(人)
非常不同意	0	非常不满意	1
不同意	0	不满意	8
不确定	4	不确定	11
同意	40	满意	25
非常同意	11	非常满意	10
总计	55		55

2. 学习新技能的热情较高，参与意愿较强

在"是否愿意学习新技能"和"是否提高见识素质"的调查中，73%的受访者愿意学习新技能，并基本认同它能够提高见识和素质（见表3.14）；在"是否愿意参加旅游扶贫活动"问题中，近90%受访者大部分愿意参与旅游扶贫活动，有1人不愿意参加（受访者家庭人数就其本人，无子女，父母已经去世，存在心理疾病，不愿意就业，消极情绪重）。扶贫工作艰巨，在动员贫困户参与扶贫活动时，需要根据实际情况给予社区关怀、心理关心，改变他们不愿意参加扶贫活动的消极态度。

表3.14 受访者学习与参与意愿频数

是否愿意学习新技能	频数（人）	是否提高见识和素质	频数（人）	是否愿意参加旅游扶贫活动	频数（人）
非常不愿意	0	非常不同意	0	非常不愿意	0
不愿意	2	不同意	2	不愿意	1
无所谓	13	不确定	8	无所谓	5
愿意	33	同意	41	愿意	38
非常愿意	7	非常同意	4	非常愿意	11
总计	55		55		55

（四）社区层次

1. 管理和保障机制完善

政府在扶贫中扮演着非常重要的角色，是旅游扶贫的引导者和管理者。在所有调研村社，在政府指导下，社区（村）总能采取一系列措施来帮助并服务于村民（见表3.15），例如发放生活补贴、创业优惠政策、为贫困户改建住房、对贫困户就业培训和技能培训等。在"政府管理规范有序"这一问题方面，没有受访者不同意的。同意和非常同意的受访者占74.5%，关于"政府服务体系完善"问题，同意和非常同意的受访者占总人数的76.4%，说明政府服务体系完善得到了大多数人的认同。但也有少量不同意情况，占总数的7.3%，根据深入调研了解到，主要有几种原因：一是存在占便宜思想，不愿付出，其内动力差；二是村民之间关于政策补贴等有攀比心理，有不合理

要求;三是农户对以土地及资金入股(第三年起才可享受保底分红)不是很理解。但总体而言,政府管理和保障机制是完善的。

表 3.15　政府管理和服务认可度频数

政府管理规范有序	频数(人)	政府服务体系完善	频数(人)
不同意	0	不同意	4
不确定	14	不确定	9
同意	38	同意	38
非常同意	3	非常同意	4
总计	55	总计	55

2. 扶贫举措具有创新性,市场效益较好

74.5% 的受访者同意或非常同意"当地政府管理有创新",政府指导下的扶贫举措创新意识较强;76.4% 受访者同意或非常同意"旅游发展使当地的经济作物更易销售";共有 87.3% 同意或非常同意"使当地广泛群众受益"(见表 3.16),在旅游扶贫活动中,各类产品的市场效益均得到提高。产生这样高认可度的原因是政府有意识地根据当地的实际情况和市场情况制定相应的扶贫政策,如羊乳山村的政府结合当地的实际情况和市场环境,确定了以发展茶业为主的,旅游业为辅的发展政策,并从外来支持、基础建设、政策与技术支持和村镇干部帮扶四个方面给予农户帮助,最终产生了高市场效益。

表 3.16　政府创新和市场效益认可度频数

当地政府部门管理有创新氛围	频数(人)	旅游发展使当地的经济作物更易销售	频数(人)	使当地广泛群众受益	频数(人)
不同意	4	不同意	2	不同意	2
不确定	10	不确定	11	不确定	5
同意	38	同意	26	同意	33
非常同意	3	非常同意	16	非常同意	15
总计	55		55		55

（五）环境层次

1. 生活资源与生活环境变化明显

在"旅游发展美化了环境"调查中，87.3%的受访者同意或非常同意旅游发展美化了环境，这是翻新农户建筑和改善基础设施等政策的影响结果（见表3.17）。在"旅游发展改变了本地传统生活方式和民风民俗"调查中，持反对态度的受访者共有19人，持赞成态度的受访者共有20人，说明在旅游发展的过程中，当地传统文化也受到了一定冲击，这应该引起我们社区重视，特别是在乡村振兴过程中，如何传承乡村文化、留住乡愁，值得关注。在"旅游使得本地资源紧张"调查中，持反对态度的受访者共有21人，剩余受访者持中立或赞同态度，说明部分地方在旅游开发过程中存在不合理的现象，造成社区资源浪费和紧张。例如SYB村开发的通天大峡谷、白茶、竹笋等旅游产业和经济作物都暂未见效，但已经产生了人力资源和自然资源的消费，使得本地资源紧张；茶园村在大力发展旅游时，占据了许多村民土地，有部分村民认为旅游开发使得当地的土地资源紧张。

事实上，旅游开发的过程是一个消耗资源的过程，这需要我们在旅游开发过程中坚持可持续的观念，发展符合当地实情的旅游产业。

表3.17 各环境资源变化程度频数

旅游发展 美化了环境	频数 （人）	旅游发展改变了本地传统 生活方式和民风民俗	频数 （人）	旅游使得本地 资源紧张	频数 （人）
非常不同意	0	非常不同意	2	非常不同意	3
不同意	0	不同意	17	不同意	18
不确定	7	不确定	16	不确定	22
同意	39	同意	20	同意	12
非常同意	9	非常同意	0	非常同意	0
总计	55		55		55

2. 市场环境良性发展

在"旅游发展提高了市场水平"的项目中，没有受访者持反对态度，持赞同态度的受访者共有49人，占总人数的89.1%，说明旅游的发展，确确实实提升了当地的市场发展水平（见表3.18）。在"旅游改善了本地交通"的项目中，没有受访者持反对态度，持赞同态度的受访者共有50人，占总人数的90.9%，说明当地的旅游发展会改善当地的交通环境，交通环境的改善，又会促进当地与外界的联系，扩大销售和客源地市场。在"旅游企业经营中遵纪守法"的项目中，没有受访者持反对态度，持赞同态度的受访者共有40人，占总人数的72.7%，说明当地的旅游企业在旅游发展的过程中，多遵循了市场规则。

表3.18 各市场环境发展认可度频数

旅游发展提高了市场水平	频数（人）	旅游改善了本地交通	频数（人）	旅游企业经营中遵纪守法	频数（人）
不确定	6	不确定	5	不确定	15
同意	44	同意	30	同意	35
非常同意	5	非常同意	20	非常同意	5
总计	55		55		55

四、管理者对旅游扶贫的风险认知

在进行实地调研过程中，选择与社区干部（扶贫干部或村社干部）进行座谈交流，主要是了解管理者对返贫风险的看法。对干部的调查也分为三个部分，个体层次、社区层次和环境层次。其中个体层次是反映干部认为贫困户个体可能返贫的原因；社区层次是反映干部认为可能产生返贫的社区组织原因；环境层次是反映干部认为可能产生返贫的环境原因。

（一）个体返贫风险以身体原因为主，并由多种原因共同作用

调查设计了六个可能因素，分别是年龄结构不合理、身体条件差、教育水平低、专业技能缺少、专业技能水平低和自我发展意识弱。由表3.19可知，在个体层次存在的返贫风险最突出的表现为"身体条件差""自我发展意识弱"和"专业技能缺少"，认同度分别是100%、68.7%和50%，即在返贫风险中，最担心是脱贫者的身体情况，这与之前对贫困户调查的结果相符合（因病致贫为主）；意识问题和专业技能因素也占据相当比例，其余各因素也

均有被选取,说明各地方情况有差别,返贫风险受到多种因素的影响。

表 3.19 个体层次项目频率

项目	是	频率(%)	否	频率(%)
年龄结构不合理	7	43.7	9	56.3
身体条件差	16	100	0	0
教育水平低	3	18.8	13	81.2
专业技能缺少	8	50	8	50
专业技能水平低	5	31.3	11	68.7
自我发展意识弱	11	68.7	5	31.3

(二)社区层次的整体返贫风险低,但持续发展计划和市场应对能力需重点关注

社区层次调查设计了 8 个问题,分别是缺少长期稳定的扶贫队伍、政府和服务机构的参与度低、村级基层组织的模范带头作用不明显、缺少后续帮扶和巩固提高计划、缺少组织制度配套、缺少人才引进政策,未组织技能培训和农业生产经营市场化能力低。由表 3.20 可知,"缺少后续帮扶和巩固提高计划"和"农业生产经营市场化能力低"有 9 名干部表示认同,是关注的重点;剩余各选项的选择率较低。其中"政府和服务机构的参与度低"无人选取,说明干部认为政府与服务机构的参与度高,这也与事实吻合:我国的脱贫攻坚是在政府主导下的工作,各级政府在其中都是高度参与;实地调查了解到,各地区政府和服务机构、社区都会积极地向村民提供政策帮助和补贴,积极动员干部带领村民学习和参与旅游扶贫活动,并从多角度加强村民与外界市场的联系。当地社区管理者的市场能力和管理能力直接影响到脱贫后的稳定性,值得注意。

表 3.20 个体层次项目频率

项目	是	频率(%)	否	频率(%)
缺少长期稳定的扶贫队伍	4	25	12	75
政府和服务机构的参与度低	0	0	16	100

续表

项目	是	频率（%）	否	频率（%）
村级基层组织的模范带头作用不明显	2	12.5	14	87.5
缺少后续帮扶和巩固提高计划	9	56.2	7	43.8
缺少组织制度配套	5	31.2	11	68.8
缺少引进人才政策	6	37.5	10	62.5
未组织技能培训	2	12.5	14	87.5
农业生产经营市场化能力低	9	56.2	7	43.8

（三）环境层次的整体返贫风险低，但生态和市场竞争需重点关注

环境层次调查设计了9个问题，分别是地理区位条件差、人均资源条件差、交通条件差、自然灾害频发、生态环境脆弱、产业竞争、缺乏公平的市场竞争机制、市场信息匮乏和市场壁垒较高。"生态环境脆弱"和"产业竞争"有9名干部认同，应该是影响返贫的重点；其余认同度均较低。其中"缺乏公平的市场竞争机制"无人选取，说明大家均认同公平的竞争环境，这也与基于贫困户的调查结果（市场环境良性发展）一致（见表3.21）。

表3.21 个体层次项目频率

项目	是	频率（%）	否	频率（%）
地理区位条件差	5	31.2	11	68.8
人均资源条件差	6	37.5	10	62.5
交通条件差	6	37.5	10	62.5
自然灾害频发	4	25	12	75
生态环境脆弱	9	56.2	7	43.8
产业竞争	9	56.2	7	43.8
缺乏公平的市场竞争机制	0	0	16	100
市场信息匮乏	5	31.2	11	68.8
市场壁垒较高	3	18.8	13	81.2

五、典型村社的旅游扶贫路径分析

实地调查的旅游扶贫村比较多，此处选择有代表性的旅游扶贫村进行分析，以便了解三峡库区旅游扶贫模式、旅游产品的多样性，其他不再赘述。从此也分辨出三峡库区贫困村的情况比较复杂，各不相同，没有现存模式套用，需要结合各自资源与环境条件创新性地发展旅游。

（一）重庆市石柱县中益乡华溪村

石柱县是重庆市9个国家级贫困区县之一，中益乡则位于石柱县中部、武陵山区大风堡原始森林深处，是典型的"两山夹一槽"地势，位置偏远，土地贫瘠，全乡贫困发生率高达7.6%，远高于全市、全国平均水平，2017年8月被确定为重庆市市级深度贫困乡。

华溪村位于中益乡中部，地处武陵山集中连片特困地区。该村属于典型的喀斯特地貌，海拔在800~1400米，森林覆盖率达83%，全年空气质量好。华溪村距离县城40公里，全村一共542户1466人。而过去全村土地贫瘠、人多地少、土地零碎化严重、人均可耕地面积严重不足、交通不便、年轻劳动力流失、以种植传统粮食作物为主、村里无支柱产业，村集体基本没有收入。2019年4月15日，习近平总书记来到华溪村时，华溪村建档立卡贫困户85户302人中，尚有8户19人没有脱贫，到2019年年底华溪村已实现全部脱贫。目前（调查时）主要担心因病返贫。

中益乡华溪村目前已经建成四通八达的农村公路，基本硬化，将山里山外连接起来，交通便捷。2019年全村油化村公路9.4公里，建设人行便道10.8公里，旅游步道12.1公里。完成S417中益乡经桥头镇公路改造，中益乡至沙子镇互通公路，中益乡高台桥至万胜坝公路改扩建，以及中益境内农村公路交通扶贫工程建设。华溪村土家传统院落修缮、保存良好，乡村小道整洁美观，并且有着崭新的安置社区。

华溪村充分发挥自身地理、气候、文化等本底条件优势，坚持农旅融合发展思路，重点发展黄精、蜂蜜和乡村旅游三大方面（见图3.28）。村集体股份经济合作社成立由村集体控股的中益旅游公司，建有扶贫车间（依托山东淄博援建扶贫车间，与龙头企业入股合作加工蜂蜜产品，预计 2019 年集体经济增收 10 万元以上），电商销售（2018 年，通过线上线下渠道，销售生态米、蜂蜜、辣椒等山货 100 余万元，村集体经济增长近 20 万元），特色农业公司统一经营并适度返包，长短结合发展脆李、黄精等特色产业 1000 余亩，293 户户均享受土地分红 1300 元，农旅项目（通过招引龙头企业，与农户和村集体合股打造"中华蜜蜂谷"，以蜜蜂为主题的蜜乐园项目）。黄精产业 200 亩 150 户共 480 人（其中贫困户 48 户，159 人）土地经营权入股占 20%，村集体股份合作社，返包 2000 元/亩/3 年＋管护地块收益 20%，已有 25 户（其中贫困户 15 户），包地 120 亩进行管护，余下的由村集体劳务队管护。

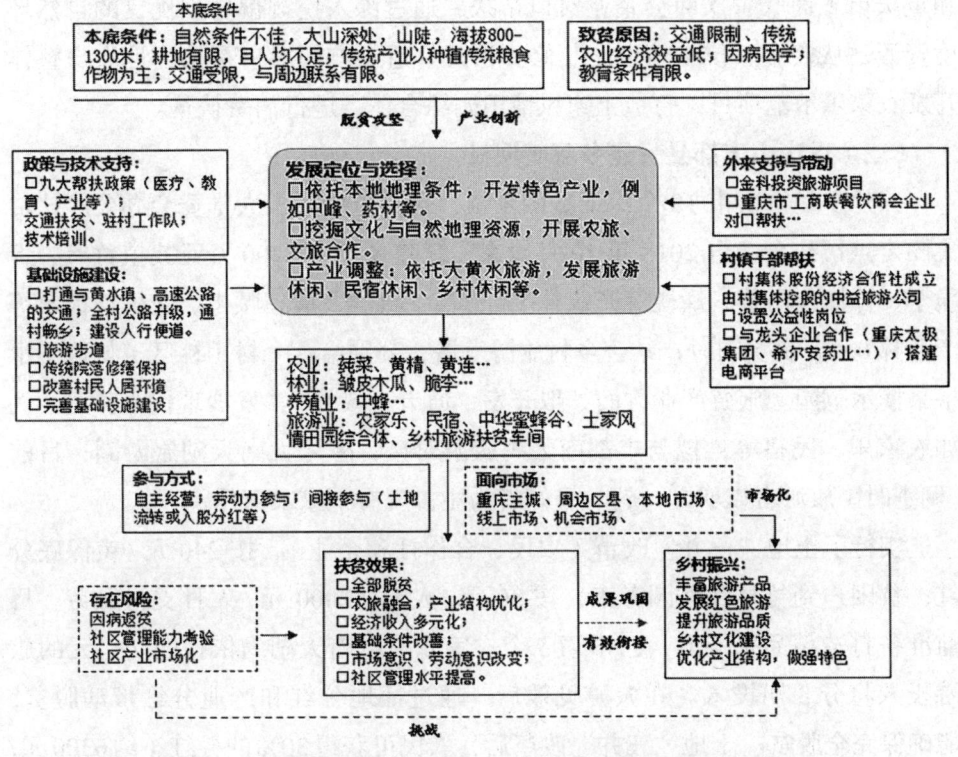

图 3.28 重庆市石柱县中益乡华溪村旅游扶贫路经示意图

华溪村利用土家传统院落保存良好、少数民族生活气息浓厚的优势，大力发展民宿旅游。由文化和旅游部、国家发展改革委联合开展的第二批全国乡村旅游重点村遴选、公示结束，石柱土家族自治县中益乡华溪村在内。习近平总书记来到华溪村调研之路，已经成为游客的旅游考察线路，习近平总书记调研的农户家里也成为游客访问的乡村旅游点。其中，贫困户X家打造了华溪村主题邮局，卖起土特产品、美食及合影留念；贫困户X除护林员公益工作收入6000元外，他的另一部分收入面向游客，卖蜂蜜150元1斤，卖莼菜等农产品、水和牛奶等；以及土地流转费每年1500元。还享受基本医疗保障、兜底基金每月400元、住房安全保障、饮水安全保障及家庭医生服务。全村2021年实现产值500万元，带动85户贫困户，户均增收2459元。

华溪村偏岩坝借助融创集团对民居院落整体环境进行提升，全国工商联和重庆市工商联餐饮商会企业对口帮扶，通过深入挖掘偏岩坝优良的自然环境资源，从资金、技术培训、装修、景观打造等方面对口帮扶当地农户整体开发农家乐示范项目，打造土家风情田园综合体，进行消费扶贫。

（二）重庆市丰都县三建乡双鹰坝村

三建乡是重庆市18个深度贫困乡镇，也是重庆市人大常委会办公厅扶贫集团定点帮扶乡。自2018年10月以来，三建乡投资5400万元栽植竹笋、青脆李、柠檬、白茶、蟠桃等产业林1.4万亩，巩固发展猪腰枣、花椒、板栗等产业林0.4万亩。同时，结合乡村旅游发展，分别给八个村（社区）打造了水果采摘示范园。旅游产业方面，拟开发"通天大峡谷"，发展现代服务业，例如农家乐、民宿等；拟与丰都南天湖旅游对接，融入大南天湖旅游圈；目前（调查时）旅游者以驴友、钓鱼爱好者为主；现有1家农家乐。

实行了土地"三并"改革（农民、合作社和企业），按240元/亩保底分红；贫困户到竹林和茶园务工，按80元/人天，2000元/人月支付酬劳。目前准备打造精品采摘园，已申请5个农家乐。以南天湖为依托的7亿元的旅游投入将分3期投入。在旅游见效后，通过征地分红和产业分红带动脱贫，能确保完全脱贫。土地"三并"改革后，农民可获得30%的分红（约6300元/人），企业获得40%分红，村委30%分红（村委在所获分红中，拿出10%扶助贫困，10%用于全体村民，10%用于村委事业）。全村靠政策上的钱财扶助而脱贫的比较少（图3.29）。

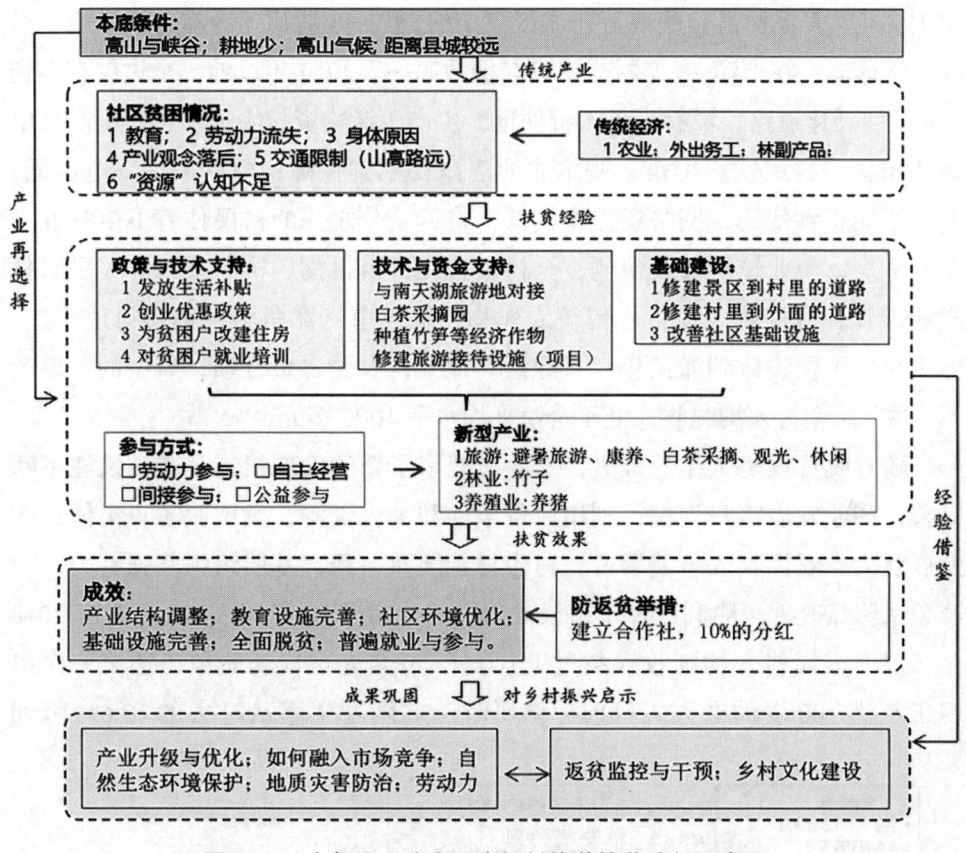

第三章 三峡库区旅游扶贫特征与乡村振兴

本底条件:
高山与峡谷;耕地少;高山气候;距离县城较远

社区贫困情况:
1 教育;2 劳动力流失;3 身体原因
4 产业观念落后;5 交通限制(山高路远)
6 "资源"认知不足

传统经济:
1 农业;外出务工;林副产品

政策与技术支持:
1 发放生活补贴
2 创业优惠政策
3 为贫困户改建住房
4 对贫困户就业培训

技术与资金支持:
与南天湖旅游地对接
白茶采摘园
种植竹笋等经济作物
修建旅游接待设施(项目)

基础建设:
1 修建景区到村里的道路
2 修建村里到外面的道路
3 改善社区基础设施

参与方式:
□劳动力参与;□自主经营
□间接参与;□公益参与

新型产业:
1 旅游:避暑旅游、康养、白茶采摘、观光、休闲
2 林业:竹子
3 养殖业:养猪

成效:
产业结构调整;教育设施完善;社区环境优化;
基础设施完善;全面脱贫;普遍就业与参与。

防返贫举措:
建立合作社,10%的分红

产业升级与优化;如何融入市场竞争;自然生态环境保护;地质灾害防治;劳动力

返贫监控与干预;乡村文化建设

图 3.29 丰都县三建乡双鹰坝村旅游扶贫路径示意图

在基础设施方面,重点在交通建设;同时对社会基础与服务设施方面进行了建设和完善,对乡村民居风貌进行美化,对环境进行治理等。因学因残是致贫首因,其余是因病致贫。目前(调查时)贫困户还未脱贫;(旅游)产业受到一定限控;通天大峡谷、白茶、竹笋等旅游产业和经济作物都还未见成效,尚需时间。

(三)重庆市万州区长岭镇安溪村

安溪村位于万州长岭镇东部,距离五桥约 10 公里,面积 7.8 平方公里。2014 年以前,是市级贫困村、"空壳村"。人口 1059 户 2566 人,其中建卡贫困户 126 户 330 人,在 2014 年建档立卡识别中被评为市级贫困村,贫困发生

— 97 —

率 12.6%。安溪村虽然距离万州城区仅 10 公里，但是基础设施建设滞后、村级经济薄弱，在全镇 15 个村居中排名倒数第一。2014 年以前，全村仅有不到 2 公里的硬化道路，没有一条人行便道，生产生活物资拉不进来，农副产品也运不出去；村民饮水困难，基本农业灌溉得不到保障；电网破旧，电压低，电器不能正常使用；网络覆盖率极低，将近三分之一的村民住着卫生条件极差的危房；产业结构极其薄弱，全村只有几百亩柑橘、桃子杂果等零星农林产业碎片，有红橘、榨菜等传统农作物，缺乏市场竞争力，销售渠道不广，加之交通不便，碰到滞销年，只能烂在地里，农民自负亏损，典型的"丰产不丰收"。全村人均纯收入低于全镇平均水平 1000 多元。

随着脱贫攻坚工作的推进，安溪村迎来了新的发展机遇。基础设施不断完善，产业发展粗具规模；利用区位条件和乡村资源，发展旅游；集体经济发展壮大，农民收入节节攀升，村容村貌焕然一新，基层组织坚强有力，干群关系明显改善，顺利摘掉了市级贫困村的"帽子"（见图 3.30）。截至 2018 年年底，安溪村人均纯收入超过 1.6 万元，9 名光棍成功脱单，还第一次出现了年满 100 岁的老人。目前（调研时）贫困发生率从过去的 12.6% 降到

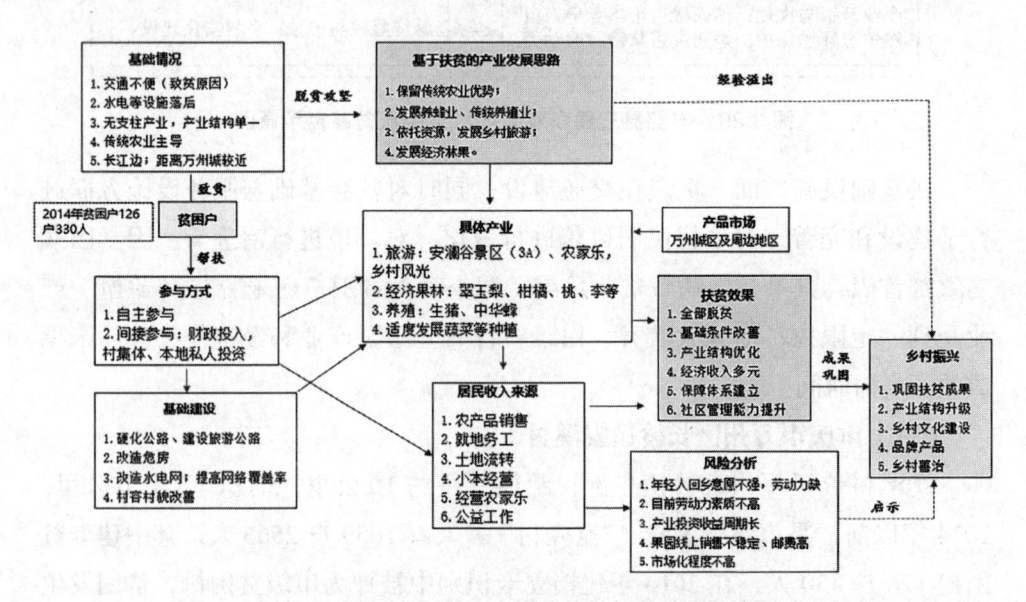

图 3.30　重庆市万州区安溪村旅游扶贫路经示意图

0.23%，村集体经济年收入近30万元，2019年人均年纯收入突破1.7万元。并获得"全国基层治理示范村""重庆市全域旅游示范村""重庆市绿色示范村庄""重庆市休闲农业乡村旅游示范村""万州十大最美乡村""全国第三批乡村旅游重点村镇"等多项"帽子"。

安溪村的主要扶贫举措如下：(1)推动安溪村"四好农村路"开建，升级改造34.5公里泥巴路。安溪村完成硬化公路22.5公里，新修旅游公路3公里，修建人行便道23.5公里，通往安溪村的入村道路由3.5米拓宽到5.5米；绕村的环形路、连通果园的产业路、通到水库的旅游路实现了升级改造。(2)村庄环境改造，安溪村按照"建八有，解八难"的要求，建成集中安置点3个，改造D级、C级危房300家；农网改造低压线路29公里，整治山坪塘54口；新建供水工程12处，安装自来水管网29公里，贫困户入户通水率实现100%；新建了400平方米便民服务中心和党建文化广场，配套完善了农家书屋、电子阅览室、卫生室，实现了电商、超市、储蓄"三进村"。(3)农业农村文旅融合发展，安溪村建成了总投资600万元的农旅融合山庄一座；建成安澜谷景区，并成功创建3A级景区；引进国际滑翔伞项目，上古瀛洲锦鲤项目正加速推进，乡村旅游发展具备景区、农家乐、民宿三种业态。在安澜谷（3A）核心景区带动下，宝林越野俱乐部、安溪水世界、天要山庄相继营业；建成安溪艺术部落一条街，万州区文联美术、书法、摄影三个协会的展厅亮相，实现了农业文旅融合发展。安溪村探索"村委会+公司+专业合作社+农户"的发展模式，由村委会牵头向村民流转土地，再与公司、专业合作社共同开发，构建利益共享、风险共担的利益链接机制，实现企业、村和农民多赢。(4)产业体系发展，先后引进农业公司6家，新建专业合作社2个，创办小微企业12家，培育市级示范家庭农场1个，构建起以1000亩翠玉梨为主导，默科特柑橘、佛手、晚熟李、核桃、香桃、砂糖橘等2650亩特色产业为补充的产业格局。与重庆三峡学院建立乡村振兴战略合作协议，创建乡村振兴实践基地、研究生实习基地、科研试验示范基地，积极开发会务度假、生态休闲、农耕体验等形式多样、特色鲜明的乡村旅游休闲产品，走出了一条农旅融合的绿色崛起之路。

该村也表现出了一些问题，例如年轻人回乡创业意愿不足，留守在村里的大部分人都是老年人，劳动力数量不足、素质不高；村里产业的投资收益周期较长；果园需要发展电商，但存在保质期短、邮费较高、销量不稳定等问题，需要在乡村振兴中得到完善。

（四）重庆市石柱县黄水镇金花村

金花村属石柱土家族自治县黄水镇，距离黄水镇其实很近，但传统交通条件非常有限。金花村环境幽美，物华天宝，四季分明。全村共有5个村民小组，24平方公里，人少地广，森林覆盖率高，整个海拔1000~1600米，最高1650米，夏季凉爽。整个金花村是土地比较肥沃、阳光水热条件比较好的地方，是传统农业发展最好的地方，有"黄水粮仓"之称；有一大片梯田景观。有莼菜、黄连等特色种植，少量养中蜂。该村存留着磨盘、石水缸、石脚盆、旧瓦罐、兑窝等独特的传统生活生产用具，展现了土家山寨的悠久历史和浓浓乡情。金花村是整个黄水镇唯一的贫困村，贫困人口占黄水镇的一半还多，有120户贫困。

这里原来叫东路乡，在交通没有改变之前，比较封闭，村民一直沉浸在自给自足的传统农耕环境中，没有生存危机感。当周边乡村把旅游发展起来时，村民才发现和周围差距太大了，他们开始放弃传统农业，大量劳动力外出务工，造成土地荒芜，导致其他村的差距越来越大。传统产业地域面积大，但总体利润不大。

在开展脱贫攻坚工作后，在各方面帮扶下，该村调整了产业观念和思路，进行基础设施和产业调整。确定了以旅游为主导的产业体系，进行了基础设施建设，现在基本每个组都有环线路，除了双河组因为处于峡谷只能单循环，交通已没有问题。打通悦崃镇到黄水镇的公路，按照旅游二级道路设置，是两个镇之间新的通道，缩减十多里路程。

金花村以黄水镇旅游为依托，特别是巨大的避暑旅游市场，开发以避暑度假为主的民宿、农家乐，围绕开发+旅游的种植项目、森林+旅游项目（见图3.31）。已经有成型的农家乐3家（调研时）；通过房子租赁，政企将几个贫困户的房子集中修建，发展民宿（相当于贫困户以住建面积入股），贫困户收入分为房屋租赁（租金为20元/平方米建筑面积）和分红两方面。村还引进几个产业：一是金科集团，从扶贫角度发展有机农业，250亩开发了一个有机蔬菜基地；二是建设田园综合体，把传统民居、土家吊脚楼的特色、传统民俗融为一体等；三是继续发展传统特色种植业，例如莼菜基地；四是引入旅游公司，开发绝壁景观等旅游资源，发展森林主题乐园，计划打造森林王国（黄水避暑旅游度假区的配套旅游项目，有嗨场、休闲、夜景秀等），以灯光展示为亮点，吸引游客前往（2022年暑假已经营业，成为黄水镇的网红点）。此外，市扶贫协会引入了一家企业，做农业，从生产、加工、包装、运输到销售，形成了一个完整的产业链。

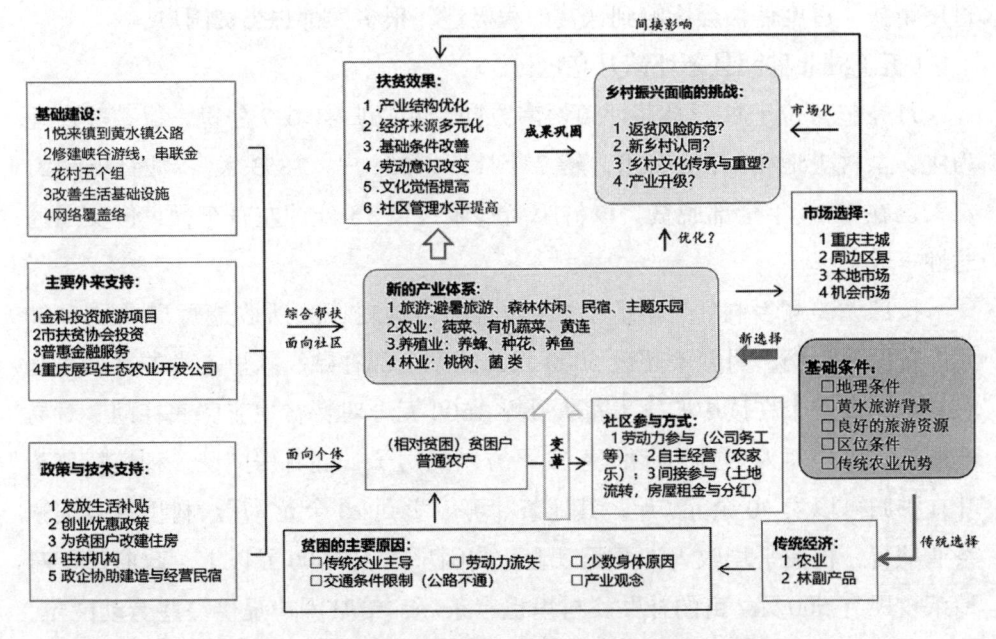

图3.31 重庆市石柱县黄水镇金花村扶贫路径示意图

按照发展规划，贫困户有较多参与旅游的方式。一是旅游接待服务，成为旅游产业工作者，例如每天有20人左右参与金科项目，100元/人天，一个月20多天就是2000多元，达实现到3300元的脱贫目标很容易；二是可以在政府帮助下经营旅游实体；三是公益岗位；四是为旅游业提供原料，销售农产品；五是以不同方式入股分红。目前，村民多参与到整个旅游业之中了。

脱贫攻坚、乡村振兴工作永远在路上，该村有长远规划，有望成为乡村旅游示范点或者乡村振兴示范点。不太有返贫风险，因为逐渐成熟的旅游业和各类产业的扶持，金花村已经进入较为良性的发展模式；因担心重大疾病或者灾难造成打击，故鼓励村民购买商业保险。目前（调研时）存在的问题如下：(1) 部分村民仍然思想观念老旧，参与意识不强，担心被落下，成为"新"的贫困户；(2) 基础设施还满足不了旅游需求；(3) 个别政策难落地，有历史遗留问题；(4) 满意度不高，因为对贫困户的过度帮扶，导致新的不公平和其他居民的不满情绪，政府公信力受到一定影响；(5) 文化教育未跟上，过度帮扶、过度评估会影响到扶贫的积极性，很多人都想当贫困户。

（五）湖北秭归县茅坪镇月亮包村

月亮包村位于秭归县茅坪镇西南方向，距秭归县城7公里，以茶叶产业为主，全村土地4.3平方公里，辖7个社区，656户，1853人。贫困户有121户，已在2018年全部脱贫。该村距离县城大概15分钟左右车程，但交通通达性一般。

按照"美丽乡村""厕所革命"政策，当地村民厕所改造每户补贴1500元。贫困户生病，只要不超过5000元，国家全部补贴。家里上学的贫困家庭有补贴，对三个在读中职学生每人补贴1500元。对特贫户有兜底补助。对易地搬迁贫困户每人5万元标准建25平方米的房子，拥有房产证。种植特色茶叶在秭归可以卖40余元/斤，其他茶叶可以卖到20余元/斤。村里拥有国家茶业项目，村民平均收入1万元以上，贫困户收入5000元以上。政府每年对种茶村民有500元/亩的补贴，村里也有茶厂，给贫困户提供一些劳动岗位，村里也会为贫困户提供一些公益岗位，如打扫街道1200元/月（缴纳社保之后），森林防火员4000元/年。

旅游是当地重要产业，旅游收入占当地村民收入的40%左右。其中月亮花谷是最具代表性旅游项目，规划面积20平方公里，投资6.8亿元，经营者在2013年、2014年从村民手里买地（转移产权性质），为本地贫困户提供了一些工作岗位。该项目带动了其他旅游项目的发展，一些贫困户也经营了农

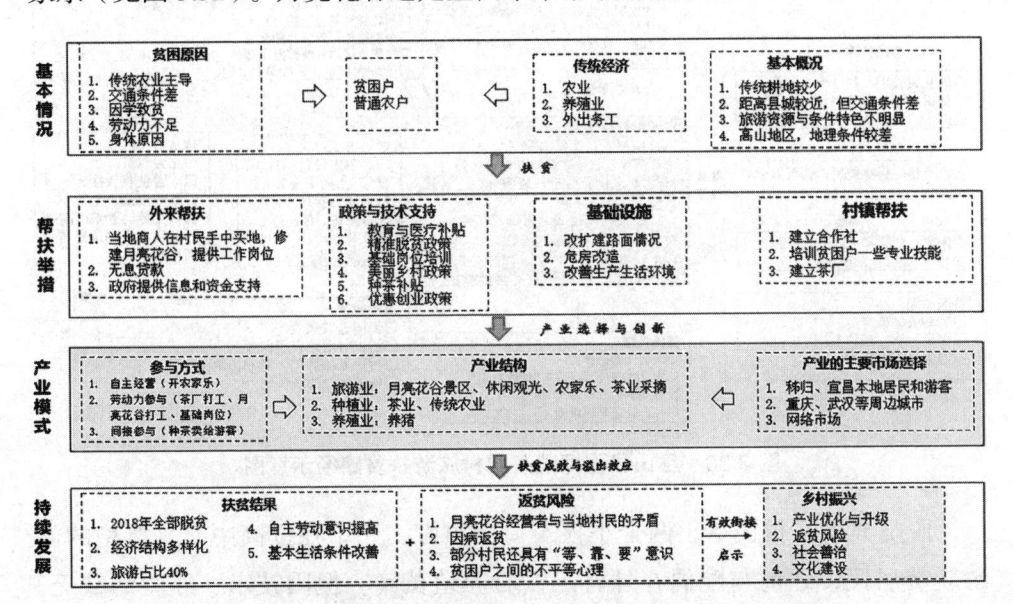

第三章 三峡库区旅游扶贫特征与乡村振兴

家乐（见图 3.32）。月亮花谷还是宜昌市中小学研学旅游基地。

图 3.32 宜昌市秭归县茅坪镇月亮包村旅游扶贫路径示意图

（六）重庆市巫山县骡坪镇茶园村

茶园村离巫山县城较近，开车大约 1 小时的路程，海拔在 860 米以上，产业为茶叶种植，茶园规模化正向经营，共有 1000 多亩，茶场收益约为 10 万元/年，采茶大约 30 元 1 斤。同时种有西瓜、葡萄等水果，农耕文化深厚；农家乐（共有 11 家）经营较好，旅游活动频繁，整个村子特别干净。交通条件尚好；公益岗位（分段保洁）1700 元/月。

该村之前共有 85 户贫困户，2019 年年底可全部脱贫。致贫原因是缺少劳动力，因病致贫，还有少部分因学致贫。该村之前就在发展茶产业，在政府政策支持下，脱贫速度加快。村干部及领导思路较好，有现代旅游及精准扶贫的思路；该村有几十万元的扶贫基金，本村的幼儿园也即将建成，亲子乐园、避暑林地、露营、公共厕所等也在完善中（见图 3.33）。村民若搞农家乐，政府会按一定标准补贴 3 万元，主要是用于制作广告牌，购置餐具卫生等吃住设备类的启动资金。

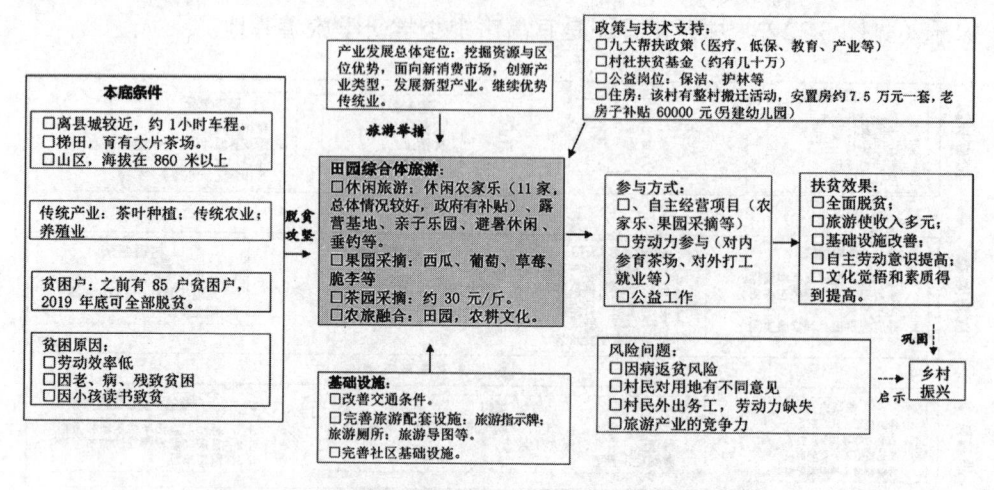

图 3.33　巫山县骡坪镇茶园村旅游扶贫路径示意图

脱贫典型：村民 X，两个小孩，一个出嫁，一个在读高中，是典型的旅游脱贫居民，之前与配偶在外打工，后养殖黄鳝，但因技术、经验的缺乏，导致黄鳝亏本，再后来便开始果园种植（葡萄、西瓜、草莓、脆李、核桃等），西瓜大约可赚四五千元/年（葡萄采摘能挣 5000 元左右；西瓜主要是用于免费招待；部分时令蔬菜亦可赠送游客）；再后来搞农家乐（周末假期是旺季），没有明显的季节性；为人好，回头客多，观念与时俱进，抓住政策搞发展等，并靠自己的技术盖了茅屋、园子及凉亭等，生意比较好。旺季时需要村民帮忙（无偿），农家乐大概七八千一个月，平时（工作日一般无农家游客时）组织同村女做服务队（结婚宴席等）可赚 2000 元/月。丈夫做小工，最低 50 元一天，纯收入可达三四千一个月。

（七）湖北巴东县东瀼口镇羊乳山村

羊乳山村属三峡移民村，地势东高西低，最低海拔 170 米，最高处海拔 1000 米，地质灾害严重，属三峡后续后规监测点。全村贫困户 281 户，911 人，占全村人口的 41%；精准扶贫户 63 户，82 人，占总人口的 4%。因灾致贫的 18 户、因病致贫的 40 户、因残致贫的 83 户。

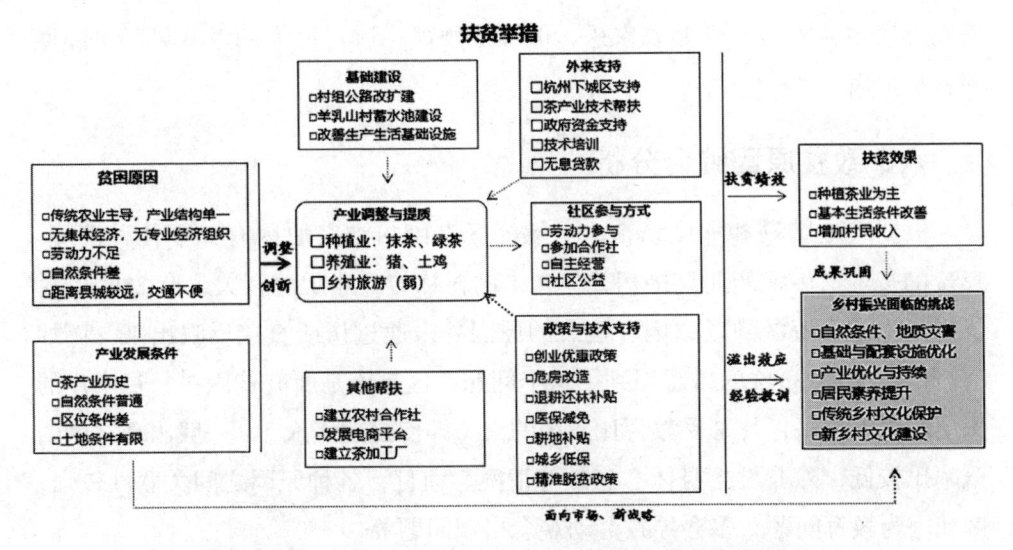

图 3.34　巴东县东瀼口镇羊乳山村旅游扶贫路径示意图

全村基础教育为空白，孩子们上学困难，最近学校也有 12 公里。农民自身参加社会保险为零。该村国土面积 9.7 平方公里，耕地 2272 亩，林地 11052 亩。其中耕地闲置 500 亩，退耕还林 560 亩。全村无集体经济，没有专业合作经济组织，主导产业为茶叶，有 1200 亩，但由于技术、资金的缺乏以及配套设施的不完整，并没有形成商品茶叶。全村 2000 多人，养殖生猪才 200 多头，连基本的自产自销都难以保证。

村民自主脱贫意愿较强，大部分是通过自己主动劳动脱贫，村民平均收入 4800 元以上。该村以传统茶业为基础，延展产业加工业。主要种植抹茶和绿茶（村里有茶文化，以前上贡的贡茶），抹茶三百亩，村子里还有茶厂（合作社性质，村子掏了一部分，杭州外商提供 300 万元帮扶资金），村民除种植抹茶外还有一部分贫困户在茶厂打工、参与村里一些义务性岗位，如清扫街道。2018 年村里新建巴东县抹茶产业项目，亩平均投入 6000 元，共计 300 万元，引进抹茶生产线一条，加工设备 300 万元，厂房建设 200 万元。项目实施后惠及人口 3240 人，助力脱贫 1550 人，直接脱贫 220 人左右。村里还拥有国家电子商务进农村综合示范项目，抹茶成品通过电商销售。此外，村里鼓励发展乡村旅游,自办农家乐,但不成规模。该村最大的返贫风险可能原因就是生病。

六、致贫原因综合分析

根据实地踏勘和深度访谈,三峡库区贫困村致贫原因有如下几种情况。78%的贫困与传统产业直接相关,56%的村社与产业观念有关,有28%的村认为是土地等资源缺乏原因。但有的原因并未通过访谈直接反映出来,例如"教育",只有33%的村意识到了这个问题,这应该是所有贫困村、贫困户的深层次原因之一,凡是受教育比较多的人(即使是残疾人),一般出现贫困的概率比较低,除非发生身体、意外等情况。而且,各种原因之间关联性较强,例如因为教育问题,多会导致劳动观念出现问题等。

(一)传统产业的原因

1. 传统产业致贫的内生原因

三峡库区地理条件复杂,地貌以丘陵、山地为主,库区耕地质量差且地块破碎化,多分布在坡度 > 6°的地方,耕作适宜性较差。传统产业(农业)的规模化发展条件有限,林果种植业、养殖业也比较有限。

与大多数贫困地区一样,三峡库区村社在发展中始终面临传统农业效率问题,向上不能转型摆脱自然条件限制,向下难以形成产业集群支撑整体经济发展(见表3.22)。具体特征表现为:(1)传统农业以家庭为基本生产经营单位,以个体劳动为基本生产形式。在传统农业为主导产业的社会里,家庭是社会的细胞,是农业的基本经营单位,劳动形式主要是个体劳动。由于生产经营的独立性和分散性,致使生产规模狭小,很难实现生产过程的社会分工和专业化协作,限制了劳动生产率的提高。(2)传统农业多以自给自足的自然经济为基础,缺少商品生产和商品交换。在传统农业条件下,生产的目的首先是直接满足自身的需求,是一种自给自足的经济。虽然也存在一定的剩余产品,但仅仅是简单的交换,农民的生产是为了谋生,而不是谋利。(3)传统农业以手工工具为主要生产工具,限制了劳动生产率的提高。手工工具决定了农户的耕作方式只能是分散的、小规模的简单再生产,限制了劳动生产率的提高和剩余产品的增加。

表 3.22 实地调研点（村）的致贫原因调查统计

调查点	传统农业	劳动能力	身体原因	交通限制	产业观念	劳动观念	地理条件	土地缺乏	意外事故	教育问题
石柱 JH 村		√		√	√	√	√	√		
石柱 HX 村	√			√		√	√	√		
巴南 WS 村	√		√							
巴南 HJL 村	√		√				√			
长寿 GQ 村					√		√		√	
长寿 BZ 村	√			√	√		√			√
江津 BQ 社区	√									
丰都 LHD 村			√	√			√	√		
丰都双 SYB 村	√		√	√			√			
巫山县 CY 村		√	√							√
开州区 GM 村		√	√	√						
秭归 YLB 村							√			
巴东 YRS 村	√	√	√	√						
垫江 ZQ 村		√								√
垫江 XB 村	√			√		√			√	
奉节 LM 村	√									
云阳 SM 村	√					√		√		
忠县 FH 村	√		√		√	√	√			
万州 AX 村	√			√			√			√

（注：此处具体村名用代码；根据实地扶贫干部、贫困户的访谈实录。2018—2021 年）

总之，三峡库区传统农业结构单一，生产规模小，发展缓慢；生产技术水平和经营管理能力落后；靠天吃饭，农业生态系统的功能低下，抗御自然灾害的能力薄弱；以自给为主，商品经济不发达；农业生产的地域分布处于自发状态等诸多因素的局限，制约了农业自身的集群发展和农村经济的进步，使其成为库区农村难以摆脱贫困的内生原因。

2. 传统产业致贫的外部原因

影响传统产业收益的外部原因主要表现在以下几个方面：（1）劳动成本增加。库区域内劳动力大量外出务工，部分在家务农，仅有少部分在域内务工。新型产业造成传统劳动力流失，农业劳动力越来越少、劳动力成本越来越高。（2）市场和社会的认可度降低。传统产业的市场认可度低主要有以下两点，一是技术落后，所生产出的产品无法达到市场平均水平；二是生产力落后，生产出的产品市场需求较低。传统产业观念、传统劳动技术较难产生较高效益。（3）村民对农村现代产业的认可度、配合度不足。在有些贫困农村因个别企业的失败，导致整个产业的民众认可度降低，对新生事物、现代技术等接纳度比较低。

3. 三峡库区的产业转型与升级比较慢

首先，传统产业的发展模式多以大规模的土地利用为主，在土地分散的库区内部，产业发展需要大量的人口作为支撑。早期人口结构和质量相对较好，凭借低廉的劳动力价格实现暂时的产业繁荣，然而随着城市化的发展，人口大量流失，剩余的人口以老人、幼童为主，难以满足产业继续发展的需求；其次，早期起步早的村落，产业的发展过程中占用了较多的土地资源，也包括了许多优质的土地。随着国家对耕地红线的严格监察、农村宅基地认证的推进，先前利用的土地用地价格变高，后来拿不出来那么多土地，转型升级面临很大的阻力；再者，在新时代背景下，农村的产业不再粗放式发展，而是包括生产、加工、运输等环节的现代产业集群。可是要想建成这样的集群需要大量的资金支持，同时也需要技术为基本支撑，这就使得本就发展落后的库区农村产业，在转型过程中心有余而力不足；最后，产业转型也需要政策的支持，需要有效率的农村领导班子，随着国家脱贫攻坚、乡村振兴的全面铺开，个别村子领导思想转变迟缓，吸收消化政策缓慢，在竞争中处于劣势，给产业的转型带来压力。

（二）交通原因

三峡库区贫困村基本位于山地丘陵，地理条件非常有限。贫困村社基本处于地理位置较差的区域、很难形成区域交通网络，因此贫困村较难从交通上获得便利贫困村的交通建设难度大，时间长。例如甄桥村、黄金林村，由于长时间地理条件的限制，始终无法完成道路改造，虽然有良好的产业布局愿景，但是由于交通原因难以推进。有些贫困户的家庭房屋建造在山区深处，耕作的土地也围绕在房屋的周边，他们一般离社区聚集区域较远，当产业向下铺开时，很难顾及他们单独一家（否则成本非常高）。交通不便导致难以通过道路脱贫，同时看病、子女教育、工作也因交通形成了阻力。

道路质量影响到脱贫向深处发展。走访调查的村基本上实现了道路硬化，一般情况下道路厚30厘米，宽3米，可以实现中小型车辆通行。但仍有个别村社没有完全实现道路整体硬化。能进入村社区，但还没有实现户户通，一部分村落仍然使用土路（调研时）。条件较好的村子早已道路硬化，但由于长时间使用，管理维护不到位，道路变得破碎，坑洼裂缝情况多，给车辆通行带来难度。3米的道路不足以保障村子通畅的道路通行。如果要发展旅游、现代产业等，交通进入性会是一个门槛，外来车辆进入难度大；有的村落发展种植产业，但货运车的进出会比较难，农副产品难以运出，不利于村的经济进一步发展，这是乡村振兴过程应该着力考虑的问题。

（三）个人原因

1. 个人意识

根据实地调查，大多数贫困户的劳动意识是非常积极的。但也存在个别贫困户的等、靠、要问题，一方面，长期依赖国家财政补贴，喜欢不劳而获，主观上不愿意劳动，懒惰成性；另一方面，贫困户的产业意识严重不足，是贫困户的普遍现象，贫困户对新产业，新产业模式几乎很少了解，也不愿意接受，他们对产业的认识仅仅来源于村里或者电视上，对新政策的认知也缓慢。主动了解的意识也不强，这方面的帮扶应该是长期性，在乡村振兴过程中，也会有类似的问题出现。

2. 身体状况

整体上，贫困户年龄较大；常年从事耕地等体力劳动，导致他们的身体状况不佳，多多少少都存在一些疾病，更有一些人因此丧失了劳动能力；或不能从事较高强度的工作，给扶贫工作带来压力。例如地理位置和产业条件相对较差的 X 村,有些贫困户因为身体有残疾,不能从事强度较大的体力劳动,只能通过制作手工艺品来补贴家用,或干一些简单的公益性工作;身体条件较好的茶园村贫困户却可以通过茶产业和旅游产业获得相对优厚的经济收入。当然,农村居民的生活环境、健康意识、生活质量是造成他们身体问题的主要原因。

(四)教育原因

教育是助力脱贫的重要环节。但大多数贫困户都只接受过小学教育,有的甚至没有接受过正规教育,文盲占比也较高。贫困户普遍对教育的敏感程度不高,有的现在还存在读书无用论的思想,他们因为自身的教育缺失,对下一代的教育投入也不高,只要完成义务教育的要求就好,不愿意给下一代更多的教育投入。由于他们的子女教育不足,难以通过教育来摆脱思想和家庭的束缚。有的家庭的子女完成基本教育后就放弃学业,开始务农或外出打工,导致新的贫困隐患。而部分贫困户则意识到教育的重要性,对下一代的教育要求变高,不遗余力地投入教育,原本困难的家庭因为教育负担更重,陷入了阶段性的贫困。

(五)其他原因

贫困户收入低,家庭积蓄不充分,难以抵御突发的天灾人祸,一场大病、一次事故、一场自然灾害都可能使家庭陷入贫困。例如羊乳山村的一户家庭因为家中男人外出务工,在工地上受了重伤落下了严重的残疾,虽然事故方给予了一定的补偿,但是丧失劳动能力的他无法再支撑家庭,后续的治疗费用也长时间拖着,使得他们难以脱贫。三峡库区多山,土地缺乏也是影响贫困的一个因素,需要从产业观念进行改变。随着国家对国土资源管理的要求越来越高,对土地管理越来越科学、严谨,对只能从事传统农业生产的贫困户有一定影响,如果一味希望利用土地脱贫,就存在难度,这就需要改变产业观念、劳动观念等。缺乏优质土地资源是一个基本原因,无法满足农业利用,阻碍了村社基本发展。

七、三峡库区旅游扶贫的主要特点

(一) 旅游扶贫村 (社) 的地理分布特征

1. 以传统交通为参照，旅游扶贫乡村多布于山区深处，远离传统交通干线

在三峡库区，区县几乎都通了高速公路，部分已经开通了高铁、动车，沿江区县还有长江黄金水路交通，区域性综合交通正在形成。这些交通干线或节点周围的区域与市场沟通畅达，区域之间信息沟通阻碍小，居民思想观念也贴近城市文化，社会经济活跃，贫困发生率很低。但原来干线交通的旅游扶贫村（社）则由于山高路远、地理条件较差、自然灾害多等原因，缺乏满足需要的交通设施，处于较为封闭环境中，人员流动、物资进出、信息交流都受到了极大的限制。因此，在脱贫攻坚过程中，交通是急需解决的问题。

2. 大多分布于三峡库区地形崎岖之处

从传统农业等为导向的区位条件来看，旅游扶贫村（社区）多在偏僻山区地带，海拔相对较高，林地多，土地资源有限，自然条件相对恶劣，对传统经济不利。但是基于旅游、生态产业等视角，这些不利条件却可以成为很好的资源。如石柱金花村，为高山气候，对传统农业不利，但是相对于长江流域的炎热夏季而言，则是最好的避暑资源，是发展"避暑度假"旅游好地方，因此旅游扶贫正好合适；丰都莲花洞村位于大山深处，林地较多，更有好风景、空气质量更佳，该村打造了九重天旅游风景区。同样资源、环境条件，传统农业与旅游业、生态农业，有不同的价值产出，旅游扶贫村（社）的自然环境改造程度较小，可以开发深受都市居民喜爱的乡村旅游等旅游产品，较容易摆脱贫困。

(二) 主要旅游扶贫模式

基于旅游扶贫视角来划分旅游脱贫发展模式可以归纳三种情况，每种模式均不排除产业的综合性发展，这主要是为了尽量规避产业风险，例如金花村，明确了旅游扶贫主导，但也有农业、林业、种植业等。对具体的村社而言，旅游发展模式没有优劣之分，均结合了各自的旅游发展资源和条件，顺

势而为的旅游模式，也难说模式之间的扶贫效果好坏。

1. 旅游主导型

游资源比较丰富、品质较好，旅游比较优势明显的贫困村，适宜发展旅游产业，一般选择了旅游主导的扶贫模型（见图3.35），充分发挥旅游带动性，促进其他产业发展（即"旅游+"模式）。例如江津的板桥社区和丰都的莲花洞村。板桥社区原来以传统农业为主，但相对于周边资源条件，它有发展旅游条件，主要依托当地的国家AAA旅游景区石笋山风景区。当地的企业家为旅游开发投入数亿元资金，依靠整个景区的发展，为当地贫困户创造了工作岗位、提高了收入，还带动了周边160名农户和三个村的农民共同致富。莲花洞村利用悬崖景观、距离县城近的条件，一是吸引投入2.8亿元打造的康养休闲项目；二是依托山体景观开发九重天景区，先后引进4家企业入驻村里发展乡村旅游，为贫困户提供了100多个就业岗位，部分农户还通过土地入股获得分红。而且还盘活了其他产业。

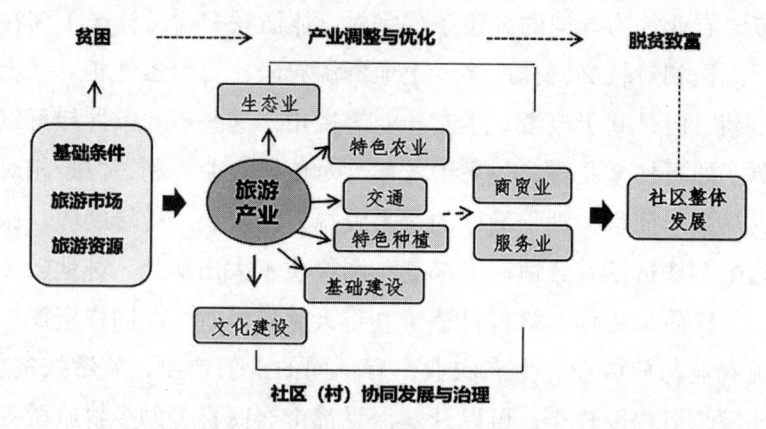

图3.35 旅游主导型的旅游扶贫模式

2. 旅游依托型

依托高品质、发展好、较成熟的旅游地（景区），借势发展旅游产业，实现脱贫（见图3.36）。这类旅游扶贫村（社区）比较多，例如石柱县黄水镇金花村、石柱县中益乡华溪村、巫溪县的新华村、奉节龙门村等。石柱金花村自然条件好，依托黄水镇成熟的避暑度假旅游市场，打造森林王国旅游项目、拓展了黄水镇的避暑休闲空间，实现旅游脱贫。华溪村是深度贫困村，是市委重点帮扶对象，该村临近大风堡旅游区，为了发展乡村旅游、乡村民宿旅游，村集体股份经济合作社还成立由村集体控股的中益旅游公司，再加上黄精和蜂蜜产业，带动85户贫困户发展，户均增收2459元，实现脱贫。奉节龙门村依托兴隆镇的旅游业，利用传统民居改造，发展旅游住宿接待、休闲度假，实现脱贫。巫溪新华村位于红池坝环线，发展住宿、餐饮、休闲实现脱贫等。

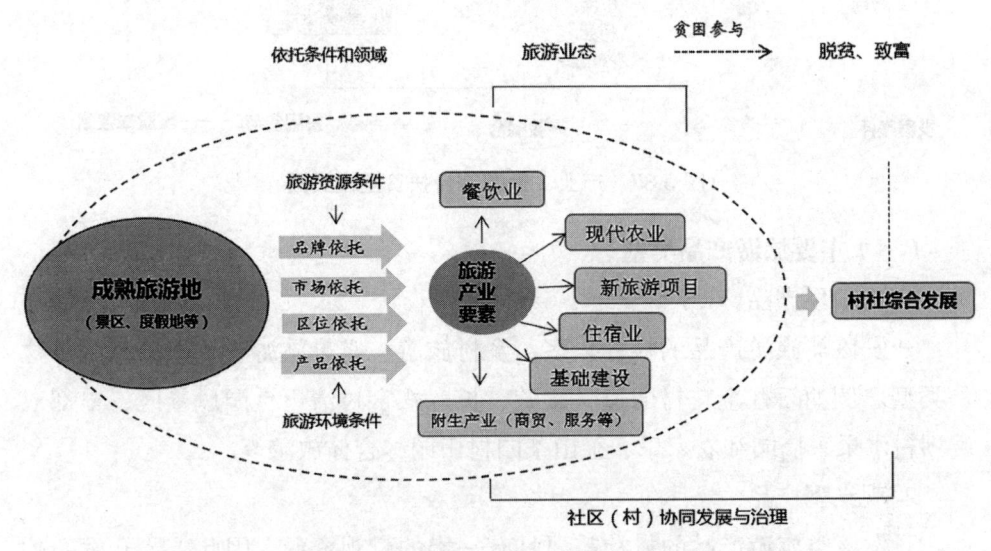

图 3.36　旅游依托型的旅游扶贫模式

3. 产业+旅游型

即综合性，由于旅游资源和条件有限，发展旅游的优势不突出，而其他产业基础条件也不错，一般会选择发展综合产业来扶贫（见图3.37），走"+旅游"发展模式。事实上，大多数旅游扶贫村（社区）属于这一类型，不简单选择某一、二个产业扶贫。长寿拱桥村主要综合发展农业、林业、养殖业，主要有高山冷水田大米、胭脂红薯种植，并将胭脂红薯作为"一村一品"特色产业打造，最终达到了优化产业结构、增加就业、拓宽销售市场的效果。秭归县月亮包村则是通过发展茶叶产业、旅游业、养殖业来脱贫，该村旅游收入占比约 40%，经济结构多样化，于 2018 年全部脱贫。

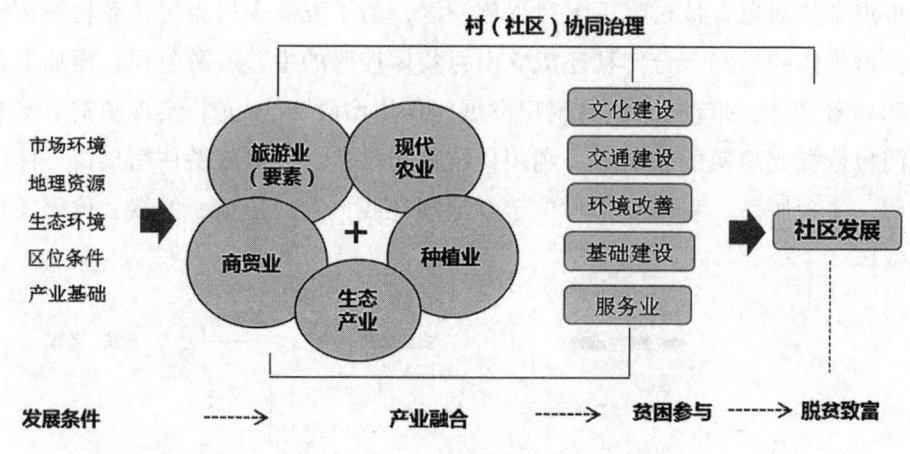

图 3.37 产业+旅游综合扶贫型模式图

（三）主要旅游产品类型

1. 休闲型产品

开发该类旅游产品的村社较多，乡村旅游、避暑旅游、游憩等都属于这一类型。例如石柱金花村的避暑旅游、长寿八字村清迈良园风景区、丰都双鹰坝村水果采摘园和农家乐、巫山茶园村田园综合体旅游等。

2. 观光型产品

开发该类旅游产品的村社需要具有一定的景观资源，因此需要开发新的旅游景区，其主导功能是观光和体验。丰都莲花洞村的九重天景区、秭归县月亮包村的月亮花谷景区、江津板桥社区的石笋山景区、巴南文石村溶洞旅游等均为此类。

3. 接待型产品

这类旅游产品主要是为旅游者解决住宿和餐饮、休息驻足等问题，这种产品一般要依托比较知名和成熟的旅游地，并成为其中的一部分。典型的旅游扶贫村（社区）有石柱的金花村、巫溪的新华村。目前主要借势品质较好的、成熟的旅游区（分别依托黄水镇、红池坝），通过为旅游者提供食宿来增收。

4. 综合型产品

发展综合型旅游地，是所有旅游扶贫村的最终愿望，但它同样需要一定的开发条件。或者旅游资源一般，任何产业都不具明显优势；或者各方面资源都好，适宜发展多种产业。综合型产品模式更具有抗风险能力，可持续性好。丰都的莲花洞村、石柱的金花村、华溪村都走的是综合发展之路。

（四）贫困主体的主要旅游参与方式

从实际情况来看，受自身条件影响和为了经济的可持续性发展需要，几乎所有村（社区）都采取了不止一种产业的方式扶贫，这既有利于达到经济效益最优，规避风险，也有利于贫困户根据自己的情况选择最合适的经济方式脱贫。从旅游产业角度看，贫困户的参与方式大致有以下几种情况。

1. 自主经营

少数贫困户（家庭）的贫困是由于自然等条件引起的，自己有一定的经营与管理能力，在扶贫帮扶下，选择了一定的旅游产业要素进行经营，效果较好。巫山茶园村脱贫村民 X 是典型的旅游脱贫居民，这位村民不仅观念意识上与时俱进，还抓住政策机遇，她家的果园种植和农家乐经营成功，旺季时还带动其他村民增收。丰都莲花洞村一位贫困户，有能力、有意识，开了一家旅游夫妻店，他们认为贫困是因为地理区位和产业观念；在智力、资金与政策的帮扶下，开办了休闲营地（住宿＋休闲），年收入近 10 万元，很快脱贫，直奔小康[①]。

2. 参与旅游服务与管理

这是一种比较普遍的一种参与方式，即贫困户参与到旅游理或服务工作，由此获得收益。根据工作能力情况，他们参与的服务与管理可能来自政府、事业单位，也可能来至旅游企业和组织等单位。例如丰都莲花洞村的九重天景区、秭归县月亮包村的月亮花谷景区等均为贫困户提供了就业岗位，让当地人参与到旅游服务中来。长寿八字村清迈良园景区自建设以来，辐射周边发展了种养殖大户 40 余家，带动当地居民就业 1 万余人次，提供固定就业岗

---

① 注：很多非贫困户依托旅游自主经营加入，比例较高

位 120 余人，很好地解决了当地部分贫困户的就业问题。

3. 参与旅游基础服务

由于旅游服务与管理工作大量是直接面向游客的，需要一定的工作能力，部分贫困户无法完成专业岗位工作，旅游就为他们提供了后台性、公益性的基础服务工作。例如江津板桥社区的贫困户或残疾人依靠石笋山景区提供的一些公益性岗位，做一些相对简单的体力工作，工资大概 70 元/天；长寿板桥村、垫江甄桥村、石柱华溪村、莲花洞村等村（社区）也都有为贫困户提供公益性岗位。

4. 为旅游实体供给产品

还有少量贫困户更愿意从事自己擅长的传统产业，例如农业和种植业等，在通过社区（村）的帮助，旅游企业可以购买他们农副产品，或帮助他们销售农副产品（地方土特产品），由此获益。例如，巴南区黄金林村通过打造"十里花果长廊"项目和菊花基地实现脱贫，并且形成了"种菊花—观光—采摘—烘茶—销售"的产业链。石柱华溪村大力发展民宿旅游的同时，也发展了木瓜、脆李、蜂蜜等土特产销售，村民还可以向游客兜售玉米、花生等农产品。

5. 入股

如果有大型旅游企业进入（或合作社等），结合实际情况，贫困户可以拿自己的土地、林地、宅基地、房屋（居住建筑面积）入股，他们可以通过分红获得利益。巴东县羊乳山村建立了具有合作社性质的茶厂，还统筹打造抹茶产业项目引进生产线助力脱贫。丰都双鹰坝村实行土地"三并"改革（农民、合作社和企业），贫困户可通过征地分红和产业分红带动脱贫。石柱华溪村集体合作社成立旅游公司，建扶贫车间发展生产，村民以土地、房屋入股发展黄精、蜂蜜和乡村旅游三大产业，实现增收。

（五）存在的主要问题

从旅游产业角度看，旅游扶贫村（社区）的旅游市场与持续发展力普遍有限，旅游产品面向的市场多为当地和周边市场，面向大中城市的旅游产品吸引力不足。目前来看，旅游扶贫村（社区）旅游市场空间比较有限，认知度一般；地方性旅游产品亦可以发展成为具有地方特色的旅游产品，尚需大量营销和推广，尤其需要充分利用线上营销打开市场，形成品牌和知名度，否则难以融入市场体系，持续发展力有限，生存空间不足。从巩固脱贫攻坚成果、防返贫风险角度看，还存在以下一些问题，需要我们在乡村振兴过程中引起重视。

1. 基础设施和旅游服务设施品质不足，有待进一步完善和优化

基础设施与旅游服务设施是三峡库区贫困村社会发展与旅游发展的重要基础。我国的扶贫工作任务重、时间紧，2020年又是脱贫攻坚、实现全面小康的收官之年。因此，部分贫困村的基础设施建设主要是满足村民的基本生活需求，并未完全按照旅游产业要求来具体建设，与旅游服务对基础设施要求尚有一定距离。

根据实地调研，三峡库区各区县十分重视基础设施的建设，贫困村落基本都通有公路，基本能满足当地居民的生活出行需求。然而，到了旅游旺季，那些旅游资源丰富、旅游产品市场吸引力较大的贫困村就会出现交通拥堵的现象，有的公路是单行道，导致车流来往不畅，一旦导致长时间交通拥堵，会给旅游市场受众留下不好印象，例如巴南的HJL村、江津的BQ社区等都有这种情况。

在旅游服务设施方面，贫困村的旅游服务设施是基本成型的，能够满足一定的旅游客流需求。但与成熟旅游地相比，其旅游服务设施、服务水平大有完善的地方。例如住宿配置、卫生条件、休闲设施、娱乐设施等仍相对粗放。

2. 个别贫困户的内生动力不足，需要从文化层面进一步"脱贫"与帮助

近些年来，在当地村干部和外来力量帮扶下，大部分的贫困户都能主动融入各类产业扶贫与发展当中，总体改变大，有的贫困户还独立搞起了旅游经营，不仅实现了"脱贫"，还进一步迈向"致富"。例如，丰都莲花洞村的某村民，50来岁的年纪，在扶贫干部和国家政策的帮扶下，利用自身的木工手艺，自建森林木屋用以吸引游客夏季避暑休闲，顺便发展花木养殖等，在2018年暑假两个月期间，共收入了10多万元，成为当地脱贫致富的代表人物

之一。

然而，也有个别贫困户的"等、靠、要"意识较强，内生动力不足，主观能动性不够，与旅游产业对从业人员的服务意识要求有差距。主要表现为懒惰，不愿通过自身的劳动来改变贫困的现状，反而是心安理得地等待或享受着政府的救济政策；他们内心并不希望脱贫，因为脱贫的同时也意味着不能再享受之前的各种政府救助等。比如，长寿GQ村的某贫困户，无妻无子，住着政府建设的安置房，平常就赖在家里不劳动，也不收拾打扫，只等着当地扶贫干部的救扶；对他而言，只要能满足基本过活就行，脱不脱贫无所谓。这是贫困户的思想意识出了问题，这种文化层面的扶贫更困难。实际上，在我国的大政策环境条件下，勤劳基本可以脱贫致富，加之各种方式的扶持措施和优惠措施，脱贫已不是难事。

3. 利益关系与机制存在不足，需进一步梳理和完善

总体来说，三峡库区旅游扶贫成效比较显著，乡村旅游经济与人均可支配收入基本呈现逐年增长的发展趋势，在旅游扶贫的政策环境下，大部分贫困户都享受到了经济、政策等多方面的福利与优惠，且贫困户自主经营旅游活动的现象也比较多。例如，巫山县骡坪镇茶园村的X夫妇，从前靠打工和经营小生意过活，但因经营不善导致生意亏本，后来幸运地赶上了国家旅游扶贫项目与各种补贴政策的环境与机会，顺势搞起了农家乐与果园采摘等服务型产业，规模越做越大；在旅游旺季，他们夫妇一个月大约能赚七八千元左右一个月，而平常也可以通过参加服务队与打零工的方式，月赚三千元。

然而，旅游扶贫涉及的利益主体关系较多，例如政府与企业、扶贫干部与贫困户、贫困户与企业，贫困户与贫困户、贫困户与一般居民、政府与村民等，他们之间存在不同的利益关系与联系，一旦利益关系处理不当，就有可能产生新的社会矛盾，进而阻碍扶贫工作的进度，也对后续发展带来影响。同样以巫山县CY村为例，在扶贫的环境趋势下，当地扶贫以旅游为重，开发了多项旅游产品项目，对此，部分村民表示不理解，甚至产生了不少怨言，主要原因在土地利用过多的旅游开发上，从事其他产业的村民无法获益，这

表面是与村民的沟通问题，实质是利益关系问题。也有的旅游帮扶项目缺乏普惠性，导致非贫困居民认为不公平（他们未从中获益）。由此，乡村振兴背景下，应当尽量考虑公平性，进一步梳理和考虑好各方面的利益关系。

4. 个别旅游扶贫项目发展定位欠合理，旅游产品的市场吸引力不足

三峡库区的乡村旅游开发是遍地开花，实际上，部分旅游项目缺乏前期科学合理的考查与论证，脱离了实际的资源与环境条件，导致旅游开发定位不当，旅游产品可能面临市场吸引力不足的问题。表现最为突出的问题就是不清楚自身的市场定位，盲目跟风，导致同质化现象严重，旅游产品的市场竞争力不强。可以想象，如果优惠政策结束后，这些村的乡村旅游必须走入市场，必须面临竞争与挑战等。

部分自主经营旅游项目也不清楚市场需求与市场发展现状，导致产品定位欠妥，旅游产品与消费者的需求不匹配，市场吸引力自然不足。如丰都SYB村，农家乐经营不善，存在留客难的问题，这主要是由于距离县城并不远，旅游环境条件一般，旅游产品同质化，周边乡村旅游的吸引力更大。也就是说，该村的农家乐没有自身的优势，盲目地开展旅游经营，导致被周边的农家乐产品所替代。

5. 个别村社的旅游经营方式欠佳，有必要进一步优化和完善

今天，三峡库区贫困村落的旅游经营逐渐步入正轨。旅游产业为当地乡村带来了一定的社会效益、经济效益、文化效益等，同时也提高了贫困地区的致富积极性。

然而，在扶贫背景下，个别村社的旅游产业面临着一定的经营风险。依赖政府政策，受权威观念束缚，导致经营主体忽视了最重要的市场性，经营理念不足，由此便产生了一系列非市场化的经营与操作，不具有可持续性。例如，巴南区的WS村，有一企业准备开发一个溶洞景区的旅游项目，受国家政策补助，陆续共计投入了几千万元资金。然而，溶洞在试运营期间，该企业发现其市场效果并不好，后又因资金不足，只得搁置并放弃该溶洞旅游项目的开发和经营。

6. 个别村社的旅游产品的市场竞争力不足

旅游产业是一个综合性强的产业，是一个风险与机会并存的产业。三峡库区旅游产业能取得积极的扶贫效应，一方面与各区县的扶贫干部、贫困户本身的努力离不开关系，另一方面得益于政府的各种旅游扶贫政策。国家补贴政策的主要作用是引导村社旅游活动的正向经营，但又不能一直保护，毕竟旅游产品终究是要面向市场的。

在各方面努力下，大多数村社的旅游业渐入佳境，努力与市场接轨。但也存在个别村社对旅游行业的竞争风险应对不足。如前所述，个别村社的乡村旅游盲目跟风，市场定位不清晰，导致旅游产品同质化严重，面临着因与周边村社提供几乎一样的产品，市场竞争激烈的困境。对此，个别村社准备不足，导致旅游投入多而收益甚少，经营的农家乐也随游客数量的减少而减少。

7. 需要长期面对自然灾害、生理疾病等意外问题

大多数贫困村的自然条件比较差，自然灾害易发，主要表现为泥石流、滑坡、崩塌、洪水、旱等；贫困户的健康状况一般，包括生病、智力障碍、生理残疾等，而这些都属非人为的因素，实难控制。因此多担心意外返贫，主要就包括以上自然灾害、生理疾病等两个方面的意外。

在实际走访中，担心意外返贫的人比较多。开州区丰乐街道的GM村，有一位丧偶老婆婆，约60来岁，智力有障碍，仅有一个已出嫁的女儿，属因病致贫，基本靠着政府的低保生活；另有一位80来岁的老大爷，丧偶，患有慢性病，劳动能力弱，三个女儿早早出嫁，但鲜孝之。巫山县骡坪镇的CY村，有一农户40来岁，患有白癜风疾病，劳动能力弱，尚有2个老人需要抚养，还要供养一个小孩读书，配偶因此离去，平常仅依靠低保过活。在实地调研途中，还碰到了塌方，导致交通不畅等。可见，三峡库区在日常的扶贫工作中，需长期面对自然灾害、生理疾病等导致的意外风险。

8. 贫困人口老龄化、岗位能力弱，与旅游行业对从业人员的能力要求不协调

旅游产品的品质、旅游服务的质量是通过管理者、服务者的素养来达成的。但在走访的贫困村落当中，贫困人口老龄化、空心化等问题较为突出，年轻人大多数都外出务工，只剩下老人、小孩与身体不便的人留守，造成优质劳动能力缺失，难以满足旅游行业的需求。旅游产业是一项服务型产业，旅游从业人员是需要有一定工作能力和人际交往能力的，而这显然与老龄化、工作能力弱化的贫困村情况不协调，这影响到旅游的持续发展。

目前，从事乡村旅游业经营的基本都是还留在当地的农民，年纪稍长，且一般没有经过专业的技能培训，导致服务能力较低、经营经验不足等。针对这一问题，多数区县政府与扶贫干部都有提到过针对性地对农户进行旅游行业方面的技能培训与服务培训等，从而在一定程度上缓解贫困村落与旅游行业对从业人员的能力要求不协调的难题。

9. 贫困户的旅游参与方式、参与程度有限

近些年来，国家与扶贫干部为调动贫困户的旅游扶贫参与积极性，付出了诸多努力，如在参与方式上，贫困户参与旅游扶贫的方式包括出售农副产品、入股分红、土地租赁、提供公益岗位、免息贷款、自主经营（如农家乐），并给予一定补贴等。在参与程度上，各区县表现不一，一般来说，旅游经营较好、宣传效果好的贫困村落，贫困户的参与程度更深；而那些宣传效果不佳、旅游绩效不佳的贫困村落，贫困户的参与热情也不高。

总的来说，三峡库区贫困户对旅游扶贫的积极性和配合度相对较高，如长寿云台镇的八字村，以农业为基础，发展农业观光、农家乐、农业采摘、篝火晚会、温泉等旅游项目，还拥有自己的微信公众号等宣传方式。在浓郁的旅游扶贫氛围带动下，村民的参与热情高涨，基本都参与到了扶贫车间的工作，平时还会参加大概半个月的旅游技能培训，干劲十足。然而，也有经营不好的乡村旅游，如同在长寿的GQ村，因与县城距离过远，导致旅游收益小，农家乐经营不理想，村民的参与意愿较弱，可参与方式也有限，村民"等靠要"思想尚未改变（调研时）。换句话说，旅游参与程度高的贫困村落，其经营态势往往也是正向发展，因而其参与方式也是丰富多样。因此，在乡村振兴背景下，需要再次审度旅游产业的适宜性，调整和优化产业结构，让贫困户有更多的参与方式，同时继续加强村民的文化思想教育，进一步调动

贫困户的参与热情等。

10. 个别旅游扶贫村的旅游产业适宜性不足

三峡库区属于亚热带季风气候区，总体雨水充沛，地理条件复杂，旅游资源较丰富。基于自然地理与社会环境条件，为响应国家 2020 年全面决胜小康的奋斗目标，三峡库区各区县多选择了发展旅游业来带动脱贫，旅游业对三峡库区的脱贫起到了重要的作用，这已经在实践中得到验证，更在三峡库区近 5 年宏观统计数据的数学计算结果（灰色关联分析法）中得到体现。

然而，对于个别旅游资源缺乏、旅游发展条件一般的村，基础设施与服务设施也缺少或简陋，选择旅游扶贫的模式就会出问题，即旅游扶贫的适宜性问题——并非所有地方都适合旅游扶贫。例如重庆的 GQ 村，四山禁建，尚无旅游企业入驻投资（截至调查时），旅游资源也不突出，离县城距离较远，不宜盲目发展旅游业。地方政府应当针对这一情况，积极引导相关部门重视基础建设与社会经济的发展，探寻更适宜的产业发展路径。

八、启示：乡村振兴面临的挑战

基于以上旅游扶贫特征分析，可以看出，在旅游扶贫过程中暴露出了一些问题，很多扶贫经验值得乡村振兴借鉴。乡村振兴和脱贫攻坚的工作对象基本在乡村，但乡村振兴更复杂、面临的问题更多。脱贫攻坚经验和遇到的问题对我们乡村振兴是很好的提醒，能够引导我们对乡村振兴有更深刻的思考。

乡村振兴是我国阶段性发展战略，其内涵更丰富，任务更艰巨，涉及的关系更复杂。各地乡村需要系统布局、统筹安排、率先发展；在国家乡村振兴战略规划中，明确提出了阶段性目标。我们不能简单地将乡村振兴认识为发展农村经济、盘活农村土地利用等。从长远看，我们需要从社会学、规划学、经济学、美学、生态学、管理学、市场学等多视角审读乡村发展，否则简单的利益考虑和关系处理可能导致系列深层次矛盾产生。结合扶贫过程中的问题和经验，根据乡村振兴战略要求、乡村区域特征、社会传统认知等，乡村振兴需要处理好以下方面的问题和关系，除巩固脱贫攻坚成果外，还要防止返贫问题发生，还应该预判新的社会和经济、生态等风险。

（一）找到城乡发展的基本逻辑与发展路径

1. 城镇与乡村之间应该有合理的逻辑关系与发展定位

城乡差距是中国城镇化、现代化进程的正常现象。但在此过程中，社会、管理机构对待二者发展的地位严重不对等，从逻辑定位与关系处理方面看，基本将乡村边缘化、辅助化、简单化。长期以来，中国的乡村社会被称为是相对封闭的、人员身份比较单一和同质性的社会区域；在地方政策、市场和社会认知、经济发展中，对乡村的定位均比较简单，认为就是为城镇提供劳动力、粮食、蔬菜等生活品的地方，农村就是农业。如此逻辑关系之下，乡村的发展空间不断被挤压，在资源配置、基础建设、政策扶植等方面受到限制，导致乡村经济、居民收益、文化教育、居住条件、生活环境等方面远远落后于城镇。渐渐地，社会形成了默契，农村成为落后的代名词，过去数年，出现了类似"农民工""农民画家""农民歌手""农民意识"概念，其深层次带有歧视性，这恰反映出社会对"乡村""农村"的最真实认识，各方面都将"乡村""农村"死死地定型在了社会的底层，这显然是严重的偏见、不公平所致；这种观念久久难以消除，今天仍在延续。

今天，关于乡村振兴战略研究偏重于政策研读，从学理层面对乡村振兴战略的逻辑、核心内涵进行研究的不多。乡村振兴战略背景下，首先需要达成共识的是城乡逻辑关系，乡村既是生产之地，又是生活之地；乡村是与城镇对等的社会区域、经济区域；乡村与城镇之间，是相互吸引、相互支撑、相互转化、相互补充、互有重点的平等关系，这是二者关系与发展定位根本。未来，乡村不仅是农业，还有更加丰富的产业形态，例如旅游等现代服务业、加工业、科技产业、科研等；未来的乡村，应该在产业发展、生活服务、文化发展、社会建设、就业创业等方面享有与城镇同等机会的地方；未来的乡村，既是生产之地，更是生活之地、文化之地、休闲之地、工作之地，是大家向往的社会区域。这样的乡村才是振兴了的乡村。

乡村振兴不能就农村论农村，而是要结合乡村振兴战略和新型城镇化来看，我们需要正确认识国家发展需要乡村转型、乡村社会本身正在转型；需要我们在理解乡村社会新特点下谋划乡村振兴的定位。随着国家发展加快和战略调整，面向农业和农村的政策不断调整，尤其是城乡户籍制度改革、土地制度调整、社会治理等方面政策的变化，以及乡村社会本身的不断发展变化，推动乡村的功能从附属功能向核心功能转变，农业从承担农产品保障供应功能向多元复合功能转变。乡村和城镇是一个有机的整体，其关系是平等的、互补的。当城市发展面临类似空间约束时，城市的一些业态完全可以在乡村生存，可以考虑向乡村转移。例如，从公共服务产业化发展的角度来看，乡村是发展会议、康养、研学、培训、休闲、餐饮等的理想场所，可以成为乡村的新产业，从而拓宽乡村产业发展思路，城乡之间的关系更加紧密，实现城乡融合与公平发展。

2. 乡村本色和底色是乡村振兴的根本

无论古今，乡村始终给予了人们特殊的恋想，一个特定的地域符号；在人与自然的交融过程中，乡村呈现出特有的气质。今天，无论我们怎样发展乡村，都应该坚守乡村的本色，未来乡村仍然是绿色的、恬静的、自然的，有劳作、生活气息的地方。否则，如果乡村失去了本色，其实是我们失去了一类特殊的生活空间；没有了乡村本色的乡村，不是我们乡村振兴战略所希望看到的，那是乡村消亡，而非振兴。

古往今来，乡村景象和意境一直以相似的形象符号存在于在不同时代。以邹正（2020）基于山水田园诗意境的乡村旅游审美应用研究为例，古代对乡村的审美主要反映在风雨日月、篱笆院落、花草树木、生活场景等形象符号（见图3.38）。如果我们通过符号学理解与语义提取，乡村可以大致归纳为生活景象、村舍院落、气候天象、劳作场景、地理景象、树木植物、鸟禽牲口等，与今天我们向往的乡村场景无异。

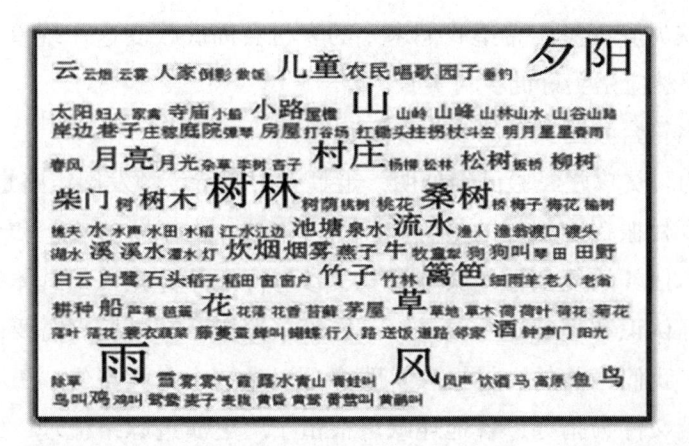

图 3.38　基于山水田园诗的乡村情景高频词词云图（邹正，2020）

为了进一步了解今天社会对"乡村"形象的认知特征，呼应历史对乡村的感知，本研究进行了简单的乡村形象认知专项调研（2022年6—7月）。从乡村形象符号的认知角度可以看出，人们记忆中的乡村和希望的乡村与历史有惊人的相似之处（见图3.39）。乡村特有的生活气息、自然景象、生产劳作、朴实勤劳等场景仍然是乡村最美好的符号，特别是乡村特有的浓浓人文气息，几乎是所有人记忆和念想。其实这就是我们乡村的本色，乡村的根和魂。

图 3.39　人们对乡村景象的符号化认知词云图

（注：数据来自本研究小组 2022 年 6-7 月的专门调查；基于网络平台，接受调研的人群年龄覆盖 20-55 岁之间）

接受调查的人群反馈中也看到了不是我们希望的乡村场景，其中包括一些担心，例如杂乱无序的农村、垃圾成堆的乡村、荒芜的土地、人口老年化与劳动力缺失等现象。希望我们未来的乡村会彻底改变这一现象，无论怎样发展，它仍然应是美好的乡村美景。

3. 探索符合我国实情的乡村发展路径

我国的脱贫攻坚经验已经证明，走具有中国特色的发展道路是行得通的，其经验对乡村振兴有很好的借鉴和启示。当然，由于脱贫攻坚和乡村振兴的战略目标、任务的复杂性、服务对象、参与群体差异较大，具体策略肯定不同，要正确认识和理解这些差异，不能简单照搬。乡村振兴需要以一定的理论为指导，我们当前的乡村振兴实践多是以党的十九大报告、历年中央一号文件等政策文件为指导；各地还缺乏根植于历史演进脉络梳理、经济社会规律探索、地方实践经验总结等全面系统的理论体系建构，即我国（各地）乡村发展的自我逻辑尚未形成，目前尚处于乡村振兴的探索阶段；我们在实践过程中，需要在乡村利益关系、生产关系、空间组织、文化传承、演进逻辑、历史脉络、乡村振兴的伦理等方面展开思考，尽快找到乡村发展的真正规律和本质，形成我国乡村振兴的基本理论。

就脱贫攻坚而言，从工作对象看，主要聚焦于贫困县、贫困村和贫户人口，虽然数量不少，但是仍然是特定区域和特定人群，并且这些区域和人口在特征上具有相对较高的同质性，面临的问题也具有同质性。而乡村振兴是统领农村、农业和农民全面发展的整体性战略，工作对象覆盖了全部地区和农村人口，全国有约 50 万个行政村（根据《中国城乡建设统计年鉴 2020》），由于地理区位、资源禀赋、经济状况、产业结构、人口结构等方面差异性较大，每个村庄发展面临的机遇、挑战和困境不同。与脱贫攻坚相比，乡村振兴的工作对象不仅范围更广、规模更大，更重要的是工作对象的异质性非常强。

发达国家也都经历过乡村（农村）发展问题，形成了各自不同的经验和特点。例如日本的"一村一品"，韩国的"新农村建设"，美国的"规模化农业"，以色列的"科教兴农"等，它们发展的思路给予了我们启示，但具体经验是否符合我国国情？值得认真考虑，我们需要走符合国情和特色的乡村发展之路，构建符合中国实际的逻辑路径；我国台湾开启"文创农业"不失为一种模式。只有正确认识乡村振兴，才能更好地调整组织架构、目标设置、路径选择、政策配套等，以适应乡村振兴战略的新要求。一些地方不仅要谋划乡村振兴，同时还需要进一步巩固脱贫攻坚成果，例如脱贫标准不高，存在返贫风险；个别地方的政策干预作用强，产业还未形成市场化竞争力，市场机制作用弱等。

（二）乡村振兴中的功利思维与形式主义

在任何发展阶段，功利主义思想都存在，乡村振兴也无法完全规避，我们应该尽量预防这种思想带来的风险发生。功利思维与形式主义的乡村振兴带来的是"虚假性繁荣"，它们会给乡村振兴带来误导和伤害；从心理动机看，就是地方管理者等好大喜功、急功近利、好于面子、邀功请赏等。功利与形式主义可能反映在乡村发展决策、项目谋划、成效评估等方面，可能出现盆景式、示范式、数字式、文字式、样板式的振兴；示范性、表面性振兴无法实现整体乡村振兴。

在现代农业发展和新农村建设中，各地都作出了较大努力，实现了多样化的突破性进展，给农村带来了一系列极为深刻的重大变化，这些成绩都是不容置疑的。但是不能不看到，受制度性因素影响，个别地方现代农业和新农村的发展表现为"虚假性繁荣"，有增长之形而无发展之实。例如一些连片集中的现代农业产业园和很多规模庞大的龙头企业，其现代化程度和农业装备水平，与任何发达国家相比也毫不逊色。但如果撇开华丽的现代高端表象，深寻其背后的生存发展机理，就会发现这些产业园区和龙头企业远超其实际能力的先进的现代化，实际上主要是由巨量财政补贴性投入制造出来的，虽然看起来很美，但多是有产出无盈利，如果离开财政支持就没有基本的市场生存能力。少数进入农业领域的龙头企业事实上是为了获取财政补贴。不合理、不科学的财政补贴方式扭曲了这些企业的行为，生产规模越大，补贴力度越强，报的项目越高端，获得的支持资金越多，由此导致一部分龙头企业可以不考虑投资的市场经济性，不重视基本的投入产出比，有现代化外部形象就能生存，能吸引眼球就可获取财政性资源。可以判定，局部地区现代农业发展表现为虚假性繁荣的现象是客观存在的。功利主义的危害不仅对我国农业通过现代化改造提升市场竞争力构成延缓性消极影响，而且使补贴政策不合理带来的财政支农资金低效使用的问题更为突出，加剧了财政支农资金不足的矛盾。

功利式的乡村发展还表现在新农村、美丽乡村建设方面。一些地方为建新村而建新村，脱离现实需求基础，过度强调提高集中度，以较高的建房补贴把部分已长期外迁农民的有限积累导向于原居住地的农房建设，虽然满足了地方政府打造美丽乡村样板的需要，但其实际居住功能的发挥受到直接影响。传统自然村落和新村聚居点双重空心化的产生是一个不合理的经济现象，在实施乡村振兴战略中需要总结其中的经验教训。

（三）乡村社会复杂系统与乡村振兴举措简单化

"乡村振兴是一盘大棋"[①]，乡村振兴战略需要顶层设计、统筹规划，不能就产业振兴谈乡村发展，而应有系统性和全局性思维。

乡村是与城市相对应的社会经济区域。乡村有其独特的系统，有特殊的社会构架。过去对乡村的认知比较片面和简单，乡村被视为社会发展的辅助单元；实际上，乡村除了熟知的社会关系、血缘关系、宗族社会等之外，还有特殊的自然与社会环境条件；在经济方面，农业是其永恒的主题，但其经济体系相对比较松散；乡村集体股权、公司化氛围、管理阶层、自组织等明显区别于城市。

因此，乡村振兴发展举措决不能简单化，我们需要从新的城乡经济关系、乡村自然环境条件、社会系统、乡村社会构架统筹考虑，激发乡村的活力和潜力；乡村振兴不是简单的产业振兴，或环境改变，或人居条件改善等。需要我们从新的乡村定位、城乡功能关系、乡村经济、乡村社会关系、乡村生态环境、乡村文化、乡村生活等方面谋划乡村发展，从长计议。

（四）乡村人才对乡村振兴的制约问题

2018年中央一号文件提出要"强化人才对乡村振兴的支撑作用"这一理论观点；2021年中共中央印发《关于加快推进乡村人才振兴的意见》指出

---

① 2018年习近平总书记在中共中央政治局第三次集体学习时讲话

"乡村振兴，关键在人"[164]，都是对中国特色人才思想体系内容的丰富。随着我国乡村振兴战略的不断深入，人才瓶颈对乡村振兴战略的制约性将会越发显著；人才在乡村振兴中的效应将越发明显、影响将越来越广泛与深远。

乡村振兴需要对人力、人才、人力资本、人才资源有深刻的理解，"人才"是相对于社会而言的价值性概念，其内涵和内容具有时代性。基于传统农业，今天的乡村劳动力已经表现出量的不足；基于乡村产业转型发展，乡村人才的质更是不能满足需要，优秀人才资源稀缺。乡村人才资源整体技能水平偏低，结构不合理。

目前，大多数农村地区已经表现出传统农业的劳动力短缺问题，"谁来种地"成为普遍性的问题；实际务农的劳动力平均年龄已经接近60岁，有的地方务农劳动力甚至出现从老龄化向高龄化发展的趋势。劳动力老龄化直接带来因供给不足而不断推高农业人工成本；现代农业更是无人可用。在许多传统农村腹地，老农民、老品种、老技术、自给自足、粗放经营互为交织，导致农村经济不进反退。本研究对三峡库区具有代表性的乡村进行了简单的摸底调查，无一例外地存在劳动力短缺问题（表3.23），如果要实现乡村产业振兴，劳动力已经成为障碍。

乡村振兴背景下，乡村产业转型，产业多元化，农村不再大量需要传统农业劳动力，而是需要大量的"乡村精英"、技术型劳动力、技术型人才、新型农民、职业农民等。城市发展迅速，相对乡村而言，对人才资源更具吸引力，导致人才积极向城市靠拢，乡村人才匮乏现象日益严重，过去城乡差距还表现在农民工收入方面，如果要吸引返乡人才，前提是新的乡村岗位能够提供较高收入，这就需要乡村产业应该更加高效，否则无法实现农民工返乡创业。从长远看，乡村人才还需要通过市场机制来调节，例如善用乡贤，发挥乡土人才的智慧等。

表 3.23 三峡库区乡村人口基本特征随机调查（以市县级乡村振兴帮扶村/镇为例）

编号	所属区县	村名称	户籍人口 总数（人）	其中：老年（人或占比）	其中：青年（人或占比）	就地生活/工作的人口（即实际在本村工作生活的人数） 总数	老年（>50；人或占比）	青年（22-50；人或占比）	外出工作人口（人；或占比）	目前劳动力缺口（人；或占比）	乡村振兴背景下的劳动力缺口情况（或人）	备注
1	SZ县	SZ村	1994	994	1300	1896	902	996	811	714	812	多业态
2	SZ县	QF村	1509	524	488	398	352	46	768	284	421	
3	SZ县	YX村	1475	265	682	763	265	191	218	260	310	
4	SZ县	NP村	2450	921	976	253	227	26	817	323	483	主要靠种植业生态果园、榨菜等，带乡村观光休闲，但客源有限
5	SZ县	YJ村	1537	40%		约30%	几乎全是	几乎没有	60%	农忙时到周边村、县城找劳动力	只能吸引人返乡，主要靠种植、旅游；地少，留客。	在扶贫期间，吸引回来了一些青年创业，但经济效益不理想，大部分又离开了些。旅游有季节性
6	FD县	CA村	1156	55%		约300人	80%	离县城近，年轻人基本上外出，或住城里	外地297	缺口大，但离县城近，临长江可解决。	走旅游振兴乡村之路，依托县城景、景、景，未来资源。	离县城近，年轻人基本上外出，或住城里
7	Z县	ZS村	1113	45%		300	基本为60岁以上的	基本外出，40-60岁就近找工作			种植业，土地有限	
8	KZ区	XQ村	4713	1876	2058	1855	五分之三	五分之一	1686		部分	乡村振兴重点帮扶村，正在实施高标准农田建设改造项目，有部分劳动力缺口。南雅镇已有计划，有组织的引进业主流转土地，推动农业适度规模经营，积极回引外出人员返乡。
9	KZ区	WL村	2818	1036	1271	853	五分之三	五分之一	1335		部分	

（注：本调查数据为概查，调查数据有几种情况：一是来自本村的统计数据；二是因去调查时没有人，从村委会宣传板反映表取数据；三是根据村工作人员的访谈整理。因此无统一的数据口径，访谈对象均反映和担心劳动力缺乏）

（五）乡村空间有限性与城镇产业无限挤压

从空间正义视角看，乡村与城市是人类发展过程中分离，然后逐渐形成不同体系的异质空间，到目前为止，它们仍为社会发展发挥着不同的价值与功能；也正是在这种空间的异质化发展下，城市空间成为社会发展的主导，人口、文化、经济等高密度化；渐渐地，城乡空间被差异化对待。城乡空间正义追求的是城乡空间在生产、分配时，城乡内的实践主体对其所在空间资源与产品的生产、占有、交换、消费等方面的空间权益能被同等、公平地对待。马克思从微观的城乡视角批判揭露了资本主义空间生产的非正义性，认为乡村发展与城乡空间正义相关联，乡村只有在城乡融合中才能得到公平对待，实现真正意义的发展[165]。

今天，仍然有一种错误认知，认为乡村的空间是无限的，将大量在城市无法生存的实体迁往乡村，导致乡村空间、耕地、传统生活空间等被大量不合理挤占，给我们未来生存埋下了隐患。马克思认为，空间是在实践中产生的，空间的分离与统一的变动也只是人类实践的结果。我们应该重视乡村空间的合理性、公平性，不能一味从经济角度考虑问题，乡村不是杂货柜，不是把什么都往里装的；目前较粗放的土地城镇化、产业化相当突出，耕地大规模减少的矛盾不仅表现在数量上，而且表现在质量上；过去，高速工业化、城镇化推进中所占用土地主要是肥沃的良田沃土，对基本农田保护、农业生产能力的损害相当严重。

乡村振兴背景下，我们应该合理规划乡村空间，在空间正义视角下统筹城乡空间利用，例如用乡村公园替换城市公园，缓释城市用地。在乡村振兴战略下，必须保护好18亿亩基本农田，任务艰巨、责任重大，这影响到我们能否端稳自己饭碗的问题。但是，有的地方土地被偷梁换柱，在短期利益驱使下被恶性置换；土地越来越细碎；有的地方的基本耕地根本就是新建的，坡改梯，在荒地上客土为基本农田等。三峡库区地理条件决定了土地非常有限，山地、坡地影响到乡村产业选择，可选择的现代乡村业态非常有限，发展旅游的条件也有限，现代服务业发展空间有限。

（六）乡村美学元素缺失与过度美术包装

从乡村现实景象看，大量远离城市、交通不便的乡村，生活场景少有生活的尊严可言，严重缺乏美感。其实，目前乡村生产、生活、居住等各方面都反映出美学素养和意识不足；生活方面，居所院落、生活场景、衣食等方面还是基本的实用主义，"村"几乎没有合理布局规划，基本没有考虑邻里空间关系，公共空间严重不足；"舍"缺乏设计，难有审美可言，只是房间室内空间最大化；"生活物资"凌乱无章，怎么方便怎么放，几乎没有美感可言；生活垃圾乱弃乱放，导致乡村环境非常"脏"；平时衣食简单，缺乏科学、美学，缺乏对场景尊重。生产方面，由于我国土地政策与管理原因，土地分割碎片化已既成事实，田园更无景观格局的考虑；农业基础设施建设布局相当随意、建设粗糙生硬。乡村社会的美需要区域人群整体素质的提升，由于文化素养、生活观念等方面原因，乡村居民美学素养非常低，难有美学观念，进而影响到整个乡村美化发展。乡村产业现代化也不应该破坏乡村的基本美感，之间并不存在天然冲突与矛盾，以德国、日本为例，作为工业高度发达的国家，乡村同样发达，乡村的生产设施、生活设施完善，他们对乡村文化与景观保护同样到位，留住了乡村最底色、最本色的东西。其现代农村并没有杂乱、与本地无关的美术包装；看到的乡村仍然是真实的、自然的、柔美的、质朴的；也没有看起来很硬的道路等设施，没有因为设施建设破坏乡村氛围，乡愁犹在（见图3.40、图3.41）。

图 3.40 德国的乡村景象
（图片来源：图 1、2 为天堂图片库；图 3 为作者 2006 实地拍摄）

从乡村美学看，乡村之"美"，并非单纯的美学元素或作品的呈现，它有自己独特的美学视角和内涵；乡村"美"是自然的、朴实的，乡村有其特殊的韵味和形态。乡村的场地感和精神感形成了一定的空间审美，乡土内涵和文脉造就了独特气质等。在美丽乡村的建设过程中，我们需要美学思维，但不是简单的"美术"堆积，不是与当地毫无关联的美术产品堆放，不应该是美术的秀场。这反而是破坏了乡村最真实的美，是粗暴、简单、俗气的美化（现实中这种现象比较普遍；这种美丽乡村方式尽管有一定受众，但缺乏持续性，不会长久）。由于缺乏一定的理论支撑，乡村发展的逻辑梳理不足，乡村规划已经影响影响到乡村发展和审美，自发成长的村庄反而优于经过规划的村庄，乡村规划套用城市规划的模板和套路，一定程度导致当前的千村一面、村庄凋敝等问题，乡村既有的美被消耗掉。

从发展角度看，美丽乡村建设需要多维度的努力。在审美经济时代下，乡村容易出现浮夸的建设，乡村建设的空间重塑是否会存在审美冲突？"田园牧歌"的氛围是否还能保留住？需要我们基于乡土文化基因来审度、建设乡村之美，防止表面的、形式化的、粗暴的美术产品移栽，不要让乡村成为没有内涵的、无聊的、纯粹吸引眼球的美术产品堆放地。为此，一是美丽乡村建设要抓住乡村的魂，这是核心，展现"乡愁"的核心，既不能简单复制传统村落等建筑符号的沉重，又需要应对乡村空间现代审美浅层化倾向，拒绝"千村一面""表面美丽"。二是美丽乡村建设要根植于乡土文化，创造性地呈现有地域文化基因的乡村美学新特征。三是利用美学思维营造好乡村景观、生产、物质、人文、风物等元素，真正凸显乡村本色，留住乡土韵味，建设美丽乡村，实现乡村振兴。四是重视乡村农商文旅的融合性发展的新产业形态升级与乡村审美的融合。五是进行适度的自然山水的创意性转变。六是提高乡村建设中的主体审美水平，提高乡村居民的审美水平；践行将艺术引入日常生活，即陶行知先生的"生活教育理论"主张。六是重视城乡审美的共同性与差异性，把乡村视为联结城乡情感的乡村共同体，勾连城乡物质与精神的联系，让乡村美育自然生长。

（七）产业乡村化、乡村产业现代化与乡村环境削弱的冲突

乡村振兴需要乡村产业结构调整和优化，必然需要产业下乡、产业现代化。但问题在于，乡村产业振兴不是简单的产业下乡的事情，它可能导致乡村环境等问题。由于乡村环境的开放性、基础设施差等特点，一旦破坏，治理难度更大，土壤、水体、山体等更难恢复。

我们必须清醒地认识到，在过去的城市化、产业化发展过程中，快速的经济增长是付出了生态代价的。乡村振兴背景下，我们必须吸取经验，认真考虑乡村空间的核心价值，结合地方实情，研判适合发展什么样的乡村经济，确定发展什么样乡村的产业，有条件地推进产业下乡，不能以乡村环境为代价。一旦在农村发生环境问题，影响会更严重。乡村环境包括乡村的自然环境、人工环境等，乡村应该留住自己最根本的乡味乡景，不能再是简单粗暴、粗糙的产业设施建设，应该将审美元素融入乡村建设。

从目前农村现状看，有三个方面的环境问题需要重点关注。一是各种废弃物的污染，我国大量农村喜欢使用农膜等塑料物品，若不能降解会直接危害土壤结构；农作物秸秆回收率和还田率都较低，部分地方大规模焚烧秸秆则造成大气污染；规模化养殖业的快速扩张，处理工艺和设施不足，使农村面临更为严重面源污染，治理难度更大（三峡库区某县以养牛知名，之初未很好处理垃圾，臭气熏天，民怨很大）。二是生活污染，农村（特别是偏远、分散的村舍）生活用水直接排放，虽然自然有一定的消解能力，但是大量使用的洗衣粉、消毒液等进入沟渠、耕地，会造成日趋严重的水体和耕地污染。三是因为过度追求产量，农业增长过度依赖化肥、农药等，投入量大、利用率低，致使农村环境污染矛盾日趋加重。农村生态环境直接危及农民自身的基本生存，而且使农产品质量安全持续加剧。以日本为例，其农业和工业发达，它部分农村与我国农村比较相似，属于丘陵山地型乡村，他们的土地也进行过高质量改造，发展现代型农业，但是在整体上，较好地保留了乡村的自然与传统环境特征（见图3.41）。

乡村振兴必须防止过度产业化。产业兴旺对乡村振兴十分重要，但并非唯一，产业发展同时要注意社会、文化、生态等多元目标。要防止在乡村所有领域、所有空间的产业覆盖；在新村建设过程中，新村聚居首先要满足生态宜居的目标，有限发展休闲、观光、度假等乡村旅游产业，并非所有村落改造提升都要面向现代服务业。从长远看，乡村任何产业发展要尊重市场规律，虽然农旅融合、乡村旅游有较大的发展空间，但要防止由行政力量主导下推动的不符合现实需求的过度、过量扩张，导致产业供过于求带来损失。

田园景象：进行过高质量改造的耕地，但并没有现代技术设施的痕迹，更未破坏田园的基本地貌；田园基本保留了原始的景象；而基础设施应有尽有；整个田园整洁、单纯，尽显自然气质。

村落景象：较好地保留传统建筑工艺和风貌，尊重了地方特色、传统习俗；村舍布局因势而为，自然而富有生活气息；村外耕地也进行过整理，但几乎不留痕迹，很好地融入环境。

图 3.41　日本的乡村景象

（八）优秀乡村文化传承与新乡村塑造

"乡愁"是乡村振兴迈不开的情怀，这其中有乡村场景记忆、乡村风物、乡村文化、乡村认同与乡村依恋等。在新旧乡村之间，如何实现传承与重塑，是乡村振兴面临的又一挑战。我国农村正在经历巨变，传统乡村文化、农耕文明逐渐陨落，而新的乡村文化尚未形成，如何实现优秀的传统乡村文化传承，并且重塑新的乡村社会关系、文化体系？如何实现有乡愁传承、有乡村依恋、有乡村认同感的乡村？如何克服现代农业与传统农耕的矛盾？如何处理好传统农业传承与现代农业经济导向的矛盾？都值得我们认真思考。今天，大量乡村生活城镇化，农民大多上了街（镇），而传统的乡村生活情境与文化基本没有了，这是否就是我们希望的乡村振兴？在现代乡村产业化背景下，我们不能只看到乡村产业，而看不到乡村生活，否则就可能出现产业振兴和乡村衰落的同时发生。

过去，乡村空心化比较严重，农村人口流失，乡村经济社会功能整体退化，农村住房大量空置，农村公共服务需求显著降低，部分自然村落出现总体性衰败甚至消亡现象。新的乡村，又能否满足乡村人居与居民的社区感、乡村依恋感？能够满足城市居民的"乡愁"愿望？能否建成与城镇同样有尊严感的乡村社会环境，需要我们加倍努力（见图3.42）。乡村振兴需要乡村集居与生产、环境、用地等融合，避免挤占乡村居民的生活空间；建设满足需要的乡村社会基础设施；让乡村居民有尊严地、高质量地生活，让乡愁永恒，新的乡村绽放新的乡村韵味。但愿能够消除乡村依恋、乡村认同的辈差。

木梨硔村，黄山市休宁县溪口镇（建筑文化、民俗文化、生活气息等均在其中）。

（图片来源：https://www.meipian.cn/z7nibkh）

个别新乡村（城镇化，生硬，缺乏乡村灵气，更没有乡村生活感，难有乡村认同感）。

图片来源：摄图网（https://699pic.com/tupian/photo-yangfangqianting.html）

图3.42 传统村落与新乡村比对图

乡村振兴的内在灵魂就是文化。近年来，广大乡村精神贫乏，主要原因是缺乏对乡村文化性建设，重视不够、建设不够。乡村振兴对乡村文化建设，应考虑从以下主要方面努力：一是需要重拾优秀乡村传统文化，进行有效传承；二是要加强农村文化基础设施建设，让乡村文化有可放置的地方，着力营造良好的农村文化氛围；三就是要培育乡贤文化，引领文明乡风、良好家风、淳朴民风，提升农民精神风貌；四是要加强管理引导，对乡村文明进行褒奖，树立榜样，引导群众崇德向善、见贤思齐；五是在新村规划建设中，充分考虑乡村社会关系、社会运行特征，建设能够培育具有乡愁感的新乡村。

第四章

旅游扶贫的产业适宜性与乡村振兴

一、选择旅游扶贫的主要原因

三峡库区是我国重点扶持的18个贫困地区之一，国家确定的592个重点扶贫县名单中，有11个（区）县地处三峡库区。该区域集贫困落后、生态脆弱、移民搬迁等诸多问题为一体，是长江流域经济发展的低谷区。实现该区域内居民的脱贫致富，既关系到库区居民的切身利益，也关系到库区社会的长治久安。

受制于复杂的自然地理条件，以及对长江水资源的保护，依赖传统的工农业难以实现三峡库区的可持续发展，而随着旅游业的兴起，库区内丰富的民族文化和自然资源逐渐成为库区经济新的增长点。通过发展旅游业，可以实现贫困农民本地就业，通过从事旅游生产，可以获得经营性收入、劳动工资收入或资产性收入；旅游业的发展也有利于村容村貌的维护和改善，对传统村落的保护也有利于乡土文化的传承。因此，从扶贫攻坚的现实要求及发展旅游经济的逻辑关系考量，以旅游提振经济是库区多元化发展模式中最优路径之一。

（一）三峡库区旅游资源有比较优势，具备发展旅游产业的条件

三峡库区旅游资源具有独特性、总量大、类别广等特点。整个三峡库区为国家级风景名胜区，拥有世界自然与文化遗产1处、国家级森林公园18处、国家级自然保护区4处（沙坪坝、北碚同为1处）、5A级景区7家等。以山地、峡谷、洞穴等为主的自然资源丰富，也有以石刻、悬棺、古建筑群等为

主的人文资源（表4.1）。库区资源不仅观赏性高，资源保存完好，且分布相对集中。许多旅游景观沿流域分布，具备交通优势，如代表鬼文化的丰都鬼城、代表石刻和建筑文化的涪陵白鹤梁、代表三国文化的云阳张飞庙和奉节白帝城等均位于三峡黄金旅游通道上。由于自然地理环境的巨大差异性与民族文化的多样性结合，库区形成了拥有原始大自然风貌、历史文化深厚的具有现代旅游魅力的旅游资源。三峡工程全面建成蓄水后，库区形成长远约600公里的高峡平湖景观，丰富了三峡旅游资源的多样性，改变了三峡旅游的空间格局。

表4.1 三峡库区各区县主要旅游资源一览表

区县	资源类型	5A级景区	4A级景区	全国重点文物保护单位	国家级自然保护区	国家森林公园	国家级风景名胜区
湖北省	秭归县	屈原故里文化旅游区	三峡竹海风景区、九畹溪景区	凤凰山古建筑群	无	无	长江三峡风景名胜区
	兴山县	无	朝天吼漂流景区、昭君村景区	李来亨抗清遗址	无	龙门河国家森林公园	无
	夷陵区	湖北省宜昌市三峡人家风景区	三游洞、西陵峡口风景区、金狮洞、晓峰风景区（野人谷）、三峡大瀑布景区、西陵峡	杨家湾老屋、黄陵庙	无	湖北西塞国国家森林公园、湖北大老岭国家森林公园	长江三峡风景名胜区
	巴东县	神农溪风景区	巴人河景区、巴东县巫峡口景区	无	无	龙门河国家森林公园	长江三峡风景名胜区
重庆市	巫山县	重庆巫山小三峡—小小三峡	巫山神女峰、巫山神女溪	龙骨坡遗址	重庆五里坡国家级自然保护区	无	长江三峡风景名胜区
	巫溪县	无	红池坝国家森林公园	荆竹坝岩棺群	重庆阴条岭国家级自然保护区	重庆红池坝	无
	奉节县	无	白帝城、大窝景区、瞿塘峡、三峡之巅风景区、重庆天坑地缝	白帝城、瞿塘峡摩崖石刻	无	无	长江三峡风景名胜区、重庆奉节天坑地缝景区

续表

区县	资源类型	5A级景区	4A级景区	全国重点文物保护单位	国家级自然保护区	国家森林公园	国家级风景名胜区
重庆市	云阳县	重庆市云阳龙缸景区	云阳三峡梯城、云阳张飞庙	张桓侯庙、彭氏宗祠	无	无	无
	开州区	无	刘伯承同志纪念馆、开州汉丰湖景区、龙头嘴森林公园	刘伯承故居	重庆雪宝山国家级自然保护区	重庆雪宝山国家森林公园	无
	万州区	无	万州大瀑布群旅游区、三峡平湖旅游区、重庆三峡移民纪念馆	天生城遗址	无	重庆铁峰山国家森林公园	潭獐峡风景名胜区
	忠县	无	忠县白公祠、重庆忠县石宝寨	石宝寨、丁房阙、无铭阙	无	重庆天池山国家森林公园	无
	石柱县	无	西沱古镇、大风堡景区、千野草场	无	无	重庆黄水国家森林公园	无
	丰都县	无	丰都名山、丰都雪玉洞、丰都鬼城	高家镇遗址	无	重庆双桂山国家森林公园	无
	武隆县	武隆喀斯特旅游区、重庆仙女山国家森林公园	重庆芙蓉江、芙蓉洞、武隆天生三桥	无	无	重庆仙女山国家森林公园	芙蓉江风景名胜区
	涪陵区	无	涪陵武陵山国家森林公园、武陵山大裂谷、重庆涪陵大木花谷·林下花园景区、白鹤梁水下博物馆	白鹤梁题刻	无	重庆茂云山国家森林公园、重庆武陵山国家森林公园	无
	长寿区	无	菩提古镇文化旅游区、重庆长寿湖	无	无	无	无
	渝北区	无	重庆园博园、统景风景区	无	无	无	无

续表

区县	资源类型	5A级景区	4A级景区	全国重点文物保护单位	国家级自然保护区	国家森林公园	国家级风景名胜区
重庆市	巴南区	无	丰盛古镇、中泰天心佛文化旅游区、重庆汉海海洋公园	无	无	重庆桥口坝国家森林公园	无
	江津区	江津四面山景区	聂荣臻元帅陈列馆、陈独秀旧居纪念馆、中山古镇、江津会龙庄景区	石门大佛寺摩崖造像、聂荣臻故居	无	重庆大园洞国家森林公园	四面山风景名胜区（国家级）
	渝中区	无	洪崖洞、重庆人民大礼堂、重庆三峡博物馆、重庆自然博物馆、重庆红岩革命纪念馆、重庆市规划展览馆、重庆湖广会馆、重庆天地旅游区、特园	曾家岩50号"周公馆"、红岩村13号、《新华日报》营业部旧址、中共代表团驻地旧址、桂园、重庆湖广会馆、老鼓楼衙署遗址、重庆古城墙	无	无	无
	大渡口区	无	无	无	无	无	无
	沙坪坝区	无	磁器口古镇、歌乐山国家森林公园	"中美合作所"集中营旧址	重庆缙云山国家级自然保护区	重庆歌乐山国家森林公园	缙云山风景名胜区
	江北区	无	铁山坪森林公园、观音桥商圈都市旅游区、重庆科技馆、金源方特科幻公园	无	无	无	无
	南岸区	无	重庆加勒比海水世界、南山植物园	弹子石摩崖造像	无	重庆南山国家森林公园	无

续表

区县	资源类型	5A 级景区	4A 级景区	全国重点文物保护单位	国家级自然保护区	国家森林公园	国家级风景名胜区
重庆市	九龙坡区	无	重庆动物园、重庆巴国城、华岩旅游风景区、周君记火锅食品工业体验园、海兰云天	无	无	无	无
	北碚区	无	缙云山、重庆金刀峡、重庆北温泉风景区	中国西部科学院旧址、峡防局旧址、红楼旧址、清凉亭旧址、农庄旧址、磐室旧址、竹楼旧址、柏林楼、数帆楼旧址、中国乡村建设学院旧址、花房子	重庆缙云山国家级自然保护区	重庆观音峡国家森林公园	缙云山风景名胜区

此外，在 A 级景点、餐饮住宿企业和交通运输业等方面，三峡库区近年的增长速度和规模位于全国前列，为发展旅游业带来有利条件。因此，依托旅游开发带动贫困人口致富是三峡库区脱贫攻坚的路径之一。

（二）三峡旅游品牌具有较大的市场吸引力，发展前景好

随着经济的发展，居民可支配收入的增加以及带薪休假制度的逐渐落实，人们旅游需求意愿不断增强，具备了旅游的现实条件。旅游业也成为当今世界发展势头最为强劲和最大的产业，日益成为国民经济新的增长点。三峡库区独特秀丽的旅游资源、蓄水后的平湖美景，整个三峡旅游具有国际性影响力，"三峡旅游"品牌具有国际性，旅游形象较好，加之游客对生态、文化旅游的兴趣与日俱增，越来越注重亲近自然，吸引了大量旅游者前往三峡旅游。据重庆市旅游业统计公报，至 2019 年，重庆市接待的国内旅游者、国际旅游者人数逐年上升。

此外，三峡库区拥有较大规模的本地客源市场，仅重庆市就有 3000 多万人次的潜在市场，为三峡旅游提供了基本市场；周边还有武汉、成都等中距

离的客源地。这些均为旅游扶贫提供了市场可能。

（三）旅游产业具有较高的关联度，对社会与经济的拉动性较强

关联效应是指某一产业的经济活动能够关联影响其他产业的经济活动，由美国经济学家赫希曼首先提出。该理论认为，产业关联度高的产业可以作为主导产业加以扶持，主导产业形成波及效应而促进区域经济发展。关联效应理论为贫困地区选择旅游业作为主导产业提供了理论支撑[124]。

旅游业属于综合性极强的产业，旅游的"食，住，行，游，购，娱"六要素组合，实现了从交通运输到餐饮服务、休闲娱乐等多产业融合，产业关联性强。三峡旅游品牌有较强的市场吸引力，其生态游、文化游、乡村体验游等迎合了旅游消费者的需求，市场前景看好。针对库区内贫困村社的旅游发展势必会促进交通、通信、餐饮、住宿等基础配套设施建设及土特产品的加工制造等一、二产业的快速发展。旅游消费以有形的旅游产品和无形的服务相结合，服务更是其核心部分。旅游产业对第三产业发挥着更大的带动作用，成为扶贫产业中的主导产业。

（四）拥有很好的扶贫政策，对旅游扶贫起到较好的保障

贫困问题是当今世界最尖锐的社会问题之一，我国长期以来对农村贫困问题持较高的关注度。党的十九大报告指出，农业农村农民问题是关系国计民生的根本性问题，必须始终把解决好"三农"问题作为全党工作的重中之重。

旅游业是伴随着经济增长，人民生活水平日益提高而发展起来的第三产业。因其显著的产业关联效应及相对于工业而言对环境友好，被地方政府视为拉动经济增长的主导产业加以扶持。进入21世纪，旅游消费需求逐渐从观光游向休闲度假游转变。而以乡村游、生态游、文化游为代表的休闲度假游具备广阔的市场前景。近年来，按照脱贫攻坚任务的要求，政府又将乡村旅游与精准扶贫挂钩。通过制定政策，专项扶持等手段鼓励全国各地以乡村旅游推动贫困人口脱贫。2017年年底，国家旅游局联合12个部门共同制定了《乡村旅游扶贫工程行动方案》，计划每年对深度贫困地区进行从人才、金融、创业等多方面的专项扶持，旅游扶贫项目将不少于1000个，资金不少于3000

亿元。

针对三峡库区，2014年国务院在《国务院对于全国对口支援三峡库区合作规划（2014-2020）的批复》中重点提到发展旅游业提振库区经济的要点。在国家政策的支持下，三峡库区作为重庆市内的重点贫困区域，在金融、政策、人才以及技术等方面已得到大力支持。重庆市已做出建设"三峡库区生态经济区"的战略决策，努力实现生态涵养，突出发展理念和方式转变，努力建成长江上游地区服务业重要增长极。同时，长江经济带战略的提出，重庆将成为连接"一带一路"和长江经济带的战略支点。这些都为促进三峡库区旅游业发展，旅游资源的有效利用和旅游市场的拓展等创造条件，最终为三峡库区选择旅游扶贫提供了政策依据。

二、旅游扶贫的产业适宜性评价

旅游资源富集区与贫困地区在空间分布上的高度重合性，使得旅游成为反贫困的重要方式和手段之一[166]。三峡库区由于受到客观条件的制约，无法选择传统的工农业发展模式，但因其拥有较为丰富的旅游资源，使得通过发展旅游产业，依托旅游驱动型扶贫成为脱贫首选路径之一。

但是，并非所有的三峡库区贫困乡村都拥有丰富的旅游资源。而旅游扶贫是有前置条件的，即应该有适宜旅游产业发展的资源与市场条件，以及贫困居民有参与旅游产业的可能。若盲目地选择旅游产业扶贫会影响旅游扶贫成效的正常发挥，甚至诱发返贫风险。因此，旅游扶贫要因地制宜。据此，对三峡库区的贫困区域进行旅游扶贫的适宜性评价是必要的。

（一）评价原因和目标

1. 评价背景与原因

旅游业因其良好的发展潜力，较强的产业关联性，一直以来被认为是产业扶贫的主要抓手，精准扶贫的重要方式。但有些地区依托旅游开发带来的扶贫成效并不显著。主要表现在：个别扶贫地区旅游资源优势不明显，缺乏市场吸引力，依旧盲目开发旅游产品，旅游业发展未见起色，更无法发挥旅游经济带动作用；或是旅游业发展一路向好，但对贫困户的帮扶作用不大，旅游挤出效应明显，旅游收入漏损严重；或是贫困人口依赖旅游开发已脱贫致富，但其栖息地的自然生态环境遭受破坏，旅游业对贫困地区社会经济产生消极影响，长远来看，旅游业发展不可持续，可能诱发已脱贫户的返贫风险。

由此可见，开展旅游扶贫适宜性评价是对旅游驱动型脱贫路径选择是否正确的方向性、科学性判断。旅游扶贫是否适宜是多层次、多指标的综合作用结果，既有旅游资源禀赋、市场环境等方面的评价，又有贫困户个体能力差异的判断以及政府参与强度的影响。旅游扶贫不具有天然合理性，也不是任何旅游资源富集的地区都适合旅游扶贫。

2. 评价目标

旅游扶贫在实际运作过程中，必须首先明确扶贫的路径——目标关系：旅游开发是路径，贫困人口脱贫是目标。旅游驱动型扶贫路径选择的理想逻辑是：依赖于良好的旅游发展态势，通过开发旅游项目，增加贫困地区就业机会，从而带动贫困人口脱贫，旅游扶贫绩效得到正常发挥。而实践困境是：旅游产业扶贫过程中一味注重旅游产业的发展，忽视了贫困人口是否从中受益。旅游发展与贫困人口脱贫出现矛盾，旅游经济增长与贫困人口获利相背离，贫困户、地方政府、旅游企业等利益相关者利益失衡。

本研究所指旅游扶贫适宜性评价是针对贫困地区是否可以通过旅游开发进行扶贫的可行性评估，属于事前评价[167]。旅游扶贫适宜性评价涉及旅游开发与产业扶贫两大主题，不仅要考虑旅游开发的可行性，更要考虑当地居民的脱贫能力，评价目标在于针对三峡库区内的贫困村社选择旅游扶贫路径是否可行，是否有利于贫困人口受益。

进行三峡库区旅游扶贫适宜性评价有以下前提必须明确：

（1）旅游扶贫的前提条件是库区内的贫困村社拥有发展旅游业的资源、市场条件。包括资源特色度、市场吸引力、市场需求、基础设施条件等。

（2）旅游开发是途径，目标是有利于贫困人口的发展。旅游扶贫的路径选择是依托旅游开发，通过提供一系列的旅游产品，发挥旅游产业的关联效应，解决贫困人口的收入问题。

(3)旅游扶贫的直接受益人是贫困人口。旅游扶贫的实践过程中,随着旅游产业关联效应及旅游经济的乘数作用的正常发挥,旅游企业、贫困户、政府及其他非贫困户等利益相关者都将参与其中。继而分享旅游发展的红利时,要注意平衡相关利益主体的利益分配,相对弱势的贫困人口不应被排除在外。

(二)评价原则

旅游扶贫涉及资源禀赋、生态条件、政策因素等多个维度,对于如此多维度的复杂系统而言,必须建立一套具有导向性和综合性的评价指标体系,指导系统的运行与操作。指标体系既要反映旅游扶贫适宜性的内涵,又要综合考虑三峡库区环境社会特性;既能指导政府决策,又便于公众理解。因此,在构建三峡库区旅游扶贫的适宜性评价指标体系时,须遵循以下原则。

1. 科学性原则

科学性是构建指标体系的基础原则。指标概念必须明确,且具有一定的科学内涵。旅游扶贫的适宜性指标体系的构建应借鉴国内外研究成果,以相应研究领域中较为成熟的理论为支撑,使指标的选取符合研究内容的需要、突显研究区域特点,避免指标的简单罗列;权重的确定要以公认的科学理论为依据;具体单项指标需要有清晰的界定,各项指标尽可能地采用通用的名称和计算方法,保证评估结果的客观性。

2. 系统性原则

旅游扶贫的适宜性指标体系具有多维特性,具体表现为:旅游吸引力、旅游业市场前景、旅游环境与保障评价及贫困居民可参与度等。因而,三峡库区旅游扶贫的适宜性测度指标体系必须涵盖上述维度。各个维度既相互独立又相互联系,整合后构建成一个有机整体,保证指标体系在时间和空间都有可比性和持续性。

3. 针对性原则

旅游扶贫的适宜性指标体系构建需要结合三峡库区各个旅游扶贫点的实际情况去把握,指标的选取上要能够体现三峡库区旅游扶贫特点,以有助于把握返贫风险的趋势,从而及时调整策略和方法。

4. 目标导向性原则

本研究内容涉及了旅游开发与产业扶贫两大主题，其各自的影响因素众多。如何从纷繁复杂的各项事实中归纳、提炼出具有普遍意义的代表性指标，需要评价目标的科学指引。建立本旅游扶贫适宜性评价指标体系的目的在于针对三峡库区内的贫困村社其选择旅游扶贫路径是否可行，是否有利于贫困人口受益，指标选择有较强的目标导向性。

5. 简明实用性原则

指标体系构建既要保障能全面揭示旅游扶贫适宜性的本质，又要使指标体系相对简洁、易于推广应用。一方面，指标选择应该反映旅游扶贫适宜性各个维度的大部分信息，保证测度结果的可信度；另一方面，指标选择又不能面面俱到，否则指标信息重复、指标体系过于繁杂，不便操作，降低了指标体系的实用性。因而，在指标选择时需要反复斟酌、筛选，尽可能做到应选尽选、绝不多选。

6. 可操作性原则

在实际操作中，需要考虑所选指标数据获取的难易程度，切实考虑实地调研的可操作性和数据资料的可得性。无论是统计数据还是调研数据，均要保证统计口径的一致性，利于分析结果的对比、评价。

（三）评价指标

基于三峡库区的多维减贫目标及自身的贫困特征，借鉴土地适宜性评价及旅游适宜性评价指标体系的构建思路，遵循上述旅游扶贫适宜性测度指标体系构建原则，在对相关高校专家和政府部门（扶贫办等）、企事业单位等进行问卷调查、深度访谈的基础上，确定了三峡库区旅游扶贫适宜性评价指标体系（见表4.2）。本文所构建的旅游扶贫适宜性评价指标体系由目标层、基准层和指标层构成，其中基准层包括旅游吸引力、旅游市场潜力、旅游环境与保障、贫困居民可参与度等四个维度，具体从旅游资源价值、旅游目的地可进入性、旅游环境条件、贫困户个体素质等多方面构建旅游扶贫适宜性评价体系。

第四章 旅游扶贫的产业适宜性与乡村振兴

表 4.2 旅游扶贫适宜性评价指标体系

目标层	基准层	指标层
旅游扶贫适宜性评价（A）	旅游吸引力（B1）	资源特色度（C1）
		景区等级和数量（C2）
		资源类型丰富度（C3）
	旅游市场潜力（B2）	交通畅达度（C4）
		客源范围（C5）
		与旅游中心城市距离（C6）
		旅游资源聚集度（C7）
	旅游环境与保障（B3）	基础设施条件（C8）
		适游期（C9）
		生态保护状况（C10）
	贫困居民可参与度（B4）	适宜贫困居民参与的旅游项目（C11）
		贫困居民参与能力及意愿（C12）
		与旅游资源的空间距离（C13）
		参与方式的多样性（C14）

1. 旅游吸引力

旅游吸引力包括资源特色度、景区等级和数量、资源类型丰富度三个评价指标。旅游资源是一个地区开展旅游活动的基础，其资源特色度、景区数量等级和资源类型的丰富程度，是决定该地区旅游资源吸引力大小的重要因素。资源特色度是该地区旅游资源区别于其他地区旅游资源的独到之处，将其分为极普遍、普遍、较少、少有、罕有五个程度；景区等级和数量是按照国家对景区质量和等级的划分，从低到高依次为 A、AA、AAA、AAAA、AAAAA 五个等级，分别赋值 1、2、3、4、5 分；资源类型丰富度是按照《旅游资源分类、调查和评价》中将旅游资源分为八大类型，依据该地拥有资源类型的数量划分，拥有一种类型赋值 1 分、拥有二至三种类型赋值 2 分、拥有四至五种类型赋值 3 分、拥有六至七种类型赋值 4 分、拥有八种类型的资源赋值 5 分。

2. 旅游市场潜力

旅游市场潜力包括交通畅达度、客源范围、与旅游中心城市距离、旅游资源聚集度四个评价指标。交通畅达度是指该地区交通的畅达程度,可理解为该地区的可进入性。主要以县内拥有的公路等级来划分,分为高速公路、一级公路、二级公路、三级公路、四级公路五个等级,赋值从高到低分别是5、4、3、2、1分;客源范围指该地吸引游客的主要范围,以县内、市内、省内、国内、国外分为五个等级;与旅游中心城市距离指评价对象距离最近的旅游中心城市的距离,在此以公里数远近作为评分标准;旅游资源聚集度指县内旅游资源聚集的程度,以一定面积上分布的景点数量作为评分标准。

3. 旅游环境与保障

旅游环境与保障包括基础设施条件、适游期、生态保护状况三个评价指标。基础设施条件是为当地居民以及游客提供公共服务的物质工程设施,主要包括交通运输设施、食宿接待设施,游览娱乐设施和旅游购物设施等。上述设施的配套水平对目的地旅游接待人数及游客体验质量有较大影响。本研究所指交通运输设施指进入旅游目的地外部交通,其便利性与否决定了旅游目的地的可进入性,通常指一地区海陆空等方面的空间移动程度[168]。食宿接待设施通常指旅游目的地的餐馆、酒店等方面的接待能力。游览娱乐设施主要指旅游目的地所能提供的旅游景区、娱乐休闲场所等。旅游购物设施是指为满足游客旅游购物需要的场所,包括各类商场、商店、批发市场等。旅游资源适游期指的是旅游资源单体开发后一年中可以接纳游客观赏和使用的天数,在此以可接待游客参观的月数作为评分标准。生态保护状况是决定当地生态环境状况的重要指标,对于限制与禁止开发区而言,生态环境保护尤为重要,这直接决定了当地的环境承载力。

4. 贫困居民可参与度

贫困居民可参与度包含适宜贫困居民参与的旅游项目、贫困居民参与能力及意愿、与旅游资源的空间距离、参与方式的多样性等四个指标。贫困居民可参与度指的是当地开展旅游工作时贫困居民可以参与旅游环节并从中获得收益的程度,居民脱贫致富是旅游扶贫的核心目的,居民的可参与程度越高,脱贫致富的成果越好。适宜贫困居民参与的旅游产项目品可分为自然观光型产品、度假旅游型产品、康体休闲型产品、商务旅游型产品、文化类旅游产品、专项型旅游产品和特色型旅游产品，在此可以以三峡库区所拥有的旅游产品丰富程度作为评分标准。贫困居民参与能力及意愿是指贫困社区可以参与到旅游中的可能性及程度，包括参与的意愿、机会、资本、技能等，具体指贫困居民是否能参与到旅游景区的工作。与旅游资源的空间距离指贫困居民距离旅游风景区的远近，距离越远，贫困居民通勤成本更高；同时，距离越远，贫困居民想要离开原住地的意愿越难，因而对旅游扶贫越不利。参与方式的多样性指贫困居民参与到旅游中的方式的丰富性，贫困居民的参与方式包含自主经营、入股经营、从事相关旅游产业、独立运营等方式，参与方式越多，丰富度越高。

（四）指标权重

指标权重反映了各个指标在指标体系中的重要程度。结合研究目标及数据收集，本研究选取 AHP（层次分析法）确定各项指标权重。

层次分析法（The Analytic Hierarchy Proeess，AHP），又称多层次权重解析方法，是 20 世纪 70 年代初期由美国著名运筹学家、匹茨堡大学萨蒂（T.L.Saaty）教授首次提出的。该方法将定量分析与定性分析相结合，将人的主观判断用以数学表达，且能有效地判定出各个层次指标间的数量关系。其具体操作步骤如下。

1. 构造判断矩阵

判断矩阵由同一层次指标针对上一层次指标的相对重要性进行两两比较的结果而构成，判断矩阵使得决策者判断思维数学化。根据 T.L.Saaty 的 1~9 标度方法，邀请行业专家、理论学者、社区管理者、游客、从业人员等对各因素按重要程度进行打分，以平均分为最终分值。

表 4.3 判断矩阵元素的 1~9 标度法

标度	含义
1	表示两个因素相比，具有同样重要性
3	表示两个因素相比，一个因素比另一个因素稍微重要
5	表示两个因素相比，一个因素比另一个因素明显重要

续表

标度	含义
7	表示两个因素相比,一个因素比另一个因素强烈重要
9	表示两个因素相比,一个因素比另一个因素极端重要
2,4,6,8	上述两相邻判断的中值
倒数	因素 i 与 j 比较的判断为 a_{ij},则因素 j 与 i 比较的判断为 $a_{ji}=1/a_{ij}$

根据表4.3给出的标度方法,综合考虑相关因素之后,分别构造出各层之间的判断矩阵,在此以基准层相对目标层的判断矩阵为例,如表4.4所示。

表4.4 基准层相对目标层判断矩阵

A	B1	B2	B3	B4
B1	1	3	3	1/4
B2	1/3	1	3	1/5
B3	1/3	1/3	1	1/5
B4	4	5	5	1

2. 计算矩阵的特征向量及指标权重

分别对矩阵各列求和,再对各列进行归一化处理:

$$B_{ij} = \frac{A_{ij}}{\sum A_{ij}}$$

得出一个新矩阵,对新矩阵每一行求和,即得出特征向量,再对特征向量进行归一化处理,即求得指标权重:

$$W_i = \frac{B_j}{\sum B_j}$$

3. 对矩阵进行一致性检验

(1)计算矩阵的最大特征根

$$\lambda_{max} = \frac{\sum(AW)_i}{nW_i}$$

式中:λ指矩阵最大特征根;AW指矩阵A与矩阵W相乘;n指矩阵的阶数。

（2）计算判断矩阵的一致性指标

一致性指标公式：

$$C.I. = \frac{\lambda_{max} - n}{n-1}$$

（3）计算矩阵的随机一致性比率

一致性比率公式：

$$C.R. = \frac{C.I.}{R.I.}$$

式中：R.I. 表示平均随机一致性指标，这是一个常量，根据阶数可以在量表里查询。当一致性比率 C.R. < 0.1 时，证明层次单排序具有非常满意的一致性，权重计算结果可信。

表 4.5 AHP 层次分析结果

指标项	特征向量	权重值	最大特征值	CI 值
旅游吸引力 B1	0.899	22.485%	4.26	0.087
旅游市场潜力 B2	0.537	13.429%		
旅游环境与保障 B3	0.299	7.477%		
贫困居民可参与度 B4	2.264	56.608%		

表 4.6 一致性检验结果汇总

最大特征根	CI 值	RI 值	CR 值	一致性检验结果
4.26	0.087	0.89	0.097	通过

采用相同的步骤，计算下一层次的指标权重，最终得到各指标相对于总目标层的权重。如表 4.7 所示：

表 4.7 指标权重列表

基准层 B	指标层 C	指标层权重 W_c	最终权重 W
B1 0.2249	C1	0.4905	0.1103
	C2	0.3119	0.0701
	C3	0.1976	0.0444

续表

基准层 B	指标层 C	指标层权重 W_C	最终权重 W
B2 0.1343	C4	0.4195	0.0563
	C5	0.1955	0.0263
	C6	0.1370	0.0184
	C7	0.2481	0.0333
B3 0.0748	C8	0.3119	0.0233
	C9	0.1976	0.0148
	C10	0.4905	0.0367
B4 0.5661	C11	0.2944	0.1667
	C12	0.2134	0.1208
	C13	0.0756	0.0428
	C14	0.4166	0.2358

综上所述，利用层次分析法对各层次指标进行判定、计算，并一致通过检验，最终得出旅游扶贫适宜性各项指标权重，如表 4.8 所示。

基准层四项指标中，贫困居民可参与度是判断旅游扶贫开发是否适宜的决定性因素。贫困居民是旅游扶贫的参与主体、利益主体，旅游扶贫要考虑贫困人口参与旅游开发及获利的可能性。结果符合旅游扶贫的目标设定，其逻辑思路：贫困地区依托旅游资源优势发展旅游业，为当地居民提供更多就业机会，贫困户通过参与旅游的生产经营获取非农收入，从而脱贫致富。而贫困户参与能力受限，贫困个体多数缺乏积极参与旅游经营的能力和资本，参与意愿也较低，因此多样化的旅游经营活动参与方式更为重要。丰富的参与方式不仅可以弥补贫困户参与能力的缺陷，一定程度上还可消除贫困居民与旅游资源的空间距离限制。

表 4.8 旅游扶贫适宜性评价指标体系权重

目标层	基准层	权重	指标层	最终权重
旅游扶贫适宜性评价（A）	旅游吸引力（B1）	0.2249	资源特色度（C1）	0.1103
			景区等级和数量（C2）	0.0701
			资源类型丰富度（C3）	0.0444

续表

目标层	基准层	权重	指标层	最终权重
旅游扶贫适宜性评价（A）	旅游市场潜力（B2）	0.1343	交通畅达度（C4）	0.0563
			客源范围（C5）	0.0263
			与旅游中心城市距离（C6）	0.0184
			旅游资源聚集度（C7）	0.0333
	旅游环境与保障（B3）	0.0748	基础设施条件（C8）	0.0233
			适游期（C9）	0.0148
			生态保护状况（C10）	0.0367
	贫困居民可参与度（B4）	0.5661	适宜贫困居民参与的旅游产品（C11）	0.1667
			贫困居民参与能力及意愿（C12）	0.1208
			与旅游资源的空间距离（C13）	0.0428
			参与方式的多样性（C14）	0.2358

旅游吸引力是影响旅游扶贫开发的另一重要因素，属于资源本底条件。旅游吸引力是由旅游资源类型的丰富度和资源特色度决定的对旅游者的刺激程度。在其他条件一定时，旅游资源愈丰富，垄断性越强，旅游吸引力越大，引发的旅游动机越强，旅游经济的规模就越大。相较资源类型丰富度而言，旅游资源的特色度是构成旅游吸引力的关键。特色旅游资源具有垄断性，能成为独特的销售卖点，继而增强旅游目的地核心竞争力。当前旅游市场竞争异常激烈，消费者旅游动机呈多样化，求新、求异等动机较为突出，而依托特色资源开展特色旅游差异化营销，能满足消费者的个性需求。景区等级和数量对旅游吸引力也有正向促进作用。景区级别越高和数量越多，其吸引力半径越大。

旅游市场潜力是旅游适宜性评价需考虑的另一因素。旅游市场潜力越大，能为旅游开展带来的利益越大，贫困人口也能从中获得更多收益，尽早脱贫致富。而该基准层下四个二级指标中交通畅达度对旅游市场潜力影响最深。旅游地的可进入性是决定旅游地市场潜力大小的决定性因素，交通越畅达、越方便快捷，旅游地的可进入性越好；交通便捷性和旅游资源的聚集性会弱化客源地与交通的不利影响。评价单元与中心城市距离的远近可由交通畅达度来缓解，交通的便捷降低了消费者的出行成本。与此同时，旅游资源在同一区域内的聚集则增加了消费者的出行受益。

旅游环境与保障是旅游扶贫开发的外部条件，虽然指标重要性相对较小，但不可忽视。旅游地基础配套设施建设不完善、生态保护状况差、旅游地适游期短都直接影响旅游地的环境容量，导致游客接待量下降，降低旅游收益。特别地，生态保护度是决定当地生态环境状况的重要指标，对于限制与禁止开发景区而言，生态环境保护尤为重要，这直接决定了当地的环境承载力。

（五）指标赋值及分级

为对旅游扶贫适宜性进行量化研究，继而对各指标进行分级量化，采用5个评语集对各指标进行评分，记分标准见表4.9。

表4.9 旅游扶贫适宜性评价基本指标模糊计分

指标	分值区间	4＜n≤5	3＜n≤4	2＜n≤3	1＜n≤2	0＜n≤1
旅游吸引力	资源特色度	罕有	少有	较少	普遍	极普遍
	景区等级和数量	AAAAA	AAAA	AAA	AA	A
	资源类型丰富度	八种类型	六至七种类型	四至五种类型	俩至三种类型	一种类型
旅游市场潜力	交通畅达度	高速公路	一级公路	二级公路	三级公路	四级公路
	客源范围	国外	国内	省内	市内	县内
	与旅游中心城市距离	＜50km	50-150km	150-250km	250-350km	＞350km
	旅游资源聚集度	优	良	中	差	劣
旅游环境与保障	基础设施条件	极完善	完善	较完善	一般	极不完善
	适游期	12个月	9-11个月	6-9个月	3-6个月	＜3个月
	生态保护状况	极高	高	较高	一般	低
贫困居民可参与度	适宜贫困居民参与的旅游产品	多	较多	一般	较少	少
	贫困户参与能力及意愿	强	较强	一般	较弱	弱
	与旅游资源的空间距离	＜3km	3-5km	5-10km	10-15km	＞15km
	参与方式的多样性	多	较多	一般	较少	少

（资料来源：根据郝晓兰等（1994），修改整理）

评价旅游扶贫的适宜程度需要有相对应的、客观的等级标准作为参考依据。参考已有的适宜等级划分标准，以及在咨询相关专家的基础上，确定出 5 个评价等级（见表 4.10）。

表 4.10 旅游扶贫适宜性评价分级标准

评分等级	Ⅰ	Ⅱ	Ⅲ	Ⅳ	Ⅴ
得分值	Ⅰ≤1	1＜Ⅱ≤2	2＜Ⅲ≤3	3＜Ⅳ≤4	4＜Ⅴ≤5
适宜等级划分	非常不适宜	比较不适宜	基本适宜	适宜	非常适宜

其中Ⅰ级表示评价单元非常不适宜旅游扶贫开发，Ⅱ级表示评价单元比较不适宜旅游扶贫开发，Ⅲ级表示评价单元基本适宜旅游扶贫开发，Ⅳ级表示评价单元比较适宜旅游扶贫开发，Ⅴ级表示评价单元非常适宜旅游扶贫开发。

（六）综合评价方法

基于前文构建的旅游扶贫适宜性评价指标体系的基础上，对旅游扶贫适宜性计算采用线性加权求和，构建综合评价模型，计算评价区域旅游扶贫适宜性综合值，具体模型如下：

$$A_{ij} = S_{ij} \cdot W_{ij} \qquad A = \sum_{i=1}^{n} S_i \cdot W_i$$

式中：A 是指旅游扶贫评价综合得分；S 是指某个评价因素的平均分值；W 是指某个评价因素的权重值；i 是指第 i 项因素；j 是指第 j 个旅游扶贫评价单元。

A_{ij} 综合值越大，说明评价单元的旅游扶贫适宜性越高，反之亦然。

（七）实证评价

1. 实证评价结果

根据 2019 年—2020 年实地调查的数据采集和相关文本资料收集整理，以旅游扶贫村（社区）为评价单元，对三峡库区 14 个区县的 19 案例村进行旅游扶贫适宜性评价，以期获得各村社的旅游扶贫的基本情况[①]。

依据构建的旅游扶贫适宜性评价模型，对案例点的各指标按评价标准打

---

① 注：由于掌握的基础信息数据不足，垫江、云阳和忠县的调查村未参与适宜性评价

分，以平均分为最终分值。先对四个基准层：旅游吸引力、旅游市场潜力、旅游环境与保障以及贫困居民可参与程度进行计算；最后通过基准层计算出目标层旅游扶贫适宜性。结果见表4.11。

表4.11 实地调查点（村）的旅游扶贫适宜性评价

序号	评价单元	指标名称/指标权重单位	C1 资源特色度	C2 景区等级和数量	C3 资源类型丰富度	C4 交通畅达度	C5 客源范围	C6 与旅游中心城市距离	C7 旅游资源聚集度	C8 基础设施条件	C9 适游期	C10 生态保护状况	C11 适宜贫困居民参与的旅游产品	C12 贫困居民参与的能力及意愿	C13 与旅游资源的空间距离	C14 参与方式的多样性	合计	适宜等级
1	江津区朱杨镇板桥社区	分值	1.7500	2.2500	2.5250	2.7500	2.0000	2.7500	2.7000	2.7500	3.0000	3.0000	2.8250	3.8000	3.0000	3.3750	——	Ⅲ 基本适宜
		加权值	0.1930	0.1577	0.1121	0.1548	0.0526	0.0506	0.0899	0.0641	0.0444	0.1101	0.4709	0.4590	0.1284	0.7958	2.8836	
2	沙坪坝区中梁镇庆丰山村	分值	2.1000	3.0000	3.0000	3.0000	3.0000	5.0000	3.0000	4.0000	5.0000	3.0000	4.0000	4.0000	5.0000	3.0000	——	Ⅳ 适宜
		加权值	0.2316	0.2103	0.1332	0.1689	0.0789	0.0920	0.0999	0.0932	0.0740	0.1101	0.6668	0.4832	0.2140	0.7074	3.3635	
3	巴南区东温泉镇黄金林村	分值	0.7333	2.0000	2.0000	3.0000	1.9333	2.6667	2.0000	2.1667	3.0000	2.0000	2.0000	2.0667	2.8333	2.0000	——	Ⅱ 比较不适宜
		加权值	0.0809	0.1402	0.0888	0.1689	0.0508	0.0491	0.0666	0.0505	0.0444	0.0734	0.3334	0.2497	0.1213	0.4716	1.9895	
4	巴南区姜家镇文石村	分值	2.0750	1.2500	2.1000	3.0250	1.7500	3.2750	1.8500	1.8250	1.7250	2.6250	1.5000	1.6250	2.2750	1.9500	——	Ⅱ 比较不适宜
		加权值	0.2289	0.0876	0.0932	0.1703	0.0460	0.0603	0.0616	0.0425	0.0255	0.0963	0.2584	0.1963	0.0974	0.4598	1.9242	
5	长寿区云台镇八字村	分值	2.0000	2.0000	2.0000	3.0000	3.0000	3.0000	3.0000	3.0000	2.5000	3.0000	3.0000	2.5000	2.5000	3.0000	——	Ⅲ 基本适宜
		加权值	0.2206	0.1402	0.0888	0.1689	0.0789	0.0552	0.0999	0.0699	0.0370	0.1101	0.5001	0.3020	0.1070	0.7074	2.6860	
6	长寿区云台镇拱桥村	分值	1.7000	2.0000	2.0000	1.9500	1.1500	2.0000	2.0500	1.8000	2.0000	2.0500	2.0000	2.0000	2.1000	2.1000	——	Ⅱ 比较不适宜
		加权值	0.1875	0.1402	0.0888	0.1098	0.0302	0.0368	0.0683	0.0419	0.0296	0.0752	0.3334	0.2416	0.0899	0.4952	1.9684	
7	涪陵区大木乡	分值	4.0000	4.0000	3.0000	3.0000	3.5000	3.0000	4.0000	4.0000	3.5000	4.5000	4.0000	4.0000	4.0000	4.0000	——	Ⅳ 适宜
		加权值	0.4412	0.2804	0.1332	0.1689	0.0921	0.0552	0.1332	0.0932	0.0518	0.1652	0.6668	0.4832	0.1712	0.9432	3.8787	
8	武隆区仙女山镇明星村石梁子社区	分值	1.5000	3.0000	3.0000	4.0000	3.0000	3.0000	4.0000	3.0000	4.0000	3.0000	3.0000	4.0000	4.0000	3.0000	——	Ⅲ 基本适宜
		加权值	0.1655	0.2103	0.1332	0.2252	0.0789	0.0552	0.1332	0.0699	0.0592	0.1101	0.3334	0.4832	0.1712	0.7074	2.9359	
9	丰都县三建乡双鹰坝村	分值	2.3667	2.8000	2.4000	2.4333	2.3667	2.6667	2.4000	2.4000	3.0000	3.3000	3.3000	3.2667	3.2000	3.0333	——	Ⅲ 基本适宜
		加权值	0.2610	0.1963	0.1066	0.1370	0.0622	0.0491	0.0799	0.0559	0.0444	0.1211	0.5501	0.3946	0.1370	0.7153	2.9105	
10	丰都县双路镇莲花洞村	分值	3.9000	3.0000	3.0000	3.0000	3.0000	3.7500	3.2500	3.0000	3.0000	3.5000	2.5000	3.5500	3.0000	3.0000	——	Ⅳ 适宜
		加权值	0.4302	0.2103	0.1332	0.1689	0.0789	0.0690	0.1082	0.0699	0.0444	0.1285	0.5001	0.4288	0.1284	0.7074	3.2625	
11	石柱县黄水镇金花村	分值	4.0000	3.7500	4.2500	3.2500	4.0000	3.5000	4.5000	3.7500	2.5000	3.7500	4.5000	4.0000	3.2500	4.2500	——	Ⅴ 非常适宜
		加权值	0.4412	0.2629	0.1887	0.1830	0.1052	0.0644	0.1499	0.0874	0.0370	0.1376	0.7502	0.4832	0.1391	1.0022	4.0318	
12	石柱县中益乡华溪村	分值	2.4667	3.1667	3.0667	2.9667	2.9333	3.0667	3.1667	2.6667	3.0667	3.5000	3.8333	4.0000	3.3333	3.6000	——	Ⅳ 适宜
		加权值	0.2721	0.2220	0.1362	0.1670	0.0771	0.0564	0.1055	0.0761	0.0454	0.1285	0.6390	0.4832	0.1427	0.8489	3.4000	
13	万州区长岭镇安溪村	分值	2.6667	2.9333	3.0000	2.8000	2.7000	4.5000	3.3333	3.8667	3.5000	3.2000	3.8333	3.7000	3.5000	3.6667	——	Ⅳ 适宜
		加权值	0.2941	0.2056	0.1332	0.1576	0.0710	0.0828	0.1110	0.0901	0.0518	0.1174	0.6390	0.4470	0.1498	0.8646	3.4151	
14	开州区丰乐街道光芒村	分值	1.0000	2.0000	2.0000	2.0000	2.0000	2.5000	1.0000	1.1000	2.0000	3.0000	2.1000	2.1500	3.0000	2.0000	——	Ⅱ 比较不适宜
		加权值	0.1103	0.1402	0.0888	0.1126	0.0526	0.0460	0.0333	0.0256	0.0296	0.1101	0.3501	0.2597	0.1284	0.4716	1.9589	
15	奉节县兴隆镇龙门村	分值	2.4000	3.0000	2.6000	2.0000	3.0000	3.0000	3.0000	2.0000	2.0000	4.0000	2.0000	3.0000	3.0000	3.0000	——	Ⅲ 基本适宜
		加权值	0.2647	0.2103	0.1154	0.1126	0.0789	0.0552	0.0999	0.0699	0.0296	0.1468	0.3334	0.3624	0.1284	0.7074	2.7150	
16	垫山县骡坪镇茶园村	分值	2.7500	2.8000	3.0500	3.9500	1.4500	3.2500	2.8000	3.0500	2.4500	3.4000	3.7500	3.7500	3.6000	3.6500	——	Ⅳ 适宜
		加权值	0.3033	0.1963	0.1354	0.2224	0.0381	0.0598	0.0932	0.0711	0.0363	0.1248	0.6251	0.4530	0.1541	0.8607	3.3736	
17	巫溪县天元乡新华村	分值	1.8000	2.0000	2.0000	3.0000	4.0000	2.0000	2.0000	2.0000	2.0000	3.0000	3.0000	3.0000	3.0000	3.0000	——	Ⅲ 基本适宜
		加权值	0.1985	0.1402	0.0888	0.1689	0.1052	0.0368	0.0666	0.0466	0.0296	0.1101	0.5001	0.3624	0.1284	0.7074	2.6896	
18	巴东县东瀼口镇羊乳山村	分值	0.7500	2.0000	1.0000	2.0000	1.8000	2.0000	2.0000	2.0000	2.0000	3.0000	2.0000	2.5500	3.0000	2.0000	——	Ⅱ 比较不适宜
		加权值	0.0827	0.1402	0.0444	0.1126	0.0473	0.0368	0.0666	0.0466	0.0296	0.1101	0.3334	0.3080	0.1284	0.4716	1.9584	
19	秭归县茅坪镇月亮包村	分值	2.6000	2.0500	2.5500	3.7500	2.1000	4.2500	3.2500	3.4500	3.1500	2.8500	2.8000	3.1000	3.8500	2.8500	——	Ⅲ 基本适宜
		加权值	0.2868	0.1437	0.1132	0.2111	0.0552	0.0782	0.1082	0.0804	0.0466	0.1046	0.4668	0.3745	0.1648	0.6720	2.9061	

2. 适宜性评价分析

根据适宜性评价结果，实地调研村社的旅游扶贫适宜性大致归纳为四级，没有完全不适宜的村社（基于GIS技术呈现在图4.1）。在参评的旅游扶贫村社中，分别有5%为非常适宜、32%为适宜，37%为基本适宜，26%的村为较不适宜。

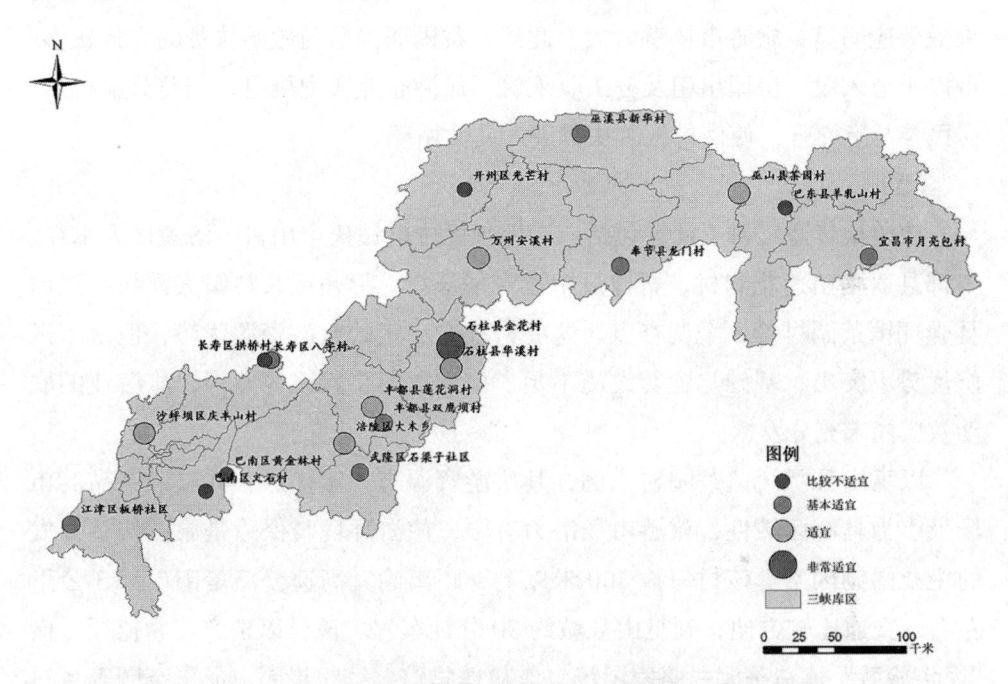

图 4.1 三峡库区案例点的旅游扶贫适宜性与等级分布

（1）非常适宜

调查点中仅有石柱县黄水镇金花村属于旅游扶贫非常适宜区，其各项评价指标均表现较好，旅游扶贫适宜性综合评价指数为4.0318。主要原因是它的旅游资源、交通区位、社会经济等条件较好，该村很适宜通过发展旅游而较快脱贫致富。

金花村森林覆盖率高，海拔1000~1600米，有较好的夏季避暑旅游资源；当地基础设施逐渐完备，部分地方已覆盖5G网络，内外交通设施条件较好；依托黄水旅游度假区，其避暑度假产品具有较大的市场吸引力，持续性强。另外，该村已经从单一的休闲、接待服务转型为综合性旅游区域，该村依托企业发展旅游业及推动扶贫工作，建设有有机蔬菜基地、田园综合体、精品民俗、森林王国旅游项目等，丰富了黄水旅游度假区的业态和旅游活动项目。旅游企业的助推加上 2020 年金花村上榜重庆市首批市级乡村旅游重点村，2021 年 4 月又被评为重庆市智慧旅游乡村示范点的口碑效应，旅游经济乘数效应明显，旅游市场潜力大。此外，贫困居民参与旅游扶贫的方式较多，可以土地入股、房屋出租及务工收入等。旅游企业实力雄厚，利益分配得当，居民参与意愿强，使该村旅游扶贫进入良性循环。

（2）适宜

旅游扶贫适宜村（社）包括：沙坪坝区中梁镇庆丰山村、涪陵区大木乡、丰都县双路镇莲花洞村、石柱县中益乡华溪村、万州区长岭镇安溪村、巫山县骡坪镇茶园村等 6 个调查点。这些村社有一定的旅游资源优势，但由于区位优势不突出、基础与配套设施不足、旅游业起步较晚等原因，旅游业的联动效应尚未充分发挥。

以巫山县骡坪镇茶园村为例，其旅游资源有一定优点，其旅游产品的市场吸引力具有区域性，旅游市场潜力有限，旅游环境与保障是旅游扶贫开发的主要限制因素。该村海拔 800 米以上，距离渝宜高速公路楚阳出口 3 公里左右，交通比较方便，到巫山县城约 30 分钟车程。该村以茶产业为依托，借"民俗旅游"建造茶园村骆家屋场、农耕博物馆、缤纷果园、七彩茶园等乡村文化旅游载体，形成了"春季赏花采茶，夏季采果避暑，秋季红叶漫山，冬季赏雪观光"的四季游乐模式，比较符合城市居民的休闲需求。依托美丽乡村建设背景，该村得到大量扶贫资金的支持，包含旅游指示牌、停车场等基础设施条件得到改善，亲子乐园、避暑林地、露营、公共厕所等配套设施也在完善中，对居民房屋外墙进行统一美化设计，村容村貌得到极大改善，旅游活动日渐频繁。2019 年茶园村被评为重庆十大特色乡村之一，受惠于各级政府领导的频繁调研，提升了媒体关注度，内外力量增强了该村的吸引力，从而聚集了人气，带动了旅游经济，扶贫效果显著。对于基准层第四项指标而言，该村以采摘、赏景的乡村旅游模式为主，对贫困户参与技能要求不高，因此居民参与程度高,且以经营农家乐或土地入股为主。此外,受村内已脱贫户的榜样激励,居民参与意愿强烈。

另外,丰都县双路镇莲花洞村基准层指标中旅游吸引力表现较好,而旅游市场潜力、旅游环境与保障及贫困居民可参与度是旅游扶贫开发的主要限制因素。莲花洞村内6社是九重天景区所在地,村内居民可方便参与旅游生产经营活动,通勤成本低。但生态保护对旅游扶贫提出了挑战,受制于生态环境政策的约束,部分旅游资源富集区属于生态保护红线的限制开发区域,村干部及村民对后期旅游配套政策预期不足,旅游扶贫开发受阻。此外,贫困户的参与能力、意愿、资本及技术的不足也限制旅游扶贫开发。

(3)基本适宜

具体包括江津区朱杨镇板桥社区、长寿区云台镇八字村、武隆区仙女山镇明星村石梁子社区、丰都县三建乡双鹰坝村、奉节县兴隆镇龙门村、巫溪县天元乡新华村、秭归县茅坪镇月亮包村7个调查点,该等级中影响旅游扶贫适宜性的主要因素是旅游吸引力相对较弱。7个调查点的旅游资源优势均不太明显;或所开发旅游项目受区位条件影响较大;或经济水平不高,导致基础设施配套不全,旅游产业发展落后。

以江津区朱杨镇板桥社区为例,其旅游吸引力不强是阻碍旅游扶贫的主要限制因素,但其旅游市场潜力、旅游环境、贫困居民参与度等指标表现相对较好。板桥社区的旅游业发展主要依托于石笋山风景区,分属永川、江津管辖,平均海拔约700余米,植被条件尚可、夏季气候较佳,以自然资源、民俗文化、生态采摘为主,产品优势不强,缺乏竞争优势。由于跨属两个不同行政区域,缺乏统一规划,开发不足,资源特色一般,缺乏竞争优势。景区主要面向周边两地游客,客源条件比较好;石笋山景区通达性较好,但是路况一般。景区内已扩建及改造了"情山度假酒店",可以同时容纳近千人餐饮和住宿,为本地贫困户提供了一些公益性岗位,比如施肥、除草,对贫困人员技能要求不高,贫困人员参与意愿强。贫困户通过土地流转获得一定收益,参与方式多样化。

另外,秭归县茅坪镇月亮包村的旅游扶贫适宜性评价指标中旅游吸引力和贫困居民可参与度是该村旅游扶贫的主要限制因素；旅游市场潜力和旅游环境与保障对旅游扶贫适宜性又有正向促进作用。该村主要依托月亮花谷景区发展花卉旅游，受制于花卉同质性影响，加上景区内活动参与性及趣味性不强，资源特色不足；村容村貌较好。该村距离秭归县城约5公里，临近三峡大坝工程，但因自身旅游吸引力不足，难以获得更多的旅游市场，主要以本地客源市场为主，同时月亮花谷景区是宜昌市中小学研学旅游基地，有固定客源。贫困居民可参与度方面表现较差，贫困居民参与意愿较低。一方面参与形式受限，当下贫困居民主要借助景区客流量经营农家乐，而农家乐经营场所受到该村的地势限制较为突出。海拔较高区域以种植茶叶为主，而茶叶采摘的乡村旅游尚未形成品牌。月亮花谷景区不注重与社区的关系，存在利益冲突。景区建设之初因征地和土地流转与当地老百姓有一定矛盾，后期又因经营业绩较差，辞退部分失地贫困人员，导致其返贫风险上升。

（4）较不适宜

巴南区东温泉镇黄金林村、巴南区姜家镇文石村、长寿区云台镇拱桥村、开州区丰乐街道光芒村、巴东县东瀼口镇羊乳山村较不适宜采取旅游扶贫模式。这几个村在4个基准层指标的得分均偏低。首先是这些村的旅游资源条件非常普通，基本上没有什么特色，更难有任何优势；如果要发展旅游，需要很大的资金投入。其次是交通条件和基础设施一般，难以达到旅游服务的要求，严重缺乏旅游氛围，致使旅游不景气。再次是贫困居民可参与方式比较少；旅游产品竞争力有限，旅游扶贫可持续性较低。此类村社不适宜以旅游开发为主导来提高贫困居民收入，否则返贫风险较高。

以巴南区姜家镇文石村为例，旅游扶贫适宜性综合评价指数仅为1.9242，其各方面指标均表现较差。该村依托溶洞资源进行旅游开发，有一定的旅游资源条件，但该旅游资源普通，缺乏竞争性，旅游资源类型也较单一，严重缺乏市场吸引力，缺乏旅游配套服务设施。村庄附近有采石场，严重影响到了旅游景区的环境质量；外部交通条件较差，几乎没有游客前来，旅游业未见起色，居民缺乏依托旅游业增收的机会。试图依赖旅游开发带动当地经济发展前景不太乐观，需要再考虑其他产业模式。

三、启示：乡村振兴的产业适宜性选择

产业兴旺是乡村振兴的物质基础。乡村振兴的根本是农民生活富裕，而通过农业增效、农民增收是实现生活富裕的关键所在。农民增收以农业增效为前提，更离不开产业发展。只有产业兴旺，农民才能富裕，乡村才能真正振兴。基于此，党中央在十九大报告中将"产业兴旺"作为乡村振兴五个总要求的第一个。那么，有两个问题必须要先明确：首先，怎么理解产业兴旺呢；其次，乡村适合发展哪些产业呢？

进入21世纪，中国的农业生产能力得到了很大提升，中国粮食产量逐年上新台阶，2021年全年全国粮食总产量68285万吨，比2020年增加1336万吨，增长2.0%[①]。粮食产量再创新高，畜牧业生产稳定增长。中国政府用不到9%的耕地解决了14亿多人口的吃饭问题。但让消费者实现从"吃得饱"向"吃得好"的质量升级转变还需要努力，在产业延伸、产业体系构建上，在休闲、娱乐、观光、餐饮等方面还远不能满足城乡消费者的需求。因此，实现乡村振兴战略的总要求中的"产业兴旺"，首先，以粮食安全为根本，构建以农业为中心的乡村产业体系，提升中国农业竞争力；其次，充分挖掘农业多功能性，围绕农业发展关联产业，促进产业融合、产业集聚。

（一）以粮食安全为根本，构建以农业为中心的乡村产业体系

农业是百业之基，粮食是立足之本。中国是一个有着14亿人口的大国，而耕地面积仅占世界的9%。正因如此，粮食安全问题是关系国计民生的根本问题。习近平强调，保障好初级产品供给是一个重大战略性问题，中国人的饭碗任何时候都要牢牢端在自己手中，饭碗主要装中国粮。整体上我国的粮食安全模式是介于"自给自足"和"贸易自由化"之间的一种模式，即较高的粮食自给率和适度进口以满足国内的粮食需求。国家统计局（2021年11月）公布，我国粮食总产量再创新高，全年粮食总产量达13657亿斤。同月7日，海关总署公布最新数据，2021年1—11月我国粮食进口量为15094.3万

---

① 国家统计局关于2021年粮食产量数据的公告

吨，同比增加 20%，超过去年粮食进口总量 832.2 万吨。这就意味着，2021年我国粮食产量和进口量均创历史新高。此两组数据反映出中国农业的比较优势并不明显，距离农业强国尚有一定距离。至此，以产业兴旺带动乡村振兴，首先要振兴农业，实现由农业大国到农业强国的转变。这就要按照 2022年中央全面推进乡村振兴重点工作部署的实施意见，牢牢守住保障国家粮食安全和不发生规模性返贫两条底线。加快构建现代农业产业体系、生产体系、经营体系，推进农业由增产导向转向提质导向，提高农业创新力、竞争力、全要素生产率，提高农业质量、效益、整体素质[①]。

（二）利用农业多功能性，促进产业融合、产业集聚

新中国成立 70 多年来，农业科技的进步极大地促进了农业生产能力的提升。但这是长期积累的成果，实际上农业技术水平在短时间内难以取得重大突破，对产业兴旺和乡村振兴的影响是缓慢、长期的。整体上促进农业发展、产业兴旺的途径有三个：一是利用规模经济，扩大单个农户经营主体的生产经营规模，从而获取规模收益；二是通过改种经济作物，甚至变更耕地用途，提高单位土地经营收益；三是利用农业的多功能性，延长农业产业链，以及向二、三产业尤其是文化旅游产业等方面拓展。目前我国不少乡村的生态采摘观光和乡村民宿就主要是这种模式。但近年来，由于能源、化肥、农药和种子等生产资料价格全面上涨，同时，劳动力成本和土地成本也不断攀升，导致农业生产总成本不断攀升，而交易市场上农产品价格稳中走低，农业经营利润空间逐渐被压缩。"种地赔钱"让土地流转节奏放缓。这意味着，通过途径一试图继续通过扩大单个主体的经营规模来发展农业，将变得更困难。而通过途径二调整农业结构，改种经济作物的范围是有限的，且受制于耕地红线约束，不可能全国大面积的改变耕地用途。因此第三种途径，通过延长农业产业链，提升农业价值链，即把农产品从农业研发、生产、加工、储存、运输、销售、品牌、体验、消费及服务等各个环节进行关联，通过发展农产品加工业和一、二、三产业融合则被重视起来。但受制于产业盈利能力和市

---

① 2018 年 3 月 8 日习近平在参加十三届全国人大一次会议山东代表团审议时发表的讲话

场前景的约束，延长农业产业链带来的收益容易受国际市场价格的"天花板效应"影响，增值空间有限。因此，延长农业产业链应与拓展农业产业链相互融合，利用农业的多功能性，借鉴产业融合、产业聚集的思路发展农业相关产业，跨领域经营实现农民增收。

农业多功能性的概念最早于1999年由日本在《粮食·农业·农村基本法》中提出，"农村的农业生产活动在粮食农产品供给以外产生的其他功能：国土保全、水源涵养、自然环境保护、良好景观形成和文化传承。"而我国是在2007年中央一号文件中首次提到农业多功能性的，该文件指出："农业不仅具有食品保障功能，而且具有原料供给、就业增收、生态保护、观光休闲、文化传承等功能。建设现代农业，必须注重开发农业的多种功能，向农业的广度和深度进军，促进农业结构不断优化升级"[169]。农业的多功能性主要表现在：一是通过打造农村良好的生态环境，为拥挤嘈杂的城市提供新鲜空气和宜人环境，真正实现城乡融合。二是彰显文化教育功能。农耕文明是我们中华文明的根，利用传统节日、二十四节气等能对青少年展开文化教育，实现文化传承。三是休闲观光。依托良好的农村生态环境及农耕文化的结合，为城市人到农村休闲娱乐提供了可能，甚至是常态。

乡村产业体系的构建需要依托延长农业产业链和拓展农业产业链的相互协作和配合。不少乡村一边积极延长农业产业链，一边借助自身资源优势发展和农业相关的其他产业，多途径、多样化、多领域经营实现乡村产业兴旺和农民增收。比如长寿区云台镇八字村的"清迈良园"是八字村当地企业家建立的旅游度假区，距离重庆90公里，距离长寿城区30公里。度假区自2014年3月开始建设，2016年一期项目投入运营，它将现代农业与乡村旅游融合，计划打造成现代农业+文化旅游+居民新村的田园综合体。清迈良园自建设以来，辐射周边发展了种养殖大户40余家，带动当地居民就业1万余人次，提供固定就业岗位120余人，解决了当地部分农户的就业问题。同镇的拱桥村还利用独特的地理优势和高山气候，发展高山冷水田大米、胭脂红薯种植，并将胭脂红薯作为"一村一品"特色产业打造，带动了当地老百姓的就业。

另有巫山县骡坪镇茶园村以茶产业为依托，借"民俗旅游"建造茶园村骆家屋场、农耕博物馆、缤纷果园、七彩茶园等乡村文化旅游载体，形成了"春季赏花采茶，夏季采果避暑，秋季红叶漫山，冬季赏雪观光"的四季游乐模式，比较符合城市居民的休闲需求。该村依托美丽乡村建设，村容村貌得到极大改善。2019年茶园村被评为重庆十大特色乡村之一，提升了媒体关注度，内外力量增强了该村的吸引力，从而聚集了人气，带动了旅游经济，成为当地以产业推动乡村振兴的样本。

此外，还有不少地区借助自身良好的生态环境，以招商引资为抓手发展乡村休闲旅游业。丰都县莲花洞村开发了九重天旅游景区，预订超80亿元，先后引进4家企业入驻村里发展乡村旅游，为农户提供了100多个就业岗位，部分农户还通过土地入股获得分红。该村以"1+N"产业的发展模式进行，1即围绕乡村旅游这个核心产业带动，N即发展康养、果树种植、养蜂、烤烟、农家乐等多种产业融合发展。截至目前，全村种植清脆李1500亩，种植烤烟360亩，养蜂600桶，发展农家乐6家，进一步有效带动农户持续增收。

具体来说，乡村产业振兴就是发展适合农村的各项产业。首先做强农业，进一步提升农业产业的核心基础性地位，并以此为中心，利用农业多功能性拓展其他产业，促进一、二、三产业融合发展，最终满足城乡人民日益增长的美好生活的需要，解决农业农村发展不平衡不充分之间的矛盾。

（三）适宜乡村发展的产业选择的基本判断

产业振兴是实现乡村振兴的基础，因地制宜的产业发展才能为乡村振兴插上腾飞的翅膀。乡村产业选择应与区域要素禀赋和基础能力相匹配，明确基础产业、特色产业、重点产业，避免产业结构不合理、不协调，进而制约经济增长。

首先，乡村产业发展应以生态约束为前提。2018年《中共中央国务院关于实施乡村振兴战略的意见》指出，乡村振兴，产业兴旺是关键。良好的生态环境是农村最大优势和宝贵财富。必须尊重自然、顺应自然、保护自然，推动乡村自然资本加快增值，实现百姓富、生态美的统一。相较于城市而言，农村不仅发挥着生产、生活功能，还兼具生态功能，而农村的生态环境也更为敏感脆弱。正因如此，对农村产业适宜性的判断更值得重视和深入研究。纵观近30年来对农村产业适宜性的研究发现：资源承载力以及气候变化、土地利用、水资源管理等生态约束表征和经济驱动机制是判断乡村产业适宜性的主要指标。而近10年来，随着生态对产业发展约束作用的凸显，生态约束概念的正式出现，生态保护与产业发展的关系得到更系统和全面的理解[170]。乡村产业建设过程中应有不能开发或限制开发的产业以及划定不能开发或限制开发的生态保护区域。比如三峡库区因其独特的地理环境，为生态脆弱区和生态功能限制开发区，对产业引进有较高的要求。

其次，杜绝无序的、撒胡椒面式的产业下乡和乡村振兴。必须明确乡村振兴应是按梯度推进的，不是所有乡村同步振兴，各个乡村所适宜发展的产业也应是不一样的。区域要素禀赋和社会经济环境对乡村产业发展起支撑作用，乡村产业布局除受制于生态约束外，还受到自然资源禀赋、人口特征、基础设施条件、政策环境、市场经济及技术水平等因素的影响。

乡村产业的选择理应依托优势自然条件和自然资源，避免其局限性。当前我国乡村以农业为主导产业，农业受光、热、水土条件的严格制约，自然条件是第一产业的决定性因素。自然资源和自然条件对第二、三产业布局也有间接影响。比如稳固的地质条件、良好的水源条件、优美的自然风光等为乡村发展轻工业、制造业、旅游业等都有间接作用。因此，无论是何种产业，向优势自然条件和自然资源集中，更有利于专业化。

人口数量及人口素质也会对市场规模和资源开发程度有较大影响。伴随城市化进程的推进，农村劳动力不足是普遍现象，而原有的贫困地区还得同时面对劳动力个体素质较差的困难。就单个农户生产经营主体而言，乡村产业选择必须充分认识到农村劳动力普遍文化素养不高、学习能力欠缺、技术水平低，缺乏创新性的局限。

基础设施是人类进行生产和发展的基本物质载体，它包括的范围很广，不但包括为生产服务的生产性基础设施，也包括为人类生活和发展服务的非生产性基础设施。而乡村之所以较城市有较大差距，更多的则是因为基础设施落后。以旅游业为例，交通便捷的地方的旅游业通常比交通闭塞的地方更加发达。特别对于发展乡村旅游业，落后的交通条件和交通设施极大地限制了游客对优质乡村旅游资源的观光体验，交通道路的单一性使得游客集散程度不高，旅游安全设施的不足影响游客的可进入性，制约乡村旅游业的发展。

政策环境因素包括国家政策、法律及宏观调控，乃至国内、国际政治条件等。比如我国不断进行的农村经济体制改革，更为严格的耕地保护制度的落实，对粮食安全，农业科技工作以及新型农业经营主体发展等农业、农村、农民问题的重视，引导着农村产业结构的调整和现代乡村产业体系的构建方向。当前的国内外环境发生显著变化，如何在"加快构建以国内大循环为主体、国内国际双循环相互促进的新发展格局"的背景下布局乡村产业，让乡村振兴战略成为应对当前内忧外患的压舱石，以推动我国开放型经济向更高层次发展的重大战略部署。

市场因子也对乡村产业布局有影响。比如市场规模大小、市场竞争程度及市场结构都会制约乡村产业选择。有较强的市场竞争力的产品才能在大的市场环境下生存，从而产生可持续的经济效益。从更为长远的角度考虑，乡村产业选择还得考虑是否能为当地带来集聚经济和产生诸如农民收入水平提高、环境美化、生态保护等正向的外部效益。

技术水平的高低决定了对资源利用的深度和广度，从而影响产业布局。科技革命推动农业现代化跨越式发展。"十四五"时期世界的第四次产业技术革命将会进一步加快。本次技术革命以新一代信息技术、生物技术、新材料、新能源四大技术的产业技术革命为中心。新形势下乡村产业建设理应结合此次技术革命背景，利用新技术革命的融合、渗透、跨界特点，优化乡村产业布局，发挥农业多功能性，促进产业融合、产业集聚。

综上所述，适宜乡村发展的产业应在保证粮食安全的背景下，结合土地规模大小、劳动力资源禀赋、经济条件及政策支持力度、技术水平高低、产业类型和乡村发展阶段等客观条件确定。比如以发展乡村旅游业为例。因当前居民对物质消费、精神文化消费等休闲消费需求的增多，发展乡村旅游业是多数乡村的首选，但不是所有乡村都适宜发展旅游业，分享旅游经济红利。比如在类似三峡库区生态环境脆弱地带，出于对生态环境保护的目的，虽有丰富的人文、自然资源，但不适宜搞旅游开发。而在个别丘陵、平坝地区虽有较好的资源禀赋，但也要考虑农村剩余劳动力的人力资本限制。典型的如巴南区姜家镇文石村拟依托溶洞资源进行旅游开发，有一定的资源特色，但旅游资源类型单一，缺乏吃、住、行、购、娱等其他旅游配套设施。虽然巴南区紧邻重庆主城，区位条件较好，但进入景区的外部交通条件较差。同时因附近矿山开采所产生的废水、废渣、废气等对周边生态环境产生破坏，生态保护状况堪忧，旅游环境条件较差，当地村民的参与能力及意愿低。整体上，试图依赖旅游开发以带动当地经济发展前景不太乐观。

乡村振兴的产业支撑需要顺应村庄发展规律和演变趋势，根据不同类型村庄的发展现状、区位条件、资源禀赋、产业基础、发展潜力等，分层考虑、分类推进，体现乡村振兴的差异化发展，合理编制乡村振兴及产业发展规划。

此外，要明确农户的差别化产业发展需求。随着城乡融合的加深，城市为农户提供了更多的就业机会，农户兼业化现象突出，农户分层分化严重。外出务工农户在农村虽保留有一定数量的土地但多处于撂荒或者流转状态，自己不再从事农业生产，也不关心农业产出和乡村发展。而且有不少农户已经在城镇另购住房定居，子女也在城镇读书或就业，只剩下老人留守在农村。这部分人更不太在意乡村产业发展。真正期待产业下乡、乡村产业兴旺的，是那部分兼业化程度不深，非农收入来源不稳定的农村剩余劳动力，以及有能力且愿意长期在农村从事农业生产的农业大户。这两部分人更渴望更关心乡村的发展，希望通过产业下乡而带来更多的就业机会或者更好的政策条件及市场环境，从而提高收入。因此，发展乡村产业，应考虑那些真正关心农村发展的群体的利益，突出农民的主体地位，特别是小农户，不能削弱或剥夺小农户的发展能力。

我国的小农户数量多且土地经营规模小，即便是发展到当前阶段，中国仍有 2.6 亿农户、6 亿多人生活在农村，其中 2.3 亿户是承包农户。2019 年 2 月中共中央办公厅、国务院办公厅印发的《关于促进小农户和现代农业发展有机衔接的意见》提到,"要认清小农户家庭经营很长一段时间内是我国农业基本经营形态的国情农情"。因此,在鼓励发展多种形式适度规模经营的同时,应优先选择能为他们带来就业机会或者可能发展成现代农业机会的产业,完善针对小农户的扶持政策,加强面向小农户的社会化服务,把小农户引入现代农业发展轨道。

第五章

三峡库区旅游扶贫风险与乡村振兴

一、返贫风险特征

返贫现象是运动式扶贫必然面临的后续问题[171]。如果贫困治理过多依赖于外部干预，贫困户缺乏内生驱动时，扶贫效果则极具脆弱性。当扶贫外部力量消失乃至轻微减弱时，已脱贫户极易陷入返贫困境。随着全面建成小康社会目标的实现，社会治理的重心已由完成脱贫攻坚任务向巩固拓展脱贫攻坚成果、防止规模性返贫转变。探讨返贫诱发机制，开展返贫动态监测，构建返贫风险预测预警系统，防止返贫应对路径等将是未来较长一段时间内社会治理的主要任务。这里利用利益相关者理论及风险感知理论就三峡库区旅游扶贫中的不同利益主体的风险观展开讨论。

（一）不同利益主体的风险观

利益相关者理论的思想起源于19世纪，由"股东"一词的含义延伸而来，是当时普遍认可的一种协同或合作的理念。目前比较认可的定义是指那些能影响企业目标的实现或被企业目标的实现所影响的个人或群体。从20世纪80年代后，在旅游研究领域也开始引入了利益相关者理论。从《全球旅游伦理规范》和旅游行业行为规范中所涉及的个体和群体可知，与旅游相关的利益主体包括旅游客源地和目的地的政府及当地政府、旅游开发商和供应商及相关企业、旅游从业人员、社区居民、非营利机构等。

本研究中主要的利益相关者为乡村旅游扶贫地的贫困户、旅游企业、金融机构、社区扶贫干部以及非贫困户等五个主体。贫困户不仅是旅游扶贫开发的受益者，更是开发过程中的直接参与者。旅游企业是旅游扶贫中的核心利益主体，贫困地区受到资金和管理经营人才等的制约，必须借助旅游企业的力量进行旅游开发。金融机构在贫困地区旅游发展过程中的资金投入是解决资金问题的重要突破口。目前，三峡库区内的贫困地区旅游扶贫项目的资金来源主要还是依靠政府投资。但就当前情况而言，仅仅依靠政府投入开展旅游扶贫，助力乡村振兴的作用有限。金融机构的参与有利于脱贫目标的实现。社区扶贫干部是扶贫任务的主要落实人，是扶贫政策的主要执行者，对贫困人员起直接帮扶作用。脱贫帮扶本质上从政策层对贫困户有倾斜，受制于资源有限性的约束及精准扶贫识别的困难，贫困户和非贫困户易产生利益冲突。

1. 贫困户的风险观

贫困户个体对旅游扶贫风险的感知主要表现在对自身能力缺失的担忧。除此之外，对返贫风险有一定心理预期。依据能力贫困理论，贫困人口脱贫需要内生驱动，脱贫人口返贫则是其自主脱贫能力相对需求发展不平衡，脱贫能力不可持续所致。

首先，贫困户对政府的扶贫政策有较强信心，对返贫风险持乐观态度。贫困户对扶贫政策及扶贫干部有较高的满意度。

其次，贫困户最担心身体健康水平下降，因病返贫风险高。贫困和疾病常常紧密相连，农村贫困人口致贫原因有相当一部分为因病致贫，因病致贫的家庭多受大病、慢性病、重病所扰，重大疾病医疗花费高昂，慢性疾病医疗费高且持续时间长，若患病者为家庭劳动力则对贫困家庭影响更甚，农户因病返贫的可能性较大。

最后，部分靠种养殖等脱贫的贫困户因缺少技术又不懂市场经济，而较为担心返贫。受教育水平低、学习能力差、专业技能缺乏或水平不高，致富能力不足，是农村脱贫人口返贫的重要原因。当下的脱贫户主要靠从事传统的种养殖业或者是靠进城打零工维持生计。传统农业缺乏规模化经营，易受自然环境和市场行情的影响；进城务工收入不固定，且多从事体力劳动，整体上贫困户收入来源渠道单一且不稳定，缺乏稳定增收的长效之计。此外，随着农业生产现代化的逐步转型，对农户的知识技能提出了更高要求，许多知识技能水平相对较低的脱贫户则面临"适应难、就业难、发展难"等生计可持续发展困境。同时，由于脱贫人口自身综合素质水平有限，市场风险敏感性与风险规避能力缺失，当其在脱贫初入市场时，市场风险应对能力的不足可能引致返贫。

2. 村社扶贫干部的风险观

基层村干部作为政府各项政策的执行人、扶贫工作的直接参与人，最为了解返贫风险所在。通过扶贫村干部的访谈及最终数据分析，村干部对返贫风险的发生持谨慎乐观态度。

首先，多数村干部认可脱贫政策的延续性极大降低了返贫风险。按照脱贫不脱政策（四个不脱：脱贫不脱政策，不脱责任，不脱帮扶，不脱监管）的方针，多数村干部对脱贫政策的延续性、后续的乡村振兴政策持肯定态度，政策的保障降低了返贫风险。少数村干部对有期限的扶贫政策的连续性表示担忧，政策变化导致村干部在扶贫方式、返贫干预等方面没有明确的心理预期。

其次，旅游扶贫配套政策的不确定性，增加了依赖旅游扶贫的返贫风险。旅游扶贫需要特殊的配套土地政策。受制于生态环境政策的约束，部分旅游资源富集地区属于生态保护红线区域，限制开发，旅游扶贫受到一定影响。

最后，贫困户脱贫内生动力不足，因病、因灾、因学以及无劳动能力致使返贫风险较大。虽有组织贫困户职业技能培训，但存在农户参与度低、意愿不强、动力不足、缺乏长远规划、成效有限等问题。多数扶贫干部反映生大病是最主要的致贫和返贫因素。思想观念老旧、参与意识不强是贫困户自身内动力不足的另一表现，不愿意承担长期风险，更注重眼前利益，偏好短平快的项目，对扶贫企业用工需求、拆迁征地等漫天要价等。

3. 旅游企业的风险观

整体上，旅游企业的风险观主要在于企业本身的风险，对返贫风险关注不足。旅游收入漏损严重，旅游企业的逐利性使得旅游企业较为忽视贫困户是否存在返贫风险。贫困地区居民和政府因经济限制不能负担旅游投入，引进第三方的旅游投资不失为一个促进旅游快速发展的好方法。但由于利益目标不同或者旅游排斥效应，旅游企业以追求利润最大化目标，而忽视了旅游扶贫的社会效益，对贫困户的利益重视不够，其旅游决策增加了贫困户的返贫风险可能。旅游业的发展有效地提高了当地居民收入水平，但也可能带来环境问题，引发诸多旅游社会矛盾。旅游目的地生态、生活环境质量的恶化或者环境基本公共服务的不足，会对当地居民的健康、人力资本积累等产生负面影响，从长远来看旅游经济不可持续，最终加剧贫困和社会经济不平等。

此外，还存在个别旅游扶贫项目只注重社会效益（赢得政治资本），忽视旅游经济规律的情况，不顾及项目的经济效益，导致脱贫缺乏可持续性。

4. 金融机构的风险观

金融机构对旅游扶贫的返贫风险感知主要从贫困户对金融意识、金融素质等方面判断。金融机构在旅游发展过程中的资金投入成为解决资金问题的重要突破口，但依赖小额信贷"输血"式而非"造血"实现的短暂脱贫，返贫概率极大。

首先，贫困户的金融意识和金融基础的薄弱阻碍了金融扶贫造血功能的发挥，增加了贫困户的返贫风险。一方面，多数老百姓没有听说过征信；另一方面，即使农户知晓有政策性贷款，但因缺乏增收创收项目，没有稳定收入来源也不敢贷款，存在畏贷、惧贷心理。

其次，贫困户思维传统，金融知识匮乏，缺乏金融储备、不会利用金融工具。金融扶贫所涉及的创业贷款贴息政策、涉农贷款申请，网络借贷平台知识、小额贴息贷款流程和审批要求等贷款类政策理解及指导对于知识水平有限的贫困户而言难上加难。不少村民拒绝贷款，嫌手续麻烦，不愿意欠钱。

5. 非贫困户的风险观

当下贫困户与非贫困户、贫困村与非贫困村发展不均衡、不充分。扶贫政策的倾斜、"不患寡而患不均"的社会心理、难以兼顾好边缘贫困群体和对农民整体思想教育缺失导致贫困户与非贫困户产生矛盾。

首先，政策待遇相差大，缺乏"普惠"，非贫困户存在不平衡心理。由于当下的扶贫政策不具普适性，非贫困户对贫困户才能享受政策性收益有羡慕心理。此外，因政策的倾斜致使部分贫困户脱贫后的经济条件优于非贫困户但依旧能享受扶贫政策红利，导致贫困户与非贫困户存在利益冲突，引发利益争端。

其次，边缘易致贫户成新不稳定因素。因贫困识别标准和政策限制，非贫困群体中还存在为数不少的边缘易致贫户，该群体的存在是加剧贫困和非贫困群体之间矛盾的另一重要因素。由于脱贫任务的紧迫性以及扶贫资源的稀缺性，各种人力、物力、财力、政策等都向绝对贫困群体倾斜，而难以顾及边缘贫困群体，造成新的风险。

（二）返贫风险综合分析

整体看，返贫风险具有突发性与频发性、不确定性与可预见性等特征，是贫困治理中无法回避的现实问题。三峡库区生态环境脆弱，地理条件特殊，自然灾害多、频率高、分布广，易导致因灾返贫。返贫主体通常家庭经济积累薄弱，抗风险能力差，诸如遭遇重大疾病、意外伤害等突发事件，都将打破脱贫后的稳定性，致使返贫。返贫现象的发生有极大的不确定性，表现在发生的主体对象、时间、返贫因素等的不确定，即便能确切预见某种返贫风险会发生，但受制于信息的不完整性，难以确定返贫发生的确切时间。但返贫又是可预见的，利用大数据统计分析与跟踪，可大致识别返贫风险和展开干预，建立预警体系。

1. 库区整体返贫的发生可能性低

三峡库区旅游资源较丰富，各区县积极通过旅游产业发展扶贫，以全域旅游试点为契机，依托长江沿线旅游资源和三峡旅游品牌，打造一批自然观光、乡村旅游、山地体验、避暑休闲等具有特色的旅游扶贫示范点，带动群众增收致富，较好地遏制了返贫现象，而且丰富了三峡库区旅游产品和旅游内容，为三峡库区旅游目的地发展提供有力支撑。2020年重庆库区引入对口支援资金87.28亿元，其中无偿援助资金3.94亿元，经济合作引入资金83.34亿元[1]，资金投入、产业合作在一定程度上避免了脱贫户返贫。整体上，依托

---

[1] 2021年三峡重庆库区对口支援工作座谈会

旅游项目开发及外来资金投入的双重作用，三峡库区的旅游扶贫成效显著，库区整体返贫的发生率低。

2. 库区农户个体维度的脆弱性导致存在返贫风险

虽然三峡库区旅游扶贫的整体返贫发生率较低，但从脆弱性视角看，贫困户个体在知识技能缺乏、生计资本丧失等方面存在一定的返贫风险[172]。

首先，绝大多数贫困户个体学历水平低、知识技能缺乏，导致产业经营和管理能力弱；如果缺乏学习能力，会导致无法紧跟市场节奏（产品、能力等），容易被淘汰；外来资本对社区贫困居民的正规就业产生"挤出效应"。在旅游扶贫项目的推进中，其他外来资本也会参与旅游经营活动。与本地脱贫户相比，该类群体在生产经营、抗风险能力方面有绝对优势，借助先进的管理经验、完善的接待设施，能为旅游者提供更为优良及专业化的服务，旅游产品优势明显。最终导致脱贫户产生客源减少，运营成本上升等问题，继而产生返贫风险。

其次，从地理位置上看，库区旅游扶贫村社多位于山区，地形崎岖，交通闭塞，缺乏市场联系及市场信息，且多以小农经济为主，缺乏市场竞争优势，难以形成产业规模。此类地区的农户经济基础薄弱，强度不大的自然灾害就可能引起返贫。

最后，部分旅游扶贫村利用贫困户的土地、房屋等传统生计资本进行交换以获得资本性收入。虽然贫困户资本性收入得到提高，但资本存量不足，其收入仍处于中下层。一旦旅游业发展受阻，又已失去土地等传统生计资本，已脱贫户返贫风险极高。同时，部分农户依赖于政府帮扶而脱贫，一定程度上导致脱贫户形成政策依赖，扶贫政策的变动也会增大返贫风险。调查表明，多数被调查者认为减少扶贫资金对家庭生计存在一定影响。此外，三峡库区个别扶贫村的产业单一，缺少综合性产业支撑，如果旅游产业系出现问题，就会导致较高的返贫风险。

3. 库区环境维度的生态脆弱性增加了返贫的外部风险

三峡库区的环境保护是首要任务，它同全国多数贫困区一样，具有基础条件积弱和生态环境脆弱的高度重叠性[173]。旅游开发可以改善库区原先落后的基础条件,但人类活动的过度干预却加剧了库区生态环境的脆弱性。

首先,脆弱的自然环境是引起贫困、制约经济发展的外部条件。三峡库区深处的自然条件限制了当地基础建设;库区内地质灾害频发,不仅会对当地居民的生命财产造成损失,还会破坏已有基础设施,影响经济发展环境,增加脱贫人口返贫的概率。在以旅游业作为脱贫致富的路径选择背景下,旅游目的地自然灾害的发生会增加旅游者的绩效风险、财务风险、人身风险及时间风险,使客源市场波动,游客数量减少,继而增加旅游驱动型扶贫区域脱贫户的返贫风险。

其次,保护三峡库区脆弱生态环境对旅游扶贫提出了挑战。一方面,旅游发展可能打破库区自然生态系统平衡,使自然生态环境加速恶化,自然灾害风险增加,进而使部分脱贫户面临返贫风险;另一方面,受制于生态环境政策的约束,部分旅游资源富集地区属于生态保护红线的限制开发区域,后期旅游开发政策的不确定性导致旅游扶贫开发受阻,当居民通过旅游发展所积累的生计资本不足以抵消经营停滞期间的各种消耗时,返贫风险增加。

4. 疫情衍生的链式反应对扶贫村的旅游业产生不确定性

新冠肺炎疫情的暴发给经济社会秩序带来了冲击和新的思考。总体来说,在 2020 年,全世界旅游人数都骤然下降,导致了旅游支出和旅游收入整体上大幅降低。2021 年 8 月全国疫情呈现多点散发,对旅游等服务业产生冲击。因疫情防控需要,限制人员大范围的流动,旅游目的地客流显著下降,旅游收入骤减,以旅游驱动扶贫的地区面临市场风险;同时,农户外出务工受阻,就业难,非农产业收入锐减,而部分参与生计资本交换的失地农民还面临无农业土地收入的尴尬境地。多重不利因素叠加,致使边缘贫困户致贫,脱贫不稳定户返贫。

但是,疫情也可能给旅游扶贫村社带来新的机遇。根据市场调查,因为疫情,居民的旅游消费行为特征发生了一定变化。一是加速了生活观念的转变,休闲康养成为共识;二是碎片时间更愿意选择自然的环境中生活休闲;三是短途化的旅游成为常态。这些市场变化对三峡库区旅游扶贫村应该是一个绝好的机会,三峡库区旅游扶贫村多位于山区深处,自然环境较优,消费内卷化，如果旅游产品尚可，反而成为优势，应该具有可持续生存能力。

二、扶贫绩效表现与返贫形态

（一）旅游扶贫的绩效表现

整体上，旅游扶贫的绩效表现与其他产业扶贫的表现较一致。由于旅游产业对资源和要素要求的特殊性，因此并非所有社区（村）都适合"旅游扶贫"，各社区（村）应该视情况而定，旅游扶贫对条件要求更苛刻一些。首先是根据社区（村）的本地条件（即资源与环境条件、基础条件等），从发展角度判断是否具有旅游扶贫的可能性和适宜性；其次是旅游扶贫需要在专业能力、市场能力、管理能力、技术等方面予以帮助，培养社区和居民的基本经营与管理能力；最后，旅游扶贫也需要资金、代表性企业的支持和引领（见图5.1）。

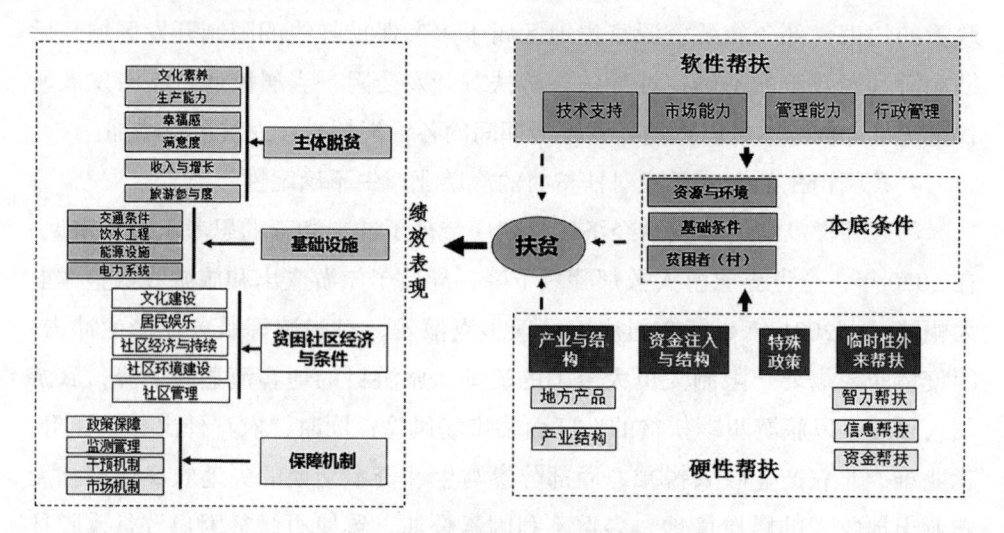

图 5.1　旅游扶贫与绩效表现

国家层面的扶贫脱贫目标明确，定位清晰，战略性强，站在了更高远的视角彻底解决"贫困"，即各层次、各层面的脱贫，而不仅仅是贫困户个体脱贫。社区（村）基于自己的本地条件特征，借助于硬性帮扶和软性帮扶，调整社区的传统产业与结构，以旅游产业为核心，构建新的经济发展模式，其扶贫绩效的综合性更强，能够实现一个村社的整体性发展，主要能够达成以下几个方面的成效。

1. 贫困主体从主观意识和经济收入等各方面脱贫

关于旅游扶贫绩效评估研究非常丰富，大量研究对象集中在贫困主体，他们是"扶贫"关注的核心对象，一般通过主观意识、经济收益、生产能力、幸福感、满意度等要素来评价，构建评价模型，而旅游扶贫的绩效还应该包括对扶贫路径的有效性进行评价，即旅游扶贫的参与性评价。

一是文化素养方面。旅游作为文化性产业，需要从业者具有一定的文化觉悟和文化知识，通过旅游扶贫的帮扶，社区居民、社区在文化素养、生活态度、工作态度等方面应该有一定进步，达到旅游发展的基本要求。这样"社区+居民"才具有基本的旅游文化交往能力、沟通能力和传播能力。

二是工作能力方面。传统产业与旅游产业对工作能力有完全不同的要求，在主观愿望之下，通过旅游扶贫，促使社区和居民的工作能力得到明显调整，工作能力提升，而且新的工作能力具有可持续性，只有这样才能真正实现脱贫。

三是经济效益方面。扶贫最直观的绩效就是贫困户、贫困社区的经济收益明显增长，脱离贫困线，居民通过劳动获得较满意的经济收入；同时，经济收益呈可增长状态，让贫困居民对从事该工作（产业）充满信心；在相关要素帮扶下，贫困居民、当地居民可参与旅游经济的渠道丰富、参与方式多样，有劳动的尊严感，获得工作自信。

四是整体获得感、满意度方面。基于以上各方面的获得感知，以及对社区基础设施、生活环境、社会公平性改变的感知，贫困居民对旅游扶贫的整体获得感、对旅游扶贫工作的满意度的综合认知，具有相当的主观性和个体性。事实上，如果调查方案不客观、不深刻，一般的社会调查所得到的满意度还不能完全反映真实情况，因为有时候贫困居民无法正视合理性，只从个人主观认知进行简单判断，对普惠性、工作付出、成本支出等因素缺乏合理判断。目前看，满意度是扶贫绩效评价的重要指标，研究者多通过简单的问卷调查获取数据，如果不进行合理修正，评价结论往往存在偏差，结论可能不客观。

2. 社区（村）的基础条件完善，符合旅游产业发展需要

我国的扶贫脱贫工作强调整体性，不仅仅是帮助贫困个体的脱贫，还要求从人居环境角度彻底改变贫困社区现状，要求社区（村）的生存、生活等条件整体改善。因此要求交通、各项基础设施均能够得到质的改变；在服务社区居民需要的同时，还能够满足旅游接待服务等需要，一体化推进贫困社区基础设施、生活条件的改善，实现真正的社区脱贫。根据致贫原因分析，除个体原因外，贫困社区的交通多是限制经济发展的"卡脖子"因素；此外饮水、医疗、环境卫生等问题同样困扰社区发展，与现代社会发展严重不匹配；旅游需要良好的社会环境，既有的社区基础条件根本无法满足旅游经济发展需要。反之，旅游扶贫绩效的另一表现就是能够促进社区基础条件充分改善，实现质的变化；交通能够促进旅游的进入性，环境卫生转变为景观资源，社区（村）的旅游氛围形成，旅游者、居民的生活设施条件能够得到较好保证。

3. 村社综合经济水平与环境质量、管理能力提高，满足旅游的可持续发展需要

通过旅游扶贫，社区（村）的生活环境明显改善，社区的整体经济实力明显增强，社区的整体组织与管理能力提高，能够应对复杂的市场环境。

一是社区（村）的整体经济实力增强。根据调查发现，我国任何产业扶贫模式都是争取整体（社区、村）脱贫，通过旅游扶贫，也能够带动整个社区（村）的经济实力增强，而不仅仅是贫困个体的脱贫。通过旅游产业带动整个社区脱贫致富，并实现扶贫政策、扶贫资源的普惠，这对提高整个社区参与旅游扶贫工作积极性更有帮助。

二是社区生活环境质量提升。毫无疑问，旅游扶贫对社区社会环境改善具有非常积极作用，它能够将扶贫和旅游经济、社区生活有机融合。良好的社区环境、休闲设施等既能满足旅游者需要，也能满足当地居民的休闲生活需要，与我国现代旅游发展理念完全吻合。

三是社区管理能力提高。通过系列帮扶，最具有长效作用的是改变社区管理理念、提高社区管理能力，只有这样，才能维持（原）贫困社区的可持

续发展、自力更生的发展，否则永远无法实现真正脱贫，这是整个社区的综合能力问题，非某几个个体的问题。旅游扶贫能够带来社区市场意识、市场应对能力、决策与管理能力的实质性改变。

4. 形成了保障脱贫稳定性的机制

脱贫后的稳定性是扶贫后时代的艰巨工作，需要系列保障性措施来维系扶贫成果。在扶贫工作推进过程中，系列问题已经基本呈现，为此，建立起的脱贫保障机制显得非常重要，这应该是扶贫工作又一隐形成果，为后扶贫时期的管理提供了有效帮助，建立的系列保障机制和制度是否有效，则在此一举。

（二）返贫的形态表现

事实上，扶贫工作包括两个层面的对象：一是贫困户，是脱贫监测评价最显性的指标；二是贫困社区，需要整体脱离贫困环境和状态。2020年后，扶贫工作告一段落，但扶贫事业并没有结束，其中最重要的工作就是对脱贫对象的监测，继续进行相关帮助。

对贫困户个体而言，通过扶贫期间的外力帮助、社区支持等，脱离贫困。但是外力结束后，是否能够维持脱贫状态，值得关注，其返贫风险仍然存在。贫困户、产业系统、保障系统是保证脱贫持续性的三个环节，任何一方面出现问题，都有可能导致贫困家庭（户）的倒塌返贫（图5.2）。此外，意外风险因素也容易导致返贫。

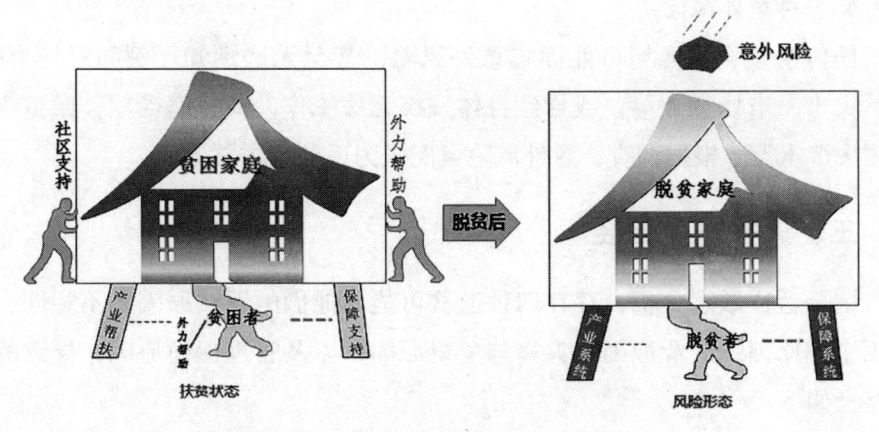

图 5.2 扶贫与返贫风险的形态比较

1. 贫困主体出现问题，直接返贫

根据我国扶贫工作的情况看，社区整体返贫的可能性很小，但仍然存在贫困个体返贫的可能性。调查表明，贫困主体返贫具体存在几种可能。一是主观问题导致返贫，即脱贫者主观意识问题，不愿意继续工作劳动，或懒惰行为复发，或工作态度存在问题，难以改变；二是因为身体原因，无法继续进行正常劳动强度的工作，或根本无法工作，导致收入减少（或没有）。

2. 旅游的产业系统出现问题，贫困户无法获得正常的收益，导致返贫

旅游扶贫社区必须积极融合到市场经济大环境之中，参与竞争，否则很容易被淘汰。从旅游扶贫模式选择开始，社区应该根据自身基本情况定位主导产业，在未来的旅游产业系统之中，（原）贫困社区应该有自己的生存能力，社区应该有能力不断求变，否则其旅游产品无法具有可持续性。无法满足旅游需求的旅游产品（旅游地）是容易被淘汰的，如果没有用对机制，可能就会导致个别贫困户返贫，存在新的问题。

3. 保障体系不足，防返贫的保险不足

第三种可能是由于机制性返贫，主要是保障机制出现问题，本可以避免的返贫现象，因为保障机制和举措不当，导致返贫发生，例如利益分配机制、市场机制、决策机制等出现问题。发生主体可能是某贫困个体，也可能是整体社区。但由于抵御风险能力不同，脱贫者可能首当其冲。

4. 各种意外风险

任何个体、社区均可能面临意外风险，甚至无法预知。例如意外事故、自然灾害、市场意外等，或导致身体残疾无法工作，或家庭受损，或整个产业损失严重等。根据调查，意外风险可能成为返贫的主要原因。

三、返贫发生路径

结合返贫形态分析，存在四种返贫可能，他们的返贫原因各不相同，即贫困主体原因、产业原因、灾害与危机原因，以及管理保障原因，导致的返贫路径如下。

（一）贫困主体原因导致的返贫

贫困主体脱离贫困必须有支撑家庭基本生活的持续性收入，如以务工和自主经营的形式，通过工作能力（劳动力）与市场交换获取稳定或丰厚的收入。此外，可能存在以土地等形式入股村集体或企业，获得分红收入。经实践证明，导致贫困的主要直接原因（如疾病、残疾与缺乏劳动力）极易引起相同的返贫现象。对于老、弱、病、残的贫困户，缺乏劳动力或是劳动力减弱，就算在政府的帮扶之下依靠相关保障政策脱离贫困行列，由于没有工作能力也只能在贫困线边缘徘徊，属于返贫的高危人群。对于以劳动力脱贫的原贫困户，他们通过旅游扶贫参与，获得较稳定的收入，但是可能因为身体原因或主观意识原因而再次失去工作能力，落入贫困行列（见图5.3）。

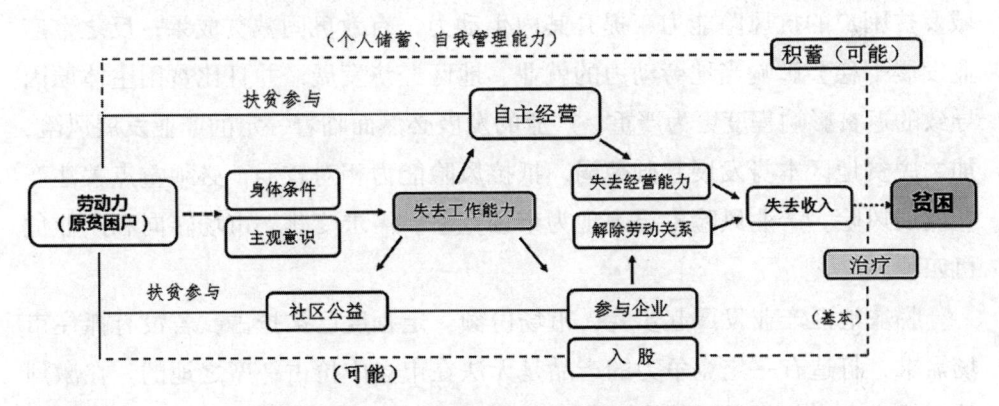

图 5.3 贫困主体原因导致的返贫路径

情况一由于无法避免的患病、意外事件等使原贫困户身体出现问题，收入与积蓄部分或大部分用于治疗与疗养，同时也花费较多的时间在治疗恢复上。但关键是其丧失了劳动力或缺乏正常强度劳动力，丧失了一定的与市场进行交换的条件，从而失去收入或是收入大幅下降，无法支撑生活所需而返回贫困行列。

情况二可能出现原贫困户身体素质条件不错，但主观意识出现问题，不愿意继续工作劳动，或懒惰行为复发，或工作态度存在问题，难以改变，被用人单位解除劳动关系或自主经营失败，从而失去收入来源，走向贫困。此外，自主经营失败还有可能是由于原贫困户着实缺乏一定的自主经营意识与能力，外来帮扶无效，失去收入，返回贫困行列。

部分原贫困户的收入来源包括入股分红，通过土地等入股实体，虽然该方式不大需要身体条件和主观意识的支撑，但分红的金额是有限的，一旦生病治疗也是杯水车薪。就连原贫困户自我管理良好的储蓄，在疾病的作用下也无法支撑生活所需，很快返回贫困行列。

（二）产业原因导致的返贫

如贫困主体返贫路径（图5.4）所述，劳动力的收入来源主要有三种，同时代表了他们参与产业的三种方式，分别是自主经营（如开办民宿等），以劳动力参与企业发展和入股实体进行分红。贫困地区发展产业能有力增强区域及贫困户的抗风险能力，提升其内生动力，有效巩固减贫成果；反之，产业发展不稳会影响当地劳动力的就业、地区经济发展，并且比贫困主体原因导致的返贫影响程度更为严重。产业的发展必然面临着一定的产业发展风险，加之脱贫地区本身发展基础薄弱，抵抗风险能力相对较弱，必须重点关注产业发展风险。产业风险主要表现为市场竞争、需求变化、市场转向和产业危机四种。

脱贫地区产业发展起步晚，市场份额一定程度已被抢占，若没有抓住市场需求，打造有一定竞争力的产品是无法在市场中抢占一席之地的。在激烈的市场竞争中如不及时提升自身产品竞争力，在经营模式、产品、销售策略等上没有创新、盲目模仿，对于市场转向、市场需求变化反应不及时，将无法谋得发展。同时，产业发展还面临着一些危机事件如重大公共卫生事件（新冠肺炎疫情）、重大灾害、旅游冲突等带来的影响。因此，在产业风险的作用下，应对能力不佳可能存在几种产业发展结果。如适应不了新的需求、市场竞争不力、危机应对不力导致产品在市场滞销；产业发展滞后，致使自主经营的主体运营不下去倒闭；原贫困户入股的实体可能出现盈利失败，没有分红；企业倒闭致使员工下岗，从而导致原贫困户失业（见图5.4）。

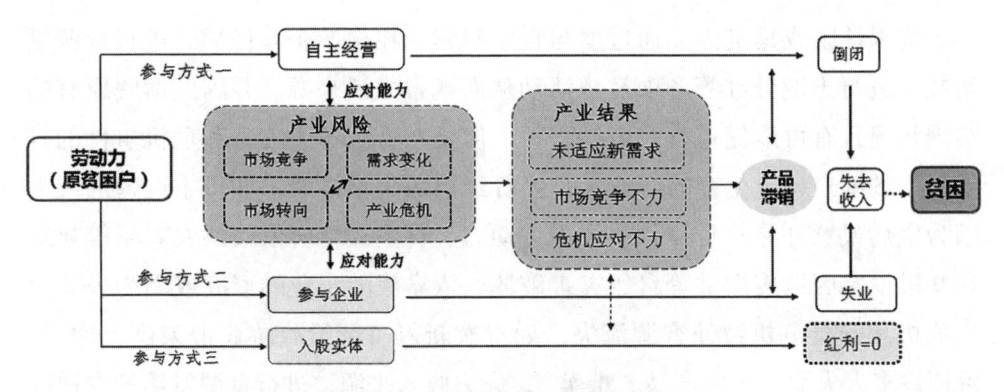

图 5.4　产业原因导致的返贫路径

（三）灾害与危机原因导致的返贫

灾害与危机对返贫冲击极大，其波及范围广泛，影响深刻。根据调查，意外风险可能成为返贫的主要原因。任何个体、社区均可能面临意外风险，甚至无法预知。例如意外事故、自然灾害、市场意外等，或导致身体残疾无法工作，或家庭受损，或整个产业损失严重等。

总体而言，贫困地区或是贫困户各个方面的脆弱性更高，即使在一系列的帮扶下脱贫，也难以摆脱脆弱性的事实，因此更容易受到灾害和危机的侵袭。同样的灾害与危机之后，发达地区依靠其积累的资本很容易恢复，而贫困地区若是没有外界的帮扶则难以恢复（图 5.5）。

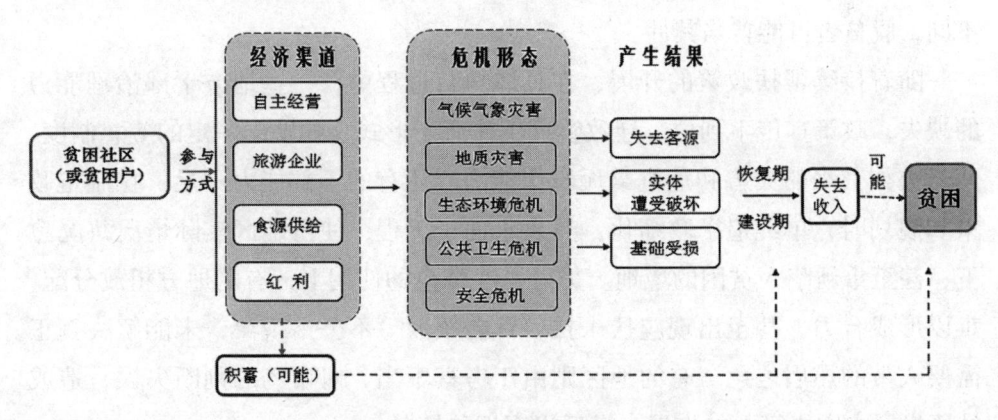

图 5.5　意外（灾害危机等）导致的返贫路径

贫困社区或是贫困户通过参与自主经营、在旅游企业任职、进行食源供给或是进行土地分红等各项经济活动从而获得生活来源，并因此摆脱原有的贫困状况且有可能储备有一定的积蓄。但是在受到各类灾害和危机事件的打击时，贫困户赖以生存的产业、身体等经济源头被摧毁，如自主经营的人力因为生病或意外导致身体残疾失去劳动力、自主经营所依赖的农家乐等建筑和基础设施因地震山洪等自然灾害破坏；依靠旅游企业的家庭或因为公共卫生危机和安全危机致使客源流失，如本次新冠疫情给旅游业带来巨大冲击，致使许多人失业，相关产品"难卖"，失去收入来源；进行食源供给的农户因为生态环境危机（土地荒漠化、酸雨）使得赖以生存的土地遭受破坏，无法使作物正常生产，甚至是市场的失衡使得农作物价格暴跌等使得其失去收入，陷入返贫困境。部分人即使有一定的积蓄，为了恢复因意外受损的人身健康，或是对基础设施或是土地房屋等实体的重新建设，耗费所有储蓄，加重危机带来的影响，从而再次陷入贫困。

（四）保障与管理原因导致的返贫

在经过一系列的扶贫手段和政策后，我国扶贫工作效果明显，绝大多数贫困地区、贫困户脱离贫困，但是在对扶贫成果进行巩固时，保障机制和举措不当，导致返贫发生，例如利益分配机制、市场机制、决策机制等出现问题。发生主体可能是某贫困个体，也可能是整体社区，但由于抵御风险能力不同，脱贫者可能首当其冲。

随着持续帮扶政策的开展，在具体执行过程中，一些地方干部治理能力的缺失，政策宣传不到位，导致管理工作流于形式。如缺乏一定的应急制度，面对突如其来的灾害和危机毫无自保能力。还有的干部能力不足，在制定政策和规划时，单纯追求政绩化，热衷于面子工程，使得地区实际情况每况愈下，甚至重新陷入贫困的境地。另外，在资金的使用上，有的地方粗放分配，难以形成合力，甚至出现应扶未扶、冒名领取等不公平现象，未能解决真正需要人员的燃眉之急。有的地区则由于考察不当，对市场的判断失误，造成社区发展方向决策上的失误，最后出现返贫情况。

四、返贫风险的影响因素

通过对三峡库区旅游扶贫返贫的调研发现，导致返贫的因素主要来自以下几个方面：贫困主体（主要是指贫困个体，也包括贫困社区）、贫困主体居住社区的旅游资源与环境、旅游基础条件和社区管理能力与保障机制、旅游帮扶经济实体所处的旅游市场环境和经营与管理能力，以及其他不可预见的风险等。以下结合正反典型案例分别分析。

（一）贫困主体原因

三峡库区贫困人口因主体原因返贫，核心的原因是青壮年贫困主体失去工作能力。但导致这一核心原因的前因有所不同。其中最主要的前因是指缺乏内生动力，由于缺乏内生动力而导致逐渐丧失学习能力，进而最终丧失劳动和工作能力。缺乏内生动力的表现主要是思想和行为上的懒惰；行为懒惰是表象，而思想懒惰是根源。

思想上懒惰直接导致贫困户产生了严重的"等靠要"的依赖思想，安于现状，觉得"有口饭吃，不会饿死就行了"；还有部分贫困户在主观意愿上不愿脱贫摘帽，"占便宜思想"严重。思想懒惰进而催生了行为懒惰，懒于基本的的农业生产，懒于参加社区开展的农业先进技术技能学习。久而久之，因缺乏内生动力，进而逐渐丧失学习能力，最终丧失生产工作能力，形成闭环式恶性链式反应。

首先是思想懒惰。由于国家提供了"两不愁三保障"的优惠措施，导致一部分库区居民思想上产生一定的惰性。其次是缺乏脱贫觉悟。除了思想上和行动中的懒惰，在调研中还发现了因思想上缺乏觉悟陷入贫困而不自知的情况。再次是行为懒惰，与上述不同，以下案例中体现的懒惰，不体现在思想上，而是体现在行动中。最后是通过"贿选"和"贿评"等不正当手段和方式谋取扶贫优惠政策和资源，以期绕过劳动生产来实现脱贫。此外，三峡库区居民还有不少因病、因残、因老等客观原因，以及上述原因交织，丧失劳动能力而返贫的情况。

> 案例：湖北宜昌秭归县YLB村贫困户X某，夫妻二人约莫三十出头，思想上极为懒惰，每天几乎睡到正午，极少参加传统农业生产活动；开州区丰乐街道GM村X某二兄弟，二十出头年纪，长期懒于农业生产，既不参加乡村社区开展的农业生产技能技术培训，也不积极参与村合作社经济果林生产劳动。

在调研中发现，具有脱贫意识的居民，主动参与脱贫学习，具有丰富的实践经验，虽然经历过失败，但最终在政策的帮扶下，依靠自己勤劳的双手、扎实的职业技能和灵活的经营思路，能开创适合自己的脱贫致富道路。

（二）旅游实体的经营与管理原因

理论上，旅游业在扶贫和减贫中具有重要作用。但在实践中，旅游扶贫的成效还有赖于旅游企业实体在经营和管理上的思路和效率，以及与社区协作和利益分享的机制与成效。

调研发现，如果旅游企业的发展战略不当，经营思路和方针制定不科学，会影响扶贫的效果，甚至会使社区及居民重新陷入返贫风险之中。

> 案例：巴东县YLB村月亮花谷景区，总规划面积20平方公里，投资6.8亿元建成；早期修建时，用5万~6万元/亩的价格从月亮包村居民手中购买土地，一度带动了月亮苞村村民通过土地流转、景区公益岗位、经营农家乐和茶叶采摘等方式脱贫致富。近来月亮花谷景区因经营方针、管理不善和缺乏营销意识而导致收益下降，同时又由于长期既不重视对本地村民的口碑营销，又不注重协调企业和社区关系的协调，辞退了景区内公益性岗位的贫困户，导致部分村民先失地后失业，不但激化了景区经营管理和村民的矛盾，同时还将当地贫困户拖入返贫的风险之中。

旅游企业如果能对旅游行情和自己的发展战略有科学的研判，对发展定位和方向有长远的规划，能正确处理好企业与社区、企业与贫困户在协作和利益共享上的关系，不但能更有效地促使旅游企业实现经营管理的良性循环，而且还能因此为社区居民脱贫致富带来可持续的发展动力。

（三）旅游市场原因

基于旅游产业的扶贫，同样有旅游市场经济的压力，这种压力来自旅游产品的市场吸引力和竞争力，以及大旅游市场环境条件。如果旅游产品（景区等）对区域竞争对手判断不当，或目标市场选择盲目，或对旅游市场发展趋势缺乏预判，将会严重影响旅游扶贫的效果。

案例：巴南区姜家镇WS村，距离巴南区东温泉景区约15公里，车程约30分钟（目前距离重庆主城的交通并不方便）。村中依托姜家溶洞自然资源打造景区，流转土地约270亩。早期由政府经营管理，后来通过区级招商转租给山东省某私企集团负责管理。该景区的产品由于市场吸引力不足，产品传统，知名度低，竞争力不足，长期受东温泉景区屏蔽，而处于竞争弱势，经营很不景气。目前已经处于关闭维护状态，村中的贫困户返贫风险较高。

（四）旅游资源与环境

三峡库区旅游资源开发与旅游经营活动为当地社区居民的脱贫致富开创了一条新的扶贫路径。但也应该看到，旅游业的发展有可能破坏了当地社区居民的生存资源与环境，从而对冲了脱贫的可持续效果。

首先，土地利用的方式影响当地社区居民致富的可持续性。早期，由于缺乏比较完善的土地政策，农村土地可征可租。土地被征收的当地社区居民，一方面由于失去了长期赖以生存的条件和保障，另一方面又不适应新的生活和生产方式，思想和生活陷入不同程度的迷茫，而出现返贫风险。随着农村土地政策的完善，禁止农村土地征收和出售，为库区居民保留了生产生活的最后余地。同时，在乡贤的带动下，通过景区就业岗位和依托景区开展经济园林种植，带动社区居民致富。其次，旅游区位和交通条件，以及生态保护政策等原因，限制了三峡库区居民依托旅游发展摆脱贫困的条件和空间。

时下，我国正在实施新的区域发展战略，长江经济带是我国重要的绿色经济带。习近平总书记一直心系长江经济带发展，亲自谋划、亲自部署、亲自推动，多次深入长江沿线视察工作，多次对长江经济带发展做出重要指示批示。李克强总理多次强调让长江经济带这条"巨龙"舞得更好，关乎当前和长远发展全局,要依靠改革创新,实现重点突破,保护好生态环境。毫无疑问,长江三峡库区旅游扶贫更应该遵循国家战略,服务长江生态绿色屏障建设,重视旅游扶贫中的环境问题,否则,一旦发生,对扶贫效果将产生巨大影响。

(五)社区管理与保障

《中华人民共和国村民委员会组织法》规定,村委会是基层群众性自治组织,实行民主选举、民主决策、民主管理、民主监督;办理本村的公共事务和公益事业,调解民间纠纷,协助维护社会治安,向人民政府反映村民的意见、要求和提出建议。在旅游扶贫工作中,村委会承担了建档立卡、政策宣传与落实、社区环境改善、社区规划与发展、招商引资洽谈与合作、引导组建村企合作社等一系列农村社区工作。乡村社区及其管理者的工作思路和工作方法,直接影响乡村扶贫的效果。在调研中发现,乡村社区的治理水平、治理能力和创新意识等,为旅游扶贫工作的开展做了很多扎实有效的工作。主要表现在以下方面:其一,确保扶贫工作的公平公开,有效处理了社区居民的矛盾;其二,有效地改善了乡村不良风俗,有效缓解了村民随礼负担;其三,积极领导社区旅游环境和配套基础设施建设,打造良好的接待环境。

> 案例:丰都双路镇 LH 村 X 某(女)在与访谈员闲聊的过程中提及,自从亲农村建设和开展扶贫工作以来,村干部带头取消了过度的婚丧嫁娶、主要节庆和乔迁新居等大摆宴席和高额随礼的农村陋俗,村民家中有上述事宜皆需到村委会作宴席计划登记。依张某所言,上述陋俗盛行时,其家庭在年节期间的随礼曾高达 3000 元左右,几乎花掉大半年的收入,严重影响生活质量。

但是,如果社区管理存在不足,就会影响到社区的后续发展力。如果因为意识不足、决策失误、经营能力差、管理乏力等问题,就容易把社区带向返贫的风险。

(六)旅游基础条件

三峡库区地处四川盆地与长江中下游平原的接合部,跨越鄂中山区峡谷及川东岭谷地带，北屏大巴山、南依川鄂高原。受自然条件所限，基础条件有限，交通不便，导致社会、经济和文化相对封闭和滞后，农村劳动力流失比较严重，传统农业发展受到较大的受限，居民返贫风险高。随着旅游者对环境条件、旅游生活条件、出行条件要求越来越高，旅游扶贫村的基础条件将成为未来发展的一大影响因素，如果旅游基础长期停滞不前，可能会严重影响旅游吸引力和满意度，导致返贫风险。

（七）不可预见的风险

此外，调研发现，尽管旅游扶贫的效果明显，有较强的社区致富带动力，但天灾人祸等意外情况（疾病、事故、天灾、产业调整、环境问题、家庭等），仍然容易导致刚刚脱贫的库区居民重新返贫。

> 案例：开州区丰乐街道 GM 村 X 某，年逾 80 岁，丧偶，因两个儿子早年意外离世而无人赡养。如今年纪过高又无力承担繁重的农业劳动，长期依靠低保兜底过活。长寿区云台镇 GQ 村村集体曾办有采石厂，上税至村，但因区县产业结构调整，严禁开山采石，石厂因而无法继续经营，无力偿还外债而关闭，原在石厂的贫困户也因而失业，返贫风险极大。

五、启示：乡村振兴的风险解析

2021 年 2 月，习近平总书记在全国脱贫攻坚总结表彰大会上发表重要讲话，庄严宣告，经过全党全国各族人民共同努力，我国脱贫攻坚战取得了全面胜利，现行标准下 9899 万农村贫困人口全部脱贫，832 个贫困县全部摘帽，12.8 万个贫困村全部出列，区域性整体贫困得到解决，完成了消除绝对贫困的艰巨任务[①]。脱贫摘帽不是终点，而是新生活、新奋斗的起点。要针对主要矛盾的变化，厘清工作思路，推动减贫战略和工作体系平稳转型，统筹纳入乡村振兴战略，建立长短结合、标本兼治的体制机制[②]。2020 年 12 月，习近平在中央农村工作会议上的讲话提出，脱贫攻坚取得胜利后，要全面推进乡

---

① 2021 年 2 月 25 日，习近平在全国脱贫攻坚总结表彰大会上的讲话。
② 2020 年 3 月 6 日，习近平在决战决胜脱贫攻坚座谈会上的讲话。

村振兴，这是"三农"工作重心的历史性转移；要坚决守住脱贫攻坚成果，做好巩固拓展脱贫攻坚成果同乡村振兴有效衔接，工作不留空当，政策不留空白。这意味着，2021年也是脱贫攻坚工作取得全面胜利接续推进乡村振兴的起步之年，首要任务是巩固拓展脱贫攻坚成果同乡村振兴有效衔接。从脆弱性视角看，农村的返贫风险随时可能发生。整体上农村的经济基础和城市相比仍旧薄弱，多数脱贫地区的产业尚处爬坡阶段，农户个体抗风险能力还较弱，加之可能突发的自然灾害及其他各类社会、经济等不可预见因素都会导致返贫风险爆发。

乡村振兴战略是在中国"三农"领域改革发展取得巨大成就基础上，以农业农村全面现代化为目标对"三农"事业发展的战略谋划。2018年中央一号文件部署了乡村振兴战略的具体落实措施，并且按照党的十九大提出的决胜全面建成小康社会、分两个阶段实现第二个百年奋斗目标的战略安排，提出了乡村振兴战略的近期（2020年）、中期（2035年）、远期（2050年）的三个阶段的奋斗目标。近期目标已经实现，2035年成为另一个重要的时间节点。对此，一号文件规划的目标是：到2035年，乡村振兴取得决定性进展，农业农村现代化基本实现。到2050年，乡村全面振兴，农业强、农村美、农民富全面实现。乡村振兴的三个阶段的目标是一个有机整体。乡村振兴的目标必然包含巩固脱贫攻坚成果的目标。乡村振兴目标的实现必然使农业综合生产能力得到提升，农民收入得到提高，城乡居民收入差距缩小，农村人居环境及生态环境得到改善，最终把我国建成富强民主文明和谐美丽的社会主义现代化强国。

在新阶段中，全面实施乡村振兴的深度、广度和难度都不亚于脱贫攻坚，既要保持原有工作和成果平稳推进，又要着眼长远发展，平衡城乡差距，真正做到乡村全方位振兴，面临的困难和挑战也不容忽视，土地、生态、经济、文化、美学、社会风险等约束和障碍仍然存在。只有突破这些制约和挑战，才能不断拓展农业农村发展新空间。

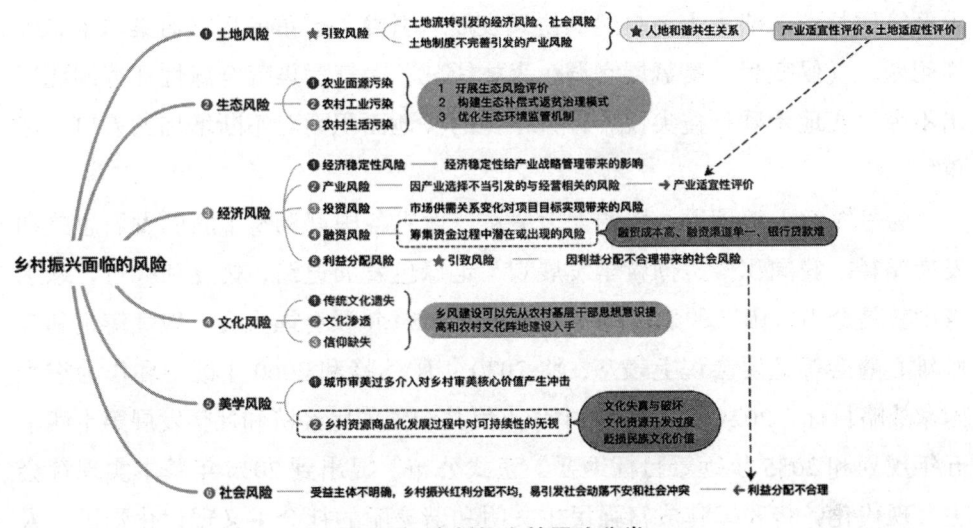

图 5.6 乡村振兴的风险分类

（一）土地风险

土地是乡村发展的根源问题。在乡村经济发展和经济建设中，土地始终发挥着基础性作用，这也是供给侧改革的重点所在。土地的养育功能、空间承载功能、文化功能以及财产功能与乡村振兴中的产业振兴、文化振兴、生态振兴密不可分。土地是陆地生态系统载体，是支撑整个地球和人类的生命和活动的生态系统。土地的地质力学承载力的基础及不可移动、不可展延的稳定空间，成为人类活动、城市与工业建筑的空间。土地由于地面自然景观及人类文明的积淀，成为人类文化、美学和旅游的重要载体。土地的自然文化属性及稀缺性、不可移动性、可控性、稳定性与增值性，也成为资源性的资产。鉴于土地资源的功能与乡村振兴的关系以及资源稀缺性与利用方式粗放的突出矛盾，合理开发利用土地资源对乡村振兴具有重要意义。因此，土地问题是乡村振兴首要面对的根源问题。

第一，如何处理人地关系？

所谓人地关系，即人类活动与地理环境之间的关系[174]。这既包括人类活动对地理环境的影响，也包括地理环境对人类活动的约束与制约[175]。人类自诞生以来，就不断以各种方式、不同程度影响着地理环境。由于片面追求经济增长而忽略了人与自然的协调发展，引发了严重的环境污染与生态破坏问题，气候变暖、臭氧层空洞、森林锐减、大气污染等全球性环境问题层出不穷，人地矛盾日益尖锐。日益减少的耕地面积面对不断增加的人口不堪重负。

为了缓解人地矛盾，协调人地关系，世界各国都调整了新的发展思路和发展路径。我国积极贯彻科学发展观，走绿色发展道路；树立和践行"绿水青山就是金山银山"的发展理念[176]。在 2020 年联合国大会一般性辩论和气候雄心峰会等重要会议上表态，将 2030 年碳达峰和 2060 年碳中和作为重大国家战略目标。2021 年 3 月，《中华人民共和国国民经济和社会发展第十四个五年规划和 2035 年远景目标纲要》正式公布，提出到 2035 年基本实现社会主义现代化，将我国建成富强民主文明和谐美丽的社会主义现代化强国。人地和谐共生关系是新时代的人地关系，也是美丽中国建设的主要宗旨[177]。

第二，如何协调产业适宜性与土地适宜性评价的关系？

国土空间是承载人类生产生活的地域空间，是人类生存和发展的重要物质基础，是国民经济与社会发展的重要生产要素[178]。中共中央国务院《关于建立国土空间规划体系并监督实施的若干意见》指出："在资源环境承载能力和国土空间开发适宜性评价的基础上划定生态保护红线、永久基本农田、城镇开发边界等空间管控边界以及各类海域保护线，为可持续发展预留空间"[179]。其中，国土空间开发适宜性评价是在分析各类限制要素的基础上，以土地合理利用为目标，根据特定目的对土地进行鉴定，并阐述土地的适宜程度，提供土地规划和开发思路，支撑土地资源的持续利用。究其本质是明确现状空间的承载能力及生态环境容量标准等限制性条件，并通过评价综合区位条件、生态风险等指标，划定适宜建设的界限，推演土地利用的合理结构与最优空间模式，以及识别未开发的适宜与不适宜空间[180]。

随着农村建设用地的持续开发与草地、林地等生态空间的严重破坏，如何平衡开发与保护以达到区域可持续发展状态面临巨大的挑战。科学全面的土地开发评价已被公认为是评估土地是否适用于特定用途、规划未来的土地利用以及管理土地资源的关键措施，有助于实现区域可持续发展[181]。乡村产业的适宜性判断除受市场经济、社会需要等因素（影响）外，更应考虑土地资源的约束。土地资源的承载能力、生态环境容量等都是乡村产业选择的限制条件，避免对耕地、水体、森林、草地等粮食安全生产及生态设施用地的过度占用和破坏。

现阶段是面临土地资源趋紧、粗放利用等问题，但在人地和谐共生的理念指导下，土地可持续利用作为人类社会可持续发展的核心内容，将乡村产业发展规划与国土空间规划相衔接，将农村产业结构调整与土地利用结构调整相结合，将产业适宜性评价与土地适宜性评价相结合，通过合理开发利用土地资源实现产业兴旺及生态环境保护共赢的目标。

第三，如何避免土地流转可能引发的经济、社会风险？

土地流转是乡村振兴的重要抓手，是现代农业发展的基础，通过土地流转，发展规模农业、现代科技农业、体验农业，将一、二、三产业有效融合在一起，实现既有的产业项目与新农业项目有机融合，从而带动整个经济社会的发展。目前，我国农村土地流转总体是平稳、健康、向好的。但必须认识到，随着土地承包经营权流转规模扩大、速度加快、流转对象和利益关系日趋多元，也出现了很多问题。农村因为乡村产业发展中土地流转的不规范损害了农民的利益，而引发的一系列社会风险日益受到关注。

土地是农民赖以生存的根本，虽有部分兼业化农户，但兼业化程度不深，非农业收入来源不稳定，土地一旦进行流转，农民就必然要面对就业问题和基本的保障问题，尤其是土地在流转过程中，利用农地流转发生的圈地现象时有发生，土地的用途性质也随之发生改变。这些不合理使用土地的现象直接导致土地资源的浪费，农民收入及生活保障水平下降，也为粮食安全问题埋下隐患。并且流转的对象通常都是小农户对大企业，交易双方从掌握的信息、市场地位、谈判地位等都透露出不平等，小农户通常是弱势群体，其利益不能完全得到保障。近些年来，农村群体性事件出现多发易发态势。由于涉及个别群体的共同利益，涉及的范围和人数也在不断增加并且多样化发展。尤其是在土地流转过程中少数人员玩忽职守、贪污腐败、以权谋私等现象引起群众的强烈不满，严重影响了党群关系、干群关系。

比如重庆巫山县骡坪镇的茶园村，在旅游扶贫的环境趋势下，当地的干部紧抓旅游，开发并建设多项旅游产品项目，对此，部分村民表示不理解，甚至产生了不少怨言，其不理解的原因主要集中在土地利用和过多的旅游开发上。这虽属于扶贫干部与村民之间的沟通与理解问题，但根本上是利益分配问题，若非触及村民的切身利益，怨言从何而来？

此外，一般土地流转都是以长期租赁、租金递增、逐年支付的方式进行，但是租金价格低廉，同时又剥夺了村民种植的权利，村民失去了营生途径，单靠低廉的租金补偿难以维生，享受不到土地开发的增值收益，造成贫困人口增多。比如秭归县茅坪镇月亮包村，在乡村建设中，依托自身紧邻三峡大坝的区位优势发展旅游业，开发了月亮花谷景区，部分旅游用地通过征用月亮包村土地获得，约5万~6万元/亩。但月亮花谷景区企业不注重协调企业和社区的关系，存在利益冲突。景区建设之初因征地和土地流转与当地老百姓有一定矛盾，后期又因经营业绩较差，辞退部分在景区内务工的失地贫困人员。该部分村民不仅失去了可以耕种的土地资源，又因缺乏劳动技能，再就业困难重重，埋下了深深的社会隐患。

鉴于我国农村社会的复杂性和多样性，大规模流转土地将会面临处理各种风险和关系的问题。比如如何处理相关主体，如农民、村集体、地方政府、投资者等利益问题；如何降低与农户的沟通和协商成本；如何降低流转大户规模化经营而产生的规划风险、管理风险等等。一旦处理不当，就可能会导致相关主体利益受损，引发社会矛盾。因此，因土地流转导致的经济、社会关系风险值得重视。

第四，如何应对土地政策法规等制度风险？

制度风险是由可能影响乡村建设的各种国家政策变动或是制度体系不完善造成的。任何制度及政策的制定都是基于特定的客观条件而提出的，随着时间的推移，客观条件发生变化，政策环境随之改变。比如原有的政策目标已基本实现，现有政策已失去应有的效力；或者，新的矛盾不断产生，而原有的政策对当前问题无能为力，客观地要求制定新政策。面对日益紧张的人地关系，土地制度或政策的改变是必然的，但制度或政策的不确定性会让农户经营主体处于被动，影响其经营策略。例如更为严厉的耕地保护制度、土地用途管制、土地流转政策等的变动都可能给乡村产业项目不能顺利进行，影响行业发展预期。

首先，制度变更或政策的不连续性会降低农业经营主体的生产积极性。制度变更或政策的不连续主要表现在：政策（制度）变动前后内容脱节，政策（制度）缺乏阶段性稳定，政策（制度）过程任意中断等。乡村产业的发展是依据现有国家制度及政策背景而规划提出的。根据现行政策，村集体、企业投资者等作出恰当的预期及产业判断，进而付诸实践。但若政策（制度）连续性的缺失，农户、企业投资者等处于观望、消极等待状态，生产积极性下降，不仅浪费了资源，也降低了政策的操作性。

政策连续性的缺失会产生大量沉没成本，导致资源浪费。政策前后变动内容脱节，导致已投入的人力、物力、财力等的浪费，增加了相关利益主体在各方面的损失。同时，因新政策的出台，目标群体还需要重新接受、研判新政策，增加了目标群体的学习成本，整体交易成本上升。政策变动越大，资源浪费越严重。

政策连续性的缺失使政策的可操作性下降。政策的顺利执行，需要有明确的政策目标、内容等。倘若政策在短时间内变动，而相关细则又未及时跟进，则可能使政策的具体执行人员对政策内容产生不解，而且也易使政策目标群体感到疑惑。比如丰都县双路镇莲花洞村以发展旅游业为主，但生态保护对旅游业提出了挑战，受制于生态环境政策的约束，部分旅游资源富集区属于生态保护红线的限制开发区域，土地利用受限，村干部及村民对后期土地配套政策预期不足，旅游开发受阻。

其次，原有政策收紧或是新政策的出台也会扰乱现有乡村的产业布局。例如《国务院办公厅关于坚决制止耕地"非农化"行为的通知》（国办发明电〔2020〕24号）和《国务院办公厅关于防止耕地"非粮化"稳定粮食生产的意见》（国办发〔2020〕44号）的出台对当前的土地流转产生较大影响。此前，为了发展乡村经济，增加农民收入，允许流转土地从事稻渔、稻虾、稻蟹等综合立体种养或者是大规模流转耕地种植其他经济作物。而随着人口数量增长、消费结构不断升级和资源环境承载力趋紧,粮食产需仍将维持紧平衡态势。同时,受新冠肺炎疫情影响,近年来粮食等大宗农产品贸易链、供应链受到冲击,国际农产品市场供给不确定性增加。因此对以工商资本、农民合作社、家庭农场等经营主体流转土地从事耕地"非农化""非粮化"行为为重点,开展专项整治。此举无疑要求乡村产业发展规划的制定如何适应政策的变动提出了更高要求。

政策的可变性有一定的必然性。因此,积极应对土地制度或土地政策的不确定性才是上策,这需要政府和农户经营主体共同努力。基于政府角度,如何确定政府的职能边界,减少政府管制,建立有效、有界以及透明的政府?政府如何完善市场经济体制,继而实现间接调控,引导市场,间接作用于企业行为?如何建立科学的政策制定和执行机制,提高政策的可预见性和执行性?基于农户经营主体角度,如何培养、提升各经营主体的系统学习能力、观察能力、信息收集能力,积极观望,以减少经营策略的盲目性,提高与当下环境的准确度和契合度?如何将产业大方向与自身资源优势相结合,提升核心竞争力?如此总总,都是乡村振兴过程中必须要明确和及时解决的核心问题。

最后,农村土地制度系统不完善,阻碍乡村产业结构升级。党的十九大报告提出"乡村振兴战略""加快推进农业农村现代化"。2017年中央农村工作会议强调,实施乡村振兴战略,必须大力推进体制机制创新,强化乡村振兴制度性供给。土地是最重要的生产要素,土地制度反映着最重要的生产关系,是一切制度中最为基础的制度之一。然而现阶段农村土地制度系统仍然有进一步完善的空间。

新产业、新业态遭遇农村土地制度束缚。在当前国家政策的大力助推下,城乡资源逐渐双向流动,满足城乡居民新型消费需求的休闲观光、餐饮民宿等新产业、新业态开始在农村涌现。这些新近涌现的新业态对于深入推动我国城乡统筹发展、乡村产业转型升级、三产融合都具有十分重要的意义。然而,这些新产业、新业态却遭遇农村土地制度的束缚,城乡二元要素市场无法满足乡村振兴战略对土地的需求,推进"三块地"的改革势在必行("三块地"指的是农村土地、集体经营性建设用地以及宅基地）。在2019年的政府工作报告中，明确指出推广农村土地征收、集体经营性建设用地入市、宅基地制度改革试点成果。党的十九大报告中也提到，深化土地市场改革，加快建设城乡统一的建设用地市场。自2015年初全国人大授权33个县试点进行"三块地"改革以来，农村土改就在稳步推进。原定试点三年，于2017年年底结束，后在多重因素的共同作用下，延长至2019年年底。虽然农村承包地与其他"三块地"改革已取得了一定成效，但改革的整体性、系统性、协调性不足，通过土地制度改革驱动乡村振兴的综合效应尚未充分发挥。

第一，农村承包地退出机制探索缓慢，至今未破题开局，农村权益退出改革的市场化框架尚未建立。随着中国城市经济的不断发展，各种资源、就业机会不断向城市聚集，城市的吸引力不断增强，越来越多的劳动力由农村流向城市，农村大量土地被闲置，造成土地资源浪费。2015年，国家提出在有条件的地方开展农民土地承包经营权的有偿退出试点，并在上海、山东、宁夏、湖北等地开展了农村承包地的退出试点。2016年，又明确提出在完善"三权分置"①的过程中，推进农村土地有偿退出。随后几年，围绕农村土地退出的政策也在不断细化。退出的模式也基本明确为两大类：永久性退出和长期性退出。但更为关键的退出补偿该如何核算？且由于我国幅员辽阔，区域差异大，补偿标准是否应该有所不同？局部试点的经验又能否在大范围推广等，都还需要深入研究和实践。

第二，"三权分置"的制度设计还需进一步完善，存在制度和法律方面的桎梏，也面临着市场经济条件下权利主体的博弈造成三权的利益关系失衡的风险，以及由于配套机制不健全限制经营权权能实现等障碍性因素[182]。在农村土地所有权、承包权和经营权三权中只有经营权能产生市场经济效益，必然成为权利主体博弈的焦点，而弱化了所有权和承包权的主体地位。经营权的市场化过程中能促使农村土地由分散的小农经济向规模化经营集中，促使土地高效集约利用，但可能使土地流转价格攀升，增加农业生产成本，压

---

① 三权分置指农村的土地集体所有权、农户的承包权、土地的经营权这"三权"分置并行。

缩利润空间。此外，由于商业资本的强势，农民与之谈判地位不对等，可能导致农民利益受损。同时，受市场经济资本逐利的驱使，种植经济作物的比较效益远高于粮食作物，流转后的土地可能改变用途出现"非粮化"，甚至是"非农化"，威胁我国的粮食安全。关于"三权分置"的相关法律中对土地经营权的规定也是原则性、框架性的，对土地经营权的权利内容、权能边界进行明确划分、土地经营权抵押功能的实现等改革滞后，土地要素供给功能尚未充分发挥，阻碍农村产业结构升级。

第三，土地制度改革中的配套制度也还亟须完善。如何构建土地风险防范制度，以科学防范，减少土地风险。土地流转过程中的金融风险，土地利用中的生态风险、土地管理中的法治风险等等是威胁乡村振兴的因素，这些都应纳入常态化管理。通过建立完善的土地管理风险防范法律制度、土地督察制度与土地市场监管制度，加强风险防范，为实现乡村振兴提供保障。

如何完善土地增值收益制度，以反哺于农，合理分配收益，增加农民生活幸福感。长期以来，囿于法律制度的缺失及政府权力边界的模糊，农民在土地增值收益分配中处于弱势地位，无法获得应享有的权利资本化收益，政府且过于重视货币补偿，而忽视了农民个体能力的培养。这种分配方式表面上是维护了农民的权益，农民的收入在短时间内得到较大提高，但由于缺乏劳动技能，就业机会少，农民收入增加不可持续，为基层的社会治理埋下了隐患。因此如何将农民权益保护贯穿于农村土地增值收益分配的全过程，让农民享有合适比例的农村土地增值收益，赋予农民平等参与农业现代化进程的权利，是时代的要求，是大势所趋。在土地增值收益分配过程中应重点关注土地征收与拆迁、农村集体经营性建设用地入市和城乡建设用地增减挂钩等方面，建立多元的土地增值收益分配保障制度，保护农民主体地位不受损害，增强农民主体地位认同感，发挥农民主体能动性，保证农民主体地位长久稳定。

（二）生态风险

生态风险是指"一个种群、生态系统或整个景观的正常功能受外界胁迫，从而在目前和将来减少该系统内部某些要素或其本身健康、生产力、遗传结构、经济价值和美学价值的一种状况"[183]。生态风险形成的原因主要来自三大方面；自然的因素，如全球气候变化引起的水资源危机、土地沙漠化与盐渍化等；社会经济方面的因素，包括市场因素、资金的投入产出因素、产业结构布局等因素；人类生产实践的因素，包括传统经营方式和技术产生的生态风险、资源开发与利用方面的风险因素等。当前生态风险在自然资源综合开发中尤为突出。

良好的生态环境是农村最大优势和宝贵财富。党的十九大报告指出：建设生态文明是中华民族永续发展的千年大计。必须树立和践行"绿水青山就是金山银山"的理念，坚持节约资源和保护环境的基本国策，像对待生命一样对待生态环境，统筹山水林田湖草系统治理，实行最严格的生态环境保护制度，形成绿色发展方式和生活方式。乡村建设必须尊重自然、顺应自然、保护自然，推动乡村自然资本加快增值，实现百姓富和生态美的统一。相较于城市而言，农村不仅发挥着生产、生活功能，还兼具生态功能，而农村的生态环境也更为敏感脆弱。因此，生态保护要求对乡村振兴提出了挑战，产业兴旺需协调生态保护与经济发展的矛盾。一方面，生态宜居的实现，需要政府加大力度，实现对农村突出环境问题的综合治理，转变对农村环境"脏、乱、差"的传统印象，满足人民对美好生活的诉求。另一方面，乡村振兴的建设可能加剧或诱发新的生态风险。比如乡村旅游业掠夺式的开发超过了生态环境承载力，交通建设等造成的水土流失，游客的旅游活动给环境带来负外部性等等。毋庸置疑，人类活动的干预会影响生态环境，如当前的农业面源污染、农村工业污染、生活污染等造成的水环境质量下降、土壤重金属污染等就是人类过度破坏生态环境的结果。而我国生态问题的日趋严重是与高消耗、高污染的粗放式经济增长方式分不开的。

第一，农业面源污染问题

伴随我国城镇化的快速推进，农村人口向城镇转移的同时，也促进了农业的规模化经营，优化了农业现代生产要素的投入，农业生产效率得到提高。截至2020年，全国粮食总产量为13390亿斤，比上年增加113亿斤，增长

0.9%。我国粮食生产实现了"十七连丰"①。人均粮食占有量480公斤，远超国际400公斤的平均水平[184]。但值得指出的是，我国粮食的丰产是以牺牲农村生态环境为代价而实现的。为了追求粮食产量，面对农业劳动力短缺，在种植过程中以相对廉价的化肥替代了日益高昂的劳动力成本。化肥、农药等不仅生产成本低且产出高，直接导致该廉价的替代品被过量施用，在过去的三十年，我国的化肥、农药以及农膜使用量增加了2～4倍。自2015年以来，我国推动并实施了农业绿色发展五大行动，在"一控、两减、三基本"的目标约束下，我国化肥和农药的施用量逐年下降但我国面源污染的现实情况仍然非常严峻，2019年我国化肥施用强度是326千克/公顷，超过国际安全施用的建议标准（225千克/公顷）。2020年我国三大粮食作物（水稻、小麦和玉米）化肥利用率平均为40.2%，仍比欧美等发达国家低10%～20%[185]。农药的过量使用不仅造成生产成本增加，影响农产品质量安全和生态环境安全，也是造成农业面源污染的重要原因。此外，根据2010年《第一次全国污染源普查公报》数据显示，畜禽养殖污染已经成为农业面源污染的主要来源[186]。

理论和实践都表明，中国经济保持稳步增长的关键在于转变原有的粗放型经济增长方式，实施绿色发展，即将环境保护和生态平衡放到同经济发展同等重要的地位[187]。党的十八大以来，党中央国务院高度重视农业绿色发展问题，提出"生产发展、生活富裕、生态良好"的绿色发展道路，开启了农业绿色发展的新时代。"十四五"规划更是将解决好"三农"问题作为全党工作的重中之重，指出"强化绿色导向""不断提高农业质量效益和竞争力"。发展绿色农业有较强的正外部性，既满足农业自身可持续发展的需要，又对国家宏观层面的生态环境保护和绿色发展道路的实现有积极贡献。在农业转变增长方式、推行绿色发展过程中，农业产业聚集和农业面源污染不容忽视。

第二，农村工业污染问题

农村工业污染主要是因为乡镇企业布局不当、治理不够产生的工业污染。

---

① 国家统计局2022年12月10日发布数据

农村廉价的劳动力资源，丰富的生态资源以及广阔且廉价的土地，吸引一些工业企业向偏远地区转移；同时，农村地区也需要这些工业企业提供就业机会，带动当地经济快速发展。受农村自然经济的深刻影响，在发展乡镇企业时片面追求经济效益，缺乏环保意识，忽视生态效益。农村工业化实际上是一种以低技术含量的粗放经营为特征、以牺牲环境为代价的工业化，缺少合理的产业布局规划和生态环境评价。部分农村对消耗大、污染重的资源型企业进入门槛低，不仅造成环境污染，加大了治理的难度，还导致污染危害直接影响到周边的自然生态环境。目前，我国乡镇企业中固体废弃物占全国总的工业固体废物排放量的大部分，高达60%以上[188]，而且乡镇企业布局不合理，污染物处理率也显著低于工业污染物平均处理率。

除农村工业生产对环境产生破坏外，其他产业的不合理开发同样会产生水环境、土壤环境污染。比如旅游业作为乡村振兴中的热门产业，农村土地旅游开发存在过度开发、土地污染的问题。在部分农村土地旅游开发的过程中，片面追求经济效益，忽略生态保护，对景区过度开发。而景区开发和经营过程中产生的固体垃圾、废水排放超过了环境自净能力继而对土地、水源造成污染。受制于治理成本、场地等限制，多数景区缺少废水、废气等污染处理设施，加之具体管理制度的不健全，污水不经过净化处理就直接排入河道，给地表水和地下水造成严重污染。个别景区虽然建成一定规模的化粪池、污水处理设施，但是容量小、数量少、设备运行成本高，污染处理能力有限，或者因后期设备老化，维护不当等存在"跑冒滴漏"的问题对环境造成污染。部分游客环保意识不强，塑料垃圾随手丢弃，个别垃圾丢弃之处因地势陡峭，难以清理，不仅影响景区整体美观，还破坏生态环境。

第三，农村生活污染问题

农村生活污染目前也是农村突出的环境问题。农村生活污染问题包括农村生活垃圾和生活污水两个方面。随着经济水平的不断发展，农村居民生活水平不断提高，其产生的垃圾数量也随之增多。有研究数据表明，农村人均每天可产生0.86kg生活垃圾，其中0.32kg的生活垃圾被随意堆放[189]，部分地区将生活垃圾直接露天堆放或者倾倒于河道中。因为农村地区的生态环境保护基础设施缺失和滞后，目前农村生活垃圾处理水平仍远低于城市，农村地区仍存在着大量生活垃圾无法得到有效处理，造成了农村环境污染。

除此之外，农村生活污水的处理问题仍然十分严峻。由于农村地区人口分布较分散，部分地区缺少排水管网，根据建设部的一项调查（《村庄人居环境现状与问题》调查报告，建设部2005年），至少9成的村庄缺乏排水渠道以及污水处理系统，导致生活和生产用水未经净化处理而无序排放，造成了农村河道水体变黑变臭、蚊蝇滋生。河道污水中的病虫卵引起的传染疾病，已成为农村环境重要的污染源。

针对当前农村生态环境的问题，如何实现乡村绿色发展、如何实现自然资源的统筹治理、如何解决农村突出环境问题、如何实现美丽乡村，可以试图从以下几个方面入手。

一是展开生态风险评价

生态风险评价能定量评估一种或多种外界因素导致可能发生或正在发生的不利于生态的影响过程[190]。比如在城镇化、工业化进程中，无论是城市还是农村，相应区域内的土地利用结构、土地利用方式都会因此产生较大程度的变化，引发了诸如水土流失和生态恶化等一系列环境问题。通过生态风险评价的定量分析能帮助环境管理部门了解和预测外界生态影响因素和生态后果之间的关系，以利于环境决策。生态风险评价的概念最早由美国环境保护署提出，生态风险评价的框架在颁布风险评价指南后也得到了确立，从而奠定了研究的理论基础。我国的生态风险评价研究起步较晚，始于20世纪80年代末，在21世纪初得到发展，在党的十八大中提出了美丽中国的设想，生态建设首次得到国家的重视，并提出要构建科学合理的生态安全格局，自此生态问题成为社会各界更加关注的焦点问题。

针对当前农村生态环境的问题，可以采用生态风险评价，对生态风险进行研究，按照风险识别、风险评估、风险控制的思路对农村生态风险进行识别，有助于了解研究区内的生态环境状况，划分不同等级的生态风险区域，采取不同的生态风险管理措施，因地制宜，从而降低生态风险，改善人地关系。

二是构建生态补偿式返贫治理模式。

防范返贫与保护环境是我国社会经济可持续健康发展的核心问题。在现行贫困标准下我国消灭了绝对贫困，进入"后扶贫时代"，扶贫工作重心将转移到解决次生贫困、相对贫困与精神贫困中，同时也肩负着防范已脱贫人员返贫的任务。实际上，基于微观个体返贫现象主要集中在生计资本比较脆弱的脱贫户中，而从区域整体性来看生态脆弱地区与返贫风险区又具有高度重叠性[191]。因而，生态补偿在返贫治理中仍具有重要作用，生态补偿式返贫治理模式将是未来返贫风险治理的主要方式之一。生态补偿作为国家治理生态环境的重要政策工具，探索行之有效的生态补偿机制是解决生态环境外部性问题的重要方式[192]。通过提供资金、技术等多种补偿方式，调整生态脆弱区的生态要素，改善当地居民的生产生活方式，既能增加农民收入，又能减轻对生态环境的压力，抑制大规模返贫风险。

纵观我国生态补偿机制和生态补偿的实践，虽然我国生态补偿已取得很大进步，但由于起步较晚，适合我国国情的生态补偿理论研究尚不成熟，加之生态补偿牵涉面广，触动利益众多等原因，使我国生态补偿的具体实施还存在许多问题。其中，需要迫切解决的是顶层设计的生态补偿制度体系建设不成熟，地方政府对建立生态补偿机制缺乏有效的激励和监督；以及生态补偿核心的补偿依据和标准难以确定，各个生态补偿项目受地理条件差异较大，无法使用统一的评估标准和依据；再有则是实施过程当中的对于政府的监管和公众的参与问题。

三是优化生态环境监管体制。

体制是制度运行的基础和保障。农村的生态环境保护是生态文明建设的重要部分，强化对农村生态环境的监管对解决农村环境问题、建设美丽乡村有重要意义。生态环境监管主要是指行政机关管控对生态环境产生不利影响的行为与事项，实现对生态环境的治理[193]。生态环境监管是国家生态环境治理体系和治理能力的有机组成部分，也是生态文明建设的重要内容。我国现行的生态环境监管体制是中央与地方共同发力的管理模式，中央为统管部门、地方为分级部门、两种部门共同进行生态环境监督管理职能。1984年成立了国家环境保护局,将环境保护工作独立出来;2008年7月,国家环境保护局升格为生态环境部,成为国务院组成部门,进一步扩大了相关职能职责。2018年3月,通过机构优化与重组建立了生态环境部,形成了新的监管形势,中央发挥调控功能,地方发挥监督与督促的整改功能,两者相互结合,相互影响,形成了中国特色的生态环境监管体系。

然而通过对我国区域环保督查制度实施效果评估结果显示,区域环保督查制度并未有效发挥督查效力[194]。对生态环境的监管属于先发现污染后治理的模式,较少注重过程管理,缺乏预防,致使后期治理技术难度升级、成本高昂。旧的生态环境监管体制已经渐渐滞后于生态文明建设实际,因此,改革生态环境监管体制,提升制度效力,为生态文明建设提供人民需要的制度保障,显得迫在眉睫。

要加强对农村的土壤污染监测。土壤污染问题目前也是农村突出环境问题,具体表现为土壤重金属超标、土壤有机质含量下降以及酸碱性趋势加剧。国土资源部中国地质调查局公布的《中国耕地地球化学调查报告(2015年)》资料显示,在调查的9240公顷耕地中,重金属轻度污染面积达到526.6万公顷,中重度污染面积为232.5万公顷,共占调查耕地面积的8.22%,耕地土壤重金属污染状况不容乐观。在粮食安全背景下,在有限的耕地面积上,土壤质量起着重要作用。土壤污染监测结果对掌握土壤质量状况,实施土壤污染控制防治途径和质量管理有重要意义。

跨区域和跨流域的环境问题对环境监管提出新的要求。我国将生态文明建设纳入"五位一体"建设以来,对生态环境监管机制与机构的建设在不断调整优化,以适应发展要求。但是对于跨区域、跨流域的生态环境污染问题,目前我国环境监管部门仍然很难有效解决。纵观各种污染案例,水污染、土壤污染占据大部分,由工业企业造成污染的数不胜数。从经济学角度分析,企业排污具有负的外部性,基于理性的经济人考量,企业不会主动治理污染,各方博弈主体陷入"纳什均衡"。因此,要想让企业不敢污染、不能污染,政府必须加以干预,而且为避免受到地方保护主义的影响,应在中央的统一领导下,协调地方政府各部门之间的关系,统筹解决跨区域、跨流域的生态环境污染的问题，完善我国的生态环境监管体制。

（三）经济风险

在市场经济条件下，任何产业的发展都会面临经济风险。乡村振兴战略是一个长期而艰巨的任务。在乡村产业开发建设过程中，所面临的经济风险是由于宏观金融政策的变化，如通货膨胀及汇率变动等引起建设成本的变化，对于投资、融资的不确定性影响。在后期的运营中，还有产业收入无法达到预期，以及收益分配不合理带来的风险。结合当前的经济风险分类及政治经济局势判断，乡村振兴过程中以下几类风险值得关注。

第一，经济稳定性风险。

该风险系当地社会经济平稳运行对产业发展的影响。经济稳定性直接对产业战略管理产生重大影响。产业发展战略的制定，要从产业全局出发，考虑当前及未来的宏观经济形势、世界经济环境以及行业发展前景等的影响。只有在充分对经济形势进行研判的基础上，结合经营主体自身能力，才能制定出适应经济环境、适合产业发展的战略和对策。只有能持续经营的产业，才能助推乡村振兴。

2022年3月以来，复杂演变的国际局势和跌宕反复的新冠肺炎疫情等超预期因素叠加，给恢复势头良好的中国经济带来不小冲击。中国经济发展正面临需求收缩、供给冲击、预期转弱三重压力，而一些新的不利因素又在增加、演变，经济发展环境的复杂性、严峻性、不确定性上升。但中国仍是世界第二大经济体，回旋余地广，有超大规模市场，长期向好的硬底盘不会改变，构建新发展格局的有利条件没有变，新的经济增长点将不断涌现[195]。从实践上来看，短期之内，我国经济发展依旧以内需的增长为主要驱动力[196]。但是，从我国经济发展的实际情况来看，产能过剩十分明显，企业效益不容乐观，这使企业投资收益达不到预期水平。与此同时，在反腐工作力度不断加大的背景下，政府职能逐渐转变，政府主导的投资活动活力降低。科学认识当前形势，准确把握未来趋势，增强对经济形势变化的敏感性和判断力，是实现产业兴旺年度目标、确定工作原则的前提和基础。

第二，产业风险。

区域产业的建设情况和发展在某种程度上影响着区域经济投资项目的成败得失。产业政策和投资风向的轻微变化、区域基础设施、区域科技发展水平等方面都会影响到该风险的大小。习近平总书记在党的十九大报告中提出了乡村振兴战略。总要求是：产业兴旺、生态宜居、乡风文明、治理有效、生活富裕。这其中产业兴旺是重点。而产业兴旺必须先选对合适的产业。通常单一的产业结构难以应对复杂多变的市场环境。利用农业多功能性，促进一、二、三产业融合，产业集聚才可以增强集群竞争力。一般来说，当产业集群形成后，将可以通过多种途径，如降低成本、刺激创新、提高效率、加剧竞争等，提升整个区域的竞争能力，并形成一种集群竞争力。

当前乡村旅游市场尚处于初级发展阶段，无论是旅游产业本身还是旅游市场经营主体抵御外部风险的能力较弱，受市场影响大。除此之外，基于国内目前第一产业和第二产业在国民经济中的地位日趋下降，农村的致富之路往往都寄托在发展乡村旅游上，形成一种依赖旅游的新的产业结构。该种产业结构，拥有乡村旅游的所有特点，在自然灾害严重，社会动荡等时期，会出现大幅度的动荡，造成乡村居民大面积的经济危机。新冠肺炎疫情对我国旅游业带来较大冲击，我国旅游业被按下了史上最长的一次暂停键，全国各地陆续"停组团，关景区"，旅游业受到重创。根据国家统计局数据，2020年国内游客从2019年的60.06亿人次下降至30亿人次以下，国内旅游收入暴跌了61.1%。2021年国内旅游总人次与国内旅游收分别增长了12.8%与31.0%，但也仅恢复到2019年的50%左右。疫情防控期间，乡村旅游经营收益受到直接损失。乡村旅游"假日经济"特征明显，节假日期间原本是乡村旅游的黄金时段，新冠肺炎疫情暴发导致乡村旅游景区基本关闭，人员流动受阻，活动暂停或延期举行，餐饮、住宿、会务、采摘、购物等乡村旅游业务营收几近为零，出现大面积亏损。

面对波谲云诡的国际形势、复杂敏感的周边环境、艰巨繁重的改革发展稳定任务，乡村产业建设顺应经济发展规律，以满足市场需求为导向，以乡村资源、产业基础、人文历史等优势为依托，因地制宜选择适合本地的乡村产业，引领乡村特色产业、优势产业发展。

第三，投资风险。

投资风险是乡村产业开发投资收益的不确定性风险。该风险受到社会经济、政治局势等宏观因素影响，但归根结底主要是市场供需关系变化对项目目标实现带来的风险。市场由供给和需求双方共同构成的，市场供给指市场中能提供的同类产品和服务的数量，市场需求指市场中对该类产品和服务需求的数量。市场供求关系的变化将影响企业所提供的产品或者服务的价格水平，同时也会影响投资企业的生产成本，甚至是国际市场的变化都会影响最后的投资收益是否能如期实现。市场经济条件下，无论是种植业、农产品加工业或是乡村旅游业等任何产业开发都会受到价格机制作用。

农产品市场上，我国国内农产品市场价格就受国际农产品市场价格及汇率的影响而波动。同样，市场供求关系的变化将影响旅游产品价格、游客数量，从而影响项目效益和项目目标实现程度。旅游产品价格变化将引起供给和需求双方策略的调整，从而影响生产利润。所以乡村振兴的产业发展应进行充分的市场调研，开展投资项目风险评估。

第四，融资风险。

融资风险是指筹集资金的过程中潜在或出现的风险。在乡村建设项目中，融资风险则指投资者在项目开发建设过程中，因资金筹集活动而集中对项目开发和经济目标实现的可能性产生影响的事件或因素。

乡村产业兴旺的关键是引入企业制，企业是市场经济活动的主要参与者，是社会经济发展活力的来源，相较于单个的小农户而言抗风险能力更强。因此在农村实行企业制公司，为实现乡村产业兴旺提供源动力，为最终实现乡村振兴战略提供坚实的物质基础。但是我国农村企业发展面临最严峻的问题是农村资本匮乏，企业融资风险是实现乡村产业兴旺面对最严峻的问题之一。按照乡村企业融资时所面临痛点，可以将乡村企业融资风险分为：融资成本过高的风险、融资渠道单一的风险以及银行贷款难的风险[197]。

融资成本过高。乡村企业在成立时首先面对的风险就是融资成本过高的风险，主要表现在乡村企业通过传统信贷融资时，信贷公司会出于风险管控的目的贷款利息比正常企业融资高一些，或者在银行申请贷款时要求更多程序更加繁琐，故意增加贷款难度，提高乡村企业的融资成本。乡村企业融资难有其原始资本积累薄弱和产业特殊性的原因：我国乡村农业以小农经济为主导，农业及农户本身资本积累薄弱；乡村企业主要的经营以农产品为主，农产品具有收益低回笼资金周期长的特点，增加信贷公司风险管理成本；乡村企业同质化竞争严重，企业抵押资产不足，银行信贷放款压力大。这些原因是导致乡村企业融资风险高。

融资渠道单一。我国乡村经济发展相对比较落后，乡村金融发展更是严重滞后，乡村融资途径单一，以前只有企业主本人存款出资或信用社贷款两种模式，近些年因为国家的积极引导，促使一些小额信贷公司也开始进入乡村市场，但绝大部分都是响应国家政策的号召，信贷程序不仅烦琐、要求高，而且借贷资金少、周期短，只有少部分明星企业才能获得足够的资金，难以真正为乡村企业长久发展提供源动力。

银行贷款难。乡村企业因为经营周期长、收入低、同质化竞争严重且经营能力差等特点，使乡村企业的风险评价很高。前述特点也使乡村企业的违约风险高于其他企业，金融机构的风险管控压力比较大。同时乡村企业贷款程序复杂收益低，各大商业银行都不愿意为乡村企业提供信贷业务，用提高乡村企业风险利率、延长风险审核周期等方式增加乡村企业的银行贷款难度。

第五，利益分配风险。

乡村振兴战略的实现需要多个行为主体的参与，包括当地村民、企业投资者、政府等多个利益主体，他们之间存在不同的利益关系与联系，一旦利益关系处理不当，则可能发生因利益分配不合理带来的社会风险。

以乡村旅游业为例，在参与乡村旅游开发的过程中，旅游企业和小农户相比，旅游开发项目的经济收益更多的是被更具市场势力的旅游企业获得，当地居民往往没有获得相应收益，反而还要承担旅游带来的负面影响。同时，旅游项目开发会导致旅游目的地的物价快速上升，导致当地居民还得被迫承担旅游所带来的高物价。

（四）文化风险

习近平总书记指出，要推动乡村文化振兴，要加强农村思想道德建设和公共文化建设。2018年中央一号文件明确指出，实施乡村振兴战略，要繁荣兴盛农村文化，焕发乡风文明新气象。乡村振兴，既要发展产业、壮大经济，更要激活文化、提振精神，二者缺一不可。

现阶段乡村振兴面临着城市化的快速发展对乡土文化的冲击和挑战。长期以来，我国的乡村建设路径是经济发展优先、文化建设次之，让农民吃饱饭是首要解决的问题。乡风文明建设的忽视，让农民的精神文化生活较为匮乏。而互联网让城市现代文化快速进入农村，在缩小城乡差距的同时，也一定程度上冲击甚至切断了乡土文脉，导致乡土文化的变迁和流失，以至出现乡村经济发展却道德滑坡的现象。乡村文化似乎正面临着生存困境。

第一，传统文化遗失。

中国五千年的历史孕育了非常多的优秀传统文化，包括古建筑、风俗习惯和非物质文化遗产等，但因乡村文化氛围不够浓厚、农民文化程度不够高以及城市化导致乡村文化边缘化，大众传媒的"城市中心主义"造成乡村文化的断裂。在一些农村地区，中华优秀传统文化没有得到足够的重视，处于消失的边缘或已经消失。其一，传统村落的消失或破坏。部分乡村为了加快发展，片面地理解农民迫切需要改善居住条件和生活环境的愿望，不注意对传统村落的保护，一味地拆旧建新，部分古建筑也不能幸免，使乡村文化活动的开展失去了重要的文化载体。其二，民风民俗的淡忘。由于现代社会的快节奏发展，乡村人员大量外迁，乡村邻里之间的沟通减少，一些传统文化风俗正在逐步消失。再加上互联网兴起后新兴服务业的蓬勃发展给百姓生活带来便利，农民的日常需求更加容易得到满足，使得乡村逐渐淡忘了互帮互助和谐团结等传统美德。其三，非物质文化遗产的传承断代。由于非物质文化遗产生产时间成本较高，难以在短时间内获得相应的经济回报，使得很多传统技艺后继无人，部分"非遗"项目面临"人亡艺绝"的困境。

优良的传统文化不仅正慢慢遗失，而农村陈旧落后的思想观念依旧存在。有的地方陈规陋习根深蒂固，不良风气滋生蔓延，特别是经济相对落后的偏远地区封建愚昧思想有抬头的倾向。赌博歪风普遍存在，造成好吃懒做等坏习气，容易引发家庭矛盾，影响社会安定。乡村老百姓多数文化素质不高，娱乐方式以相对简单的麻将与纸牌为主。老人操持家务、照顾小孩，而青壮年围着牌桌赌博娱乐很是常见。逢年过节不是和家人好好团聚而是农村赌博牌局最火爆的时间，不仅让辛苦一年的血汗钱付之东流，还冷落了亲人。农村的虚荣攀比之风越来越盛。无论是婚丧嫁娶、还是乔迁升学等红白喜事，事事皆可比。丰都双路镇莲花村张某（女）在与访谈员对话中提及，在过度的婚丧嫁娶、主要节庆和乔迁新居等大摆宴席和高额随礼的农村陋俗盛行时，其家庭在年节期间的随礼曾高达3000元左右，几乎花掉大半年的收入，严重影响生活质量。

第二，文化渗透。

受西方文化传播和渗透的影响，资本主义价值观、非主流文化等敌对和边缘文化在思想文化上的渗透不仅强度增大，而且传播形式、载体形式更加多样化。宗教上，文化渗透者从城市蔓延到农村[198]。我国尊重和保护宗教信仰自由，但应与中国特色社会主义相适应。然而由于乡村群众文化程度不高，在社会生活中掌握的权利和社会资源相对贫乏，在社会生活中常常得不到重视。此外，伴随着经济转型和社会结构的彻底改变，人们的价值观念也开始发生变化。原本的道德标准和价值观念流失，改为崇尚享乐主义，拜金主义。许多人找不到奋斗目标与精神支柱，变得消极茫然，精神空虚，因而转向从宗教中寻求安慰与支持。再加上宗教渗透者的强说硬教，采取以人传人的方式以及借助互联网媒体，使基督教在乡村快速传播，影响乡村群众对本土文化和价值观的认同，严重危害了乡村群众的思想文化安全。

第三，信仰缺失。

当下部分青年农民缺乏艰苦创业、勤劳致富、遵纪守法的思想与精神。随着互联网和智能手机的普及，缺少父母陪伴的农村留守青少年沉迷于网络游戏、追星等"精神鸦片"。喜欢快餐文化，了解的是一些表面的基础知识，而不去注重事物的本质，事物的内涵。追求短期快感，将时间大量耗费在无营养、不用思考、博眼球的短视频浏览中。

在经济大潮冲击下，金钱成为衡量人的价值的标准，许多农村青年认同"读书无用论""一切向钱看"，认为城市文化优越，乡村文化落后，以自己是农民的身份为耻，对乡村文化缺少自信。特别是数字经济时代，以互联网为平台的自媒体的低进入门槛，任何个体仅需一部手机，便可在互联网上进行表演创作获取流量赚钱，特别是抖音、快手等视频类互联网APP的普及，以及部分平台主播高收入的宣传诱惑，渴望借助流量在短时间内爆红、暴富已成为农村群众特别是农村年轻人追捧的目标。

总之，目前乡村文化陷入困境，乡村文化受到外来强势文化的挑战与冲击，乡村文化与城市文化的鸿沟不断扩大，乡村文化秩序崩溃的同时新的文化秩序尚未建立，乡村文化陷入空洞。正确处理城市文化与乡村文化的关系，乡村文化复兴势在必行。

然而文化振兴，乡风文明建设是一个长期任务，不是短期运动就可以实现的，更不可能一蹴而就。乡风建设可以先从农村基层干部思想意识提高和农村文化阵地建设入手。

首先，农村基层干部的思想认识有待进一步提高。一些农村基层干部对乡风文明建设缺乏重视、流于形式，一切以抓经济建设为主，认为只要经济发展上去了，乡风自然就会文明，忽视了乡风文明对产业兴旺、生态宜居、乡村治理的促进作用。

其次，农村文化阵地建设有待加强。阵地建设是农村文化工作的重点和难点。没有一个好的文化阵地，发展乡村文化事业就是空谈。农村文化阵地建设受制于农村经济条件、农村文化现行管理体制和投入机制乃至政府重视程度等的制约。而当前的阵地建设因为村集体资金薄弱，政府投入资金又不足，文化基础设施落后，有的成为闲置资源，有的重新退化成为不达标站，阵地面积减少。此外，文化专干身兼数职，专业程度不够，影响阵地建设。虽有部分乡村在新农村改造中修建了文化活动中心、农家书屋、篮球场等文化活动场地，但活动空间有限仍无法满足人民群众日益增长的文化需求，与建设社会主义新农村的关于乡风文明的基本要求相距甚远。

（五）美学风险

在中央农村工作会议确定的乡村振兴实施的目标任务中明确指出，在2050年要实现乡村全面振兴，"农业强、农村美、农民富"三方面全面实现。乡村是反映一个国家的文明发展程度的镜子，一个富强文明的国家，其乡村必然是富足且美丽的，建设一个美丽的乡村是建设美丽中国的重要环节，也是实现乡村振兴的必由之路[199]。近年来各学科领域都基于本学科研究范式和理论视角积极参与美丽乡村建设，其中"艺术乡建""美学经济""手艺扶贫""非遗活态传承"等"艺术介入乡村振兴"话题与实践颇受关注[200]。文化是乡村振兴的软实力，而艺术又是文化的重要内容，艺术实践在乡村振兴中大有可为。但由于理论研究的缺失，艺术实践过程中也出现了诸多冲突，乡村建设与艺术、美学的结合陷入了困境。

第一，如何理解美学经济？如何实现美学变现？

美学经济的核心是越来越多的消费者愿意为稀缺的美学产品和高品质体验买单。美，是一种看得见的竞争力，继而可以让审美生产力与经济相结合，这为乡村振兴迎来了历史性机遇和广阔空间。审美经济应该包括：产品的审美化和环境（居住环境、工作环境、商业环境等）的审美化，"设计"成为核心竞争力。

2003年，时任浙江省委书记的习近平同志提出和实施了"千村示范、万村整治"工程，此后，全国各地持续推进了美丽乡村建设。通过村庄整治和农村新社区建设，让乡村面貌得到了翻天覆地的变化。虽然村庄整齐划一，道路干净，然而从审美的角度审视主体建筑、道路、公共设施均是程式化的设计，千篇一律，缺乏美感。美丽乡村建设不单是干净整洁，更强调区域特色的传统文化符号的显现，体现村落魅力和特色。除却农村主体建筑的美学缺失，当前农村房前屋后的绿植、村道、公共设施建筑等修葺普遍重实用而轻美观，相对来说粗糙，缺乏"美"的展示，难有中国传统文化的韵味。因此将乡村建设与美学经济结合，以美学设计驱动，用美学项目带动，将美学作为驱动引擎，对乡村自然风貌、乡村建筑、乡村民俗等乡村文化和生态资源通过美学改造赋能，实现美学变现，为美丽乡村建设提供了新思路。

美学变现的路径可以从产品审美到环境审美，激活生态环境和历史文化资源。首先，以丰富的历史文化积淀和绿水青山为基础，将特色农产品、工业消费品和传统村落等文旅资源加以美学视觉挖掘，转化为高附加值、高利润率的"体验经济"产品，维系乡情乡愁。其次，推动生态资源升级变现，围绕基础设施建设、人居环境整治、数字农业农村等方面，实现全域美学和体验升级。将美学理念融入乡村规划建设，使得乡村自然景观、人文景观、农业景观、风貌景观形成有机整体，实现生态、生产、生活与审美相融合的全域美学，提升群众对美好生活的体验感。

第二，如何避免城市审美过多介入对乡村审美核心价值的冲击？

当今是城市化占据主流的时代，突出表现在城市大规模集中和高速集聚，乡村逐步瓦解、衰落[201]。在经济发达地区的很多区域已经不是乡村包围城市，而是城市（或各类园区）包围乡村。城市建设通过模式化的管理实现城市的高效运作，产生的直接结果就是特色危机、多样性缺失、本土性缺失，也即"千城一面、千村一面"。现代化、模式化的城市运作方式也运用到了乡村建设上。在城市化进程中，许多乡村景观特有的原生态、文化底蕴、视觉艺术的美学价值正在丢失，其真实性往往会被经济概念所取代，更多体现的是经济利益属性，从而失去了真实存在的生命力。

乡村一般是指以从事农业活动的农业人口为主的聚落[202]。自然景观、人文景观、农业景观、风貌景观构成乡村景观的有机整体。乡村景观的价值是原始价值，是难以逾越的时间跨度，有着厚重的历史底蕴。相较于城镇密集地区乡村的景观资源是稀缺的。如在三峡库区里就有很多传统古村落，承载着乡村变迁的痕迹，可以被认为是乡村文化的活化石，其聚落规划、内部构造，是无法复制、不可再生的，具有无法估量的历史文化价值乃至艺术价值，理应得到保护和弘扬。而随着乡村振兴战略的实施，城市资本、人才等要素"逆城镇化"回流农村，乡村经济腾飞，但资本逐利的后果使得乡村文化失去了原有的底色和特色，乡村文化受到侵蚀和撕裂。不少乡村美化建设完全按照城市标准来设计乡村环境，"全盘西化""土洋结合""不土不洋"随处可见，不仅花了很多钱又完全丢失了乡村的原味；很多设计表达的是设计人员自己关于乡村的美好愿景，而不是原住村民的意愿。

在城乡一体化进程中，乡村的发展应保留乡土本色，保持乡村底色，突出乡村意境，避免城市化倾向而失去了乡村文化的核心竞争力，原汁原味的乡村文化才更具有生命力。从文化审美的角度看，乡村可以发展成更有内涵的乡村，而不是发展为城市的"后花园"，更不应成为城市化模式的乡村。乡村的吸引力是其质朴风貌、原生文化、传统习俗。艺术乡村振兴是一个系统工程，艺术只是一种建设手段，借助艺术思维与理念表达、激活、赋能乡村，来增强乡村文化的内生动力与造血功能。

第三，如何避免商品化发展过程中对可持续性的无视？

美学经济在乡村旅游业的应用其核心是要打造旅游吸引物，将乡村文化资源和生态资源开发成美学产品和美学认知符号，实现文化的商品化。诚然，利用美学经济可以提高游客的体验和增加附加值，但过度的商品化也会给传统的乡村文化带来较大的冲击。

1. 文化失真与破坏

一些乡村旅游地为了迎合市场化的需求，将乡村文化商品化以获得更多的经济利益，此举极有可能使一些民族文化失去原本的样貌，甚至于失真，特别是对有民族特色的民族文化影响更大，极有可能造成文化传承的断代，甚至消失。因此，利用美学经济带动乡村旅游经济发展的同时，也要保持其民族文化的原真性，这是保证乡村文化、民族文化传承和长久发展的关键。

比如在旅游开发活动中宗教仪式、节日庆典、礼仪风俗、饮食服饰等民俗文化常常被设计成为旅游产品以吸引旅游者前去参观。但绝大多数的民俗活动都要在特定的时间和地点举行，并且往往是一年一度或者是多年一次。但出于对经济利益的追求，许多景区无视民俗活动特定的时间和地点的要求，仅以迎合游客的求新、求异、好玩、热闹的心理，这种带有表演性质的文化活动，受制于表演时长、游客的兴趣等影响，民俗活动或被改编、压缩，通常只展现了传统文化的一小部分或是异于大众文化最不一样的部分以满足游客的猎奇心理，而忽视对一个完整的民俗活动文化传统的诠释，其潜在的影响是造成泛文化的出现，实则使传统艺术、音乐等走向消亡。

2. 文化资源开发过度，贬损民族文化价值

民族文化的价值主要体现在人们的精神层面，通常情况下，不容易被人直观感知，如果将其变为旅游对象进行符号化表达，则很可能使其文化特色受到冲击及破坏，失去文化自身的价值。一旦民族文化的原有价值丧失，再想还原其本质便只能进行再造。而人造的文化无时间的积淀，也失去了其原有的真实性和价值性。

例如神圣的宗教仪式成为一种形式上的娱乐表演以后，其严肃性就大打折扣，难以再受到人们的敬畏，随着时间的流逝就会在当地人们的心目中失去以前的神圣地位直至逐渐消亡。一些颇具地方特色的民间手工艺品也被打造成文创产品，受到游客的青睐，特别是年轻群体的追捧，但也同样受到商品化的困扰。为满足市场的大量需求，传统手工艺品被利用现代技术，采用机械化的批量生产所代替。传统手工艺中的设计与制作活动是一体的，且具有较强的创造性。而机器大生产割裂了设计与制作的内在统一关系，致使许多手工艺技术和构思正在逐步退化，甚至失传。而且传统的手工艺品被大量仿制，粗制滥造的旅游商品充斥市场，破坏了传统手工艺的原真性、独特性，大大降低了手工艺品的文化艺术价值。

将美学经济融入乡村建设过程中，乡村文化的资源化、商品化振兴了乡村经济，但对乡村文化的保护也提出了挑战，如何构建乡村文化保护机制显得很有必要。首先，应树立正确的开发观念和底线思维。因文化资源的特殊性，相关主体必须坚守政治底线、生态底线、经济底线、文化底线。其次，提高公众对传统文化的认同和保护意识。最后，利用法律法规手段保护传统文化。

（六）社会风险

乡村振兴是一个伟大而艰巨的任务，而谁来推动乡村产业振兴？谁是乡村振兴的主要受益者？受益主体不明确，乡村振兴红利分配不均，易引发社会动荡不安和社会冲突。在乡村发展过程中有多个经营主体参与其中，既要培育新型农业经营主体，又不能忽视数以亿计的小农户和普通农民。相较于专业大户、家庭农场、农民合作社、农业产业化龙头企业等经营主体，小农

户和普通农民在经营规模、生产技术水平、人力资本、金融资本、管理经验、抵御市场和自然风险等方面均处于劣势，难以适应产业技术升级要求和市场竞争要求。现实中往往是小农户难以在产业兴旺中获得更多收益。因此不同经营主体的利益分配问题值得重视，避免因利益分配不公而导致社会问题。

小农户之所以难以在产业兴旺中获取更多利益，是由市场经济规律决定的。乡村的产业兴旺需要整合各种生产要素，包括土地、劳动力、资本、生产技术以及企业家才能等。按照市场经济规律，生产要素的投入需要以获取高于成本的收益为前提，否则没有人会自愿到乡村发展。小农户和专业大户等经营主体所拥有的要素类别和数量是不同的。同小农户所拥有的少量生计资本比较而言，专业大户所拥有的生产技术、金融资本、管理才能等更具有稀缺性，更具有话语权，因此在双方的产业合作中，小农户显然处于劣势，难以保证自己的利益。而且应当认识到，受农业市场价格"天花板效应"的影响，农业的利润较低，农业经营主体自身也同样面临生存压力。只有在与小农户形成利益共同体，从生产到销售联合行动才可以获得更多收益。因此，乡村产业发展必须效率优先、兼顾公平，在考虑专业大户、农业企业等大户经营主体获利的同时，保障小农户的利益。一方面，通过加强小农户的组织化程度增强其与农业大户的谈判能力和自身的抗风险能力；另一方面，可以明确扶持农业发展的各级财政资金的支持对象是小农户。

社会风险还可能存在于普通农户之间，更为明确的是非贫困农户和已脱贫困农户之间。由于当下的扶贫政策不具普适性，非贫困户对贫困户才能享受政策性收益有羡慕心理。此外，因政策的倾斜致使部分贫困户脱贫后的经济条件优于非贫困户但依旧能享受扶贫政策红利，导致贫困户与非贫困户存在利益冲突，引发利益争端。同时，边缘易致贫户成新不稳定因素。因贫困识别标准和政策限制，非贫困群体中还存在为数不少的边缘易致贫户，该群体的存在是加剧贫困和非贫困群体之间矛盾的另一重要因素。在后续乡村振兴的推进中，需协调好此部分群体的利益，尽量缩小农户之间因政策原因而导致的不合理收入差距，避免引发社会冲突（图5.7）。

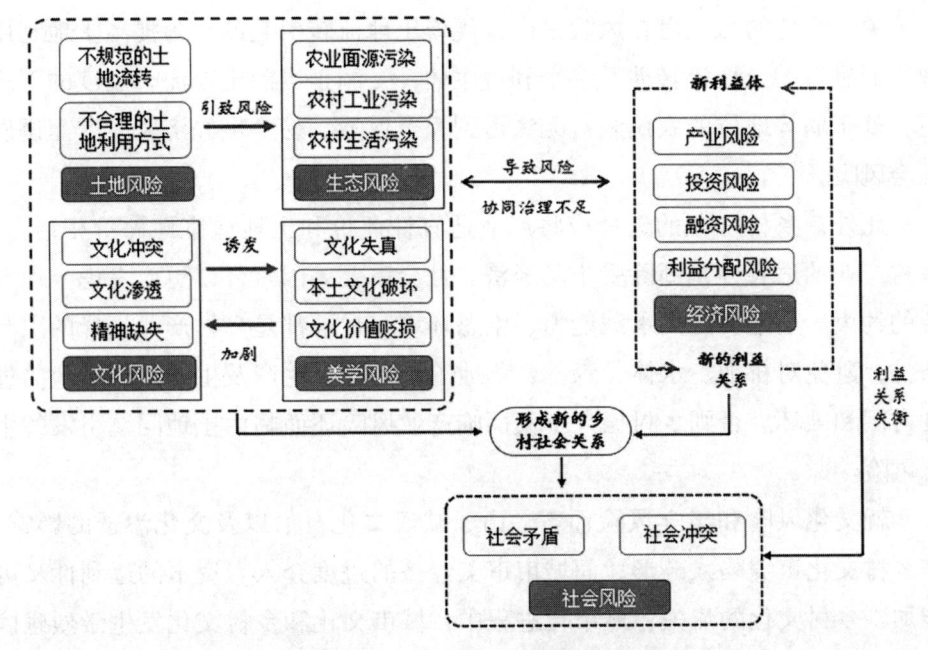

第五章　三峡库区旅游扶贫风险与乡村振兴

图5.7　乡村振兴各类风险逻辑关系

前述关于土地、生态、经济、文化、美学、社会风险等都是制约乡村振兴的主要问题，且相互联系，相互制约，只有突破这些瓶颈和挑战，协同发展，才能不断拓展农业农村发展新空间。

就土地风险和生态风险而言，土地问题易引发生态问题和社会经济问题，而生态问题又会制约土地资源持续、高效利用，阻碍乡村经济发展。土地本身就是生态系统，任何生态系统都是以一定的土地空间为依托而存在的。土地构成生态系统中环境系统的重要组成部分。土地是重要的环境基质之一，以人类活动为中心。环境破坏中除开因自然界本身的变化，大部分都是人类不合理活动造成的，其中大部分又都是土地和土地利用问题[1]。不合理的土地利用方式导致环境破坏和环境污染，比如水土流失、土地沙化、盐碱化、生态平衡失调等，从而导致生态风险的产生。

---

[1] 王万茂先生谈土地与环境、生态、资源之间的关系 http://tdzl.ha.cn/sitesources/hntdzz/page_pc/ywgz/kjdt/zjsd/article6398363b67c743e4a6a936da9a7dc79d.html

关于土地的另一潜在风险是由大规模土地流转引起的。为提高土地利用效率而进行的土地流转涉及多个利益主体，受制于当前土地流转制度的不规范，处于弱势地位的农民利益无法得到完全保障，易产生经济风险继而诱发社会风险。

此外，乡村产业的选择应将产业适宜性评价和土地适宜性评价相结合。乡村产业的适宜性判断除受市场经济、社会需要等因素外，更应考虑土地资源的约束。土地资源的承载能力、生态环境容量等都是乡村产业选择的限制条件，避免对耕地、水体、森林、草地等粮食安全生产及生态设施用地的过度占用和破坏。否则乡村振兴不仅面临产业风险还面临由土地问题引发的生态风险。

就文化风险和美学风险而言，由于缺乏文化自信以及文化渗透的影响，使乡村文化审美陷入畸形；而城市审美经济的过度介入、资本的逐利性又可能加剧乡村文化的流失。城市化进程中，城市文化和乡村文化发生激烈碰撞的同时也产生了严重的文化冲突。城市审美的过多介入对乡村文化带来冲击。由于缺乏文化自信，许多乡村景观特有的原生态、文化底蕴、视觉艺术的美学价值正在被侵蚀、丢失，乡村文化的原真性被经济利益取代，从而失去了真实存在的生命力。

乡村振兴根本是要解决农村的生活、生产、生态问题，这三者实则是一个有机整体，若缺乏协同发展意识，乡村经济难以振兴，生活富裕目标难以实现，严重的可能引发社会冲突。目前来看，有的地区将注意力过多地放在了振兴集体经济和产业发展上，对土地、生态、乡风治理等方面还缺乏足够的重视。产业兴旺、生态宜居、乡风文明、治理有效、生活富裕，是乡村振兴战略的总要求。通过解决土地问题稳定乡村振兴的根基，发展乡村产业是乡村振兴的重点，治理农村生态环境问题是乡村振兴的关键，传承乡村文化是乡村振兴的保障，继而实现生活富裕是乡村振兴的根本。

第六章

旅游扶贫的风险管理与乡村振兴

"风险"的由来有二。一是远古渔民在长期的劳动实践中体会到"风"带来的便利与未知的危险。二是则源于意大利语"risque",早期被认为是客观的危险;19 世纪后常用于与"保险"有关的事务[203]。*Risk Management: Principle and Guidelines*(*BS:ISO31000:2018*)(《风险管理:原则与指南(2018)》)将"风险"定义为 *effect of uncertainty on an organizations' objectives*("不确定性对组织目标的影响")。该国际标准认为,风险管理由风险识别、风险分析和风险评估组成[204]。

一、旅游扶贫返贫风险评价

由于现有旅游扶贫返贫风险研究在评价指标上百家争鸣,基于可持续生计框架入手构建风险评价指标的多,而从返贫主体和产业的角度入手的少。本书基于文献中出现的风险指标,结合三峡库区旅游扶贫返贫风险调研成果,建构风险指标库;通过分类、同义合并和冗余删除,得到初级指标;后经德尔菲法归纳出主体、产业和保障三个层面共十二项指标,构建三峡库区旅游扶贫返贫风险评价指标体系。

(一)返贫风险评价的指标体系构建

1. 评价指标筛选

结合研究文献和实地调研总结,将可能的指标进行聚类合并,得到初步的返贫风险评价指标库(见表 6.1)。然后用德尔菲法凝练出主体层面、产业层面和保障层面等 3 个层面的 12 项指标，构建出返贫风险评价指标体系（见图 6.1）。

表 6.1　返贫风险评价的初步指标库

指标类型	初级指标
学习能力	义务教育保障、技能水平、劳动技能培训、主动学习意识与能力、学习条件（时间/平台等）、适应能力
工作能力	自然灾害、疾病和交通事故带来的劳动力损失程度，病残人口数，劳动力人均薪酬，60 岁以上人口，劳动能力，职业劳动强度和危险系数，增收情况，家庭人均年收入，劳动力占比、劳动力平均质量
管理能力	非劳动所得占比、婚娶及社会陋习支出程度、生活消费结构、生活目标及规划
文化素养	受教育程度、自我发展意识、自我发展动力、"等要靠"思想、脱贫后坐等返贫心理
产业适宜性	基础设施、产业效果、资源禀赋、生态环境、文化环境、市场需求、政策环境
市场满意度	重游率、旅游人次、旅游年收入、旅游乘数、旅游认同度、旅游投诉率
产品竞争力	产品特色、创新水平、市场潜力、市场需求、产品质量、客户满意度、适宜性、品牌形象、竞争程度、发展战略
经济效应	就业率、经济收入、基础设施完善度、间接效应、社会效益、贫困主体经济收益
社区管理能力	决策能力、专业技能素质、社区健全程度、社区协作能力、信息处理能力、监测预警能力、应急处置能力、应急保障能力、社会疏导能力、应急动员能力、社区组织能力、灾病应对能力
资源与环境变化	市场政策风险、市场环境变化、技术风险、产品结构风险、土地利用情况、生态环境变化
制度保障	持续帮扶举措、精准扶贫举措、预防返贫政策、返贫监测、返贫干预制度、应急制度
专业支撑	技术支撑（智慧化）、管理支撑、管理组织结构、专门人才队伍

第六章　旅游扶贫的风险管理与乡村振兴

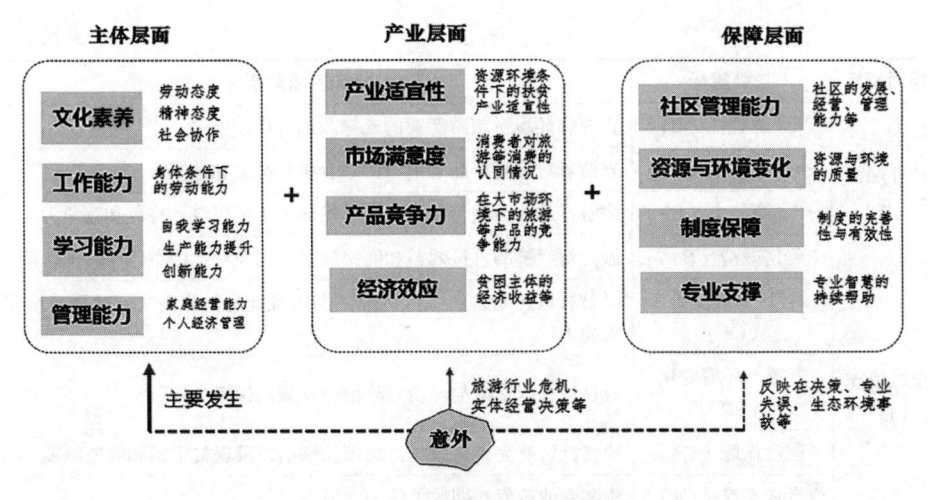

图 6.1　返贫风险评价指标体系

2. 评价指标解析

三个层面二级指标的具体内涵如表 6.2 所示。

主体层面：由贫困者文化素养、工作能力、学习能力和管理能力 4 个二级指标构成。

产业层面：由产业适宜性、市场满意度、产品竞争力和经济效应 4 个二级指标构成。

保障层面：由社区管理能力、资源与环境变化、制度保障和专业支持 4 个二级指标构成。

表 6.2　贫困主体层面的指标解析

层面指标	二级指标	指标内涵解析
主体层面（A）	文化素养（A1）	贫困主体的劳动意识、工作态度、精神态度、协作态度、文化知识等方面的综合表现，反映了主体的主观态度和主动性特征
	工作能力（A2）	贫困主体基于身体和知识条件，在适宜的工作岗位上表现出来的工作能力，即工作胜任能力
	学习能力（A3）	贫困主体应对自己能力有提升（适调等）的意识和能力，需要主动/被动地学习，提高自己的工作能力和市场敏感性，不断接受、学习新东西，以适应各类环境的变化
	管理能力（A4）	贫困主体对自己或家庭的生活安排、生活支出等方面的管理能力，即生活理财能力、家庭运行能力等

续表

层面指标	二级指标	指标内涵解析
产业层面（B）	产业适宜性（B1）	资源和环境对旅游产业的支撑或适宜程度
	市场满意度（B2）	旅游者对旅游产品等消费的综合满意情况和认同
	产品竞争力（B3）	旅游产品（类型）在大旅游市场环境下的优势、特色和竞争力
	经济效应（B4）	旅游对经济的直接效益和间接效益，以及对贫困主体增收的影响
保障层面（C）	社区管理能力（C1）	脱贫社区（管理者）社区经营与管理能力的提高决定社区持续发展能力
	资源与环境变化（C2）	脱贫后社区资源与环境对旅游业发展的保障与支持
	制度保障（C3）	脱贫社区有完善有效的持续帮扶举措以及返贫干预和应急制度
	专业支撑（C4）	旅游专业智库长期的关注和支持

（二）指标赋值

将返贫风险等级值设置为 2、1、0、-1、-2，即指标对应的数值越小，则返贫风险越高；负值表示已经存在风险。具体指标赋值内涵如表 6.3 所示。

表 6.3 主体、产业和保障层面指标赋值表

层面	指标	指标赋值与描述				
		2	1	0	-1	-2
主体层面	A1 文化素养	工作意愿强烈，态度较好；与人协作能力也较强	工作主观意识一般，需要不断帮助引导	基本丧失劳动的主动意识；懒惰、精神涣散；缺乏协作	对工作有负面反映，而且影响他人	对劳动完全抵触，对工作有反对情绪；如果参与，为破坏状态
	A2 工作能力	能独立完成和胜任相关工作	在帮助下，基本能够完成相关工作	基本不能胜任相应工作	对工作岗位有负面影响	严重影响工作绩效
	A3 学习能力	具有学习精神，主动提高自己；年均学习次数在 5 次以上	具有一定的学习行为；年均学习次数在 2~4 次左右	基本不向他人学习；年均学习次数为 0	不学习，还传播负面态度	抵触，严重影响他人学习提高
	A4 管理能力	有较好的理财和家庭管理能力	有理财意识，但能力不足	理财能力差，无法合理开销	丧失家庭管理能力，无	对家庭理财产生负面干扰

续表

层面	指标	指标赋值与描述				
		2	1	0	-1	-2
产业层面	B1 产业适宜性	适宜；适宜度值在4以上	较适宜；适宜度在3~4	较不适宜；适宜度3左右	增加其他产业、经济的负担；适宜度低于2	严重影响社区产业发展
	B2 市场满意度	满意度高于70%；或满意度稳定	满意度介于70%~50%；满意度有被动	消费者满意度低于50%；或满意度降低幅度达30%	满意度在20%~30%，而且下降幅度达40%~50%。	很不满意
	B3 产品竞争力	旅游产品特色明显；与同类产品比，有一定的市场知名度	旅游产品有一定特色；与同类产品竞争的优势不明显	产品同质化较严重；无特色；市场知名度较低	产品品质低；缺乏知名度	市场不认同，严重缺乏竞争力
	B4 经济效应	整体效益持续向好；个体收入稳定	整体效益一般，有波动；个体收入下滑率近20%	整体效益持续下滑；投入产出持平；个体收入接近贫困线	整体亏损；经营实体入不敷出；参与主体收入持续减少	
保障层面	C1 社区管理能力	管理团队和谐民主；具有创新意识；学习能力强	管理团队和谐；具有创新意识；学习能力较强	缺乏统筹；民主性不足；创新不够；缺乏预判	没有创新能力；常决策失误	没有管理能力
	C2 资源与环境变化	资源和环境要素品质良好，并不断优化	质量一般；而且存在下滑现象	质量明显下滑；较不适宜旅游产业发展	较不适宜旅游发展和旅游活动	不适宜
	C3 制度保障	制度健全有效；持续优化完善	基本健全；更新不足	存在缺陷，风险预备不足	制度较老化，难适应新形势；部分缺失	无法起到保障作用
	C4 专业支撑	专业智慧持续支持；科学发展	专业智慧有时帮助	无专业团队（人）指导，缺乏科学性	较自我，拒绝外力支持	严重缺乏专业意识；人性发展

— 223 —

（三）返贫风险评价模型方法

1. 基本方法

根据返贫风险指标的基本逻辑关系，本研究认为采用多元线性回归和模糊综合评判法评价三峡库区典型乡村旅游扶贫返贫风险比较恰当。

（1）指标的相关性分析

采用目前广泛应用的 Pearson 相关系数来讨论各级评价指标之间的相关性。

变量 x 与 y 的相关系数计算公式为：

$$r_{xy} = \frac{\sum_{i=1}^{n}(x_i - \bar{x})(y_i - \bar{y})}{\sqrt{\sum_{i=1}^{n}(x_i - \bar{x})^2 \sum_{i}^{n}(y_i - \bar{y})^2}}$$

且总有 $|r_{hw}| \leq 1$。则 m 个变量的 Pearson 相关系数矩阵为：

$$R = \begin{pmatrix} 1 & r_{12} & \cdots & r_{1m} \\ r_{21} & 1 & \cdots & r_{2m} \\ \cdots & \cdots & \cdots & \cdots \\ r_{m1} & r_{m2} & \cdots & 1 \end{pmatrix}$$

其中 $r_{xy} = r_{yx}(x \neq y)$，故 Pearson 相关系数矩阵为对角阵。

建立多元线性回归模型。多元线性回归分析的模型为：

$$y = \beta_0 + \beta_1 x_1 + \cdots + \beta_m x_m。$$

在回归分析中自变量 $x_1, x_2, \cdots, x_m$ 是影响因变量 y 的主要因素，是能控制或观察的，但是 y 还会受到一些随机因素的干扰，故通常假定这种干扰服从均值为零的正态分布，为：

$$\begin{cases} y = \beta_0 + \beta_1 x_1 + \cdots + \beta_m x_m + \varepsilon \\ \varepsilon \sim N(0, \sigma^2) \end{cases}。$$

其中标准差 σ 是未知的。现有 n 个独立数据 $(y_i, x_{i1}, \cdots, x_{im})$，$i=1, 2, \cdots, n$，故该线性回归模型变为：

$$\begin{cases} y_i = \beta_0 + \beta_1 x_{i1} + \cdots + \beta_m x_{im} + \varepsilon_i \\ \varepsilon \sim N(0, \sigma^2), \quad i=1,2,\cdots,n \end{cases}。$$

记 $X = \begin{pmatrix} 1 & x_{11} & x_{12} & \cdots & x_{1m} \\ 1 & x_{21} & x_{22} & \cdots & x_{2m} \\ \cdots & \cdots & \cdots & \cdots & \cdots \\ 1 & x_{n1} & x_{n2} & \cdots & x_{nm} \end{pmatrix}$, $y = \begin{pmatrix} y_1 \\ y_2 \\ \cdots \\ y_n \end{pmatrix}$, $\varepsilon = \begin{pmatrix} \varepsilon_1 \\ \varepsilon_2 \\ \cdots \\ \varepsilon_n \end{pmatrix}$, $\beta = \begin{pmatrix} \beta_1 \\ \beta_2 \\ \cdots \\ \beta_n \end{pmatrix}$。

则建立多元线性回归模型为：

$$\begin{cases} Y = X\beta + \varepsilon \\ \varepsilon \sim N(0, \sigma^2) \end{cases}。$$

采用最小二乘法来估计参数 $\beta_0, \beta_1, \beta_2, \cdots, \beta_m$，其中残差平方和为：

$$Q(\beta) = \sum_{i=1}^{n} \varepsilon_i^2 = (Y - X\beta)^T(Y - X\beta) = \sum_{i=1}^{m}[y_i - (\beta_{0i} + \beta_{1i}x_{i1} + \cdots + \beta_m x_{im})]^2。$$

最小二乘估计的原理是求使得 $Q(\beta)$ 到达最小的 $\hat{\beta}$，故可以得出 $\hat{\beta} = (X^T X)^{-1} X^T Y$，则回归方程为：

$$\hat{y} = \hat{\beta}_0 + \hat{\beta}_1 x_1 + \cdots + \hat{\beta}_m x_m。$$

从而因变量的拟合值为 $\hat{Y} = X\hat{\beta}$，残差 $e = Y - \hat{Y}$ 可作为随机误差 ε 的估计。

（2）返贫风险的模糊综合评判法

本研究支持多因素返贫观，采用多层次模糊综合评判法。其一般步骤如下。

第一步：将因素集 $U = \{u_1, u_2, \cdots, u_n\}$（即一级指标）按某种属性分成 s 个子因素集 $U_1, U_2, \cdots, U_n$，其中 $U_i = \{u_{i1}, u_{i2}, \cdots, u_{in_i}\}$，$i=1, 2, \cdots, s$，且满足

（1）$n_1 + n_2 + \cdots + n_s = n$，

（2）$U_1 \cup U_2 \cup \cdots \cup U_n = U$，

（3）对任意的 $i \neq j$，$U_i \cap U_j = \emptyset$。

第二步：对每一个因素集 U_i，分别做出综合评判。设 $V = \{v_1, v_2, \cdots, v_m\}$ 为评语集，U_i 中各因素对于 V 的权重分配是

$$A_i = [a_{i1}, a_{i2}, \cdots, a_{in_i}]。$$

若 R_i 为单因素评判矩阵，则得到一级评判向量

$$B_i = A_i \cdot R_i = [b_{i1}, b_{i2}, \cdots, b_{im}], i = 1, 2, \cdots, s_\circ$$

第三步：将每个 U_i 看作一个因素，记作

$$K = \{\tilde{u}_1, \tilde{u}_2, \cdots, \tilde{u}_s\}_\circ$$

这样，K 又是一个因素集，K 的单因素评判矩阵为

$$B = \begin{pmatrix} B_1 \\ B_2 \\ \vdots \\ B_S \end{pmatrix} = \begin{pmatrix} b_{11} & b_{12} & \cdots & b_{1m} \\ b_{21} & b_{22} & \cdots & b_{2m} \\ \vdots & \vdots & \ddots & \vdots \\ b_{s1} & b_{s2} & \cdots & b_{sm} \end{pmatrix}_\circ$$

每个 U_i 作为 U 的一部分，反映了 U 的某种属性，可以按它们的重要性给出权重分配 $A = [a_1, a_2, \cdots, a_s]$，于是得到二级评判向量

$$C = A \cdot B = [c_1, c_2, \cdots, c_m]_\circ$$

第四步：根据最大隶属度原则，对二级评判向量的每个元素比较大小，找对最大元素对应的等级，即为最后结果。

2. 计算过程设计

第一步：计算回归系数。

根据收集到的数据，对第 i 个一级指标 y_i 与对应的 m 个二级指标 $x_{i1}, x_{i2}, \ldots, x_{im}$ 建立不带常数项的多元线性回归模型：

$$y_i = \beta_{i1}x_{i1} + \beta_{i2}x_{i2} + \cdots + \beta_{im}x_{im}, \quad (i = 1, 2, \cdots, n)$$

并得出对应的回归系数 $\beta_{i1}, \beta_{i2}, \cdots, \beta_{im}$ ($i = 1, 2, \cdots, n$)；

第二步：计算二级指标权重。

对第 i 个一级指标与对应的 m 个二级指标的回归系数 单位化：

$$\beta_{ij}' = \frac{\beta_{ij}}{\beta_{i1} + \beta_{i2} + \cdots + \beta_{im}}, \quad (i = 1, 2, \cdots, n, j = 1, 2, \cdots, m)$$

得到一组新的系数 $\beta_{i1}', \beta_{i2}', \cdots, \beta_{im}'$，将其当成第 i 个一级指标与对应的 m 个二级指标之间的权重系数：

$$A_i = \left(\beta_{i1}', \beta_{i2}', \cdots, \beta_{im}'\right) \quad (i = 1, 2, \cdots, n)$$

第三步：计算二级指标个人五级得分。

根据收集到的数据，对第 i 个一级指标对应的第 j 个二级指标的得分 $\bar{r}_{ij}^{kl}$ 进行等级判定，判定原则为：

当 $t \leq \bar{r}_{ij}^{kl} \leq t+1$ 时，

则 "t 分" 等级得分为 $r_{ij}^{kl}(t)=1-\left|t-\bar{r}_{ij}^{kl}\right|$（即 1 减去距离），比 "$t$ 分" 等级高一级的 "$t+1$ 分" 等级得分为 $r_{ij}^{kl}(t+1)=1-\left|t+1-\bar{r}_{ij}^{kl}\right|$，其他等级得分为 0。

例如 $\bar{r}_{ij}^{kl}=1.6$，则 $1 \leq 1.6 \leq 2$，则：

"1 分" 等级得分为 $r_{ij}^{kl}(1)=1-|1-1.6|=0.4$，

"2 分" 等级得分为 $r_{ij}^{kl}(2)=1-|2-1.6|=0.6$，

其他等级得分均为 0。

又如 $\bar{r}_{ij}^{kl}=-0.3$，则 $-1 \leq -0.3 \leq 0$，则：

"-1 分" 等级得分为 $r_{ij}^{kl}(-1)=1-|-1-(-0.3)|=0.3$，

"0 分" 等级得分为 $r_{ij}^{kl}(0)=1-|0-(-0.3)|=0.7$，

其他等级得分均为 0。

其中：上标 $k(k=1,2,\cdots,K)$ 表示数据的级别（例如专家、一般人员等）；上标 $l(l=1,2,\cdots,L)$ 表示某个数据级别上的个数，$t(t=1,2,\cdots,T)$ 二级指标的等级。

第四步：计算在数据级别层面上二级指标总得分。

计算第 i 个一级指标对应的第 j 个二级指标在第 k 个数据级别层面上第 t 个二级指标等级的总得分 $r_{ij}^{k}(t)$，为：

$$r_{ij}^{k}(t)=r_{ij}^{k1}(t)+r_{ij}^{k2}(t)+\cdots+r_{ij}^{kL}(t)=\sum_{l=1}^{L}r_{ij}^{kl}(t)。$$

从而得到第 i 个一级指标对应的第 j 个二级指标在第 k 个数据级别层面各个二级指标等级的总得分为：

$$r_{ij}^{k}=\left(r_{ij}^{k}(1),r_{ij}^{k}(2),\cdots,r_{ij}^{k}(T)\right)$$

其中：上标 $k(k=1,2,\cdots,K)$ 表示数据的级别（例如专家、普通教师、学生）；T 表示二级指标的等级。

第五步：计算二级指标加权总得分及二级指标矩阵。

设置数据级别的权重 $\eta=(\eta_1,\eta_2,\cdots,\eta_K)$，计算第 i 个一级指标对应的第 j 个

二级指标，得到二级指标矩阵。

先计算加权总得分：

$$r_{ij} = \eta_1 r_{ij}^1 + \eta_2 r_{ij}^2 + \cdots + \eta_K r_{ij}^K = \sum_{t=1}^{K} \eta_k r_{ij}^k = \left(\sum_{t=1}^{K} \eta_k r_{ij}^k(1), \sum_{t=1}^{K} \eta_k r_{ij}^k(2), \cdots, \sum_{t=1}^{K} \eta_k r_{ij}^k(T) \right)$$

再单位化，得到二级指标：

$$R_{ij}(t) = \frac{\sum_{t=1}^{K} \eta_k r_{ij}^k(t)}{\sum_{t=1}^{K} \eta_k r_{ij}^k(t) + \sum_{t=1}^{K} \eta_k r_{ij}^k(t) + \cdots + \sum_{t=1}^{K} \eta_k r_{ij}^k(T)} \quad (t = 1, 2, \cdots, T)$$

$$R_{ij} = (R_{ij}(1), R_{ij}(2), \cdots, R_{ij}(T))$$

最后得到二级指标矩阵

$$R_i = \begin{pmatrix} R_{i1} \\ R_{i2} \\ \cdots \\ R_{im} \end{pmatrix} = \begin{pmatrix} R_{i1}(1) & R_{i1}(2) & \cdots & R_{i1}(T) \\ R_{i2}(1) & R_{i2}(2) & \cdots & R_{i2}(T) \\ \cdots & \cdots & \cdots & \cdots \\ R_{im}(1) & R_{im}(2) & \cdots & R_{im}(T) \end{pmatrix}$$

第六步：计算一级模糊综合评判指标矩阵 B。

计算公式如下：

$$B_i = A_i \cdot R_i = (\beta_{i1}', \beta_{i2}', \cdots, \beta_{im}') \cdot \begin{pmatrix} R_{i1}(1) & R_{i1}(2) & \cdots & R_{i1}(T) \\ R_{i2}(1) & R_{i2}(2) & \cdots & R_{i2}(T) \\ \cdots & \cdots & \cdots & \cdots \\ R_{im}(1) & R_{im}(2) & \cdots & R_{im}(T) \end{pmatrix} = (b_{i1}, b_{i2}, \cdots, b_{iT}),$$

$$B = \begin{pmatrix} B_1 \\ B_2 \\ \cdots \\ B_n \end{pmatrix} = \begin{pmatrix} b_{11} & b_{12} & \cdots & b_{1T} \\ b_{21} & b_{22} & \cdots & b_{2T} \\ \cdots & \cdots & \cdots & \cdots \\ b_{n1} & b_{n2} & \cdots & b_{nT} \end{pmatrix}。$$

第七步：计算二级评判向量

设置一级指标权重 $A = (a_1, a_2, \cdots, a_n)$，计算二级评判向量，计算公式：

$$C = A \cdot B = (a_1, a_2, \cdots, a_n) \cdot \begin{pmatrix} b_{11} & b_{12} & \cdots & b_{1T} \\ b_{21} & b_{22} & \cdots & b_{2T} \\ \cdots & \cdots & \cdots & \cdots \\ b_{n1} & b_{n2} & \cdots & b_{nT} \end{pmatrix} = (c_1, c_2, \cdots, c_T)。$$

第八步：判别返贫等级、计算返贫指数

根据最大隶属度原则，由二级评判向量 $C = (c_1, c_2, \cdots, c_T)$ 中最大元素得到其对应的等级为模糊综合评判等级，即返贫等级。

再进一步对各等级赋值 $\rho = (\rho_1, \rho_2, \cdots, \rho_T)$，得到返贫指数：

$$\xi = \rho \cdot C^T = (\rho_1, \rho_2, \cdots, \rho_T) \begin{pmatrix} c_1 \\ c_2 \\ \cdots \\ c_T \end{pmatrix} = \rho_1 c_1 + \rho_2 c_2 + \cdots + \rho_T c_T。$$

（四）返贫风险实证评价

由于个别调研点扶贫产业不明晰，受客观原因对扶贫干部和贫困户访谈不深入等因素影响，仅对三峡库区典型旅游扶贫脱贫乡村完成实证评价。评价中，首先基于实地调研、扶贫干部访谈和贫困户走访，完成调研点比对分析；然后背靠背打分获得评价数据。

由于原始数据和计算过程庞杂，本研究仅将指标的五级加权总得分表和一级模糊综合评判指标矩阵表以附表的方式呈现（附表2、附表3），其他地方不再赘述。并以石柱县黄水镇金花村为例，展现完整的评价过程。最后呈现参评旅游扶贫村的总体评价结论。

1. 回归系数与二级指标权重

（1）计算回归系数

汇总指标原始数据进行，分别对一级指标 A（主体层面）、B（产业层面）和 C（保障层面）建立不带常数的多元线性回归模型，计算回归系数，得到三个多元线性回归方程：

$$y_A = 0.3363 A_1 + 0.2503 A_2 + 0.0860 A_3 + 0.3359 A_4$$

$$y_B = 0.3509 B_1 + 0.1442 B_2 + 0.2380 B_3 + 0.2560 B_4$$

$$y_C = 0.2474 C_1 + 0.2078 C_2 + 0.1964 C_3 + 0.3388 C_4$$

（2）计算二级指标权重

将三个多元线性回归方程的回归系数单位化，得到三个二级指标权重：

$$A_A = (0.3335 \quad 0.2482 \quad 0.0852 \quad 0.3331)$$
$$A_B = (0.3548 \quad 0.1458 \quad 0.2406 \quad 0.2588)$$
$$A_C = (0.2498 \quad 0.2098 \quad 0.1983 \quad 0.3421)$$

2. 石柱县黄水镇金花村返贫风险等级与返贫指数的计算

（1）计算二级指标总得分

主体层面（A）的4个二级指标的总得分

$$r_{A1}^1 = (1.5 \quad 2.4 \quad 0.1 \quad 0 \quad 0), \quad r_{A1}^2 = (1.1 \quad 2.9 \quad 0 \quad 0) \ 0$$
$$r_{A2}^1 = (3.3 \quad 0.7 \quad 0 \quad 0), \quad r_{A2}^2 = (1.9 \quad 2.1 \quad 0 \quad 0) \ 0$$
$$r_{A3}^1 = (3.3 \quad 0.7 \quad 0 \quad 0 \quad 0), \quad r_{A3}^2 = (0.9 \quad 3.1 \quad 0 \quad 0) \ 0$$
$$r_{A4}^1 = (3.2 \quad 0.8 \quad 0 \quad 0 \quad 0), \quad r_{A4}^2 = (1.3 \quad 2.7 \quad 0 \quad 0) \ 0$$

（其中上标1，2分别代表专家和一般人员，以下同）

产业层面（B）的4个二级指标的总得分

$$r_{B1}^1 = (4 \quad 0 \quad 0 \quad 0 \quad 0), \quad r_{B1}^2 = (3.4 \quad 0.6 \quad 0 \quad 0) \ 0$$
$$r_{B2}^1 = (4 \quad 0 \quad 0 \quad 0 \quad 0), \quad r_{B2}^2 = (2.6 \quad 1.4 \quad 0 \quad 0) \ 0$$
$$r_{B3}^1 = (3.5 \quad 0.5 \quad 0 \quad 0 \quad 0), \quad r_{B3}^2 = (2.6 \quad 1.4 \quad 0 \quad 0) \ 0$$
$$r_{B4}^1 = (4 \quad 0 \quad 0 \quad 0 \quad 0), \quad r_{B4}^2 = (2.9 \quad 1.1 \quad 0 \quad 0) \ 0$$

保障层面（C）的4个二级指标的总得分

$$r_{C1}^1 = (3.7 \quad 0.3 \quad 0 \quad 0 \quad 0), \quad r_{C1}^2 = (2.8 \quad 1.2 \quad 0 \quad 0) \ 0$$
$$r_{C2}^1 = (3.8 \quad 0.2 \quad 0 \quad 0 \quad 0), \quad r_{C2}^2 = (3 \quad 1 \quad 0 \quad 0 \quad 0)$$
$$r_{C3}^1 = (4 \quad 0 \quad 0 \quad 0 \quad 0), \quad r_{C3}^2 = (3.6 \quad 0.4 \quad 0 \quad 0) \ 0$$
$$r_{C4}^1 = (3.7 \quad 0.3 \quad 0 \quad 0 \quad 0), \quad r_{C4}^2 = (2.3 \quad 1.7 \quad 0 \quad 0) \ 0$$

（2）计算二级指标加权总得分及二级指标矩阵

首先，二级指标加权总得分。将专家和一般人员的权重设为$\eta = (\eta_1, \eta_2) = $。(2,1)计算可得石柱县黄水镇金花村的12个二级指标统计"2分""1分""0分""-1分"和"-2分"五个等级的加权总得分。然后将石柱县黄水镇金花村的 12 个二级指标统计"2 分"、"1 分"、"0 分"、"-1 分"和"-2 分"五个等级的总得分单位化（见表 6.4）。

表 6.4 石柱县黄水镇金花村二级指标单位化结果

一级指标	二级指标	2 分	1 分	0 分	-1 分	-2 分
A（主体层面）	A1（文化素养）	0.3417	0.6417	0.0167	0.0000	0.0000
	A2（工作能力）	0.7083	0.2917	0.0000	0.0000	0.0000
	A3（学习能力）	0.6250	0.3750	0.0000	0.0000	0.0000
	A4（管理能力）	0.6417	0.3583	0.0000	0.0000	0.0000
B（产业层面）	B1（产业适宜性）	0.9500	0.0500	0.0000	0.0000	0.0000
	B2（市场满意度）	0.8833	0.1167	0.0000	0.0000	0.0000
	B3（产品竞争力）	0.8000	0.2000	0.0000	0.0000	0.0000
	B4（经济效应）	0.9083	0.0917	0.0000	0.0000	0.0000
C（保障层面）	C1（社区管理能力）	0.8500	0.1500	0.0000	0.0000	0.0000
	C2（资源与环境变化）	0.8833	0.1167	0.0000	0.0000	0.0000
	C3（制度保障）	0.9667	0.0333	0.0000	0.0000	0.0000
	C4（专业支撑）	0.8083	0.1917	0.0000	0.0000	0.0000

其次，计算主体层面（A）的二级指标矩阵。

第一步，求加权总得分：

$r_{A1} = \eta_1 r_{A1}^1 + \eta_2 r_{A1}^2 = 2(1.5 \quad 2.4 \quad 0.1 \quad 0 \quad 0) + (1.1 \quad 2.9 \quad 0 \quad 0 \quad 0) = (4.1 \quad 7.7 \quad 0.2 \quad 0 \quad 0)$

$r_{A2} = \eta_1 r_{A2}^1 + \eta_2 r_{A2}^2 = 2(3.3 \quad 0.7 \quad 0 \quad 0 \quad 0) + (1.9 \quad 2.1 \quad 0 \quad 0 \quad 0) = (8.5 \quad 3.5 \quad 0 \quad 0 \quad 0)$

$r_{A3} = \eta_1 r_{A3}^1 + \eta_2 r_{A3}^2 = 2(3.3 \quad 0.7 \quad 0 \quad 0 \quad 0) + (0.9 \quad 3.1 \quad 0 \quad 0 \quad 0) = (7.5 \quad 4.5 \quad 0 \quad 0 \quad 0)$

$r_{A4} = \eta_1 r_{A4}^1 + \eta_2 r_{A4}^2 = 2(3.2 \quad 0.8 \quad 0 \quad 0 \quad 0) + (1.3 \quad 2.7 \quad 0 \quad 0 \quad 0) = (7.7 \quad 4.3 \quad 0 \quad 0 \quad 0)$

第二步，将五级加权总得分单位化，得二级指标：

加权总得分的模长为 $|r_{A1}| = 4.1 + 7.7 + 0.2 + 0 + 0 = 12 = |r_{A2}| = |r_{A3}| = |r_{A4}|$，故

$R_{A1} = \left(\dfrac{4.1}{12} \quad \dfrac{7.7}{12} \quad \dfrac{0.2}{12} \quad \dfrac{0}{12} \quad \dfrac{0}{12} \right) = (0.3417 \quad 0.6417 \quad 0.0167 \quad 0.0000 \quad 0.0000)$

同理可得：

$$R_{A2} = \begin{pmatrix} 0.7083 & 0.2917 & 0.0000 & 0.0000 & 0.0000 \end{pmatrix}$$
$$R_{A3} = \begin{pmatrix} 0.6250 & 0.3750 & 0.0000 & 0.0000 & 0.0000 \end{pmatrix}$$
$$R_{A4} = \begin{pmatrix} 0.6417 & 0.3583 & 0.0000 & 0.0000 & 0.0000 \end{pmatrix}$$

第三步,将二级指标合并,得到二级指标矩阵:

$$R_A = \begin{pmatrix} R_{A1} \\ R_{A2} \\ R_{A3} \\ R_{A4} \end{pmatrix} = \begin{pmatrix} 0.3417 & 0.6417 & 0.0167 & 0.0000 & 0.0000 \\ 0.7083 & 0.2917 & 0.0000 & 0.0000 & 0.0000 \\ 0.6250 & 0.3750 & 0.0000 & 0.0000 & 0.0000 \\ 0.6417 & 0.3583 & 0.0000 & 0.0000 & 0.0000 \end{pmatrix}$$

再次,计算产业层面(B)的二级指标矩阵。

先求加权总得分(同理可得):

$r_{B1} = \eta_1 r_{B1}^1 + \eta_2 r_{B1}^2 = (11.4 \quad 0.6 \quad 0 \quad 0 \quad 0)$, $r_{B2} = \eta_1 r_{B2}^1 + \eta_2 r_{B2}^2 = (10.6 \quad 1.4 \quad 0 \quad 0 \quad 0)$
$r_{B3} = \eta_1 r_{B3}^1 + \eta_2 r_{B3}^2 = (9.6 \quad 2.4 \quad 0 \quad 0 \quad 0)$, $r_{B4} = \eta_1 r_{B4}^1 + \eta_2 r_{B4}^2 = (10.9 \quad 1.1 \quad 0 \quad 0 \quad 0)$

再将五级加权总得分单位化,得二级指标:

加权总得分的模长为

$$R_{B1} = \begin{pmatrix} 0.9500 & 0.0500 & 0.0000 & 0.0000 & 0.0000 \end{pmatrix}$$
$$R_{B2} = \begin{pmatrix} 0.8833 & 0.1167 & 0.0000 & 0.0000 & 0.0000 \end{pmatrix}$$
$$R_{B3} = \begin{pmatrix} 0.8000 & 0.2000 & 0.0000 & 0.0000 & 0.0000 \end{pmatrix}$$
$$R_{B4} = \begin{pmatrix} 0.9083 & 0.0917 & 0.0000 & 0.0000 & 0.0000 \end{pmatrix}$$

最后将二级指标合并,得到二级指标矩阵:

$$R_B = \begin{pmatrix} R_{B1} \\ R_{B2} \\ R_{B3} \\ R_{B4} \end{pmatrix} = \begin{pmatrix} 0.9500 & 0.0500 & 0.0000 & 0.0000 & 0.0000 \\ 0.8833 & 0.1167 & 0.0000 & 0.0000 & 0.0000 \\ 0.8000 & 0.2000 & 0.0000 & 0.0000 & 0.0000 \\ 0.9083 & 0.0917 & 0.0000 & 0.0000 & 0.0000 \end{pmatrix}$$

第四,计算保障层面(C)的二级指标矩阵。

先求加权总得分(同理可得):

$r_{C1} = \eta_1 r_{C1}^1 + \eta_2 r_{C1}^2 = (10.2 \quad 1.8 \quad 0 \quad 0 \quad 0)$, $r_{C2} = \eta_1 r_{C2}^1 + \eta_2 r_{C2}^2 = (10.6 \quad 1.4 \quad 0 \quad 0 \quad 0)$
$r_{C3} = \eta_1 r_{C3}^1 + \eta_2 r_{C3}^2 = (11.6 \quad 0.4 \quad 0 \quad 0 \quad 0)$, $r_{C4} = \eta_1 r_{C4}^1 + \eta_2 r_{C4}^2 = (9.7 \quad 2.3 \quad 0 \quad 0 \quad 0)$

再将五级加权总得分单位化,得二级指标:

加权总得分的模长为：

$|r_{C1}| = 10.2 + 1.8 + 0 + 0 + 0 = 12 = |r_{C2}| = |r_{C3}| = |r_{C4}|$，同理可得

$$R_{C1} = (0.8500 \quad 0.1500 \quad 0.0000 \quad 0.0000 \quad 0.0000)$$
$$R_{C2} = (0.8833 \quad 0.1167 \quad 0.0000 \quad 0.0000 \quad 0.0000)$$
$$R_{C3} = (0.9667 \quad 0.0333 \quad 0.0000 \quad 0.0000 \quad 0.0000)$$
$$R_{C4} = (0.8083 \quad 0.1917 \quad 0.0000 \quad 0.0000 \quad 0.0000)$$

最后将二级指标合并，得到二级指标矩阵：

$$R_C = \begin{pmatrix} R_{C1} \\ R_{C2} \\ R_{C3} \\ R_{C4} \end{pmatrix} = \begin{pmatrix} 0.8500 & 0.1500 & 0.0000 & 0.0000 & 0.0000 \\ 0.8833 & 0.1167 & 0.0000 & 0.0000 & 0.0000 \\ 0.9667 & 0.0333 & 0.0000 & 0.0000 & 0.0000 \\ 0.8083 & 0.1917 & 0.0000 & 0.0000 & 0.0000 \end{pmatrix}$$

（3）计算一级模糊综合评判指标矩阵

计算石柱县黄水镇金花村的一级模糊综合评判指标矩阵，如表6.5所示。

表6.5 石柱县黄水镇金花村一级模糊综合评判指标矩阵

家庭/社区/村庄	2分	1分	0分	-1分	-2分
A 主体层面	0.5567	0.4377	0.0056	0.0000	0.0000
B 产业层面	0.8934	0.1066	0.0000	0.0000	0.0000
C 保障层面	0.8659	0.1341	0.0000	0.0000	0.0000

首先，计算主体层面（A）的一级模糊综合评判向量。

由（2）可知二级指标权重为 $A_A = (0.3335 \quad 0.2482 \quad 0.0852 \quad 0.3331)$，从而结合二级指标矩阵 R_A 可得一级模糊综合评判向量

$B_A = A_A \cdot R_A$

$= (0.3335 \quad 0.2482 \quad 0.0852 \quad 0.3331) \cdot \begin{pmatrix} 0.3417 & 0.6417 & 0.0167 & 0.0000 & 0.0000 \\ 0.7083 & 0.2917 & 0.0000 & 0.0000 & 0.0000 \\ 0.6250 & 0.3750 & 0.0000 & 0.0000 & 0.0000 \\ 0.6417 & 0.3583 & 0.0000 & 0.0000 & 0.0000 \end{pmatrix}$

$= (0.5567 \quad 0.4377 \quad 0.0056 \quad 0.0000 \quad 0.0000)$

其次，计算产业层面（B）的一级模糊综合评判向量。

由（2）可知二级指标权重为 $A_B = \begin{pmatrix} 0.3548 & 0.1458 & 0.2406 & 0.2588 \end{pmatrix}$，从而结合二级指标矩阵 R_B（见 3.5.2 小节）可得一级模糊综合评判向量

$$B_B = A_B \cdot R_B$$

$$= \begin{pmatrix} 0.3548 & 0.1458 & 0.2406 & 0.2588 \end{pmatrix} \cdot \begin{pmatrix} 0.9500 & 0.0500 & 0.0000 & 0.0000 & 0.0000 \\ 0.8833 & 0.1167 & 0.0000 & 0.0000 & 0.0000 \\ 0.8000 & 0.2000 & 0.0000 & 0.0000 & 0.0000 \\ 0.9083 & 0.0917 & 0.0000 & 0.0000 & 0.0000 \end{pmatrix}$$

$$= \begin{pmatrix} 0.8934 & 0.1066 & 0.0000 & 0.0000 & 0.0000 \end{pmatrix}$$

再次，计算保障层面（C）的一级模糊综合评判向量。

由（2）可知二级指标权重为 $A_C = \begin{pmatrix} 0.2498 & 0.2098 & 0.1983 & 0.3421 \end{pmatrix}$，从而结合二级指标矩阵 R_C（见 3.5.3 小节）可得一级模糊综合评判向量

$$B_C = A_C \cdot R_C$$

$$= \begin{pmatrix} 0.2498 & 0.2098 & 0.1983 & 0.3421 \end{pmatrix} \cdot \begin{pmatrix} 0.8500 & 0.1500 & 0.0000 & 0.0000 & 0.0000 \\ 0.8833 & 0.1167 & 0.0000 & 0.0000 & 0.0000 \\ 0.9667 & 0.0333 & 0.0000 & 0.0000 & 0.0000 \\ 0.8083 & 0.1917 & 0.0000 & 0.0000 & 0.0000 \end{pmatrix}$$

$$= \begin{pmatrix} 0.8659 & 0.1341 & 0.0000 & 0.0000 & 0.0000 \end{pmatrix}$$

最后，将一级模糊综合评判向量合并，得到一级模糊综合评判指标矩阵

$$B = \begin{pmatrix} B_A \\ B_B \\ B_C \end{pmatrix} = \begin{pmatrix} 0.5567 & 0.4377 & 0.0056 & 0.0000 & 0.0000 \\ 0.8934 & 0.1066 & 0.0000 & 0.0000 & 0.0000 \\ 0.8659 & 0.1341 & 0.0000 & 0.0000 & 0.0000 \end{pmatrix}$$

（4）计算二级评判向量、返贫等级、返贫指数

对一级指标主体层次（A）、产业层次（B）、保障层次（C）设置一级指标权重为 $A = \begin{pmatrix} 0.5000 & 0.3000 & 0.2000 \end{pmatrix}$。

首先，计算二级评判向量。

结合一级指标权重 A 和一级模糊综合评判指标矩阵 B（见第六步）可得二级评判向量为：

$$C = A \cdot B = \begin{pmatrix} 0.5000 & 0.3000 & 0.2000 \end{pmatrix} \cdot \begin{pmatrix} 0.5567 & 0.4377 & 0.0056 & 0.0000 & 0.0000 \\ 0.8934 & 0.1066 & 0.0000 & 0.0000 & 0.0000 \\ 0.8659 & 0.1341 & 0.0000 & 0.0000 & 0.0000 \end{pmatrix}$$

$$= \begin{pmatrix} 0.7196 & 0.2776 & 0.0028 & 0.0000 & 0.0000 \end{pmatrix}$$

其次,判断返贫等级。

石柱县黄水镇金花村的二级评判向量为 $C = \begin{pmatrix} 0.7196 & 0.2776 & 0.0028 & 0.0000 & 0.0000 \end{pmatrix}$,其最大元素为 c_1=0.7196,其对应等级为"2分"。

根据最大隶属度原则,可知石柱县黄水镇金花村的返贫等级为"2分"等级。

最后,计算返贫指数。

对返贫等级进行赋值。对返贫等级"2分""1分""0分""–1分"和"–2分"赋值为

$$\rho = \begin{pmatrix} 2 & 1 & 0 & -1 & -2 \end{pmatrix}$$

故返贫指数为

$$\xi = \rho \cdot C^T = \begin{pmatrix} 2 & 1 & 0 & -1 & -2 \end{pmatrix} \begin{pmatrix} 0.7196 \\ 0.2776 \\ 0.0028 \\ 0.0000 \\ 0.0000 \end{pmatrix} = 1.7168$$

即石柱县黄水镇金花村的返贫指数 $\xi = 1.7168$。

3. 实证评价总体结果

同理评价其他旅游扶贫村的返贫风险情况,最终得到参评点(旅游扶贫村)的返贫风险等级和返贫指数(如表6.6和图6.2所示)。

从评价结果可以看出,所有调查的旅游扶贫村都没有出现返贫问题,但是不同旅游扶贫村的返贫风险情况有较明显差异,与实际情况比较吻合。其中,石柱金花村、涪陵大木乡、石柱县中益乡华溪村、丰都县双路镇莲花洞村和万州长岭镇安溪村返贫指数依次为1.717、1.693、1.670、1.572和1.407,返贫风险极低。这与上述村社旅游产业适宜性较高、管理能力强、扶贫工作

和措施到位高度相关。

表6.6 参评旅游扶贫村的返贫风险等级和返贫风险指数

序号	评价对象	2分	1分	0分	-1分	-2分	风险等级	返贫指数
1	石柱县黄水镇金花村	0.720	0.278	0.003	0.000	0.000	2分	1.717
2	涪陵区大木乡	0.709	0.274	0.017	0.000	0.000	2分	1.693
3	石柱县中益乡华溪村	0.677	0.316	0.007	0.000	0.000	2分	1.670
4	丰都县双路镇莲花洞村	0.572	0.428	0.000	0.000	0.000	2分	1.572
5	万州长岭镇安溪村	0.429	0.549	0.022	0.000	0.000	1分	1.407
6	巫山县骡坪镇茶园村	0.428	0.519	0.053	0.000	0.000	1分	1.375
7	沙坪坝区中梁镇庆丰山村	0.383	0.587	0.029	0.000	0.000	1分	1.354
8	武隆区仙女山镇石梁子社区	0.325	0.649	0.026	0.000	0.000	1分	1.298
9	长寿区云台镇八字村	0.217	0.723	0.060	0.000	0.000	1分	1.158
10	江津朱杨镇板桥社区	0.189	0.758	0.053	0.000	0.000	1分	1.136
11	巫溪县天元乡新华村	0.179	0.775	0.046	0.000	0.000	1分	1.133
12	奉节县兴隆镇龙门村	0.220	0.636	0.144	0.000	0.000	1分	1.077
13	巴南区东温泉镇黄金林村	0.186	0.664	0.150	0.000	0.000	1分	1.036
14	秭归县茅坪镇月亮包村	0.115	0.806	0.080	0.000	0.000	1分	1.035
15	巴东县东瀼口镇羊乳山村	0.165	0.674	0.161	0.000	0.000	1分	1.004
16	丰都县三建乡双鹰坝村	0.150	0.642	0.208	0.000	0.000	1分	0.942
17	长寿区云台镇拱桥村	0.058	0.484	0.458	0.000	0.000	1分	0.599
18	巴南区姜家镇文石村	0.019	0.487	0.494	0.000	0.000	0分	0.525
19	开州区丰乐街道光芒村	0.033	0.443	0.523	0.000	0.000	0分	0.510

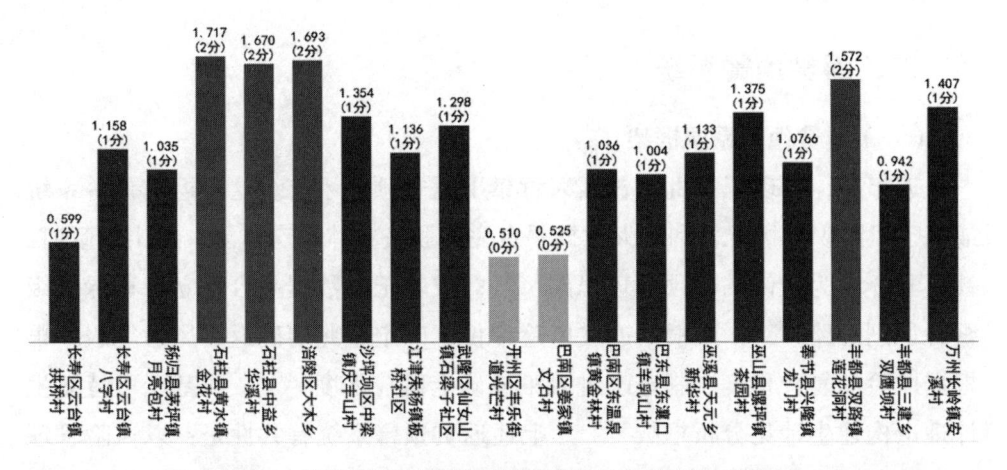

图6.2 旅游扶贫村的返贫风险等级和返贫指数对比图

以石柱金花村为例。该村返贫指数1.717，几乎无返贫风险。在调研中发现，该村具有的如下特征，有助于其远离返贫。第一，该村占据景区临近性区位特征。因紧邻黄水国家级旅游度假区而交通条件得到极大改善，高度的可进入性使该村入围城市近郊围避暑目的地，增大了被择的可能性。第二，避暑度假已经成为重庆主城和万州等长江沿线城市居民夏季"必要"消费，随着市场规模日益扩大，该村不会面临严峻的市场压力。第三，目前与周边避暑度假产品相比，石柱避暑度假产品极具竞争优势。第四，脱贫户主观能动性普遍较高，虽然从事旅游接待的工作能力和经营能力还有待进一步提升，但仍可通过加强个体学习和管理，规避返贫风险。

相比之下，开州区丰乐街道光芒村、巴南区姜家镇文石村和长寿区云台镇拱桥村，返贫指数依次为0.510、0.525、0.599，返贫风险高。究其原因，主要是上述三个村社旅游扶贫适宜性较差，旅游产品吸引力严重不足。其中，巴南文石村现已暂停其旅游项目运营，既往扶贫方式不再有效而新的纾困路径尚不明确。长寿拱桥村长期深刻地受其传统采石业的影响，生活生产环境缺乏旅游吸引力，而目前森林休闲活动市场分散零星，贫困户只能依靠公益性工作维持生计。

二、返贫预警系统

（一）返贫预警系统框架

近年来，出现了一批乡村振兴背景下返贫预警系统。这些返贫预警系统或基于风险识别标准，利用大数据平台完成脱贫主体动态监测，提出由政府、社会和个人为主体的干预处理思路[205]；或基于大数据平台建立红黄绿多级警源识别思路[206]；或根据返贫风险评价，确定警兆明确返贫风险等级，再根据风险的复合程度，制定改进政策或确定监控强度[207]；或基于可持续生计理论构建生计见分析框架[208]。上述返贫预警系统有共性是：以风险管理理论为主导，以大数据平台为依托获取数据，参照风险评价结果与风险阈值比较启动干预机制。但上述返贫预警系统缺乏对返贫干预主体和具体干预措施的讨论。

基于文献回顾和调研，本书认为可以建立由数据采集、数据库、数据甄别、评价模型、预警研判和预警干预等环节组成的旅游扶贫的返贫预警系统（见图 6.3）。

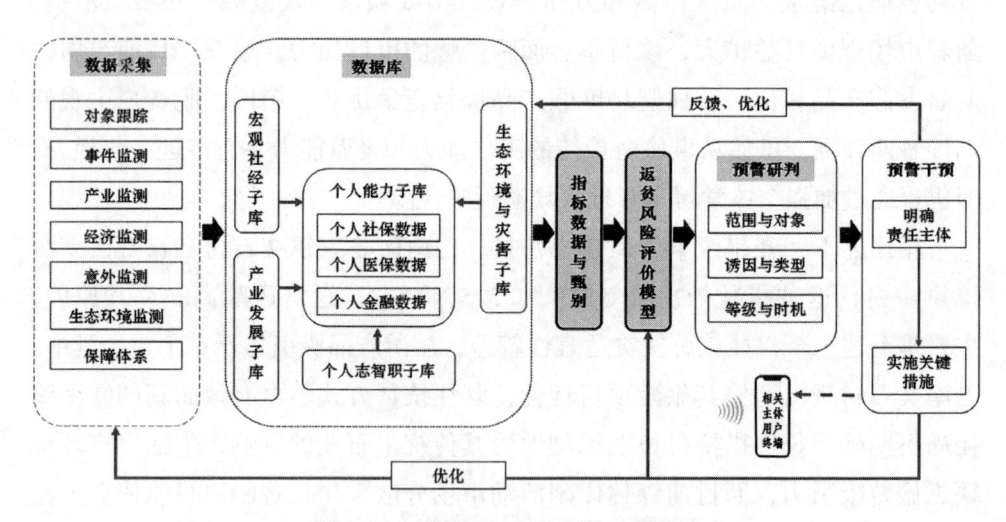

图 6.3 旅游扶贫返贫预警系统框架

数据采集。数据采集是返贫预警系统的基础，其主要任务是返贫干预对象主要返贫指标的动态采集。根据调研及旅游扶贫返贫风险评价，返贫指标主要涉及贫困主体层面（包括文化素养、学习能力、工作能力和管理能力）、产业层面（产业适宜性、市场满意度、产品竞争力和经济效益）和保障层面（社区管理能力、资源与环境变化、制度保障和专业支撑）共计12项指标。同时，由于调研中发现，自然灾害、个人和家庭意外、公共突发事件等因素也会导致返贫，所以还应将与上述因素有关的自然灾害类型与损失、因工因病因祸导致的个人伤残病，以及社会性公共突发性情况等进行作为"事件"数据收集，同时在旅游扶贫的背景下，关注旅游产业及其运营对贫困村社和个体经营管理和增收的影响。

数据库。由个人能力子库、个人志智职子库、宏观社会经济子库、产业发展子库和生态环境与灾害子库构成，并以个人能力子库为核心。其中，个人能力子库由个人社保、医保和金融数据组成。返贫预警数据库的核心理念：返贫个体是返贫干预的核心；个体的返贫风险可通过个人的社保、医保和金融数据初见端倪；当上述三个个人数据出现重大变动时，则应引起返贫预警系统的重点关注。同时，由于个人能力应是个人志智职、宏观社会经济、产业发展，以及生态环境与灾害等因素综合作用的结果，因此，个人志向、智力和职业，宏观社会经济运行状态，产业发展现状与趋势，以及生态环境与灾害等子库数据也应纳入。

指标数据与甄别。将返贫预警数据库收集的数据按主体、产业和保障三个方面进行归类和整理，形成以文化觉悟、工作能力、学习能力和管理能力为主要内容的主体数据群，以产业适应性、市场满意度、产品竞争力和经济效应为主要内容的产业数据群，形成以社区管理能力、资源与环境变化、制度保障和专业支撑为主要内容的保障数据群，为返贫风险评价模型及后续的预警干预提供充分的数据保障。

返贫风险评价模型。对根据返贫风险指标体系归类梳理的数据，建立量化模型，评判返贫风险（返贫指数），研判返贫风险的等级。

预警研判。确定预警的范围与对象，诱因与类型，等级与时机。其中，预警范围与对象既可指特定地区，也可指特定人群，还可以是特定地区的特定人群；诱因与类型即返贫致因，可以是主体层面、产业层面或保障层面，也可是上述三大原因在不同类型和不同程度的复合；等级与时机即预警发出的时机，参照返贫预警线发出预警等级信号。

预警干预。 根据预警研判中确定的主要风险因素，明确返贫干预责任主体，研究并实施关键返贫干预措施，实现精准干预。并将上述干预基本信息通过官方干预信息渠道，传递到返贫干预对象。

返贫干预中涉及的干预主体（谁干预），干预对象（谁被干预），干预时机（何时干预），干预措施（如何干预）以及干预结果（干预效果）等数据，一方面将反馈并优化返贫预警数据收集和数据库；另一方面可通过机器学习等途径，持续完善和优化返贫预警模型。

（二）返贫预警理论模型

预警时机是返贫预警系统的关键。返贫的明显信号是个人财富，尤其是可支配收入。因此，将可支配收入作为返贫预警时机的显性指标具有合理性。根据《国务院扶贫开发领导小组关于建立防止返贫监测和帮扶机制的指导意见（国开发〔2020〕6号）》要求，借鉴三峡库区旅游扶贫返贫风险评价体系，构建旅游扶贫返贫预警机制理论模型（见图6.4）。

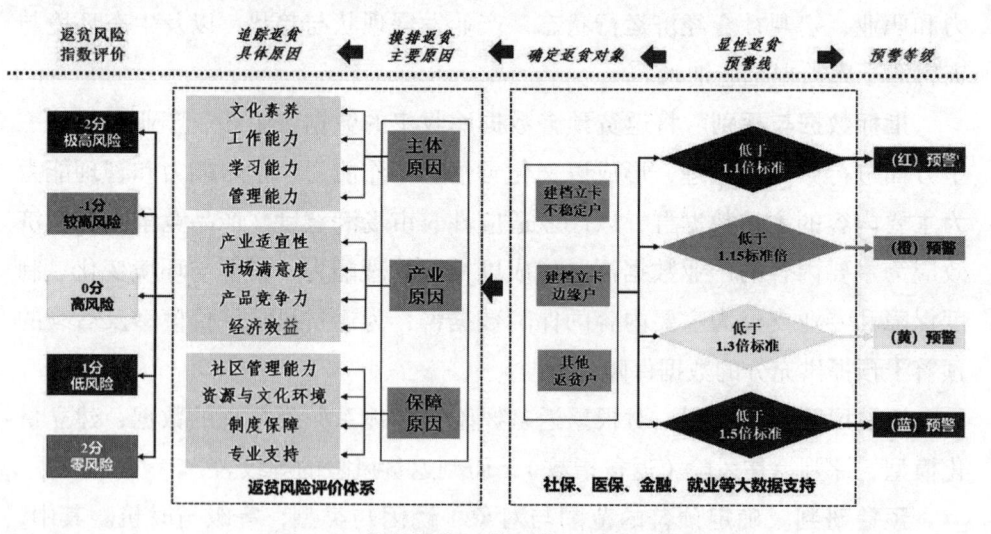

图6.4 旅游扶贫返贫预警机制理论模型

第六章　旅游扶贫的风险管理与乡村振兴

三峡库区旅游扶贫返贫预警机制理论模型的总体思路是：以社保、医保、金融和就业部门的大数据为依托，以《国务院扶贫开发领导小组关于建立防止返贫监测和帮扶机制的指导意见（国开发〔2020〕6号）》确定的预警线为显性返贫预警线初始参考，向后定位返贫对象，摸排返贫关键原因，通过返贫风险评价，确定返贫风险指数。

返贫预警线。《国务院扶贫开发领导小组关于建立防止返贫监测和帮扶机制的指导意见（国开发〔2020〕6号）》要求将"人均可支配收入低于国家扶贫标准1.5倍左右的家庭"列入监测对象。因此，以日益完善的社保、医保、金融和职业大数据为依托，参照"国家扶贫标准1.5倍"，确立四级预警等级的显性返贫预警线：按可支配收入，将其"低于1.5倍标准"设置为"蓝色预警"线，将其"低于1.3倍标准"设置为"黄色预警"线，将其"低于1.15倍标准"设置为"橙色预警"线，将其"低于1.1倍标准"为"红色预警"线，预警等级越来越高，越来越应引起重视。

确定返贫主体。根据《国务院扶贫开发领导小组关于建立防止返贫监测和帮扶机制的指导意见（国开发〔2020〕6号）》的要求，应以因病、因残和因灾等原因，导致刚性支出超过上年收入或收大幅缩减的家庭为监测范围，但考虑到意外事故可能使其他非常态监测家庭不堪重负而返贫，因此监测对象应包括建档立卡不稳定户、边缘户和其他可能的返贫户。根据返贫预警线定位返贫主体，圈定返贫主体类型和关键特征。

摸排返贫主要原因，追踪返贫具体原因。根据三峡库区旅游扶贫返贫风险评价体系，返贫的主要原因涉及主体层面、产业层面和保障层面三个主要方面。主体层面的返贫具体原因涉及文化素养、工作能力、学习能力和管理能力四个子维度；产业层面的返贫具体原因涉及产业适宜性、市场满意度、产品竞争力和经济效益四个子维度；保障层面的返贫具体原因涉及社区管理能力、资源与文化环境、制度保障和专业支持四个子维度，共计12项具体原因。

返贫风险指数评价。根据返贫风险评价指标体系、指标赋值和返贫风险评价的模糊方法，通过上述12项指标的打分（打分范围为-2~2），确定返贫对象的返贫风险指数和等级。按指标最高分隶属原则，返贫风险指数为-2，返贫风险极高；返贫风险指数为-1，表明返贫风险较高；返贫风险指数为0，表明有返贫风险；返贫风险指数为1，表明返贫风险低；返贫风险指数为2，表明无返贫风险。如表6.7所示，将返贫风险指数确定为0以下（≤0）的返贫主体，确定为重点干预对象，应根据其返贫的主要原因和具体原因，责成相关行政管理部门，或通过相关企业组织，采取相应的返贫干预措施以阻断其返贫。

表6.7　三峡库区旅游扶贫风险等级

返贫风险指数	预警等级	预警标志
-2	极高风险	红色
-1	较高风险	橙色
0	有风险	黄色
1	低风险	蓝色
2	极低风险	绿色

三、返贫干预机制

（一）返贫干预机制的基本逻辑

返贫干预的关键，是要解决何时干预、干预谁、为什么干预、谁负责干预和如何干预。根据旅游扶贫返贫预警系统和预警机制理论醋，旅游扶贫返贫干预的上述关键存在如图6.5所示的逻辑关系：即首先根据返贫显性预警线，初步圈定返贫主体，并对其完成返贫风险等级评估；然后再根据返贫风险评估溯源返贫原因；最后根据返贫原因确定返贫干预责任主体，并确定针对性的返贫干预措施。

三峡库区旅游扶贫返贫干预机制理论模型的总体思路是，以贫困个体的社保、医保、金融和职业大数据为依托，参照国务院扶贫开发领导小组确定的预警线为返贫显性预警，向后确定返贫主体，返贫等级，追踪返贫原因，从而确定旅游扶贫返贫干预的责任主体，选择有针对性的干预措施，从而有效阻断返贫过程。

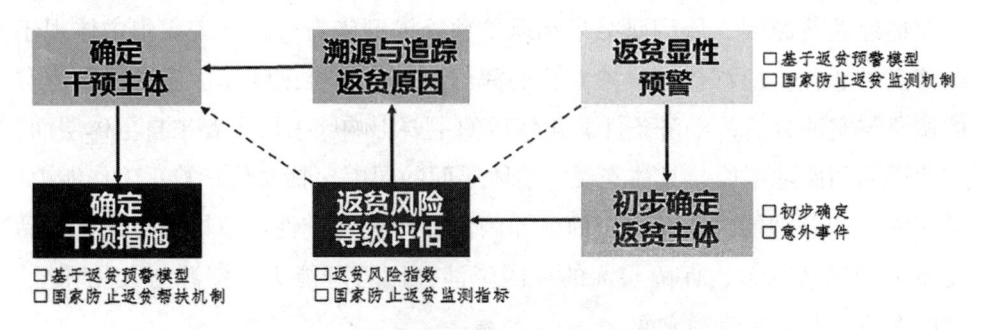

图 6.5 旅游扶贫返贫干预机制的基本逻辑

返贫显性预警。《国务院扶贫开发领导小组关于建立防止返贫监测和帮扶机制的指导意见（国开发〔2020〕6号）》中要求将"人均可支配收入低于国家扶贫标准1.5倍左右的家庭"列入监测对象，但以个人可支配收入和"1.5倍标准"来确定返贫主体及返贫风险等级尚不精准。因此应根据预警机制理论模型，参考返贫个体社保、医保、金融和职业大数据动态变化，按1.5倍标准、1.3倍标准、1.15倍标准和1.1倍标准细分返贫预警等级，提高返贫预警的精准度。

确定返贫主体。可综合社保、医保、金融和职业大数据初步锁定返贫主体。根据《国务院扶贫开发领导小组关于建立防止返贫监测和帮扶机制的指导意见（国开发〔2020〕6号）》的要求，应以因病、因残和因灾等原因，导致刚性支出超过上年收入或收入大幅缩减的家庭为监测范围，但考虑到意外事故可能使其他非常态监测家庭不堪重负而返贫，因此监测对象应包括建档立卡不稳定户、边缘户和其他可能的返贫户。

返贫风险等级评估。人均可支配收入作为显性返贫预警指标，不能较为准确地评价返贫风险，也不能精准明确返贫风险。因此以主体层面、产业层面和保障层面的12项指标构成的返贫风险等级模糊评价体系来评价返贫预警主体的返贫风险，确定返贫主体及其返贫风险等级。如表6.7所示，返贫风险指数为-2，确定为极高风险；返贫风险指数为-1，确定为较高风险；返贫风险指数为0，确定为高风险；返贫风险指数为1，确定为低风险；返贫风险指数为2，确定为零风险。

追踪返贫原因。从调研结果和返贫预警模型来看，返贫表象集中体现于经济条件恶化。应深挖该表象背后的深刻原因。结合三峡库区旅游扶贫返贫的调研与实证分析，经济条件恶化背后的主要影响因素应主要来自主体层面、产业层面和保障层面。具体来说，主体层面的原因包括文化素养、工作能力、学习能力和管理能力；产业层面的原因涉及产业适宜性、市场满意度、产品竞争力和经济效益；保障层面的原因牵涉社区管理能力、资源与文化环境、制度保障和专业支持等方面。

更进一步地，也应该看到，出现返贫显性预警，亦有可能是各种"意外"作用的结果。这些意外，既可来自个体及其家庭直接遭受的病、残、灾、祸等，也可来自外界更大范围内的产业和经济条件恶化，甚至有可能因特定的或突发的社会经济条件下，宏观保障政策与措施的可持续性受阻或面临重大调整和改革。上述"意外"，既可单发，也可多发，也可与主体、产业和保障层面的具体原因交叉复合，导致脱贫主体返贫或面临返贫风险。

确定返贫风险干预主体。根据返贫的主要原因和具体原因，确定返贫干预主体。主要涉及政府及相关行政部门、产业管理部门和企业、教育培训机构、社区管理部门等。如在返贫干预机制中发现，返贫主体因主体层面原因返贫，则返贫干预主体需要从返贫主体的"志""智""职"入手，采取有针对性措施，同时提高干预主体的"治（理效能）"和"制（度建设）"，提高干预的针对性和有效性。

值得注意的是，由于返贫的原因具有复合性，因此参与返贫干预的主体相应地也应具有多元性特征。如返贫主体因主体因素返贫，涉及"志""智"和"职"等多因素复合，则参与返贫干预的主体就可能涉及医疗卫生、教育培训，以及企业组织和就业部门[209]。因此，干预主体的多元合作在返贫干预中要求多部门协同。

确定返贫干预措施。干预措施包括：生活补偿、社区协作、赋权与增权、产业调整、增强风险预警、"两不愁""三保障"、扶智与扶志、金融贷款政策，以及身份适应与认同教育等。干预措施应与返贫原因调试匹配，以提高返贫干预的针对性和有效性。

（二）返贫干预机制

1. 干预体系

旅游扶贫返贫干预体系，要解决何时干预、谁干预、干预谁、以及如何干预等问题，涉及干预时机、干预主体、干预客体、干预靶向和干预措施五个要素。

如图6.6展示了三峡库区旅游扶贫返贫干预体系。图的上半部分，标明了干预时机和干预对象、干预靶向、干预主体和干预措施五个过程的逻辑关系，图的下半部分明确了上述过程的核心内涵。

以国家脱贫减贫大数据库为依托，整合社保、医保、金融和职业数据库，根据《国务院扶贫开发领导小组关于建立防止返贫监测和帮扶机制的指导意见（国开发〔2020〕6号）》制定的监测方法，将"人均可支配收入低于国家扶贫标准1.5倍左右的家庭，以及因病、因残、因灾、因新冠肺炎疫情影响等引发的刚性支出明显超过上年度收入和收入大幅缩减的家庭"作为主要干预客体，参考"人均可支配收入低于国家扶贫标准1.5倍"，在确定返贫显性预警线的基础上，向后溯源与追踪返贫原因，从而责成相关干预主体，采取有针对性的干预措施，切实阻断返贫。

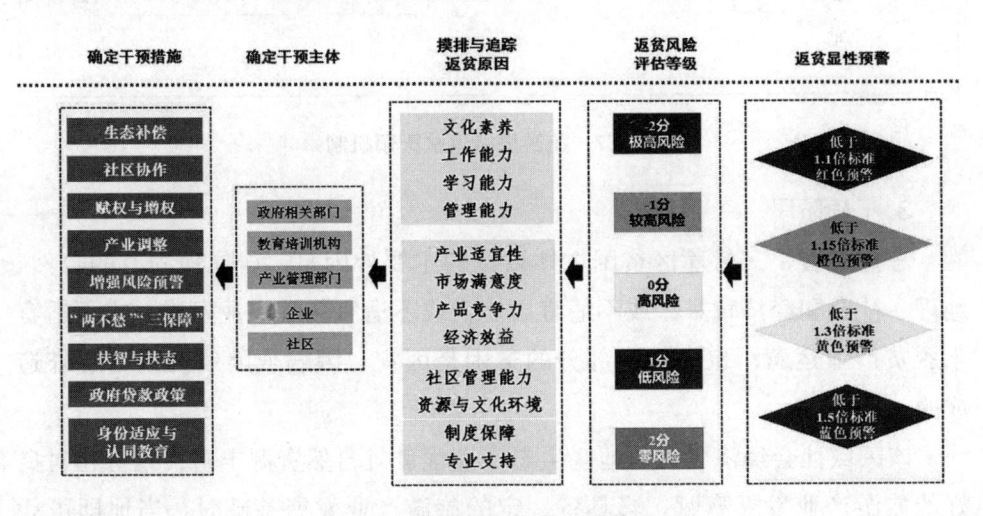

图6.6 旅游扶贫返贫干预体系

2. 响应机制

如图 6.7 所示，当"人均可支配收入低于国家扶贫标准 1.5 倍"时启动返贫干预响应。

首先综合社保、医保、金融、职业和脱贫减贫数据库明确干预对象，其次从主体层面、产业层面和保障层面三个层面共十二项指标上完成返贫风险等级评估；若确定为高风险返贫（相应的返贫风险指数小于"0"），则继续明确返贫的主要层面及其原因，再结合干预靶向，对标干预主体，并责成其干预措施制定；若确定为非高风险返贫，则停止返贫干预，但仍需结合大数据持续动态监控。

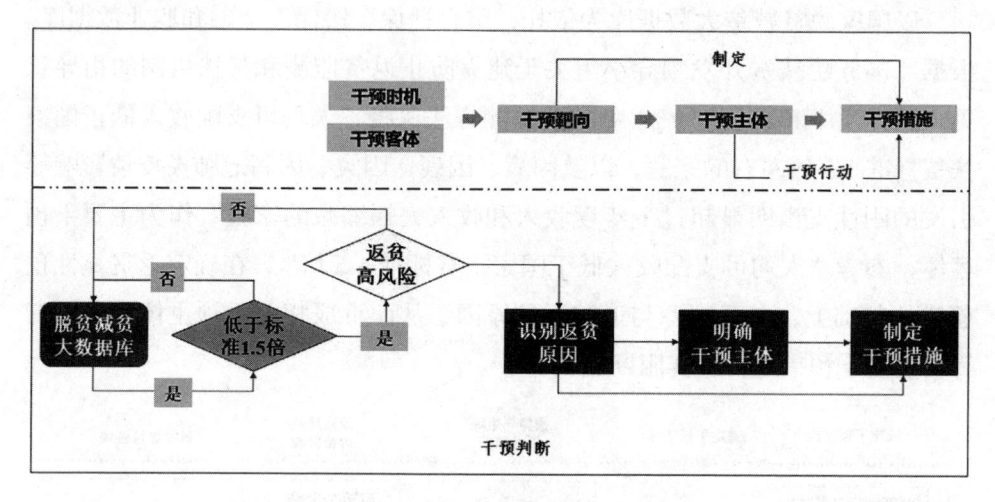

图 6.7 旅游扶贫返贫干预机制

3. 干预阶段

总体来看，三峡库区贫困主体致贫的主要外因是：居住地固有的自然、地理、社会和经济背景，或不适宜居住，或不适宜传统农业发展，或不适宜于脱贫产业运营；也有相当部分的贫困是因灾、因病或因残伤残等意外造成的。

该区域社会经济欠发达地区生态环境优良且自然资源丰富，具备相对良好的旅游产业发展禀赋。当具备一定的旅游产业发展基础时，当地即可凭借优质旅游禀赋吸引本地、周边和核心城镇的游客，通过"+旅游"或"旅游+"新型业态，实现旅游脱贫。

在各种新型产业的帮扶下，贫困主体自身层面在"志""智"和"职"等方面的条件和能力基本正常情况下，极易通过"+旅游"或"旅游+"获利而摆脱生活生产现状。但旅游产业运行是一个复杂巨大的系统，宏观上不但受到政治、经济、社会文化、科技、自然、历史人文和法律等一系列因素影响，在类似三峡库区等特殊的地理与环境背景下，还要受到主体层面、产业层面和保障层面等因素的综合制约。因此，贫困主体依靠旅游产业元素注入实现脱贫，预期可能出现三种情况：第一，走上致富小康之路；第二，维持脱贫状态，既不返贫，也没有实现小康；第三，就是返贫——这是本课题关系的焦点。图6.8展示了上述逻辑过程。

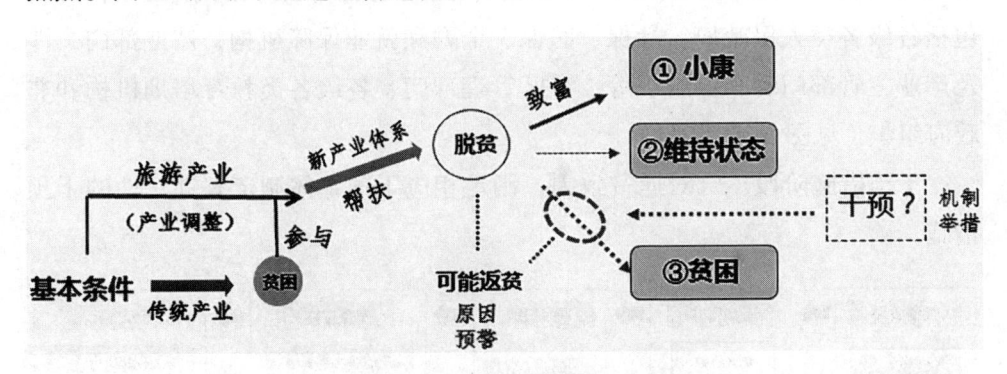

图6.8 旅游扶贫返贫的逻辑阶段

结合旅游扶贫返贫干预体系及干预机制，返贫阻断主要涉及：返贫预警—确定干预客体和干预时机—明确干预靶向—确定干预主体—锁定干预措施等阶段（如图6.9所示）。各阶段重点工作如下。

动态监测预警阶段。（1）在社保、医保、金融和职业大数据的支持下，加强动态预警监控；（2）当人均可支配收入低于国家当年的扶贫标准1.5倍时，初步圈定返贫干预对象；（3）评估返贫干预对象的返贫风险。返贫风险等级确定为高风险（返贫风险指数为"0"时），启动返贫干预响应机制。其中，在动态预警监控中，应重点关注下列人群：因病、因残、因灾、因新冠肺炎疫情等地区性公共卫生突发事件等引发的刚性支出明显超过上年度收入者、收入大幅缩减者、独居老者以及以病残人士为家庭支柱者。

明确干预对象阶段。（1）识别符合本地返贫特征的主要原因和具体原因，构建风险评估模型；（2）评估返贫风险，确定返贫致因的严重程度，明确返贫致因复合程度；（3）锁定返贫原因。以三峡库区为例，贫困主体层面的"志""智"和"职"等因素上的能力欠缺，以及产业层面的产业适宜性和产品竞争力不足，以及保障场面的保障落实和执行效果差，是该地区返贫的主要因素。

明确干预主体。根据返贫原因及其复合程度，明确返贫干预主体及其构成。从三峡库区的调研结果来看，区域内返贫具有多因复合特征。因此，在明确干预主体时，应首先根据多个返贫致因明确多个干预主体，在此基础上组成返贫主体干预协同工作组。干预主体主要涉及：政府及其相关主管部门，包括各级各类人民政府，社保、医保、金融和就业保障机构；产业部门，涉及产业主管部门和企业组织等；社区管理部门、各级各类教育培训机构和非政府组织（见图6.9）。

干预措施阶段。针对返贫致因，制定相应干预主体制定有针对性的干预措施。

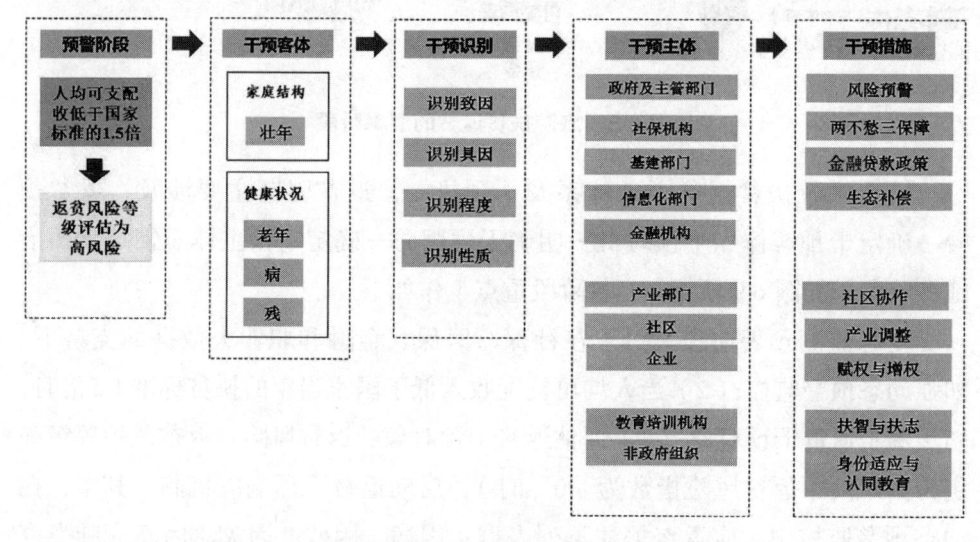

图6.9 三峡库区旅游扶贫返贫干预实践阶段及工作重点

4. 干预方式

结合三峡库区旅游扶贫返贫调研，提出干预措施对标返贫类型及原因的多部门多组织协同干预。如图6.10所示，基于三峡库区旅游扶贫，总结出主体层面、产业层面和保障层面共12项返贫具体原因，这些具体原因可归纳为自然条件、经济条件、人力资本、发展机会和社会保障等方面；不同类型的返贫归因对应不同的返贫干预措施，具体包括生态补偿、社区协作、赋权与增权、产业调整、风险预警、两不愁三保障、扶智与扶志、金融贷款政策、身份适应与认同教育和应急保障，等等。基于致贫原因的复合性，上述干预措施应归责于相应隶属的政府主管部门、产业部门和各种社会机构，并在上述不同的干预主体中实现协同执行。

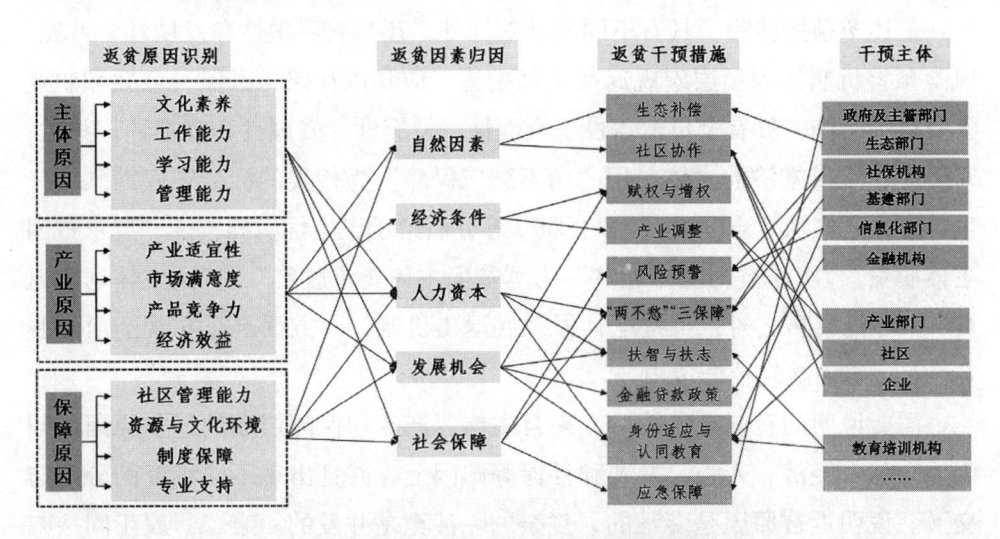

图6.10 旅游扶贫返贫干预措施

如通过生态补偿和社会协作，缓解因旅游发展带来的自然环境恶化和社区旅游条件的紧张；通过赋权与增权、产业结构调整和产业多元化等途径，缓解旅游企业带动社区发展导致的社区居民利益剥夺、因步入生命周期晚期而导致的旅游经营不景气，以及产业单一化所带来的社区发展不稳定、社区居民身份转变带来的不适应等；通过"两不愁三保障"、扶智与扶志以及身份适应与认同教育等，确保三峡库区旅游扶贫社区居民的人力资本的可持续性；

通过社区赋权与增权、扶智与扶志、金融贷款优惠政策和身份适应与认同教育等，保障库区居民的发展机会；通过金融风险预估与示警、社会保险部门，为库区居民提供社会保障。同时注意实现多干预主体的干预措施协同。

上述干预措施中，风险预警是顶层宏观措施；以"两不愁三保障"为代表的社会兜底是维持贫困主体生计的基本保障措施；在此基础上的扶智与扶志，以及身份适应与认同教育是有助于贫困主体发展的前提和基础；金融贷款优惠政策是助力贫困主体谋求个人及家庭发展的经济支持；而社区协作、赋权与增权则是基于社区管理机构主导的多贫困主体的带动性返贫干预措施；产业调整与多元化则是对参与旅游扶贫的旅游企业和贫困主体等利益相关者进行产业经济常识、发展趋势和应对思路的引导。

上述干预措施除了具有不同的针对性外，还具有层次性和发展性。首先，风险预警机制作为顶层宏观返贫干预措施，应具以社保、医保、金融和职业大数据为基础，具有全员覆盖性、全面性、持续性、发展性和完善性；其次，对于生活难以维济的主体，用"两不愁三保障"为代表的社会兜底助其维持生计后，还应从"志""智"和"职"等方面给予谋生性引导，变"要求贫困主体脱贫""防止贫困主体返贫"为"贫困主体要求脱贫""贫困主体远离返贫"。时机成熟之时，可考虑社保兜底退出机制，一方面真正实现造血性脱贫，另一方面减轻社会负担。

需要说明的有几点。第一，来自主体、产业和保障层面的返贫原因可归因为自然、经济、人力、发展和社保等归因上，并且出现不同程度的分解与交叉。说明返贫原因是多维的、复杂的，甚至是并发的。第二，属于同一归因的返贫因素，其针对性的返贫干预措施表现出多元性。说明对同一返贫原因的干预和阻断可以是因时因地制宜且殊途同归的。第三，对同一干预措施而言，需要多部门的协同与合作。返贫干预过程是一个多部门的协同过程。

四、启示：乡村振兴背景下的风险管理

早在 2018 年，《中共中央国务院关于打赢脱贫攻坚战三年行动的指导意见》就提出了"统筹衔接脱贫攻坚与乡村振兴"的要求。随后《中共中央国

务院关于实施乡村振兴战略的意见》和《乡村振兴战略规划（2018-2022）》更进一步强调了推动脱贫攻坚与乡村振兴的有机衔接关系。

由于脱贫村社中依然存在因自然环境恶劣和农业基础薄弱，忽视农业及新型产业链延伸，旅游扶贫中产业雷同高而产品吸引力不足，乡村互助功能和本土化人才治理能力不足，脱贫政策差异造成的"边缘群体"可能成为新的返贫对象[210]等，乡村村社中仍在一定区域、一定范围和一定程度的环境风险、社会风险、健康风险、信息风险和金融风险[208]，因此不少研究认为，乡村全面振兴是一个持续治理乡村衰落风险的过程[211]，应关注脱贫主体的贫困风险治理[212]。"风险管理"是理解乡村战略的重要理论和实践框架[213]。而乡村振兴战略实施的关键是如何选择战略路径，规避潜在风险[214]。

以三峡库区19个典型村社为例，归纳其借助旅游产业反贫困的经验，预期三峡库区乡村振兴的风险及其预防。

（一）典型旅游村社衔接乡村振兴的风险分析

按村社风险等级归纳了19个典型旅游村社在主体层面、产业层面和保障层面共十二项二级指标的优势和劣势分布特征（见表6.8）。

总体来看。上述村社的优势主要体现在C3（制度保障）、A3（工作能力）和B3（产品竞争力）上，主要劣势主要体现在A1（文化素养）、C2（资源与环境变化）和B2（产业适宜性）上。表明三峡库区在衔接乡村振兴中，应发挥在制度保障、工作能力和产品竞争力上的优势，规避在文化素养、资源与环境变化和产业适宜性上的劣势。

表6.8 不同风险等级村社优势和劣势汇总

村社风险等级	一级指标	二级指标	优势 频次	优势 均分	劣势 频次	劣势 均分
风险等级=2 极低风险	A （主体层面）	A1（文化素养）	0	—	4	1.291
		A2（工作能力）	2	1.729	—	—
		A3（学习能力）	1	1.730	—	—
		A4（管理能力）	1	1.800	—	—

续表

村社风险等级	一级指标	二级指标	优势 频次	优势 均分	劣势 频次	劣势 均分
风险等级=2 极低风险	B（产业层面）	B1（产业适宜性）	1	1.950	3	1.693
		B2（市场满意度）	2	1.900	1	1.480
		B3（产品竞争力）	1	1.580	2	1.825
		B4（经济效益）	0	—	0	—
	C（制度层面）	C1（社区管理）	0	—	2	1.380
		C2（资源与环境变化）	0	—	1	1.890
		C3（制度保障）	4	1.959	0	—
		C4（专业支持）	1	2.000	1	1.808
风险等级=1 低风险	A（主体层面）	A1（文化素养）	1	1.075	6	0.920
		A2（工作能力）	12	1.215	—	—
		A3（学习能力）	2	1.345	3	0.950
		A4（管理能力）	2	1.220	4	0.628
	B（产业层面）	B1（产业适宜性）	3	0.854	5	1.123
		B2（市场满意度）	3	1.361	3	1.029
		B3（产品竞争力）	6	1.195	5	0.848
		B4（经济效益）	0	—	0	—
	C（制度层面）	C1（社区管理）	1	1.350	4	1.064
		C2（资源与环境变化）	0	—	7	1.130
		C3（制度保障）	12	1.772	1	1.483
		C4（专业支持）	1	2.000	5	1.246
风险等级=0 有风险	A（主体层面）	A1（文化素养）	1	0.650	1	0.442
		A2（工作能力）	0	—	0	—
		A3（学习能力）	0	—	1	0.463
		A4（管理能力）	1	0.642	0	—
	B（产业层面）	B1（产业适宜性）	1	0.275	1	0.125
		B2（市场满意度）	0	—	0	—
		B3（产品竞争力）	1	0.231	1	0.200
		B4（经济效益）	0	—	0	—

续表

村社风险等级	一级指标	二级指标	优势 频次	优势 均分	劣势 频次	劣势 均分
风险等级=0 有风险	C（制度层面）	C1（社区管理）	0	—	0	—
		C2（资源与环境变化）	0	—	2	0.461
		C3（制度保障）	2	1.479	0	—
		C4（专业支持）	0	—	0	—

返贫风险等级进一步分析。表 6.8 表明，风险极低村社虽然产业适宜性强且市场满意度高，同时在制度保障和专业支撑方面得到了极有力的支撑，但在未来仍需警惕文化素养、社区管理和市场满足度等相对劣势。

风险低的村社，尽管在文化素养、工作能力、学习能力和管理能力上普遍性提升，制度和专业支撑的保障有力，但在贫困主体层面的管理能力，产业层面的产品竞争力和制度层面的社区管理能力上的不足值得高度关注。

有风险的村社，在主体层面、产业层面和保障层面的短板十分明显。贫困主体文化素养差和工作能力低，产业选择不当且产品不具市场竞争力，制度政策得不到高效落实，预期将继续阻碍这类村社的衔接乡村振兴的效率。

基于典型村社在未来乡村振兴中的优势和劣势分析，得出以下几个结论。

第一，主体文化素养和工作能力，产业适宜性和产品竞争力，以及制度保障和社区管理能力，是三峡库区村社在乡村振兴中风险监测和预防的关键因素。

第二，三峡库区在衔接乡村振兴实践中，应根据村社风险特征，制定差异化策略。如对极低风险村社，应在科学合理和持续的制度保障下，选择适宜的产业发展道路，不断提升村社居民文化素养，提高社区管理能力，切实提高市场满足度，衔接乡村振兴；对风险较低的村社，应加强加产业适宜性督导，根据旅游市场需求趋势变化，不断提高旅游产品竞争力和市场满意度，尤其要注重旅游趋势变化下旅游适宜性的调整；对有风险村社，应坚持贯彻制度落地，根据资源和环境禀赋，持续提高居民的主动性和能力性，选择适宜的产业推动乡村振兴。

(二) 乡村振兴的风险监测与预警

2020年《关于抓好"三农"领域重点工作 确保如期实现全面小康的意见》指出，脱贫攻坚取得全面胜利后，扶贫工作重心向解决相对贫困转移。2021年习近平在《在全国脱贫攻坚总结表彰大会上的讲话》中要求，要切实做好巩固拓展脱贫攻坚成果同乡村振兴有效衔接各项工作，对易返贫致贫人口要加强监测早干预，并适时组织开展巩固脱贫成果后评估工作，坚决守住不发生规模性返贫的底线。防止规模性返贫是巩固拓展脱贫攻坚成果同乡村振兴战略有效衔接的基本要求[215]和关键任务[216]。结合乡村振兴的战略部署，从产业、生态、乡风、治理和生活五个方面，探讨三峡库区衔接乡村振兴的风险监测与预警。

如图6.11所示，在乡村振兴的五大要求中，产业兴旺是重点，生态宜居是关键，乡风文明是保障，治理有效是基础，生活富裕是根本。因此，三峡库区在衔接乡村振兴的过程中，应以乡村治理为基础，通过生态宜居、产业兴旺和乡风文明，实现生活富裕。其中，为实现治理有效，应积极应对来自土地、保障和人力方面的风险；为实现生态宜居，应直面来自生活圈和生态圈的风险；为达成乡风文明，应处理好社会风险、文化风险和美学风险；只有产业兴旺了，才能真正实现生活富裕，因此还应处理好产业风险及其带来的经济风险。

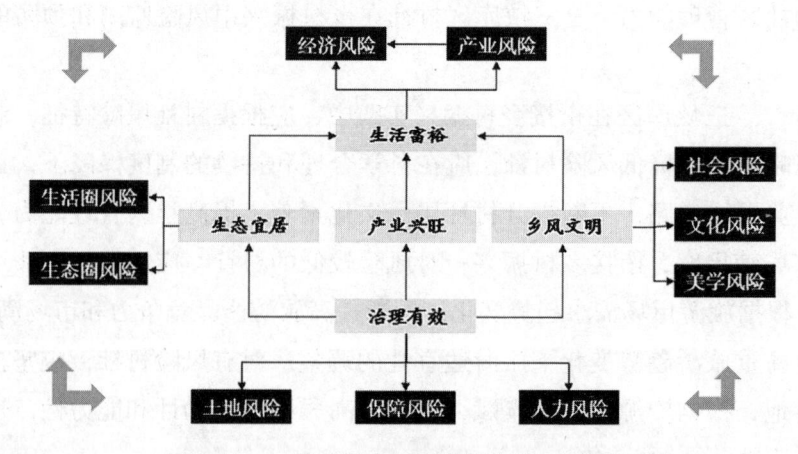

图6.11 三峡库区乡村振兴面临的主要风险

1. 产业与经济风险

乡村振兴，产业兴旺是关键。基于三峡库区典型旅游村社调研及产业适宜性评价、反贫困风险评估、预警与干预，提出旅游村社衔接振兴的产业风险动态监测与预防思路（如图6.12所示）。

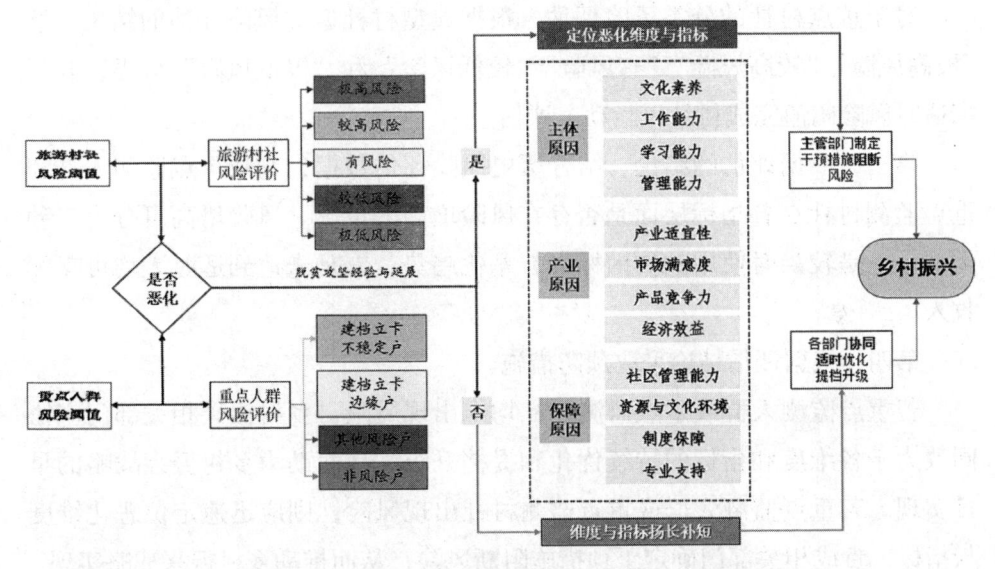

图6.12 三峡库区乡村振兴的风险监测与预防

第一，确定适时风险阈值。随着脱贫攻坚战的全面胜利和乡村振兴战略的全面部署，中国在总体上摆脱了绝对贫困，进入了阻断返贫和消除相对贫困的新阶段。在这个阶段中，随着社会经济的可持续发展，适时贫困线有持续走高的趋势。因此需要根据不同的时间节点，确定动态贫困阈值。

第二，对监测对象分类风险评估。防止大规模返贫是实现乡村振兴战略的基本要求和关键任务[217]。这要求一方面要对具有返贫风险的人群进行分类动态评估，另一方面要从村社层面做分类风险评估。

对于重点人群的分类风险评估。按《国务院扶贫开发领导小组关于建立防止返贫监测和帮扶机制的指导意见（国开发〔2020〕6号）》要求，将"人均可支配收入低于国家扶贫标准1.5倍左右的家庭"列入监测对象。结合图6.12，将其细化极高风险人群（"低于1.1倍标准"，"红色预警"）、较高风险人群（"低于1.15倍标准"，"橙色预警"线）、有风险人群（"低于1.3倍标准"，"黄色预警"）、较低风险人群（"低于1.5倍标准"，"蓝色预警"）和极低风险人群（"高于1.5倍标准"，"绿色预警"），并根据适时风险阈值完成动态风险评估。

对于重点村社的分类风险评估。根据典型村社返贫风险评估的结果，按"极高风险""较高风险""有风险""较低风险"和"极低风险"分类，并根据适时风险阈值完成村社风险动态评估。

第三，根据评估的结论，结合历史风险评估数据，判断重点监测人群和重点监测村社在各指标层面是否存在风险增高的情况。风险增高可分为二种类型，一是较当时使用的贫困标准有恶化趋势，二是未达到适时人均可支配收入。

第四，根据评估结论采取预防措施。

若重点监测人群或重点监测村社均未出现风险，乡村振兴相关部门应协同致力于各维度和指标的持续优化和提档升级，从而助力乡村振兴战略的早日实现。若重点监测人群或重点监测村社出现风险，则应迅速定位恶化维度与指标，责成相关部门确定干预措施阻断风险，从而推动乡村振兴战略实现。

2. 生活圈风险

生活圈风险主要体现在乡村卫生和基础设施建设两个方面。在乡村卫生方面，以生活污水与垃圾，以及厕所改建为主要内容；在基础设施建设中，应处理好饮水安全、道路网络提档、电网升级和互联网覆盖等方面。

3. 生态圈风险

生态圈风险主要涉及生态红线，山林草地、土壤污染和水体污染治理，实现农业节水和农业清洁生产等方面。

4. 社会、文化与美学风险

社会、文化与美学风险主要涉及乡村物质和非物质文化遗产，生活习俗文化，乡村文化活动，开放型、地标型和场馆型文化设施的商业化演变以及乡土性和地方性丧失等方面。

5. 土地风险

土地风险主要指守住耕地红线（如耕地的数量、质量和生态性），宅基地三权分离，经营性建设用地进入市场制度与规则等。

6. 人才风险

人才风险主要是针对当下乡村劳动丧失严重的考虑。主要涉及乡村人才的乡土化、专业化、技能化和高素质化，注重乡村人才培养来源的多元化，培养主体的多元化，培养方式的混合化，以缓解乡村人才风险。

7. 保障风险

保障风险涉及乡村振兴政策的科学性、合理性、落地性以及可持续性，乡村基层政府组织在公共服务职能、服务管理权限、干部队伍建设、绩效评价、奖惩机制和监督管理的方面的能力，以及村民自治能力、农村合作经济组织管理能力的提升，以及专业智库支撑的持续性。

第七章

旅游视域下扶贫和乡村振兴的社会协作

一、社会经济关系分析

（一）旅游扶贫的社会经济关系

自20世纪90年代提出"旅游扶贫"口号后，将"旅游"和"贫困"关联在一起的研究和实践越来越多。2018年2月28日，《国家旅游局关于进一步做好当前旅游扶贫工作的通知》就提到"旅游扶贫作为国家脱贫攻坚战略的重要组成部分，是产业扶贫的主要方式，是全面建成小康社会的重要推动力量。"三峡库区位置偏远，交通相对不便，经济社会发展水平整体偏低等诸多原因，导致该地区成为贫困人口相对比较集聚的区域。然而也正是这些原因，使库区的自然资源与人文资源得到了一定保护，为旅游业发展提供了可能性。

通过这些年的实践证明旅游扶贫作为一种造血式、开发式的产业扶贫方式是贫困地区脱贫的有效手段。同时旅游扶贫也需要遵循产业规律，充分考虑参与扶贫的企业、适销对路的产品以及贫困户介入产业的方式。在政府指导下，三峡库区积极推进旅游发展，将库区旅游"资源"变"资产"，通过政策、税收、各类平台等吸引企业以及广泛社会力量参与旅游扶贫，开辟多种途径让当地村民融入旅游价值链。

课题组调研发现这些年来三峡库区旅游扶贫凸显了一些不和谐的现象极有可能会影响到旅游扶贫效果的可持续性，为乡村振兴目标实现带来风险。例如旅游资源分配"碎片化"；旅游项目建设无序重复；资源要素挖掘不足；相关者利益分配失衡；旅游业与当地社会系统和谐问题等。要解决这些矛盾和冲突就必须思考产生矛盾和冲突的根源。一方面三峡库区面积大，加上旅游业又是一个综合性很强的产业，产业边界弱化等因素使得旅游扶贫工作开展本身就存在困难。另一方面旅游扶贫参与主体众多，拥有的资源不同，各自在需求、利益分配以及保障要求等方面也存在差异，这些关系处理不当带来返贫风险。

目前三峡库区旅游产业发展取得成效，实现脱贫摘帽，正向着乡村振兴目标前进。但三峡库区整体发展水平不高，还面临着严防返贫的艰巨任务，需要继续帮扶和支持才能实现自我发展、主动发展。脱贫攻坚是乡村振兴的基础和前提，乡村振兴则是对脱贫攻坚的巩固和深化。只有协调好这两项工作的体制机制衔接，才能不断将减贫治理引向深入。

（二）乡村振兴的旅游社会经济关系

习近平总书记在决战决胜脱贫攻坚座谈会上就曾经强调"脱贫摘帽不是终点，而是新生活、新奋斗的起点"。根据中央和各级政府的安排部署，三峡库区下一阶段减贫工作主要矛盾已经发生变化，需要进一步理清思路、找准途径，促使减贫工作与推动乡村振兴协同发展。这就需要及时总结前期扶贫经验，在全面脱贫的背景下思考：如何帮助村民实现从"帮扶脱贫"到"自我脱贫"再到"自我完善"的转化，如何做好乡村振兴风险管理，如何及时预警提前干预并采取有效措施筑牢返贫防线等。

随着三峡库区减贫工作重点的转变，旅游产业定位也应发生相应调整，由"旅游扶贫"功能转向"旅游发展"进而实现"产业兴旺"，走向"乡村振兴"。乡村振兴大背景下需进一步思考旅游业的发展：如何实现旅游产业升级、如何促进多元产业融合发展、如何有效衔接脱贫攻坚与乡村振兴。库区振兴还需要进一步精准旅游产业定位、提高旅游产业层次、延长旅游产业链条、扩大旅游业利益溢出范围，强化脱贫稳定性、提高可持续内生发展能力、增强应对各类风险挑战的能力。

2018年中央一号文件《中共中央国务院关于实施乡村振兴战略的意见》针对实施乡村振兴战略提出了一整套安排部署，是新时代乡村振兴的顶层设计，在按照党的十九大提出的"三农"的战略部署和政策举措基础上，进一步建立健全有关体制机制和政策体系，提出了关于产业兴旺、生态宜居、乡风文明、治理有效、生活富裕的总要求，并强调要注重协同性、关联性、整体性，不能够顾此失彼[218]。三峡库区有旅游资源，也有旅游扶贫发展的基础，经过这些年三峡库区的扶贫实践证明库区有通过旅游产业实现产业振兴的可能。2022年8月，中共中央宣传部举行"中国这十年"系列主题新闻发布会上，文化和旅游部饶权副部长明确表示乡村旅游已经成为乡村振兴的新力量。旅游产业发展涉及诸多要素，离不开产业内外条件支撑，只有构建社会协作机制，实现协同发展，才能将三峡库区旅游产业从无序推向有序且持续的发展，让旅游产业"兴"起来，村民"富"起来，让旅游业成为乡村振兴的助力。

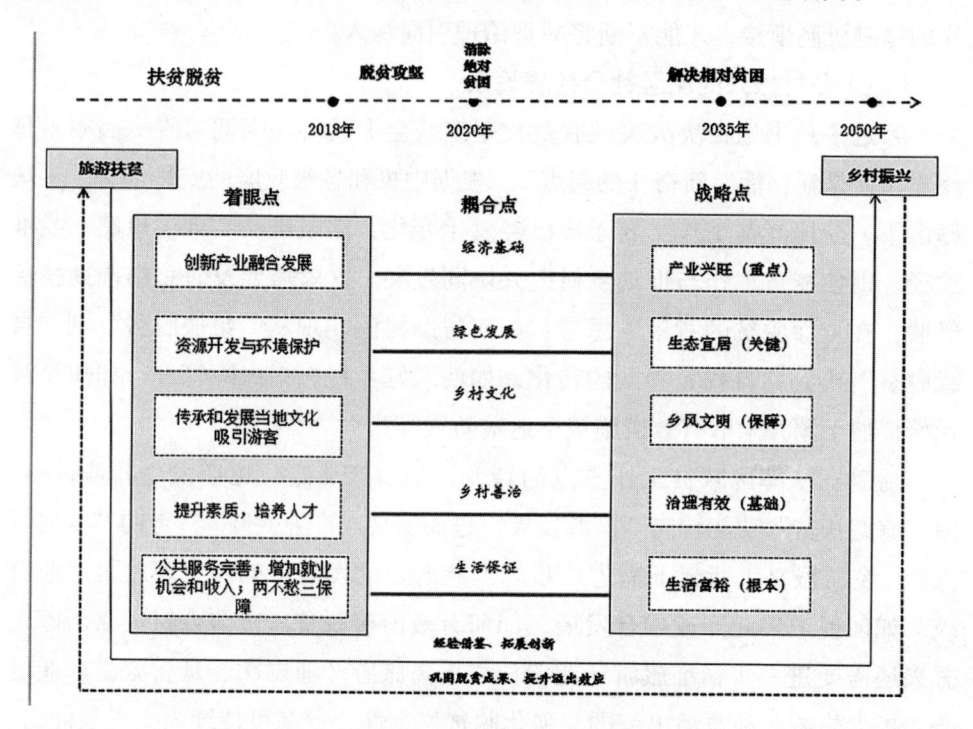

图 7.1 旅游扶贫与乡村振兴的转换衔接与提升

简言之，无论是旅游扶贫还是乡村振兴，都离不开产业发展。通过产业链相加、价值链相乘、供应链相通"三链重构"，依托三峡库区丰富的旅游资源和坚实的旅游产业基础，在全域旅游背景下大力发展乡村旅游产业，既填补锄头和镰刀的致富短板，又让"农村村貌美起来、农民腰包鼓起来"；既巩固了脱贫成果,降低返贫风险,又利于实现振兴乡村的目标。

二、社会协作思路与原则

2014年国务院《关于进一步动员各方面力量参与扶贫开发的意见》中指出要形成政府、社会、市场协同推进的大扶贫格局,支持社会团体、企业等积极从事扶贫开发事业[219]。2015年6月习近平总书记指出:"扶贫开发是全党全社会的共同责任,要动员和凝聚全社会力量广泛参与"。[220]这些顶层设计关于扶贫开发表述中都含有多元主体协同扶贫要素。

三峡库区旅游扶贫是由政府、社会团体、企业和贫困户等多元参与主体相互作用而形成的具有整体性和开放性的扶贫系统,在行政管理、政策制度、社会参与和评价机制的参与调度下,依靠交通能源、科学技术、社区基础、教育文化、生态环境、市场体系等社会支撑,完成多元主体参与、协调与合作,形成扶贫合力。作为主导的政府部门,保护和尊重旅游扶贫其他主体的地位及其自身运作规律,推动并落实政策制度建设和保障措施,建立健全参与平台,激发各参与主体在旅游扶贫中的作用。而其他各类主体则明确各自的行为规范,充分利用各类协作平台,强化主体之间有效合作,不断提高扶贫能力提升脱贫质量,让贫困户真脱贫,不返贫。

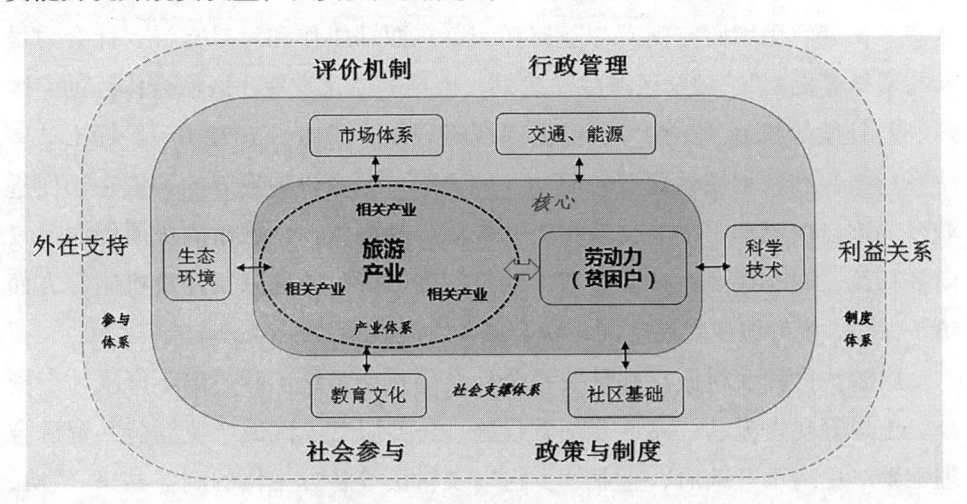

图7.2 三峡库区旅游扶贫社会协作机制

2020年三峡库区在普遍实现"两不愁"基础上,全面解决了"三保障"和饮水安全问题,让剩余贫困人口如期脱贫。然而脱贫摘帽不是终点,还需要脱贫攻坚成果与乡村振兴有效衔接,继续深化扶志扶智,激发贫困人口内生动力,巩固脱贫成果防止返贫。三峡库区要顺利实现从脱贫攻坚到乡村振兴的转换,必须从根本上扼制产业扶贫的短期化偏向,构建可持续的产业发展长效机制[221]。

推动乡村振兴,不能仅就乡村论乡村,必须要在立足乡村基础上,站在城乡关系的全局和战略高度上进行考虑。社会经济发展过程中,城镇和乡村是相互依存和促进的,城镇发展离不开乡村繁荣的支撑,而乡村振兴也必然离不开城镇的有力辐射和带动。近年来我国经济发展中呈现了一些问题:城镇和乡村资源分配出现问题,导致城乡各种规划缺乏协调,城乡规模、结构以及空间分布不合理;城乡人员流动存在系列问题,甚至出现"候鸟式"迁移等。这些问题的出现给乡村产业发展带来后劲不足、人才留不住、用长远利益换取眼前发展等问题,因此要积极推动城乡之间资源要素合理分配,让城乡要素互补,双轮驱动,才能真正实现乡村振兴。2020年《中共中央关于制定国民经济和社会发展第十四个五年规划和二〇三五年远景目标的建议》[222]提出"发展县域经济,推动农村一二三产业融合发展,丰富乡村经济业态,拓展农民增收空间。""坚持和完善东西部协作和对口支援、社会力量参与帮扶等机制""健全区域战略统筹、市场一体化发展、区域合作互助、区际利益补偿等机制"。在《乡村振兴战略规划(2018—2022年)》提出"坚持乡村振兴和新型城镇化双轮驱动"的要求。城乡协同发展的关键在于促进城乡要素自由流动、平等交换和公共资源合理配置,让城市的优质资源要素向乡村流,同时还要在社会参与、政策制度、行政管理以及评价机制等方面给予保障,统筹城乡发展空间,融合城乡发展政策。

旅游扶贫和乡村振兴都是关系全社会的复杂系统工程,离不开人才、资金、土地等要素流动;离不开基础设施、公共服务、区域产业等公共资源合理配置;更离不开政府、企业、乡村以及村民等各方主体的利益共享。"协,众之同和也,同,合会也",做好城乡协同、产业协同、政策协同、主体协

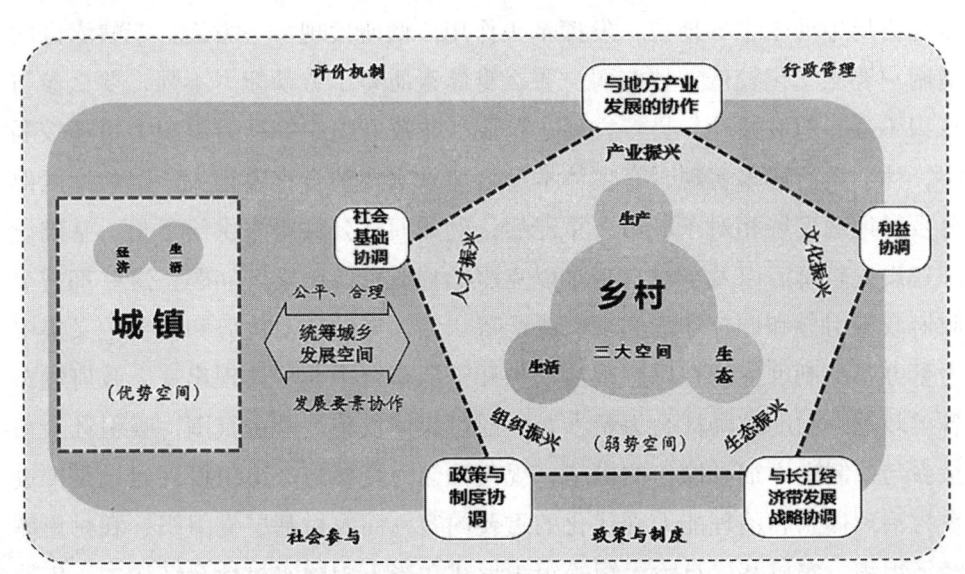

同、战略协同，才能为高质量跨越式发展提供持久的、稳定的动力源。

图7.3　三峡库区乡村振兴社会协作机制

（一）构建多元协同的参与机制

贫困治理工作不仅要解决贫困户的温饱问题，还要从长远着眼，设计可持续发展的扶贫路径，强化扶贫管理机制。脱贫摘帽后需要做好战略衔接，建立常态化减贫机制结合动态监测机制来保障脱贫成效。三峡库区扶贫实践已经证明从旅游扶贫政策的制定到实施、从旅游项目的立项到运营、从贫困户就业指导再到脱贫目标的实现，整个过程任何一个环节都离不开多元协同参与。接下来乡村振兴战略会有更多产业介入，涉及领域更广，需要进一步搭建社会参与平台，加强组织动员，构建政府、市场和社会协同推进的乡村振兴参与机制[223]。

学术界关于政府、市场和社会三者关系的研究非常多，但主要集中在宏观层面，关注国家治理体系现代化构建中这三者之间的关系。乡村振兴战略提出后，在乡村振兴背景下如何达成这三者之间的关系协同需要进一步思考。只有协调好各自的职能设置、权能边界以及功能互动才能让这三者有机衔接和相机调适，才能为乡村振兴战略顺利推进提供基础和保障。

（1）政府为主导。扶贫和振兴都是国家战略部署，政府理应在多元协同参与格局中处于主导地位，发挥牵头作用。调研发现：一方面，三峡库区的贫困户要么文化较低，技能弱；要么身体素质差，劳动能力不强；要么参与意识不强，消极被动。另一方面，企业、非政府组织等社会组织力量还较弱小，社会自治还未实现，靠主体本身自律来实现整合难度很大。三峡库区部分乡村地区发展相对于城市严重滞后，例如面临公共服务供给不足、基础设施建设比较落后以及乡村自身难以克服的物质资源匮乏等问题，这些都需要政府政策引导和调控才能实现资源配置。党领导的政治优势和社会主义集中力量办事的制度优越在思想政治动员和资源整合中充分体现出来。政府颁布各类政策、制度鼓励社会力量参与；通过媒体宣传，营造氛围，吸引社会力量参与；制定详细可操作的措施，规范社会力量参与。组织振兴建设是推进乡村治理体系和治理能力现代化的重要内容，而农村基层党组织、农村集体经济组织、农村基层自治组织等组织形式在当下中国农村社会结构中，仍然是乡村治理的主导性主体。

因此建立多元协同参与机制必须以政府为主导，才能发挥社会保障职能，优化政策顶层设计，完善相关法律法规。此外由政府链接各方资源并优化其配置，还能增强对资源宏观调控的前瞻性、针对性和协同性。政府既不能大包大揽，也不能对市场听之任之，政府要积极搭建参与平台，广泛动员并赋权参与主体，同时规范协同机制，提供公共服务保障，并进行协调和监督。

（2）市场为主力。产业发展依赖市场，市场对社会生产和收入分配都起着决定性的作用，但是如果单纯靠市场来推动资源分配，则会导致资源流向最高利润的领域，这会使乡村处于资源分配的不利位置，难以实现乡村振兴目标。社会资源配置不均衡，包括东西部之间，同一区域内不同村之间，同一村的内部以及城乡之间资源配置不均衡。加上农民缺乏对市场需求以及市场竞争的了解，更缺乏营销相关知识，这些都是潜在的风险。

可以运用市场机制解决三峡库区乡村居民的内生动力和可持续发展问题。例如大型旅游企业作为市场主体可以利用自己的服务或产品生产经验、营销平台优势、管理经验等帮扶村民开展旅游餐饮、住宿、景区、娱乐、购物等经营活动；可以创办旅游经营企业为村民提供产品销路和就业机会，让当地人分享旅游发展带来的利益。帮扶企业要多了解政府政策，清楚鼓励项目培育方向、税收减免优惠等；要多进行横向沟通，避免不必要的重复建设项目；经常同行业协会等社会组织沟通开展特色项目建设，积极承担社会责任，兼顾实现经济效益和社会效益。我国中小企业数量涉及行业面广，且大多分布在乡村，甚至可以说中小企业是县域经济发展和乡村振兴的主力军。在政府引导下，让市场推动城乡资源要素跨界配置，重点培育乡村本土的农业品牌、龙头企业和新业态。

（3）社会广泛参与。社会组织（包含行业协会、慈善机构等）结合自身所属行业和专业特点介入产业帮扶活动中，帮助村民（尤其是返贫风险高的村民）改变观念、拓宽思路、提升素质。例如民主党派、工商联以及无党派人士发挥联系面广、人才智力富集的优势，开展扶贫人口旅游从业素质教育、旅游行业基本知识培训。同时配合市场主体的开发项目，针对性地开展技能培训，提高村民的服务意识和服务技能。另外，还有部分社会组织可以利用自身资源与国际组织合作，争取资金帮助。

乡村振兴中农村社会的职能就是充分发动村民群体、乡贤群体、乡村精英群体和社会组织在乡村振兴中的能动作用[224]。可见村民、乡贤和乡村能人（含自己培养的、引进的和外出返乡的）也是社会力量的重要组成部分。他们和乡村有或多或少的联系，容易对乡村产生认同感和归属感，更容易扎根当地。鼓励专业人才下乡去服务乡村建设并提供相应保障措施，支持各类人才返乡入乡创业，同时还要引导乡贤群体投资乡村发展。除了产业振兴，乡村文化和生态保护也需要他们积极参与。

乡村振兴的最终受益者是村民，故村民的内生动力和发展能力也是乡村振兴的重要力量。村民尤其是脱贫户和有返贫风险的村民，要有主体精神和意识，自身也要积极与基层政府工作人员联系，尤其与对口帮扶干部联系，主动了解并充分利用各级各类政策，认真分析自身实际情况，以适宜的形式参与产业活动，分享市场带来的效益。例如在社会力量的帮助下自己创办旅游企业，或者为旅游项目提供自己的劳动力。如果村民因为自身的年龄、学历、身体健康状况等原因，新技能学习受到限制，也可以利用自己现有资源（资产或技能）介入旅游价值链中，如为旅游餐厅提供粮、油、瓜果、蔬菜等，发挥自己农业种植专长，为完善旅游供给提供便利。

多元协同的机制意味着由以前政府部门唱"独角戏"变为社会"大合唱"。政府、市场、社会互相约束，梳理好各自的角色，整合好不同的资源，助力乡村振兴。

（二）构建多产业融合的旅游经济体系

乡村振兴归根结底是发展问题。"产业振兴"是根本，产业问题解决了，其他问题才有解决的基础和前提条件。通过多年探索，三峡库区扶贫已取得成效，并初步形成产业规模，正经历从"大扶贫"格局到"大振兴"格局的衔接，旅游产业定位和发展战略也要做好衔接。

旅游业具有综合性特点，包含"吃、住、行、游、购、娱"六大要素，涉及多个行业。随着基础设施日益完善，人们旅游意识增强，渐渐形成了空间更广阔、时间更灵活、资源更丰富、业态更多样的旅游业。三峡库区旅游资源丰富，除了拥有多样的自然旅游资源，还有独特的人文旅游资源，除了旅游业还有农业、手工业等。旅游产业规划中以游客"出游"作为前提，以旅游产业为核心，使旅游产业与其他产业通过特定的方式链接，形成泛旅游业。旅游业不再是单一产业，除了传统旅游业中包含的旅行社业、酒店业、交通运输业等，内容演变得更丰富，所涉及行业更广泛。旅游业的产业边界存在模糊性和不确定性，并且还在不断扩展中。旅游业与相关行业进行资源型融合、生产型融合以及服务型融合，实现旅游业由"小"变"大"。将沿途所涉及的消费经济互相融合，如健康产业旅游化产生健康旅游，体育产业旅游化产生体育旅游，教育产业旅游化产生研学旅游，养老产业旅游化产生养老旅游等，将众多产业整合在旅游产业价值链关系中，形成旅游全程全链贯穿，构建产业集群。

三峡库区乡村旅游发展中更应该有泛旅游业的意识，突破传统旅游业的思维，构建以"旅游业+"为核心的泛旅游产业，通过"旅游"这条主线，串联起农业、健康、互联网、金融、地产、零售等各种业态，既丰富乡村旅游体验，又带动关联产业发展，还可以带来增值内容，形成高附加值和溢出效应，让更多村民有机会从价值链中找到自己的突破点进入泛旅游产业，分享旅游业发展带来的效益，实现生活富裕的目标。只有当村民介入了产业价值链中，才能真正实现生活富裕，才能增加对乡村的归属感和提高对本土文化的认同感。

（三）打造具有可持续的利益共同体

跨域、跨区、跨界的发展，既需要有全局的战略眼光，更要兼具广泛利益共同体的视野，任何发展只有共创、互利、共赢才能持久。利益共同体的构建需要有内外两种不同的动力机制，即主体基于对扶贫振兴的共同需求而产生的社会协作内驱力以及各项政策推动和市场需求拉动成为社会协作外部推动力。因此要充分调动各方主体参与的欲望和动力，让各主体意识到作为社会一份子其应当承担的社会责任，为乡村振兴做出贡献。同时也要从精神、物质等多方面给予激励，从外部来推动社会协作的发展。

不同主体拥有不同的资源，介入旅游产业链的形式会有差异，其利益联结机制和模式也必然不同。社会协作主体中，企业作为主体之一尤其要引起关注，因为企业本身就有市场性，企业参与扶贫和乡村振兴，其本质和动力仍然离不开获利。此外，村民也是不容忽视的利益主体，有了收益才有积极主动参与的动力。村民可以从流转土地、劳动力提供、集体经济收入等多渠道获得分红收益。

利益联结机制必须结合库区村民自身的具体情况，相关利益者地位明确、利益诉求得到保障，才能真正调动各方积极性，从而建立协同的长效机制。三峡库区在利益联结机制探索方面已经取得了一定的成效，例如丰都双鹰坝村实行的土地"三并"改革。但利益联结机制在实施中的监督、协调以及后续管理机制还需要同步进行。当减贫工作重心由"扶贫"转向"振兴"的时候，利益联结也必然会有相应变化，从单向帮扶走向多方共赢。正视各方的利益需求，找到协作各方的利益连接点，综合考虑各方投入强度和实际贡献，设计合理的利益分配方案是协同发展必须面对的问题。"后扶贫时代"让各方主体形成风险共担、利益共享的共同体，必须要构建多元利益联动机制，尤其要完善和巩固企业和村民之间的利益链接机制,才能保证乡村振兴战略阶段社会协作持续有效发展。

(四)制定规范有效的社会协作制度

政府、市场和社会三方参与扶贫和振兴的主体众多,拥有的资源分散,甚至部分主体拥有的资源关联性较差,加上利益出发点不同,工作中容易出现各自为政的情形。外界客观形势复杂多变,容易激发主体间矛盾,难以形成合力,导致部分资源闲置,甚至还会造成不必要的资源浪费。目前是脱贫攻坚与乡村振兴有效衔接的关键时期,制定完善的政策法律制度,规范社会协作,才能为乡村振兴战略的实施提供基本保障。

从三峡库区旅游扶贫经验来看,以政府部门协作为例,就发现存在一些问题:第一,从横向上看,扶贫工作中计划、组织、指挥、协调是政府发挥主要作用,但政府在人、财、物资源的支配和调用方面又有一定局限,降低了旅游扶贫的实际效果。第二,从纵向看,中央政府和地方政府协同度不够,扶贫的投入由中央政府负责,扶贫具体工作由地方政府负责,由于工作重点不同,导致出现不一致的行为,降低实际效果。在实际工作中,主要矛盾集中在相同级别中不同职能部门之间的协作方面。横向关系的职能部门之间存在一些职能有交叉的机构,在进行职责分工时,更需要将分工规范化和制度化明确下来,否则发生问题就会出现"踢皮球"现象。在产业发展过程中,有时涉及利益分配,职责划分不清又容易出现多部门争抢管辖权的情况。参与乡村振兴的各个主体要注意克服狭隘的本位主义思想,服从政府主导下的统筹运作、全盘谋划。一起制定规范的协作制度,各主体明确自己的定位,各司其职,按规则办事,积极沟通,形成一个高效的规范系统,才能最大限度地发挥协同功能。

(五)完善科学合理的评价体系和风险预警体系

任何工作要取得最终成效,都离不开科学合理的评价体系。通过评价体系来检测工作方式方法的有效性,以便及时纠正错误。通过对工作成效定性定量分析来检测协作成功度,对协作中存在的问题进行调整,扫清协作中的障碍。由于参与主体利益不同,主客观环境随时变化,期间可能出现一些不利于社会协作的因素,影响协同效果,故还需要全程全面监督,以保证政府、市场和社会协作发展不偏离方向。

基于三峡库区旅游扶贫的经验，在乡村振兴战略实施中协作评价体系的构建主要考虑两个方面：一是常态化考评过程机制；二是效果自查机制。评价体系的内容包括协作机制的组织领导、统筹工作进度、工作创新程度、信息报送及时性及宣传效果、资金利用率、工作台账清晰度、协作方式方法合理性、协同联动频率和效果、协同成果、社会认可度、村民参与度、当地返贫情况等。随着互联网普及和科技发展，大数据已成为重要信息资源，社会协作也要有大数据思维，对协作机制和协作运行效果进行定性、定量分析。

"后脱贫时代"农村治理还面临着返贫风险，例如政策性返贫、能力缺失返贫、环境变化返贫以及发展型返贫等风险，需要健全脱贫人口返贫风险预警机制，以便及时采取措施应对。三峡库区调研中发现监督和预警机制方面存在一些问题，例如风险检测职责划分不明、检测技术体系不健全、相关风险信息管理碎片化、缺乏返贫信息共享平台、监督主体配合缺乏规范性等。在乡村振兴战略实施过程中同样面临着许多潜在风险，比如农村耕地问题、乡村传统文化传承问题、空心化问题、乡村情感弱化问题等，必须建立预警体系并及时做出预防。

三、社会协作机制的构建

各地有不同的资源禀赋，各行业也有各自优势，加强跨界、跨区交流协作，不仅可以实现资源互补，还能为发展加速。三峡库区通过"东西"协作，企业结对帮扶等举措顺利完成脱贫任务，并初步建成了稳定高效的扶贫协作机制，这一协作机制也是扶贫攻坚中值得肯定的经验。正在进行的乡村振兴战略更是一个复杂的系统工程，是人力、物力、财力的有机结合，更是人才、资源、战略的有机统一。还需要将社会协作机制进一步完善和发展，引导社会资本加大投入力度，提高政策、技术、人才、金融等各项工作的协同性，形成合力推进乡村振兴。

（一）经济产业要素的协同

三峡库区的旅游扶贫是基于特定时间和空间，实行具有很强目的性的产业布局，其直接目标是扶贫脱贫，目前已经实现。下一步工作需要充分考虑旅游产业的可持续发展，由"产业扶贫"向"产业兴旺"转变，实现脱贫、富民、振兴有机衔接和持续发展。

旅游产业包含的要素丰富，每一个要素对应的消费市场巨大。随着市场发展，传统意义上旅游产业要素"食、住、行、游、购、娱"已逐渐扩展为"食、住、行、游、购、娱、体、会、养、文、教……"这些要素相互交织，构成紧密结合的泛旅游产业链。旅游产业和旅游相关产业为了满足旅游者的消费需求，由旅游目的地、旅游客源地以及两地之间的联结链上的企业和个人通过各种形式的结合，形成了旅游生产和服务的有机整体。旅游资源的开发行业、旅游服务提供行业以及旅游基础设施建设等凭借彼此之间的纵横联系，形成了巨大的泛旅游产业集群。这些参与主体虽然其实质分别属于不同的行业，有不同的经营模式、生产特征，但他们服务于共同的旅游消费者群体，参与旅游价值链的分享，因而在特定的地理区域内聚集，具有高度的集群性，可以"集中连片，梯度推进"实现乡村振兴。

旅游产品的供应者是众多的个人或企业，具有分散性，但旅游者对旅游的感受和评价具有整体性。旅游过程环环相扣，使分布在旅游产业链不同环节的企业存在着很强的依赖性和关联性。这也意味旅游产业和相关产业必须密切配合，紧密协作，才能为旅游者带来完美的整体旅游体验。旅游业发展不能离开其他产业而存在，故可以从延伸产业链，拓宽产业面，集聚产业群的方式来考虑各产业之间要素协调。

乡村振兴首先要推动产业的协同发展、协同兴旺，而产业协同的关键在于产业融合。从三峡库区资源来看，独具特色的田园生态、低密度生活方式、缓慢的生活节奏、传统的民俗艺术等都是乡村特有的资源。乡村旅游是乡村振兴战略实施的重要手段，要充分利用乡村资源，形成旅游产业链，带动乡村经济的发展。

1. 旅游产业首先考虑和第一产业（农、林、牧、副、渔业等）协同发展

（1）三峡库区第一产业资源丰富，其本身可以直接成为旅游业组成部分。库区当地的农业产品可以是"食"的直接来源，食材源于当地，既可以降低运

输成本，又保证食材新鲜。部分村民由于年龄偏大、学习能力有限等原因无法学习新技能，就可以用自己已经拥有的熟练的种植技术，培育相应的农产品，当农产品收获后直接卖给农家乐或者当地餐厅供旅游者消费。近年来到三峡库区的自驾游客越来越多，不少是来自重庆主城避暑度假的游客，他们往往有比较宽裕的经济，愿意追求更高的生活品质，来到库区乡村度假，希望能购买新鲜的绿色农产品，甚至愿意用比市场更高的价格直接从村民手里购买土鸡、土鸡蛋、土豆、南瓜等农产品带回主城消费。所以村民要做的就是细心种植，用心养殖，提高产量，让前来休闲度假的城市游客能买到满意的"土货"，才能增加收入。此外还要利用网络技术，主动和电商物流企业合作，采取"线上""线下"相结合的两种销售模式方式，让新老顾客更便捷地购买"土货"。

（2）部分农业资源可以经过适当改造，成为旅游项目或旅游目的地，让旅游者参与体验。例如，三峡库区是世界柑橘种植起源中心之一，忠县被誉为"中国柑橘城"。《忠县县城总体规划（2004-2020年）》将县城定位为"以旅游服务加工业为主导的具有独特自然风貌与历史人文特色的三峡库区山水园林城市"。结合"柑橘城"的名誉，忠县对适宜开发的柑橘种植园进行改造，让游客参与柑橘采摘活动，体验农业之趣，带动柑橘销售。已经形成了"从一粒种子到一杯橙汁再到榨干吃尽"的"产加销研学旅"完整的产业链。2020年年底忠县三峡橘乡田园综合体正式开园，成为农旅深度融合发展的示范，美丽乡村旅游目的地。

由于工业相对落后，地域偏僻的三峡库区旅游资源保存较好，甚至还保留了一些具有当地特色的农业遗产、农业遗存以及民间艺术，这些资源对外地游客，尤其是外地城市游客具有相当的吸引力。例如万州大石板梯田（千层梯田），被中国国家地理杂志评为"重庆100个最值得观景拍摄点"，每年吸引无数城市游客前往打卡。它以农业耕种文化为核心，包含了饮食、民俗、宗教、建筑等文化内涵，构成了典型的农业文化遗产体系，也是三峡库区独特的农业文化遗产典型类型。资源的吸引力不仅能为当地村民带来经济收益，还能带来对当地文化的认同感。这些优秀乡村文化资源不仅维系和凝聚着集体记忆，让人记得住乡愁，还能树立村民的信心，振奋村民的创业激情，而文化振兴正是乡村振兴的灵魂。早在2018年中共中央国务院关于实施乡村振兴战略的意见中就提出"切实保护好优秀农耕文化遗产，推动优秀农耕文化遗产合理适度利用"[218]。

为保护和挖掘农耕文化而进行的少数民族文化挖掘、民间文化传承以及传统村落和民族村寨维护反过来又为村民提供了良好宜居的生态环境，这些本身就是农村最大优势和宝贵财富。石柱县黄水镇金花村引进金科集团，出于扶贫目的发展有机农业，建造了有机蔬菜基地，而现在这个基地既为当地提供旅游食材，又发展成了具有参与性的旅游活动项目吸引着更多的游客。另外三峡库区城口大力推行立体特色林业模式，如"林上挂果，林地种药，林下养鸡，林间养蜂"等具有观赏性的生态复合型产业模式，这些项目本身就是乡村旅游的构成要素，更是农旅结合典型。

（3）农产品经过包装或者工业加工成为旅游纪念品。人情往来是人之常情，出游一趟带回当地特产分享给亲朋好友是很常见的。"伴手礼"是旅游经济中极具竞争力的利润点。石柱有"黄连之乡"的美誉，尤其是"石柱黄连"地理商标注册成功后，产值和产量都不断提升。梁平"张鸭子"、城口"老腊肉"、涪陵"榨菜"、忠县"豆腐乳"以及奉节"脐橙"等这些具有浓厚本地气息的农产品都是极好的旅游"伴手礼"。在网络普及的今天，经营者可以和各大电商、运输商合作，让游客"空手"而归，到家取货。

（4）以农业为桥梁，联合旅游业和其他产业协同发展。例如"中国橙都"奉节，每年举办"以橙会友""以橙传情"的脐橙文化节。通过"脐橙"将旅游业和会展业、文化业有机结合起来，既促进脐橙农产业，又丰富了旅游业。2018年"第一届长江三峡（巫山）李花节"启动，正式拉开巫山花海观赏序幕。第一届李花节以"中国李乡　三峡花海"为主题，吸引了不少旅游者前来观赏漫山李花。

第一产业与旅游业的结合可以是单一渠道的，也可以是综合方式的。如巫溪发展旅游观光农业，从最开始"卖李子"（巫溪脆李），到将果业资源与观光旅游结合起来"春赏脆李花，夏品脆李果，秋吃脆李干，冬饮脆李酒"。如果村民农业技能不高，可以将田地包租给有技能的村民，例如垫江徐白村

第七章　旅游视域下扶贫和乡村振兴的社会协作

一村民将土地包租给他人，收取租金，本人则受雇于采摘园，获得劳动收入。

2. 旅游业与第二产业（主要是工业）协同发展

三峡库区受发展基础、开发时序等因素的影响，各区县的工业发展水平不同，有现代化大工业，也有非常传统的农村手工业。库区地理位置较偏，交通有限，可以大力发展传统农村手工业，做精民间工艺品牌，避开大城市工业化的竞争，构建差异化商品体系。旅游业与第二产业融合，延伸旅游的价值链的同时也为工业发展带来了机遇。

（1）生产旅游纪念品。工业产品尤其是工艺品，一旦成为旅游资源，则会突破行业和空间局限，通过旅游纪念品的形式销售给游客。众所周知，旅游购物不仅是单纯的购物行为，还蕴含着对游览地的记忆，在游客心中成为代表性的符号。旅游纪念品的核心是文化的差异性，所以库区旅游纪念品生产要在传统工艺品的基础上进行开发和创新，一定要根植于当地文化和传统文化，不要追风模仿。例如城口漆器、梁平竹编都是近年来做得比较好且有一定知名度的旅游纪念品。通过网络渠道销售，提高销量增加收入，还对外传播了当地文化。

在市场经济时代背景下，传统手工艺需要保护，但也必须与市场结合，要处理好传统文化保护和传统手工艺市场化的关系。社会环境在变化，消费者的需求也会发生变化，传统工艺品的设计、包装等应随之而变。只有做好市场调研，才能设计出适销对路的旅游纪念品；只有做好市场细分，才能进行精准营销。可以从艺术审美、历史文化、市场经济等方面对具有手工技艺的村民进行指导和培训，协助他们分析市场形势，改进工艺，提升技能。就如梁平竹编是典型的三峡库区传统工艺，甚至还是非物质文化遗产。但随着社会发展，竹筐、竹篓等这种绿色环保、具有民族特色的竹编用具市场越来越小。就必须引导这些农户将产品设计从传统的农具、生活器具等转向更具有艺术性和审美性的家居产品，才能够拓展市场。同时要将绿色健康的生活理念融入竹文化中，提升产品设计的品质和深度，才能受到年轻消费者的青睐。铜梁区莲乡茶宿是调研对象之一，以经营民宿接待旅游者为主，在旅游淡季和闲暇时间，老板也编织手工艺，如耳环、提包、花卉以及服装等，住店客人甚至还可以参与其中体验一把DIY的快乐，学一学手工艺，也带走自己的劳动成果。独具风格的手工艺品让不少都市人停住脚步，还有客人即使回到都市，也通过老板微店定购手工艺品来馈赠亲友。此外，三峡库区土家族的刺绣、织锦，苗族的石雕等也是旅游者喜欢的具有当地文化特色的手工旅游纪念品。

三峡库区传统手工艺是民间代表性文化之一，就像"活化石"，见证了库区的变化。机器工业大生产提高了产量，但手工艺却更多地承载了文化，工艺人用手的温度来满足都市人的文化情感需求。

（2）丰富旅游活动。通过设计研学旅游产品，将工业生产、工业体验、工业参观等融入旅游实践活动中，既丰富了旅游活动，还有利于增加产品销售，同时还能将工业知识和生产创新向周边传递。传统的农业手工业主要依靠手工制作，是当地村民本身具备的技能，这对城市人群具有吸引力。这种形式的旅游活动既传承了当地手工业和文化，又能以较小投入增加村民的收入。目前三峡库区开展的研学旅游项目，大多是组织者让城市小孩体验乡村生活，教育功能偏弱。在库区真正开展研学旅游，除了要与旅行社、农村手工作坊等部门合作，还需要引入学校教育资源。学校学院师资以及工厂等主体介入研学产品的设计和生产，根据参与学生实际情况设计合适的教学任务，安排相应的教学进度，提升学生综合素质，最终达到研学旅游目的。

3. 旅游业与第三产业（以服务业为主）协作发展

旅游业与第三产业融合发展趋势越来越明显，产业界限也日益模糊：

（1）特色是旅游的灵魂，而文化则是特色的根基。文旅融合发展形成真正的旅游特色。在消费需求推动下，旅游业与文化高度融合，加强旅游内涵，拓展旅游内容。旅游业具有文化属性，文化既丰富了旅游产品又为旅游业发展提供动力，更为旅游业提供外向型发展机会。如旅游目的地的"印象"系列演出。"印象武隆"就充分地向世人展示了"不一样的印象，不一样的武隆"，其中吸引游客的"川江号子"、哭嫁等都具有浓郁的当地特色。如今"印象武隆"已经成为很有知名度的三峡库区旅游项目之一。以长江三峡文化为例，瞿塘峡以三国文化为支撑，巫峡以巴国文化为内涵，而西陵峡则是以三峡水利工程为重点,这些独特的文化才是三峡的灵魂。"中华诗城"奉节从2017年起连续三年登录《中国诗词大会》,变"山水人文"为"金山银山",并打造"三峡之巅·诗橙奉节"品牌。丰都的"神曲文化"、奉节"三国文化"以及巫山"神女文化"等也值得再深入挖掘。

(2)旅游与金融行业协同发展。旅游与金融业协作,扩大旅游企业的融资渠道,优化旅游支付方式,完善旅游人身保险、旅游财产保险等。例如2021年中国农业银行和国家乡村振兴局为进一步巩固拓展脱贫攻坚成果同乡村振兴有效衔接而推出的金融创新产品"富民贷",用以扶持农户开展生产经营,具有利率优惠、流程便捷、免除农户抵押担保要求等特点,是脱贫人口小额信贷的"升级版"。2022年年初,秀山村民杨会的草莓园在该信贷资金支持下"焕然一新"[225]。

(3)旅游与养老产业协同发展。三峡库区资源丰富环境优美。随着交通发展,距离主城往来十分便利,旅游业还可以与养老产业融合发展,旅居式养老、田园式养老都是不错的发展项目,既充分利用当地农村资源,又解决主城退休人员的养老问题。围绕各类形式养老还可以开设一批旅游项目带动库区经济消费。如养生度假旅游社区、健康服务中心等。旅游产品设计也可以增加种类,如养生度假游、休闲调理游等。丰都双路镇莲花村曾经是个深度贫困村,蔡家场就正准备引入康养项目,投资近2.8亿元。入股康养项目的贫困户可以得到分红。当然有条件的地方还可以融入物联网技术,搭建旅游养老平台,完善旅游信息、医疗康复信息、旅游住宿信息等,提供线上线下服务,让老人有方便快捷舒适的感受和体验。

(4)旅游与电子商务行业协同发展。重庆依托"网上村庄"电商扶贫,在贫困县开展"赶年节"等活动。曾经先后组织100万人次自驾进贫困村,实施"后备箱工程",采购贫困户农产品。近年来,直播、短视频等新媒体助农效果也十分显著。

4. 旅游业与其他产业类型协同发展

旅游与批发零售业融合,有助于旅游商品购物发展;旅游与交通业融合,涉及旅游公共交通运输、旅游交通租赁、游客出行辅助服务等行业类别。三峡库区通过产业间互相渗透、交叉重组、要素聚集等，使得综合效益高于每个单独产业的总和。三峡库区旅游业与其他产业协同发展虽然刚起步，但发展比较快，部分项目已粗具规模。三峡库区的华溪村就充分发挥自身地理、气候、文化等本底条件优势，坚持农旅融合发展思路，重点发展黄精、蜂蜜和乡村旅游三大方面。村集体股份经济合作社成立由村集体控股的中益旅游公司，建有扶贫车间，通过电商销售产品（通过线上线下渠道，销售生态米、蜂蜜、辣椒等山货）。通过招引龙头企业，与农户和村集体合股打造"中华蜜蜂谷"——以蜜蜂为主题的蜜乐园项目，充分盘活沉睡资源。华溪村偏岩坝借助了融创集团对民居院落整体环境进行提升，全国工商联和重庆市工商联餐饮商会企业通过深入挖掘偏岩坝优良的自然环境资源，从资金、技术培训、装修、景观打造等方面对口帮扶当地农户整体开发农家乐示范项目，打造土家风情田园综合体。这些都是库区将旅游业与其他产业联合，协同发展的典型。

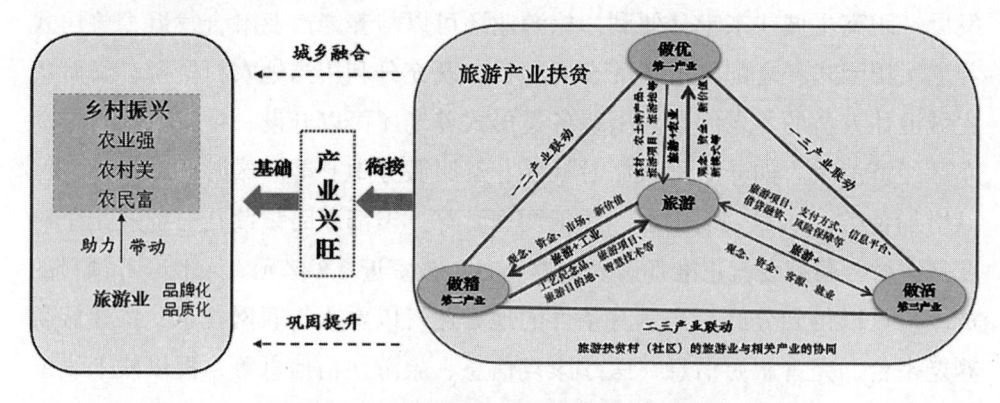

图 7.4　旅游产业扶贫与乡村振兴的协同

随着思路拓展和技术发展，旅游业要更广更深地找到联结点，形成更新的业态形式服务社会，创造价值。乡村振兴需要有更灵活的思路，无论通过什么方式协同，只要能被市场接受，改变村民（社区）的现状，增加经济收入、提升生活质量就可以去尝试发展。调研发现，库区产业在发展中还存在一些问题，如新产品、新业态不够明确清晰，产业链和价值链比较短，村民参与程度有限。综合分析，三峡库区社会协作机制构建中经济产业要素协同可以从创新、路径、社区参与以及集团化四个方面来考虑：

（1）创新方面。旅游业与其他产业要素融合后会形成新的特征，甚至可能形成新业态与原来的旅游业形成替代或者互补。所以旅游业应该以开放的状态逐渐改变，产业要素通过变革、扩散、竞争、协作等形式共同演进，甚至形成新的产业形态。

（2）路径方面。各个产业功能和特点不同，旅游业与之融合的路径也不相同。资源融合、市场融合、技术融合、功能融合是最基本的。在具体实践中，要找准自己的路径，不排除多路径共同发展。

（3）社区参与方面。当地村民的风俗习惯、生产方式、衣食住行等本身也极大丰富了旅游资源和旅游产品。产业协同发展既要考虑旅游者的感受，还要顾及旅游企业的回报，同时也不能忽略了村民的合理利益需求。只有社区参与充分，才能形成更好的客我关系，为旅游者带来良好的旅游体验。

（4）集团化方面。自由发展的旅游企业容易形成散、小、弱、差的局面，抗风险能力差。产业融合要注意培育能引领行业的大企业，企业是产业融合的主体，培育集团化的大企业，才有利于提升竞争力，带领三峡库区的发展走出库区，走向全国，甚至全世界。

2020年，文化和旅游部、国家发展改革委等十部门联合引发《关于深化"互联网＋旅游"推动旅游业高质量发展的意见》，明确加快建设智慧旅游景区，完善旅游信息基础设施，扶持旅游创新创业等任务，并强调坚持主场主导，技术赋能，并深入推进旅游领域数字化、网络化、智能化转型升级，推动旅游业的高质量发展的同时又满足人们美好生活的需要。"产业兴旺"是乡村振兴总任务的第一要务，更是解决农村一切问题的前提。三峡库区前期旅游产业扶贫建设已经为产业兴旺打下坚实的基础，还需要通过城乡融合、"东西协作"进一步融合产业助力乡村振兴。

（二）旅游产业与社会系统的协同

旅游体现人们的生活方式和生存状态。它是经济发展、生活方式变化、居民收入提高、闲暇时间增加，以及心理需求共同作用的结果。所以旅游不仅仅是一种经济活动，更是一项综合性的社会活动。因此旅游产业发展还应充分考虑社会文化、从业人员、当地居民、社会风险、社会治安等因素，要进行全域布局、资源整合、要素协调以及配置优化。不但要考虑市场的需要，还要考虑市场主体的效益。

旅游资源是旅游业发展的重要依托，决定着旅游业的发展方向。旅游资源大多具有公共物属性，而旅游促销和宣传又具有非排他性特征。例如长江三峡旅游资源就具有唯一性，它跨越省市组成，容易导致各地在利益驱使下各自为政，过度开发，最终破坏资源。因此旅游产业发展需要协同政府部门，政府统一规划指导以及地方政府之间联络沟通，探索建立三峡库区资源环境生态监测预警体系和产业绿色发展激励政策体系，为旅游产业持续发展提供保障。

文化是旅游的灵魂，文化差异能给旅游者带来吸引力，是旅游业提高竞争力的关键因素。以"文"化产业，对三峡库区地方特点的乡村文化资源进行深度挖掘，不仅可以赋予农产品以乡村文化内涵，还能提高农产品文化品位[226]。因此旅游业要认真挖掘三峡库区当地民风民俗、衣食住行以及旅游资源的文化艺术内涵，将这些文化通过舞台表演或者潜移默化的形式传递给旅游者。三峡库区少数民族以土家族居多，从湖北宜昌，到重庆巫山、奉节，还有石柱土家族自治县都有少数民族聚居区，在历史发展过程中，少数民族自身创造、传承和积淀下来的具有民族特色的文化，本身就是吸引力，可以直接开发为旅游资源。此外重庆因水兴市，纤夫创造的川江号子更成为千古绝唱。川江号子反映三峡纤夫战滩斗险的命运，描述三峡两岸的风土民情，这本身就是具有吸引力的旅游资源。在旅游发展中要抓库区特有的文化，让文化深入旅游，三峡库区的旅游才有灵魂和核心，才不会被其他地方复制模仿。同时居民越深入了解自己的文化，越能增强文化认同和文化自信，文化振兴是乡村振兴的重要内容，经济富裕了村民的口袋，文化富裕村民的头脑。在旅游资源开发和产品设计的时候还要注意保持文化的真实性和原味性。奉节县与张艺谋团队联合打造的《归来三峡》诗词文化实景演出，自2018年12月首演以来已经成为研学旅游创作研究的基地和"三峡牌"的旅游拳头产品。此外旅游者通过自身的活动，除了了解库区当地文化，也会同时将自身文化带入当地，潜移默化地影响着库区，使库区自有传统文化受到冲击，所以三峡库区乡村产业振兴发展过程中还要对当地文化进行保护和传承，才能让三峡库区自身的旅游资源保持吸引力。

旅游活动是人的活动，整个过程涉及的参与人员不仅有旅游者，还有旅游从业人员和当地居民。旅游产业要加强人才建设，充分发挥旅游人才对库区经济发展的推动作用，"乡村振兴，人才是关键"。中共中央办公厅、国务院2021年引发《关于加快推进乡村人才振兴的意见》提出"加快乡村文化旅游人才队伍建设"，并为打造旅游人才队伍指明了方向和路径。政府要为旅游行业人才培养和流动搭建平台，行业和专业院校要进行信息交流，从行业规划、人才培养等方面开展产学研合作。旅游企业自身要充分挖掘人力资源，增加各级劳动力，并实现人力资源优化配置。在选人和用人方面，尽量培养当地人，尤其当地村民，既能提升当地人员素质，还能解决就业，改善经济环境。简言之，政府部门、教育单位、市场企业要联合培养，构建全方位的人才培育体系，培养库区自己的从业人员。在三峡库区，还要想尽办法激发和调动乡村"能人"让他们带动库区发展。库区有部分人员曾在发达地区务工、创业，他们的视野更开阔，头脑更灵活，并且拥有一定的技能。由于这些"能人"与村民生活在同一个村，有共同的生活环境，村民对他们的信任度很高，容易树立起榜样，通过模仿、带动和参与给予村民更多信心和激励。

对库区居民要重视素质培养和权利转让。当地居民造就了旅游目的文化，其自身就是当地文化的载体，与旅游资源融为一体。旅游给当地居民带来了经济提升，但也会给当地带来噪音增大、交通拥挤、犯罪率提高等问题。如果当地居民认为旅游利大于弊，则会乐于接受游客的到来，对游客热情友好，让游客有良好的体验。反之，如果当地居民认为旅游发展影响了自己的正常生活，旅游发展对自己弊大于利，则对外来游客持排斥和拒绝的态度，使游客形成不良的感受体验。三峡库区民风淳朴、热情好客，但为了旅游更长远地发展，旅游产业在发展过程中也要注意降低旅游对当地居民的不良影响。三峡库区村民通过日常生产生活来演绎和传递乡村符号，村民的归属感越强对乡村的认同感就越高，村民享受到旅游业带来的利益越充分越有利于实现社区共建共享。这也是避免形成"旅游飞地"的重要保障。

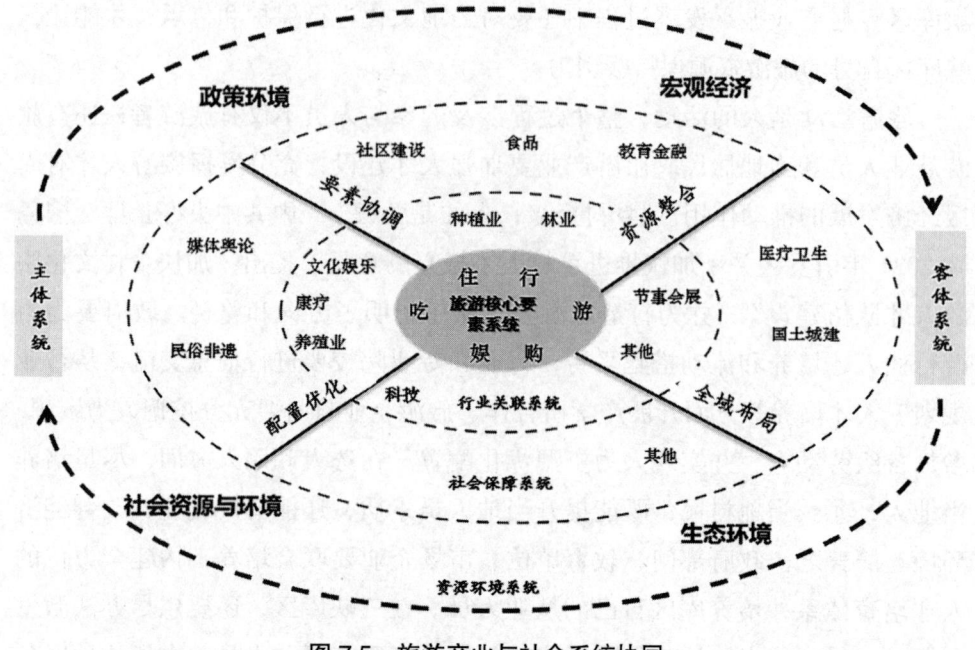

图 7.5 旅游产业与社会系统协同

旅游发展还离不开当地环境，旅游者的目的地是景区景点，但并不受限于景区景点，放眼皆风景，随处可旅游。当地的一切人文和自然旅游资源都可以成为景区不可分割的影响因素。但在库区旅游扶贫中部分地方对此重视不够，例如：石柱黄水镇与"黄水国家森林公园"；忠县石宝镇与"石宝寨"，这些旅游资源的建设和当地城镇化规划的和谐度有待提升。旅游规划和设计都要有"全域旅游"的观念，从土地利用、环境保护、文物保护、综合交通到医疗卫生、社区建设、食品安全、媒体舆论等方面一定要有系统的观念。全域旅游不是旅游部门一己之力可完成的，涉及国土、园林、城建、农业、金融、教育等多部门协作。此外，旅游活动中涉及的治安管理、重大突发事件、疫情防控等也需要打造社会协同治理模式。

（三）区域关系的协同

不同地域间的资源、人口、经济、市场等要素分布不均衡，导致区域之间发展程度不平衡。通过区域间合作，实现资源高效利用，市场互补，提高

第七章 旅游视域下扶贫和乡村振兴的社会协作

产业生产效率。因此区域协同发展是建设现代化经济体系的重要举措。旅游产业具有综合性强、关联度大、带动性广的特征，天然具有打破行政、行业、产业和市场壁垒，促进协同发展的需求和优势，在区域协同发展战略中能充分发挥杠杆作用。

习近平总书记曾经强调："东西部扶贫协作和对口支援，是推动区域协调发展、协同发展、共同发展的大战略。"[227] 实际管理中存在行政区域分割，地方政府为了实现行政区域内的旅游经济利益最大化，在旅游业发展中往往从本位主义角度出发，规划和发展自己行政区域内的旅游市场，导致区域之间市场分割，旅游产品雷同，企业之间恶性竞争，对整体经济带来消极影响。区域协同发展能打破行政界限的局限，积极培育区域旅游市场，降低区域之间旅游要素交流成本，促使区域经济走出封闭状态，实现区域间旅游市场双向互补协同。

三峡库区面积大，内部涉及多个行政区县。库区部分区县旅游资源同质化现象明显，开发无序，损耗大且难以可持续性发展。根据经济运行规律，区域经济基础条件大致相同，处于同一发展阶段的区域内各地是互为补充、共生共荣的，单一地区很难异军突起。三峡库区旅游需要区域协同发展，保障地方利益基础上，在协同发展目标下，打破行政区划界限，以政府机制为协同保障，以市场交易为协同方式，共同联手发展旅游。"政府机制为协同保障"主要包括政策制度一体化、生态环境一体化、基础设施一体化、统筹管理一体化等方面。"市场交易为协同方式"主要包括旅游企业联营、联合促销、信息网络共建、客源市场共享等方面的内容。三峡库区属于重庆和湖北管辖，特别容易形成政出多门，条块分割。受地方保护主义影响，两地旅行社之间、游船之间等恶性竞争，服务质量难以监控，产品质量更难以得到保证。甚至对外宣传促销都不统一，如你推神农溪，我推小三峡；你办"三峡艺术节"，我办"三峡国际旅游节"等。庆幸的是两地意识到了这个问题，从2010年起为统一打造长江三峡国际旅游品牌，共同联手打造"中国长江三峡国际旅游节"，由渝鄂两地轮流举办，在三峡旅游资源的开发利用上，两地合作，统一规划，统一营销，统一重大基础设施的建设，不但渝鄂两地取得了很好的效益，还优化了长江三峡黄金旅游线路，让游客获得了更好的体验。

三峡库区旅游扶贫区域关系协同可以从以下几个方面入手（图7.6）。

（1）区域旅游资源协同。旅游资源是旅游活动的重要要素，也是旅游系统中的根本要素。任何一个区域内的旅游资源都是有限的，不同区域间旅游资源因为种类、规模、文化内涵、时间序列、区位等要素不同而形成了差异。首先，旅游资源开发打破行政区划，跨越区域进行合作，有效整合不同区域内的旅游资源，将旅游资源视为共同财富。通过旅游线路设计，整合协作区域内的分散景区景点，推出不同的主题线路，建立适应多元市场需求的旅游产品体系。其次，将同类资源规模形态进行互补、将同类资源时间序列上互补、自然资源和人文资源互补等。从多角度互补性进行探索，将现有的资源重新评价和定位，将区域间的差异性变为互补性，挖掘出更多旅游资源优势，互为旅游客源地和旅游目的地，建立互补的旅游竞争合作关系，从而产生更大的经济效益。再次，鼓励区域中具有资本优势、技术优势的一方与具有资源优势、劳务优势的一方合作（例如：三峡库区与东部发达地区合作），共同开发旅游资源，开展跨区域重组更具有吸引力的旅游产品。

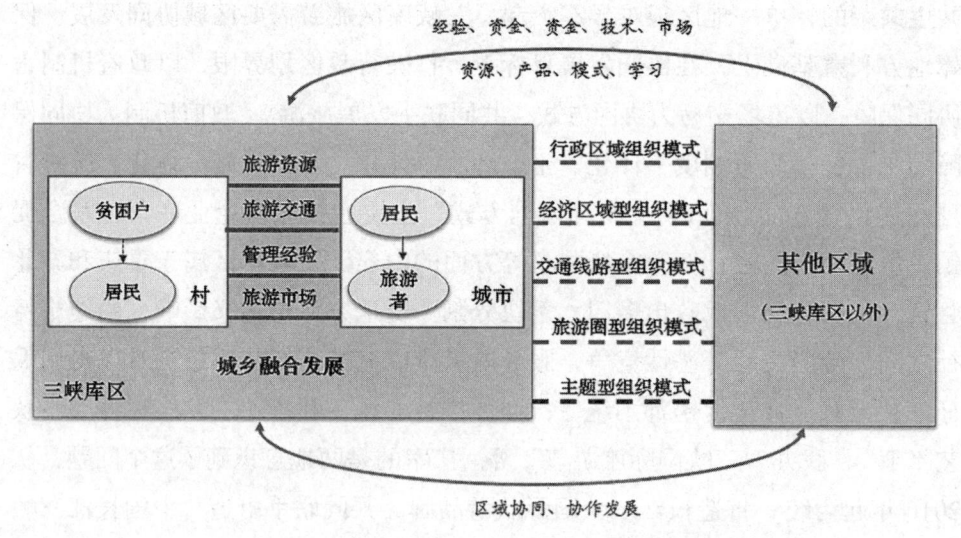

图7.6 三峡库区旅游扶贫（村社）的区域协作

（2）区域旅游交通协作。交通是影响旅游者目的地决策的重要因素，交通对旅游者出游选择在心理上起着决定性作用。旅游资源吸引力再大，如果没有快捷便利的交通做后盾，也不可能产生规模化和长期发展的旅游经济。旅游业有明显的淡旺季之分，区域协作也意味着数据共享，预测游客流向和流量，提前对游客流进行合理引导。协作区域间互相开通旅游交通直达车，构建区域内交通环形通道；开放异地车辆进出限制，实行无障碍交通进出自由。

（3）区域旅游地社会秩序治理协作。安全是旅游者参与旅游活动的最基本要求，也是旅游目的地经营的基本前提。区域旅游协作机构人员应该对目的地及沿途的风险源进行识别、评价，对可能出现的风险以及各种特殊情况都充分考虑，建立完善的安全预案。行政区域交界处的治安一般比较差，可以加强协作区域内的治安联动，开展边缘接合部治安联防，必要时可以区域性联合行动执行调查、取证、逮捕、拘留等工作。维持良好的区域治安秩序，给游客足够的安全感才能让游客愿意来。

（4）区域之间旅游市场协作。协作区域之间互送客源、共同进行市场促销和旅游形象宣传，共建区域旅游协作信息网络平台等。

区域协同一体化就是要打破行政区划局限，谋求旅游业在更大格局中发展。区域旅游协同发展需要整合不同区域的旅游资源，旅游协同规划，资源共享，解决不同地区经济发展不均衡的情况，最终实现促进三峡库区发展。在现有行政区划分割的管理体制和各自地方利益为重的情况下来发展区域旅游协同，需要很强的协调机制。在跨区域旅游协同发展的过程中，首先对旅游协同区域范围进行划定。范围不能过小，没有意义。也不能一味追求大跨度、广范围，容易带来不同地域间的社会文化冲突。区域协同发展过程中对旅游资源的协调配置必须服从发展目标，在协同区域内实行政策一体化、市场一体化。在利益平衡机制引导下，让旅游产业中的资本、技术、市场、交通、资源等要素在协作区域内自如流动。

目前已有比较成功的五种区域旅游协作模式值得三峡库区借鉴：

（1）行政区域组织模式。由政府牵头的旅游协作形式，在重庆和山东两地政府间已经开始运作并取得了一定成效。2019年，山东组织实施了"十万山东人游重庆"活动，并启动了"陆上游三峡"和"唱响号子游重庆"等子品牌。把"冷门"变成"热门"，用"资源"引"客源"。在渝东南和渝东北地区主打旅游消费扶贫。重庆针对山东籍游客出台了景区门票减免优惠政策，14个贫困区县的36家A级景区对山东籍游客实施首道门票减免优惠，两地政府共同制定《鲁渝扶贫协作组织山东游客赴重庆贫困区县旅游奖励办法（试行）》，奖励组团赴重庆贫困区县旅游3日以上的山东旅行商，各相关区县也制定相应奖励政策，充分调动旅游企业积极参与。2020年5月底，"十万山东人游重庆——国学小名士研学采风"活动甚至带动山东以及全国中学生到重庆飙诗词、学国学，激发青少年铭记历史、爱家爱国的情怀，山东和重庆两地之间的旅游协作模式主要就是政府之间通过沟通协商用政策措施来构建的行政区域协作模式，这一协作模式为重庆带来市场和影响力，也有助于重庆通过旅游活动带动三峡库区发展。

（2）经济区域型组织模式。这是自下而上的协作模式，形式灵活多样。这种协作形式的典型是粤港澳旅游协作区。粤、港、澳三地本身地缘相通，语言文化同源，三地间物资、信息、资本方面流动非常便捷，这些为三地旅游协作打下了良好的基础。三地作为一个旅游区域发展，在同一个区域内有两种不同政治、经济制度，有不同生活方式的综合性旅游区，本身就具有强大的吸引力。该区早在1993年就成立了粤港澳珠江三角洲旅游区联合推广机构来促进区域旅游合作与发展，该机构核心功能就是统筹协调。这种模式是建立在经济比较发达且区域间经济联系紧密基础上的，目前三峡库区总体经济较落后，这种模式有待开发。

（3）交通线路型组织模式。以有一定知名度的交通线路为轴来组织，沿线区域共同宣传促销，共同推出打造精品旅游线路。如三峡库区可以协作"三峡之行"，水路和陆路皆可协作。重庆万州就率先行动，加强和周边省市和区县协作，目前已开始发挥大三峡区域旅游集散中心的地位和作用。万州大打"三峡牌"，并构建了以观光旅游为基础，休闲度假旅游为主导，主题旅游为特色的多类型、多层次、多文化大三峡旅游产品体系，初步形成"畅

游三峡 万州出发"的格局。这种模式提倡在区域旅游一体化发展中,共创一张导游图、共用一部旅游宣传片、共推一套特色旅游线路产品,交通线路沿线区域共同打造同一个旅游产品,这种形式有利于带动沿线区域共同发展,共同致富。

(4)旅游圈型组织模式。以几个著名的旅游景点或城市为核心进行空间组织的区域旅游协作。中国的"首都经济圈",京津冀地区本是经济行政战略区域,由于地域相接、人缘相亲、交往半径相宜,在旅游方面也同样可以协作发展。例如:开办京津冀旅游一卡通,还有京津冀旅游年卡,甚至还针对不同的顾客群体推出普通版和精品版。三峡库区也可以参考学习,可以在库区内找点,也可以库区内外寻求协作,找到相宜的伙伴,建立"旅游圈"。目前成渝两地正在打造"双城经济圈",三峡库区旅游产业需要思考如何尽快融入这个经济圈,从而带动库区发展。

(5)主题型组织模式。以一个主题作为线索将相关旅游要素组织形成一个动态协作联盟。例如:三国文化之旅,就可以考虑阆中、成都、忠县、奉节、宜昌等区域协作。

如今三峡库区已经初步形成了一批具有代表性的乡村旅游景点,并在市场上取得了一定知名度和美誉度,库区经济得到了快速发展。但是从农旅融合度、乡村旅游品牌知名度、乡愁符号保存以及从业人员素质等各方面来看,三峡库区的旅游发展需要进一步提升,才能更好地为乡村振兴助力。中共中央、国务院《关于实施乡村振兴战略的意见》强调要"坚持城乡融合发展",单靠乡村自身的力量很难实现乡村振兴,除了东西区域合作,还要考虑城乡融合发展。消除城乡失衡现象,需要加强城乡有机联系,实现要素转化、融合提升,构建和谐的城乡新秩序。城乡区域协调发展对于乡村与城市都是互利互惠的,当城市的资本与人才流向乡村,助力乡村实现振兴,那么乡村也能反过来为城市提供更多更好的农产品和宜居的环境[228]。

在当今区域一体化不断加深的趋势下,各区域的产业结构开放性日渐提高,任何产业结构的调整和升级都与周边地区产业结构息息相关,区域发展进入共生协同时期。三峡库区乡村振兴除了需要城乡协同发展,还需要关注东西部区域协作发展。城乡一体区域联动，同频共振合作共生，方能共赢（图 7.7）。

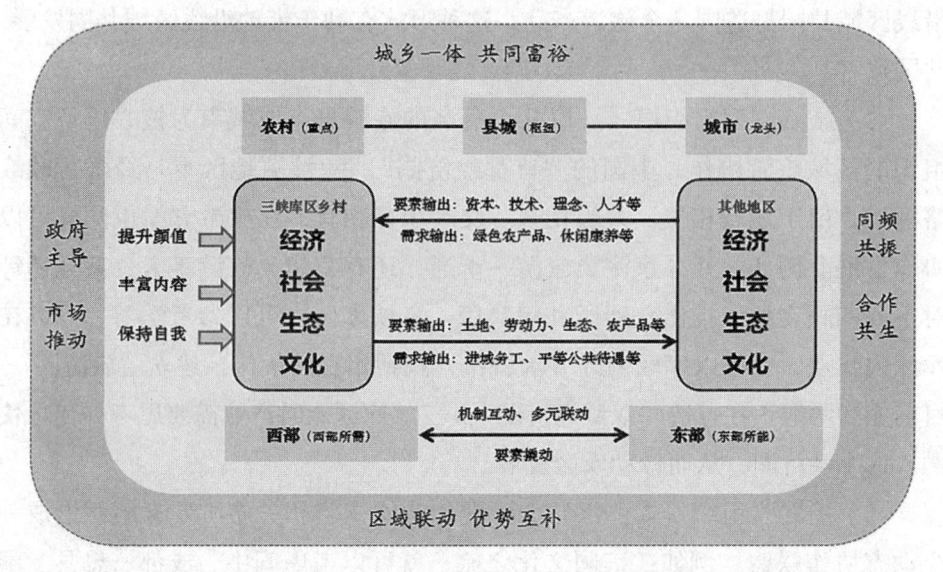

图 7.7　三峡库区乡村振兴区域协作

（四）利益关系的协调

社会资源作为一种"能产生某种效能以满足人之需要者"，它是人们生存所必须的，但它又不可能为某一个人或某一个组织所独占独享，所以必然会形成不同形式的共生关系。旅游活动开展涉及共享旅游资源，可以调整现有利益关系（实质是各方面利益关系的重新构建）。三峡库区旅游扶贫的经验就是利益协调机制要保障利润能在旅游产业链各环节合理分配，各方参与主体都有合理的利益空间，才能实现旅游扶贫产业链上各主体合作共赢（图 7.8）。

乡村振兴战略实施过程中大量资本涌入乡村，使得乡村的利益关系愈加错综复杂，必须在原来旅游扶贫利益机制基础上进一步完善和创新利益联结机制。旅游产业利益主要分为三个层面，战略利益层主要涉及政府机构和非政府组织（非营利性的）；核心利益层主要涉及当地村民、旅游企业和游客等；旅游产业相关利益层主要涉及科研机构、社会公众、媒体等（图 7.9）。

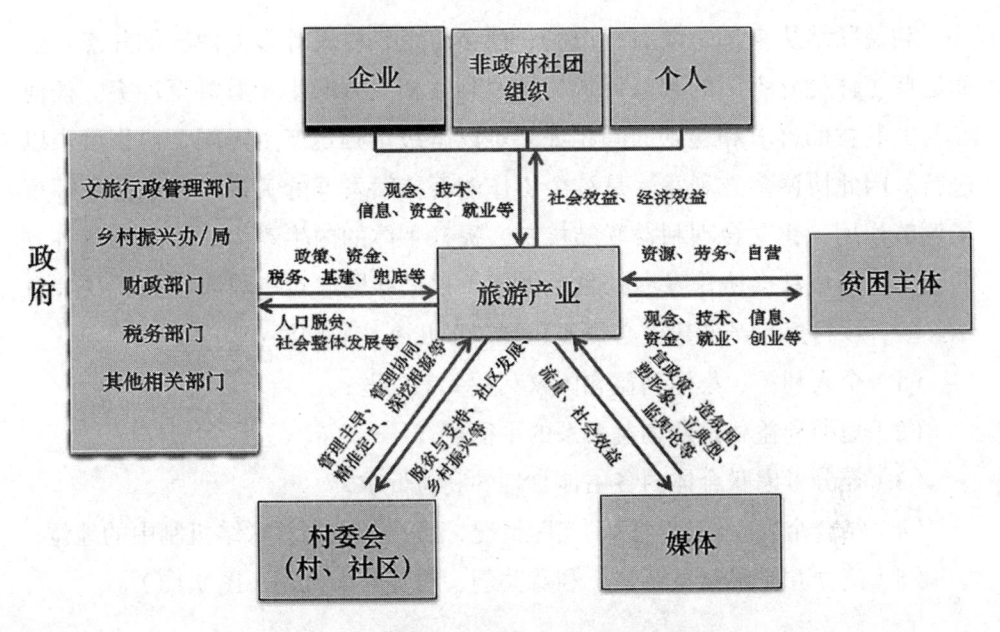

第七章　旅游视域下扶贫和乡村振兴的社会协作

图 7.8　旅游产业扶贫与各方利益关系协同

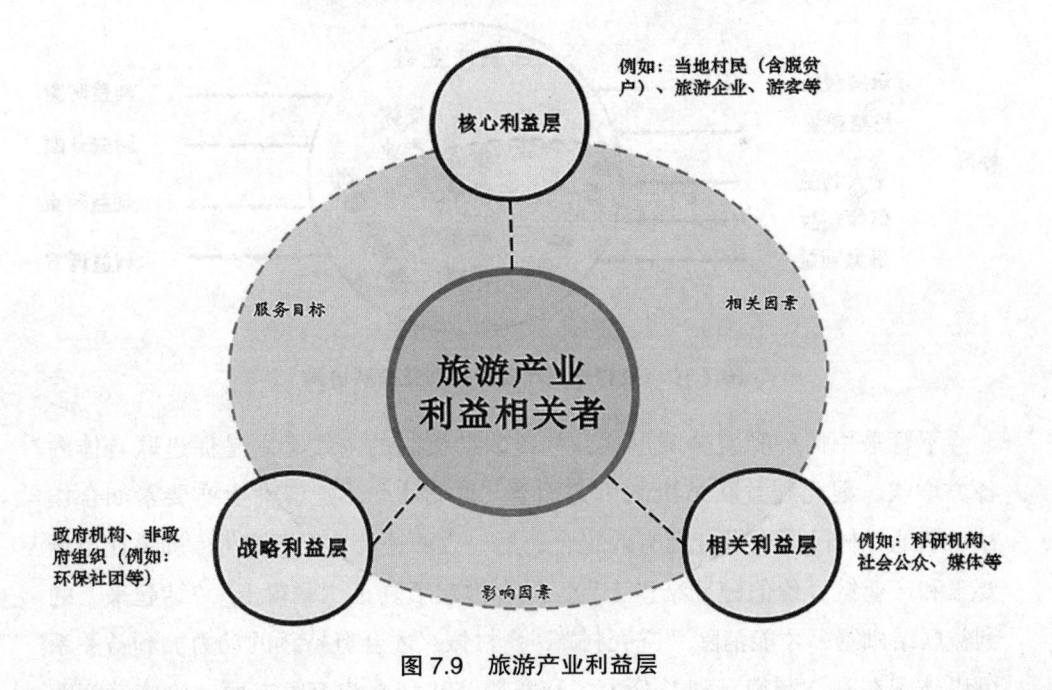

图 7.9　旅游产业利益层

利益联结从来都是政府、市场、社会组织、村民等多方博弈的焦点。然而这些主体拥有不同的利益诉求，导致利益相关方产生矛盾甚至冲突。任何参与方利益的诉求和遇到的问题如果难以解决，必定产生隔阂，协作就难以进行。因此协调多方利益，是社会协作能否持续发展的关键。要充分发挥市场调节作用，建立合理利益联结机制，提升主体的内生动力，激发参与各方的活力，形成社会协作发展的良性循环。根据课题组对三峡库区旅游扶贫总结经验，乡村振兴产业建设必须要正视以下几个核心问题：

（1）个人利益、集体利益和国家利益关系问题；

（2）短期利益和长期利益关系的平衡点；

（3）充分考虑联合体内各主体合理的利益诉求；

（4）结合个人（当地村民）实际情况，照顾其在利益联结机制中的地位；

（5）建立并完善利益共建、利益共创、利益共享机制（图7.10）。

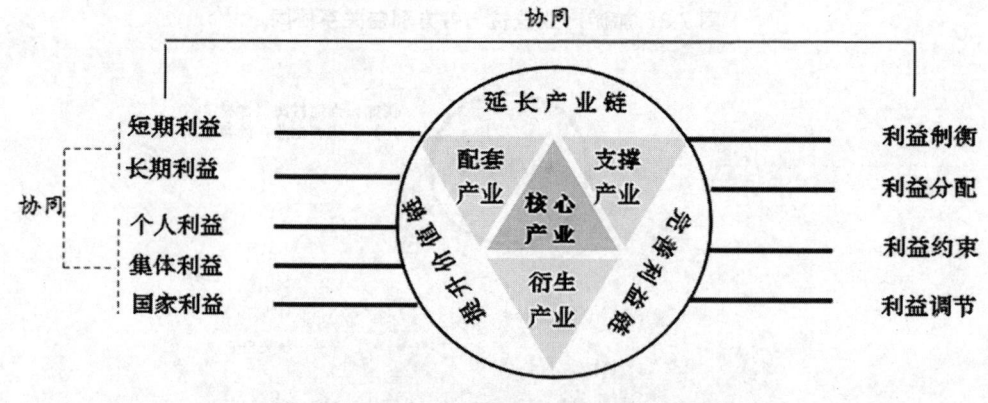

图7.10 乡村振兴产业建设利益关系协同

不管采用何种利益分配形式，利益联结机制的主线必须是促进联合体内各方增收。因此利益联结机制一方面要"联得上"，把各种生产要素如合作社、基地、村民等进行合理有效组合；另一方面还要"结起来"，即要让市场要素和产业链、价值链"结得上"。只有构建了真正"联得上""结起来"的利益联结机制，才能消除"空壳村"，乡村振兴才会有持续的动力。利益关系可以体现在利益制衡、利益分配、利益调节和利益约束等方面。以旅游产业利益分配为例，利益分配有以下几种主要形式：

（1）股份合作。政府财政资金入股、农村集体所有资源资产量化入股以及村民的田地、森林等资源折价入股旅游项目。简言之就是赋予村民股权权益，收益保底，按股分红，也可以通过集体经济（收益后反馈给村民）来带动村民发展。

（2）租赁联结。村民将自有的土地、森林、房屋等出租给合作社或者企业开展旅游项目，从而获得租金。而合作社和企业则通过付出相应的租金给提供资源的村民。

前面这两种形式其本质都是村集体经济带动模式，在三峡库区的扶贫成效比较显著。例如巫溪谭家村组建的集体经济合作社，贫困户以承包土地资源入股，财政扶贫投入的资金量化为贫困户股金，贫困户通过股权收益分红。

（3）产销帮扶。企业和村民之间根据具体情况来约定从产到销的帮扶内容。如：企业和村民约定对旅游农产品、旅游手工纪念品的采购数量或者销售数量；企业对乡村生产的技术指导等。

（4）委托经营。企业按约定对村民委托的对象进行经营管理，利用自己的丰富管理经验和能力，让村民实现获利。

（5）劳动投入。村民投入劳动力到企业去工作，根据双方需要以固定工或者临时工的形式投入。企业在雇用劳动力的时候同等条件下优先雇用存在返贫风险的村民。

（6）收益再投入。当村民获得了收益后，再用收益对产业再投入，再入股，再扩大生产或经营。不管采用什么形式，参与主体之间最好采用合同、契约、协议等方式明确约定来保证各方利益分配。

旅游产业协作机制要客观分析各个主体的利益诉求，并建立以利益调节为核心的协作整合机制，引导各个利益主体理性、合法地表达利益诉求，妥善处理各种社会利益关系。利益分配要兼顾多方，倾斜保障村民（尤其是存在返贫风险的村民），持股村民享受保底分红，优先吸纳就业以及优先收购农副产品等照顾。资产收益重点向失能、弱能等农户倾斜，对无劳动能力的村民或返贫村民实施低保兜底、资产收益兜底"双保障"。

在旅游扶贫为主阶段，涉及利益相对容易协调，但随着工作重心转移，越来越多利益主体参与到乡村旅游发展中，使得旅游的发展利益协调变得复杂。一方面，要关注村民利益。村民对市场行情分析不专业，部分村民甚至没技术、没销路。所以在构建利益联结机制中，不但要尊重村民的意愿，还要教会村民把自己拥有的资源转化为经济优势，让村民有能力对接产业、有机会联结企业，为村民提供增收途径。村民如果不能在乡村旅游发展中共建共享，他们的资源不能转化为预期效益或者约定效益，则容易引发诸多矛盾。同时村民处于弱势地位，要防止"资本下乡"过程中，对当地资源的"掠夺"。另一方面，随着"扶贫"向"振兴"的转移，对村民要照顾但又不能一味过度保护，必须引导他们市场化，激发内生动力，自身强大起来，实现乡村旅游良性发展，才能真正走向富裕和振兴。

（五）旅游要素的协同

旅游并不是旅游者买一张门票进景点赏风景这样简单的事，整个活动还包括吃、住、行、游、购、娱等方方面面。旅游产品是由各单项旅游产品构成的组合型产品，六大要素中最核心的要素就是"游"，即旅游景区景点，其他单项产品在核心产品基础上，围绕旅游活动，结合旅游者的需求进行利益追加。在旅行社的带动下，跨越地域范围的旅游行程沿线的旅游饭店、旅游交通、旅游商店等辅助旅游服务者构成了供应产业群。所以旅游发展要求打破传统行政区域界限来整合产业要素，完善要素配置，构建旅游产业集群。

旅游经营者和旅游辅助服务者提供的产品和服务构成了一个完整的旅游服务产品，被旅游者视为一个整体旅游产品而进行评价。组团社和地接社之间的衔接、全陪和地陪之间的对接、旅行社和饭店景区的合作等，任何一个环节出了问题都会影响旅游者对旅游产品的整体评价，任何一个要素存在短板都会让游客整体感受打折，所以在旅游行业内必须树立旅游要素协同思想。曾经"住宿"是乡村旅游发展的短板，客人难以长时间停留，更没机会有更多消费。在调研中发现，近几年来三峡库区的民宿发展比较快，尤其是精品民宿逐渐兴起，让来自城市的游客能在乡村住下来，并且融入乡村社区去，深度体验乡村生活。铜梁区土桥镇荷和原乡的精品民宿在旅游旺季可以达到上千元/夜房，甚至还一房难求。

旅游淡旺季非常明显，每到旺季客流量大，旅游供应紧张。旅游企业之间可以共享信息与资源，互通有无，既可以让顾客满意，也可以企业间互帮互助，共同获利。旅游行业还很脆弱，容易受到外界环境的影响。整个行业所面临的自然环境、政策环境、竞争对手等都是动态变化的，旅游产品供应链上的企业只有不断调整经营战略去迎合市场，才能降低市场风险。旅游企业根据自身内部经营要素和外部环境的情况进行综合分析，使企业内外动态合作并得以实现动态发展。

旅游企业行业涉及面广，即使是同类企业数量也多，要实现旅游企业协同还需要由旅游行政管理部门和行业协会牵头从战略层面进行思考。旅游企业之间实行战略协同发展，在资源开发利用、线路设计、营销方面都加强合作沟通，尤其是同一个区域内的餐饮业、住宿业、旅行社业、景区景点、旅游交通运输等要加强合作，避免重复建设、无序开发带来的恶性竞争。三峡库区旅游发展规划要从全局进行考虑，并对总体旅游发展目标进行分解，最终落实到旅游企业，使之与当地旅游发展总目标一致。旅游企业在各自利益的驱动下，仅仅靠自觉和自律往往难以协调和执行协同发展目标，所以在内驱力的基础上加上外部制度的保障才能平衡各方关系，保证风险共担，利益共享。

（六）政策的协同

三峡库区涉及26个县市，地域广阔，各方面有很大差异，只有根据不同地区具体情况，出台具有适宜性和针对性的政策，促成政策协同发力，才能提升脱贫质量，巩固脱贫成效。扶贫政策和乡村振兴政策都属于公共政策范畴，作为公共政策在相互独立并且具有行政区划部门边界的环境中无法高效完成既定目标。只有跨越部门边界、将互相独立的政府部门关联起来，才能充分实现政策目标，在实践中强调协同与整合，并用制度化的方式将跨部门协作固定下来。在制定政策的时候，既要考虑政策的协调性，又要考虑政策的可操作性。既要从组织结构、法律规范层面来考虑，还要顾及各方利益平衡等诸多因素。只有这样，才能使得出自不同管理口径的政策具有一致性，从而得到广泛的认同和有效的实施，使得效益最大化。下面将通过对三峡库区旅游扶贫政策协同经验进行总结，期望为乡村振兴战略实施降低政策协同方面的风险：

（1）政策协同首先要解决跨边界问题。只要存在部门分工，就必然存在政策领域问题。要允许不同部门合理表达各自观点主张，将各个部门的态度、利益充分考虑，找到系统优化的最佳结合点。旅游业综合性特点导致旅游扶贫政策"跨界"性突出，而且"边界模糊"，加上旅游资源规划、旅游市场孕育、旅游品牌打造等都需要时间，旅游政策具有时间上的持续性，实行任期制的行政管理部门因为受到政绩等影响而导致容易出现资金、物资等落实不到位的情况，影响旅游扶贫效果。在旅游产业发展阶段要超越单个部门职责范围和既有政策领域边界，政策协同必须围绕统一的目标进行顶层制度设计。旅游行政主管部门主导政策协同工作，从源头上废止不利于区域合作以及限制市场竞争的政策出台；公平合理审查涉及多部门事权和存在较大争议的政策。

三峡库区旅游的政策协同，先要加强政策核心制定部门（即文旅行政管理部门）的职权，增强政策制定力度；再由核心部门带动其他部门制定实施旅游发展的相关政策；最后在旅游行政部门制定政策的基础上，其他部门结合自己部门特点制定可操作性措施落实政策。

（2）政策协同是一个不断调适的动态过程。政策协作还要从时间和空间两个纬度来进行思考和实践。从时间纬度来看，要作好历史协调。政策在不同时期要具有延续性。在不同地区（至少在同一个协作区域内）应该具有一致性。例如旅游产业在"扶贫"和"振兴"两个不同的阶段，工作重心不同，政策也必然会有差异。旅游扶贫政策是为了实现一定扶贫目标而制定的相关规划、干预与诱导旅游产业形成、发展和调整的政策。而在乡村振兴阶段，旅游产业已粗具规模，以产业兴旺为发展目标。由于制定目标不同、实践期限不同，政策之间存在差异是必然的。各级政府及相关部门需要保持政策的延续性，平稳过渡，做好政策的历史协调。

从空间维度来看，要做好纵横协同——即不同政策制定主体之间的横向协调以及政策目标和政策实施主体之间的纵向协调。将出自不同部门的政策进行统合，避免政策的冲突矛盾，寻找政策之间的关联性和协调性，降低政策运行成本。适时对旅游发展相关政策进行梳理，找出旅游产业发展、区域合作、利益协调等在政策中存在差异和难以落地的地方，并进行调整修正。尤其要协调货币政策、财政政策、产业政策和监管政策的关系，更好发挥政策协同作用。旅游产业跨行业、跨区域，其政策协同必然是长期不断调适的过程。

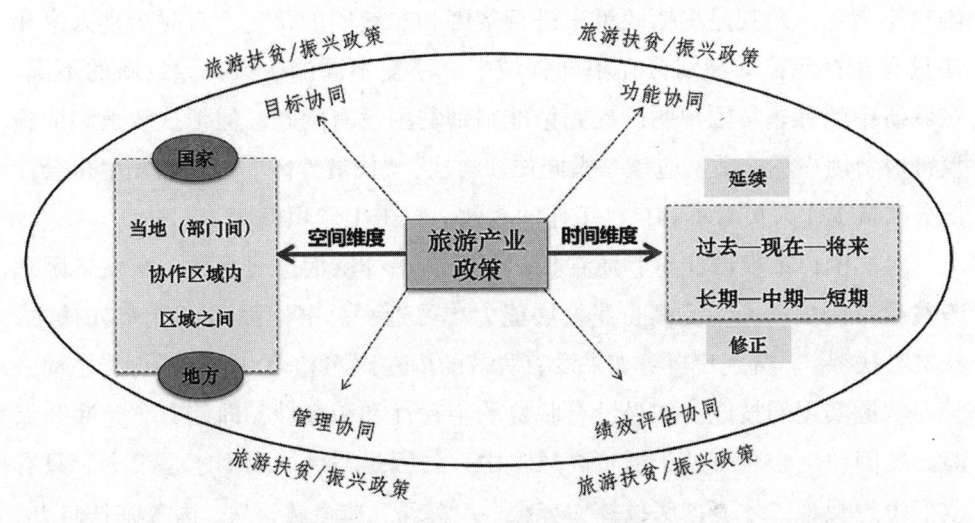

图 7.11　三峡库区旅游产业政策协同

中共中央国务院《关于实现巩固拓展脱贫攻坚成果同乡村振兴有效衔接的意见》明确指出"保持主要帮扶政策总体稳定"和"加强脱贫攻坚与乡村振兴政策有效衔接"[229]，其中主要包括做好财政投入政策衔接、金融服务政策衔接、土地支持政策衔接、人才智力支持政策衔接等。随着旅游产业的持续深入发展，对政策协同程度提出了越来越高的要求。要站在区域协同的高度来统筹制定政策，清晰梳理已有政策，进一步做好政策协同，促进旅游发展。

（七）主体观念与行动的协同

思想是行动的指南，旅游扶贫协同还要强调主体观念与行动协同。如果不由内向外进行扶贫，即使贫困户一时脱贫，重返贫困的几率也会非常高。通过对三峡库区走访调研，发现"蹲在墙根晒太阳，等着政府送小康"这种

— 293 —

思想在小部分贫困户中存在。首先这种"懒汉"思想会制约贫困户自生发展，难以激发贫困户改变现状的决心和信心，这些人一旦离开政府兜底政策就会立即返贫。其次"懒汉"思想还会影响其他人，带坏风气。让愿意积极去脱贫，勤劳肯干的人对自身努力产生怀疑，产生不平衡心理，从而丧失进取意识，继续躺在帮扶的"温床"里。课题组在走访调研中还发现另一个值得关注的问题，这几年国家的扶贫政策让贫困户受到了帮扶，却导致了部分非贫困户不满意，尤其是根据政策来进行贫困和非贫困的认定，有时个别人家相差只有几百元，却被划分在不同领域中，享受不同的政策，导致新的不满。在调研中就有非贫困户明确提到精准判别贫困没有问题，但帮扶政策和措施仅针对贫困户不合适，应该一视同仁。再次，"扶贫养懒"现象的发生也会让部分扶贫工作人员看不到自己工作的成效，打击工作积极性。

对贫困户不仅要注重物质帮扶，更要在精神层面进行帮扶，激发贫困户脱贫致富内生动力，提高自我发展能力。习近平总书记强调："扶贫先扶志，扶贫必扶智"。贫困户自身如果没有脱贫的内在意愿和动力，就不可能主动去学习掌握实用的技能；如果没有脱贫的主动性和积极性，即使有"兜底"保障，贫困户也会一直处于返贫高风险中。外因是条件，内因才是根本。只有改变思想观念，才能彻底拔掉"穷根"，实现"造血致富"。国务院扶贫办、中央组织部等13个部门联合发布《关于开展扶贫扶志行动的意见》就指出，要采取有效措施，增强立足自身实现脱贫的决心信心。减少简单发钱发物式帮扶，杜绝"保姆式"扶贫，尊重贫困群众的首创精神和主体地位，明确贫困群众脱贫责任[235]。

调研发现三峡库区的村民对土地依赖较重，具有明显的小农经济思想。缺少市场观念，缺乏对市场经济运行规律的认识，必然难以共享市场经济发展的成果。调研还发现国家针对扶贫的贷款政策是很透明很宽松的，但是受传统思想的影响，贫困户或者嫌手续麻烦，或者因为不愿意欠钱的保守思想等，导致扶贫贷款政策效果有限。所以只有把贫困户的观念更新了，把贫困户的志气树立起，扶贫措施才能减少实施障碍，脱贫致富才有希望，扶贫的目的才可能真正实现。如今三峡库区已经实现全部脱贫的目标，但还面临着严防返贫，实现乡村振兴的目标。乡村振兴要落地见效，要塑形，更要铸魂，这个魂就是农村精神文明建设。这些都需要重视建立健全扶志扶智长效机制，让三峡库区村民主体观念和行动协同，可从下几个方面入手：

（1）扶志树信心。思想是行动的源泉。首先，需要调动村民自身能动性，破除"等、靠、要"思想。村干部要准确甄别，并增强对有这类思想的这部分人进行思想工作教导，让他们明白社会帮扶的资源是有限的，要实现真正发展，只有靠自己的劳动力换取。帮助村民摆脱思想上的贫瘠，树立信心和决心。有了内生动力，再加上政策和社会组织外在力量帮扶，就能达到事半功倍的效果。其次，部分村民对国家乡村振兴的政策缺乏了解，导致思想上难以达成共识，更不可能形成"同频共振"。所以结合库区现有小农经济思想的特点，针对性地培养村民市场经济意识，改变传统"重农轻商、重产轻销"思想观念。通过邀请专家讲座、树立当地典型模范、安排有劳动能力的年轻村民外出务工等多种方式开阔村民的眼界，帮助他们认清现实处境和社会变迁，促使他们从思想上产生发展致富的强烈意愿，进而把愿意化成行动上改变，努力去追求美好的生活。

（2）扶智去穷根。送物送钱看似能最快提高贫困户收入，快速实现"数字脱贫"。然而这样的脱贫最容易"返贫"，最后又需要政府兜底，形成恶性循环。从根本上来看，扶贫和振兴发展必须从提升村民的科学文化水平入手，鼓励他们接受教育，提升可持续发展的能力。注重技能培训，提高发展能力，帮助其找到自我价值，激发内生动力。可以通过院校开展专门教学来传授有助于村民介入旅游产业链的相关技能，比如工艺品的生产技能、旅游服务岗位的实操技能；聘请优秀专家和行业经验丰富的人员进行宣讲，讲解旅游的相关知识，讲清产业扶贫的价值。例如，专题讲解旅游服务意识、顾客至上观念、电商环境下旅游价值创造等，让村民了解社会形势；塑造典型榜样比如乡村能人以及乡村先富裕起来的村民，为其他村民传授致富经验。"授人以鱼，不如授人以渔"，长久有效的扶智之路才能让村民看到希望。教育是做好扶智的良策，是彻底阻断贫困代际传递的关键，更是实现人口发展致富的长效手段。

(3)找准原因造血帮扶。驻村干部要认真进行实地考察，掌握每一位村民的家庭情况，发展阻碍因素，返贫风险因素等。切忌采用单一帮扶思路和方法，忌简单采取"拿来主义"做法。要因地制宜因人而异，发挥主动创造意识，进行思想帮扶。基层干部是与村民有最直接联系的工作人员，一定要强化责任意识。要结合村民的实际，用通俗易懂的方式耐心讲解乡村振兴战略中的各项政策，细致分析讲解各项原则、实施办法、运行机制等，将各项政策方针落实到位。保证帮扶过程公开透明，打消群众的疑虑和困惑，时刻掌握村民思想动态。对有劳动能力的村民开展各种形式的技能培训，如可以采取集中培训、企业检验、社会应用相结合的方式，让村民会学、学会。学习技能后，搭上旅游产业链，将学会的技能应用到旅游业中，让思想指导行动，让技能转化为效益。巫山县茶园村贫困主要原因是缺少劳动力，部分因病致贫，少部分是因学致贫。找准原因后，在政策扶持下，村干部依托村里的茶园产业，借助几十万扶贫资金，发展亲子乐园、避暑林地、露营基地，甚至鼓励村民搞农家乐，并承诺按3万无标准补偿，大大调动了村民的积极性。

　　我国农村中封建的、落后的、愚昧的思想观念还有残余，例如部分地方存在封建迷信、重男轻女、挥霍浪费等社会习俗，加强农村思想道德建设迫在眉睫。扶贫攻坚和乡村振兴都是庞大的系统工程，除了需要社会各界力量共同参与，还需要发挥村民主体自身的作用。要深挖并彻底拔除村民在思想层面的"穷根"，将观念和行动协调起来。有"穷则思变、穷则思勤"的精神动力，才能实现"要我脱贫"到"我要脱贫"再到"美好生活"的思想转变。逐渐将财政扶贫资金改补为贷，改补为借，变财政资金为银行贷款，变无偿为有偿，让村民不过多依赖政府，主动积极参与。产生从物质到精神、从生活到观念的全面改变，增强自我造血功能和内生发展动力，从而为推进乡村振兴奠定坚实的基础。

四、社会协同保障体系

　　推进社会协同机制建设是巩固旅游扶贫成效，推进乡村振兴的必然要求，在协同过程中除了增强理念，构建机制，还应该为协作机制长效运作提供相应的保障体系。

（一）组织保障

习近平总书记关于扶贫开发"四个切实"重要指示的要求构建扶贫协作的组织保障体系。

在乡村旅游发展过程中，旅游业与其他产业、区域之间战略耦合的过程中，也应整合与强化社会协作的组织领导力量。组建协同机构，整合资源、协调各主体之间的关系、维护整体利益为导向，巩固扶贫成果实现乡村振兴目标。此外，根据国务院《关于实现巩固拓展脱贫攻坚成果同乡村振兴有效衔接的意见》指出，还需要发挥中央和地方各级党委农村工作领导小组作用，建立统一高效地实现巩固拓展脱贫攻坚成果同乡村振兴有效衔接的决策议事协调工作机制。使得各级各部门责任清晰，形成执行有力的乡村振兴领导体制[234]。

组织机构的构建和组织保障的实现路径有如下几条：

（1）建立常设工作机构，发挥基层党组织的领导核心作用。20个世纪80年代成立国务院贫困地区经济开发领导小组，后改名为国务院扶贫开发领导小组。在实现全面脱贫目标后，中央从顶层设计层面由扶贫机构向乡村振兴机构进行调整，并于2021年成立了"国家乡村振兴局"推进乡村振兴战略的具体工作。这是由上至下的全面调整，更是战略目标调整在组织机构设置方面的体现。乡村振兴的各项政策最终要靠农村基层党组织和广大基层干部来落实。所以加强农村基层党组织的公信力和凝聚力尤为重要，要充分发挥其在现代乡村治理中的领导核心作用。习近平总书记也就加大力度推进扶贫开发工作提出"四个切实"，要求切实落实领导责任、切实做到精准扶贫、切实强化社会合力、切实加强基层组织，对扶贫开发工作进行总动员、总部署[236]。这其中首要强调就是要强化扶贫开发工作领导责任制，把中央统筹、省负总责、市县抓落实的管理体制，党政一把手负总责的扶贫开发工作责任制，真正落到实处。

结合三峡库区特点，适应农村工作的需要，为了更好地因地制宜、分类指导，首先要把协作工作领导机构建在产业链上，发挥组织机构对产业的引领推动和协调服务作用。其次协作组织要有详细区域发展规划，例如关于旅游资源开发、景点布局、配套设置发展等要有计划和安排。再次，协作组织还要致力于实现区域共同利益、乡村振兴参与主体间的多种利益关系整合，并及时处理和协调各方主体在产业振兴参与过程中的矛盾和冲突。

（2）优化协作机构工作人员选拔和培训。可以采用聘用或选任的方式，从基层党政机关、企事业单位、高校或者社会精英中选拔优秀人才，增强和优化领导工作机构的参与人员。将先进的发展理念、管理经验、业务技术等带入团队。继续选派驻村第一书记和工作队，健全常态化驻村工作机制。对巩固拓展脱贫攻坚成果和乡村振兴任务重的村，村第一书记、村支部书记、驻村书记以及当地旅游行业协会等了解实地情况、善于管理沟通、懂得危机处理、熟悉行业知识和旅游运营模式的人员也共同参与。

有计划地选派工作人员到社会协作先进典型区考察学习。采用"走出去"与"请进来"相结合的方式。对协作工作领导机构中的工作人员进行定期或不定期进行分层培训，依托企业培训中心、学校、远程教育及培训基地，加强对机构工作人员，尤其是对领导管理人员培训，提高沟通协调能力，以及相关专业知识。

特别注意要延续脱贫攻坚期间各项人才智力支持政策，建立健全引导各类人才服务乡村振兴长效机制。"栽下梧桐树，自有凤凰来"产业发展需要相对稳定的队伍。从硬件方面看，要优化乡村环境，强化乡村医疗、教育、娱乐和信息化等基础设施建设，为人才提供良好的生活环境和工作环境；从软件方面看，要关心人才成长，减少人才后顾之忧，让旅游人才能全身心投入乡村振兴建设中。同时还可以通过土地、税收等激励措施，吸引人才回流，让本土人才愿意回乡就业创业。更加精准地构建以本土人才培育和外部人才引入双轮驱动的乡村人力资本累积政策，为贫困地区以多元化人才振兴实现乡村全面振兴探索有效路径[226]。

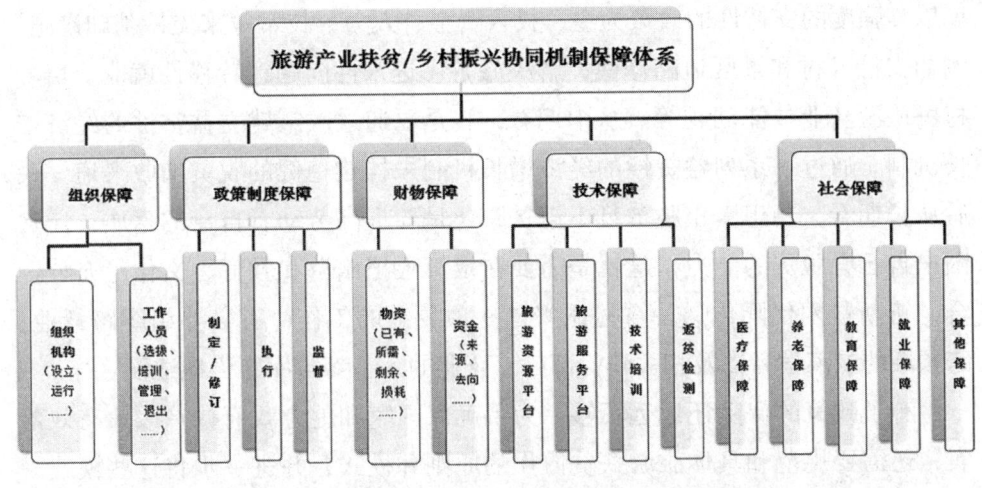

第七章 旅游视域下扶贫和乡村振兴的社会协作

图 7.12 旅游产业扶贫/振兴社会协同保障体系

（3）严格考核管理。脱贫攻坚任务完成后，三峡库区开展乡村振兴考核时要把巩固拓展脱贫攻坚成果纳入干部推进乡村振兴战略实绩考核范围。与高质量发展综合绩效评价做好衔接，科学设置考核指标[234]。在旅游扶贫协作工作机构的考核和评价机制的基础上，补充完善并建立乡村振兴社会协作工作机构的考核和评价机制，把巩固扶贫成果的实际成效纳入工作机构、管理人员以及工作人员的考核内容，作为评选先进、选拔任用的重要依据，激励各级机构中的管理者和工作人员积极投入乡村振兴社会协作工作中。

（二）政策制度保障

为了保证旅游扶贫社会协作机制长效运行，需要国家给予相应的政策保障，增强旅游扶贫政策的可持续性，克服产业扶贫的短板，并引导政策调适优化，为三峡库区脱贫提供有力保障。乡村振兴也是一项长期的工作，在实现全面脱贫后，还有防止大规模返贫的任务。这些都需要构建多层次协同的具有延续性的政策体系。

宏观上需要区域政策、财政政策、货币政策等；微观上需要投入政策、监督政策、考核政策等。在制度政策方面，社会协同不能是碎片化的，要是一个长期形成整体的体系。从时间上看，政策有短期、中期和长期之分。短期以高强度的支持性的政策为主,投入资金、人力、技术等来支持基础设施,例如支持入村和景区道路修建,解决旅游可进入性问题;转移性就业,培养村民旅游从业技能问题等。从中期看,就是要通过政策建立益贫性的经济增长机制。通过一系列益贫性的经济增长机制来构建稳健的脱贫增收渠道。最后从长期看,要想真正脱贫且不返贫,还是要提高劳动者自身的素质,让贫困户自己有脱贫的能力,这就是需要在政策上把旅游和教育、文化等充分融合,斩断贫困代际传递。乡村振兴是一项复杂的工作,有必要组织跨行业、跨领域的专家学者以及相关政府部门、企业的人士参与库区当地建设。

有了政策的保障还远远不够,为了确保国家和地方政府扶贫政策有效落实,还需要规范和具体旅游扶贫协作的原则和模式,并进一步将这些模式规范化和原则制度化。没有好的顶层设计,不加强制度建设,社会协同最终会沦为沙滩城堡。社会协作机制的制度保障涉及制度建设机制、制度运行机制和制度监督机制三个环节:

首先,没有规矩不成方圆。制度制订是社会协同机制运行的基础。不同利益主体之间的长效合作和成果维护都必须首先建章立制。譬如,旅游扶贫项目申请、审批、立项、展开、验收以及运营,必须规范化和制度化。旅游扶贫主体的合作形式、合作内容、利益分配、成果巩固等也需要完善而具体的制度机制。特别要构建协作中各项工作和流程监督检查制度,推进政府与非政府组织之间的互相监督,降低协同风险。通过完善制度保障,加强协同主体的权利保护性和义务约束性,进而保障主体协作持续发展。围绕三峡库区的扶贫领域、扶贫方式、扶贫内容、扶贫资金和扶贫成效等制定制度约束的基础上,将协作各方在合作领域和经济补偿机制、横向财政转移支付机制、长效合作机制、沟通对接机制等具体可操作化,明确协作各方的权利和义务内容,并使之规范化。当然协同过程中还有些制度和规范需要进一步探讨,例如扶贫股作为特殊的集体股,需要进一步思考配置的自治与法治关系;建立收益配置可持续性的同时还需要考虑公平性;扶贫股的风险防范和风险承担问题等,这些都需要在乡村振兴实践环节中进一步完善相应的政策和制度。

其次,制度的生命力在于执行。要让为乡村振兴社会协同而制定的制度转化为效能，让制度运行落到实处，才能使制度在实践中发挥作用。例如旅游人才培训，一旦规范化、制度化下就要按要求开展定期或不定期的培训。参训人员的选择，培训主体的资质，培训效果的检验等系列活动都要根据制度来运行。在旅游扶贫转向旅游产业振兴过程中，外界环境已经发生变化，参与主体的利益需求也会发生变化，需要相配套的制度有相应的调整，已经建立的制度也需要在实践中不断地调整和完善。

再次，完善社会协作监督机制。社会协同具有涉及面广、主体众多、环境复杂的特点。为了取得较高的制度绩效就必须进行制度监督。对社会协作机制监督首先要进行政策识别，把那些不利于社会协作开展的、跟不上形势变迁的、不利于调动各方主体积极性的制度及时清理或完善。对于协作过程中有制度却不按规定执行的，要按照制度严厉处罚。

协作项目如果缺乏监督管理，可能存在一开始项目选择上就偏离目标与原则的情况，导致后面的努力南辕北辙。例如旅游项目具体实施过程，可能出现规划不合理，以及实施过程中主客观条件发生变化的情况，如果缺乏监督管理机制，容易造成旅游项目效益达不到预期的情况。

利用广播、电视、宣传栏以及各种新媒体形式及时将协作信息公开也是很好的监督方式。通过信息公开，及时公布旅游项目立项、资金预算、物资分配、项目进展等情况，确保各项工作公开、公正、透明，主动接受社会监督，保障协作各项工作有序、高效推进。推进构建以政治监督、专责监督、职能监督、业务监督等各种监督方式有机融合的"大监督"格局。把监督寓于旅游业日常工作，对企业经营的行为、旅游项目招标投标、旅游规划工程建设等领域重点监督检查；对参与乡村振兴的相关工作人员及基层干部要进行权力运行监督，将监督常态化，并全面覆盖。对旅游重大项目以及旅游专项资金部署落实等涉及多个监督专责部门的事项，需要组织开展联合作业、同步协同监督，发现问题及时处置。同时还要畅通协作主体之间的沟通渠道，建立协同监督联席会议制度、专题会商制度、信息共享制度、重点监督协同配合制度等，纪检监察、巡视、审计、财务等相关部门按需或按期进行沟通，打破三峡库区各村"各管各"的监督方式，实现从"单一封闭"向"协同共进"转变，构建完善的监督链。

针对国家和省部署的乡村振兴重点任务、重大政策、重要改革等推进落实情况，强化督查指导。积极探索创新"四不两直"——不发通知、不打招呼、不听汇报、不用陪同接待，直奔基层、直插现场的督查方式，及时发现和解决问题。2018年我国出台了第一个推进乡村振兴的五年规划《乡村振兴战略规划（2018-2022年）》明确指出2022年乡村振兴的制度框架和政策体系初步健全[228]。在乡村振兴过程中强化制度供给，将制度建设贯穿其中，充分发挥制度引领和保障作用。

（三）财物保障

扶贫攻坚和乡村振兴都离不开资金流动，完善资金管理制度也是社会协作有效规范运作的基础。国家有财政对扶贫和乡村振兴进行支持，社会也捐赠不少资金。这就需要规范资金使用范围并细化资金管理工作规程。各级财政部门需要严格把关，资金专款专用，一旦有违规使用资金的现象必须有相应的惩罚措施。已经建成并投入运营的项目还会产生收益，这些收益必然还需要进行分配，以及帮扶资金折股量化到扶贫项目收益后如何规范科学地分配也需要有政策指导，是普惠给全体村民还是特惠给需要帮扶的村民都需要明确规定，最好制度化下来，以免出现各地各策，引起村民之间比较和产生不公平现象。接下来在乡村振兴建设中，国家还会有对产业发展的扶持政策和专项资金，也应做到收支有度，账目清晰。需要加大宣传吸引社会捐赠。公示需要的物资，以免捐赠浪费；简化捐赠手续，加快财物调配的效率与速度；完善财物流向监控，提升公信力；鼓励各个金融单位积极参与。

首先，对旅游社会协同所涉及的已有保障物资"摸清底数、统筹兼顾、合理调配、规范管理"。对所有物资的捐赠、存储、入出库、调拨、管理等流程进行规范；强化统筹协调，让物资发挥最大功效。随时了解物资去向和使用动态，对剩余物资要预警，建立物资信息日报工作制度和物资管理员联系制度。对物资运作每日情况进行分析，及时进行补充调配。扶贫资金加强专款专用，精准使用，发挥出最大效益。

其次，依托信息技术，构建物资保障网络体系。运用大数据、互联网、物联网等技术对旅游产业链上下游企业资源进行对接共享，建立物资供需数据库，为物资的供应和需求提供精准、高效的链接通路，为旅游产业协同中需要的项目建设、协作办公、旅游突发事件处理，实现信息准确对接，物资高效匹配。

再次，提升物资调配效率。对物资进行模块化、精准化、智能化管理，科学分配紧缺资源，减少损耗，最大限度提升物资调配效率。建立财物保障大数据平台，实现保障工作"一盘棋"，解决"孤岛化""碎片化"问题，以提升财物保障的网络化、数字化、智能化水平为发展方向，注重构建整合政府、企业、社会团体、村民等多主体在协作中供需财物数据平台。

（四）技术保障

三峡库区发展暂时落后有多方面的原因，如地理位置偏僻、交通不便、环境闭塞、信息不对称等。新时代的科技手段，使空间距离变得不再那么重要，也让三峡库区有机会与大都市站在同一起跑线，一起面对日新月异的社会变化，分享科技发展，社会进步带来的成果。

首先，科技介入搭建旅游业公共资源平台解决乡村振兴过程中信息不对称的问题。产业振兴政策、款项拨放、补助到户信息、旅游项目开发、旅游供需信息等可以扁平化、多渠道地进行传播，各参与主体能够在短时间内了解信息，享受政策。早在中央扶贫开发工作会议上，习近平总书记就曾指出扶贫合力还没有形成。另外"我国社会不缺少扶贫济困的爱心和力量，缺的是有效可信的平台和参与渠道……"从帮扶方面看，也缺乏信息，导致出现想扶贫却不知去帮谁，通过谁去帮，该怎么帮。

旅游业是综合性产业也需要跨部门协同运行，要构建良好运行的协作运行体，信息共享是基础。信息是旅游发展重要基础资源之一，掌握信息的充分程度将直接影响旅游业发展以及扶贫效果。政府、市场和社会等主体之间要加强信息共享，增强工作合力。完善信息的发布机制，政府要把区域规划等信息及时、准确地公布出来，便于其他协同主体及时掌握和运用有用信息。将产业发展相关数据等信息共享机制，实现数据互通，落实动态管理；推进政策、项目、资金等信息公开，让群众有更多的知情权、参与权、监督权。

旅游行业部门针对具体村民的帮扶措施、进度、效果等要录入信息系统,以便深入开展后续工作。对于可公开的信息都要加强透明度,让更多人知晓。

其次,打造"互联网+旅游"的服务平台。借助互联网来增加旅游者对旅游项目的关注度和旅游产品的销售机会。例如通过淘宝、去哪儿、携程、天猫、京东、当当、苏宁易购等电子商务平台,将有三峡库区本地特色的旅游工艺品、有机农业食品推向全国。通过库区实体经济与互联网效应的叠加,推动旅游产业升级,让库区资源快速增值,库区人口快速致富。只要三峡库区接通了互联网与主干道交通,"互联网+旅游"就具备了开展条件。

再次,尊重村民意愿,结合实际情况,提升村民致富的技能。提高村民就业创业的水平,培养和提升村民技能是三峡库区面临的重要问题。针对缺乏技能的人进行职业技能培训,帮助村民转移就业,有劳动力的村民至少获得一项就业技能。非政府组织可以积极介入,例如选拔派遣教育、卫生、农业等领域专业技术人才对库区每一位村民进行针对性培训,推进职业技能、岗位技能提升培训和创业培训,增强村民的内生动力。

最后,返贫预警。在旅游产业发展振兴阶段,还要完善返贫监测和持续帮扶机制,以防止出现大规模返贫现象。现代化科技和信息技术,可以运用大数据平台及时预警,快速响应。要建立观测指标体系,建立分级分类预警机制,及时筛查,重点关注,及时帮扶,有效制止。

总之,旅游扶贫和产业发展社会协同机制需要做好科技保障。让旅游业内外部各个要素之间共享信息协同发展。开放旅游业合作,用平台招商引资,强化行业调研,以商招商,借助旅游业引进一批产业链中需要的、领先的企业来三峡库区发展;利用人工智能和互联网推动社会协同效能提升;将人工智能、云计算、物联网、大数据、遥感图像分析等技术,深入运用到旅游产品生产、旅游服务提供、旅游物资采购等多个环节,实现旅游资源环境智能感知、智能预警、智能决策、智能分析、专家在线指导等;通过人工智能,促进医疗技术与旅游业并进推动建立医疗大数据中心、医疗云平台等,为旅游活动提供健康保障;推动以智能健康咨询、语音问诊等为核心的移动医生,当旅游者或者服务人员在旅游服务过程中产生疾病,尤其是突发性疾病,或者旅游过程中遇到意外伤害,才能得到及时救助和治疗。

(五)社会保障

旅游发展过程必然会遇到市场不确定性的问题。从参与企业方面来看,旅游产业项目因参与者具有异质性、旅游业自身具有脆弱性、加上旅游市场具有不确定性(供需变化、自然环境突变等)所带来的产品价格变异性,导致参与主体预期净收益不确定,使旅游业项目减弱或者不理想甚至亏损,降低旅游产业项目的可持续性;从参与个体方面来看,村民和工作人员(比如引进人才,回流人员)对医疗、养老、教育、就业等民生需求比较突出,协同机制的顺利开展和运行,必须要解决参与人员和参与企业的后顾之忧,因此探索并推广社会保障体系,可以切实提升协同机制抵御风险的能力和运行效率。

首先,为村民做好社会保障。从居民个体角度分析,市场不确定性会影响村民对旅游产业项目参与度。旅游项目按市场化运作,市场不确定不仅可能阻碍家庭收入,还可能会降低产业增收力度使村民参与倾向减弱。尤其在社会风险承担网络不健全的三峡库区,高经济脆弱性的村民投入决策行为是风险最小化和利润最大化之间的谨慎权衡,市场可能带来的重大损失极易造成脱贫户返贫或再度陷入生活困难,甚至可能使得一些处于边缘的非贫困户陷入贫困状态,因此出于避免灾难的理性考虑,村民对旅游项目参与通常持有非常审慎态度,典型的行为表现就是对项目参与的积极性不高或持观望态度推迟行动参与。不富裕的村民以及刚脱贫的村民抵御风险能力差,即使暂时脱贫也由于家底不厚,容易因生病、自然灾害、市场变化等再次返贫。例如金花村因为逐渐成熟的旅游业和各类产业的扶持,已经进入一种较为良性的发展模式。从产业角度来看当地返贫几率不大,但村干部也明确表示就怕重大疾病或者灾难造成打击而返贫,因此除了政府提供的兜底保障,他们村也鼓励村民购买商业保险,并着力培养当地村民这方面的意识。

激励保险企业参与减贫工作。让保险公司"精准"应对脱贫人员的人身、财产保障需求,帮助他们有效防范和化解风险,守住来之不易的脱贫成果。要思考变"输血型"救济为社会"保障型"救助,在脱贫人员因灾因病返贫时给予保障，探索建立扶贫济困长效机制。例如保险公司现有的意外伤害险、住院医疗险等对村民都是非常有用的。

其次，为工作人员提供社会保障。任何工作都存在一定的风险，乡村扶贫和振兴工作开展同样如此。一旦"预期中的损失"或"无法预见又不可避免的损失"发生了，保障能够起到减小经济损失的作用，也是对参与乡村工作干部的保护，减轻他们后顾之忧的压力。例如基层干部在上下班途中，旅游项目考察中等，由于地形天气、山体滑坡、泥石流等造成人身伤害的，可以用意外伤害保险给予补偿，这是对基层干部工作的支持，让他们胆子更大，工作更努力。另外，乡村振兴需要引进人才，需要吸引回流能人，需要留住自己培养的人。只有把教育、医疗、养老等社会民生保障做好了，这些人才没有后顾之忧虑，才能带着家人安心扎根当地，为乡村振兴建设出谋划策。

最后，为参与企业给予保障。部分帮扶企业有技术但缺资金，甚至缺乏可用于抵押的资产，因此需要借助保险机构、地方银行以及地方政府的力量，甚至可以尝试探索建立"保险+银行"的多方信贷风险分担补偿机制。在旅游产业进一步发展中，可以考虑探索股份合作模式、政策导向型旅游产业模式、利益联结型旅游产业模式等，从多层面加强创新保险资金运用方式，协助有技术但缺乏资金的帮扶企业和有想法有技术但缺乏资金的人员便利地获得免担保、免抵押、利率优惠的小额资金。对企业创办的旅游项目和企业员工办理的保险项目予以优惠的保费，扩大保障范围。

建立保障体系可在一定程度上保障旅游产业振兴的平稳发展，降低返贫风险，并给予相应的保障。增强帮扶企业和当地居民参与社会协同，激发他们融入产业价值链中的积极性、主动性、创造性，增强他们追求美好生活的信心和底气，从而提高社会协作机制的运行效率。政府要激励保险公司针对三峡库区自然条件、农业发展、历史损失信息进行定制化设计，保障库区范围内的帮扶企业和受帮扶的当地居民，减少在产业经营过程中的人、财、物等因社会化、市场化的风险带来的损失。总之从教育、医疗、就业等民生入手，尽快补齐短板，牢筑民生底线，给予参与乡村振兴的市场和社会主体相应的保障，减少后顾之后，保障乡村振兴协作发展机制有效运行。

参考文献

[1] 国家旅游局等12部门印发《乡村旅游扶贫工程行动方案》（旅发〔2016〕121号）

[2] 邓伟，刘德绍，唐燕秋，齐静.三峡库区土壤保持重要区（重庆段）生态系统服务功能空间分异特征［J］.三峡生态环境监测，2017，2（02）：9-18.

[3] 焦佳凌，李瑞昌.反贫困：国际资源与中国共享［J］.复旦公共行政评论，2007（00）：209-228.

[4] 王茜.基于AHP&熵权法的新疆叶城县旅游扶贫效果研究［D］.塔里木大学，2020.

[5] 关孔春.精准扶贫中返贫的原因及其对策分析［J］.劳动保障世界，2018（21）：29，31.

[6] 贾芳.对旅游扶贫的再思考［J］.甘肃社会科学，2000（02）：81-82.

[7] 世界银行.1980年世界发展报告［M］.中国财经经济出版社，1980.

[8] Townsend P.Poverty in the United kingdom：A survey of household resources and standard of living［M］.Berkley California：University of California Press，1979.

[9] 世界银行.1990年世界发展报告［M］.中国财经经济出版社，1990.

[10] 郭熙保.论贫困概念的内涵［J］.山东社会科学，2005（12）：49-54，19.

[11] 叶普万.贫困概念及其类型研究述评［J］.经济学动态，2006（07）：67-69，119.

[12] 张秀艳，潘云.贫困理论与反贫困政策研究进展［J］.经济问题，2017（03）：1-5.

[13] 安志杰、邹德秀.贫困地区的形成和发展机遇［J］.干旱地区农业研究，1993（03）：1-5.

[14] 李春根，陈文美，邹亚东.深度贫困地区的深度贫困：致贫机理与治理路径［J］.山东社会科学，2019（04）：69-73，98.

[15] 杨证轲.四川藏区旅游扶贫与绩效研究［D］.成都大学，2020.

[16] 于光远. 经济大辞典 [M]. 上海：上海辞书出版社，1997

[17]《当代中国的民政》编辑委员会编，《当代中国的民政》（下），当代中国出版社，2010.

[18] 李棉管. 技术难题、政治过程与文化结果——"瞄准偏差"的三种研究视角及其对中国"精准扶贫"的启示 [J]. 社会学研究，2017，32（01）：217-241，246.

[19] 曾小溪，汪三贵. 中国大规模减贫的经验：基于扶贫战略和政策的历史考察 [J]. 西北师大学报（社会科学版），2017，54（06）：11-19.

[20] 苏志豪，徐卫周. 塑造农民主体性：2020后走出扶贫"内卷化"困境的路径选择 [J]. 现代经济探讨，2020（08）：29-35.

[21] 汪三贵，曾小溪. 从区域扶贫开发到精准扶贫——改革开放40年中国扶贫政策的演进及脱贫攻坚的难点和对策 [J]. 农业经济问题，2018（08）：40-50.

[22] 李春明. 精准扶贫的经济学思考 [J]. 理论月刊，2015（11）：5-8.

[23] 李飞龙. 救济、开发与预防：当代民族地区反贫困治理的发展演变——以贵州集中连片特困地区为考察中心 [J]. 贵州师范大学学报（社会科学版），2014（03）：64-69.

[24] 肖胜和. 论我国贫困区发展旅游业的基础 [J]. 云南师范大学学报（自然科学版），1997（03）：82-86.

[25] 颜廷武，雷海章. 返贫困：反贫困的痛楚与尴尬 [J]. 新疆农垦经济，2005（02）：65-68.

[26] 金鑫. 当代中国应对自然灾害导致返贫的对策研究 [D]. 吉林大学，2015.

[27] 丁军，陈标平. 构建可持续扶贫模式 治理农村返贫顽疾 [J]. 社会科学，2010（01）：52-57，188.

[28] 郭洪涛. 当前我国农村贫困的主要类型、特征及成因 [J]. 决策与信息，2016（36）：63.

[29] 包国宪，杨瑚. 我国返贫问题及其预警机制研究 [J]. 兰州大学学报（社会科学版），2018，46（06）：123-130.

[30] 兰定松. 乡村振兴背景下农村返贫困防治探讨——基于政府和农民的视角 [J]. 贵州财经大学学报，2020（01）：87-93.

[31] 潘文轩. 贫困地区返贫与新增贫困的现状、成因及对策——基于扶贫对象动态管理数据的统计分析 [J]. 云南民族大学学报（哲学社会科学版），2020，37（06）：72-81.

[32] 何华征，盛德荣. 论农村返贫模式及其阻断机制 [J]. 现代经济探讨，2017（07）：95-102.

[33] 和立道，王英杰，路春城. 人力资本公共投资视角下的农村减贫与返贫预防 [J].

财政研究，2018（05）：15-24.

[34] 卜海.我国脱贫再返贫防范机制的建立和运行问题研究[J].江苏师范大学学报（哲学社会科学版），2018，44（06）：1-9.

[35] 范和生.返贫预警机制构建探究[J].中国特色社会主义研究，2018（01）：57-63.

[36] 陈明.后脱贫时代乡村旅游扶贫及其巩固脱贫成果的潜在优势研究[J].湖湘论坛，2020，33（06）：125-133.

[37] 蒋和胜，田永，李小瑜."绝对贫困终结"后防止返贫的长效机制[J].社会科学战线，2020（09）：185-193，282.

[38] Benxiang Zeng, Chris Ryan.Assisting the poor in China through tourism development: A review of research[J].Tourism Management, 2012（33）: 239-248

[39] Ashley, C., Boyd, C., & Goodwin, H.（2000）. Pro-poor tourism: Putting poverty at the heart of the tourism agenda. London, UK: Overseas Development Institute（ODI）.

[40] Sofield, T., Bauer, J., De Lacy, T., Lipman, G., & Daugherty, S.（2004）. Sustainable tourism-eliminating poverty（ST-EP）: An overview. Gold Coast: Sustainable Tourism Cooperative Centre（STCRC）.

[41] 毛勇.农村旅游扶贫的适应性条件及应注意的问题[J].农村经济，2002（10）：63-65.

[42] 刘向明，杨智敏.对我国"旅游扶贫"的几点思考[J].经济地理，2002（02）：241-244.

[43] 高舜礼.旅游开发扶贫的经验、问题及对策[J].旅游学刊，1997（04）：7，9-10，8，61.

[44] 王明霞，李旭超.河北省青龙满族自治县旅游扶贫调查与研究[J].满族研究，2007（04）：62-76.

[45] 彭敏，付华.浅析旅游扶贫之含义[J].农村经济，2007（05）：43-45

[46] 袁书琪.福建省实施PPT旅游战略的构想[J].人文地理，2001（06）：47-49.

[47] 马悦.绿色发展理念下的旅游扶贫开发思路及模式研究[J].农业经济，2020（01）：57-58.

[48] Andrew Lepp.Residents' attitudes towards tourism in Bigodi village, Uganda. Tourism Management 28（2007）876-885

[49] 耿宝江，庄天慧，彭良琴.四川藏区旅游精准扶贫驱动机制与微观机理[J].贵州民族研究，2016，37（04）：157-160.

[50]邱云美.社区参与是实现旅游扶贫目标的有效途径[J].农村经济,2004(12):43-45.

[51]陈丽华,董恒年.乡村旅游发展中社区参与的必要性与主要障碍及解决方案研究[J].重庆科技学院学报(社会科学版),2008(06):73-74,105.

[52]饶勇,黄福才,魏敏.旅游扶贫、社区参与和习俗惯例的变迁——博弈论视角下的可持续旅游扶贫模式研究[J].社会科学家,2008(03):88-92,96.

[53] Harrison, D., & Schipani, S.(2007). Lao tourism and poverty alleviation: community based tourism and the private sector. In C. M. Hall(Ed.), Pro-poor tourism: Who benefits? Perspectives on tourism and poverty reduction(pp. 84e120). Bristol: Channel View Publications.

[54] Mowforth, M., & Munt, I.(2003). Tourism and sustainability: Development and new tourism in the third world(2nd ed.). London: Routledge.

[55]李刚,徐虹.影响我国可持续旅游扶贫效益的因子分析[J].旅游学刊,2006(09):64-69.

[56]邹芳芳,陈秋华.贫困县域森林旅游发展的农户适应性研究——以福建武平县为例[J].福建论

[57]罗盛锋,黄燕玲.滇桂黔石漠化生态旅游景区扶贫绩效评价[J].社会科学家,2015(09):97-101.

[58]张琼.河南省乡村旅游与精准扶贫耦合性分析[J].中国农业资源与区划,2019,40(11):250-256.

[59]冯斐,唐睿,冯学钢.西部地区旅游扶贫效率及其影响因素研究——以甘肃省平凉市为例[J].地域研究与开发,2020,39(02):105-110.

[60]王瑜,胡尹慧.乡村旅游资源与精准扶贫对接的机制及实现路径研究[J].云南行政学院学报,2020,22(02):12-16.

[61]庄淑蓉,杜芳娟,叶仕安.多维贫困视角下的旅游扶贫与空间正义研究——以贵州施秉喀斯特世界遗产地社区为例[J].人文地理,2020,35(02):32-38.

[62]王洋,张超.精准扶贫背景下农村旅游扶贫的优势、困境及路径[J].农业经济,2019(07):68-69.

[63]发展乡村旅游,促进旅游扶贫[R].北京:文化和旅游部,2018.

[64]梁海兰.乡村旅游精准扶贫实现路径研究——以重庆市石柱县绿桃村为例[J].农业经济,2019(11):75-77.

[65]李耀锋.需求、资源与能力:旅游开发致贫效应的机理分析——基于赣琼两个旅

游村的实地调研[J].学术论坛，2015，38（10）：116-123.

[66] 陈骏兰.贫困县精准扶贫绩效评价研究——以金寨县为例[J].山西农经，2018（06）：18-21.

[67] 杨建春，肖小虹.贵州旅游扶贫效应动态分析[J].商业研究，2011（07）：212-216.

[68] 黄梅芳，于春玉.民族旅游扶贫绩效评价指标体系及其实证研究[J].桂林理工大学学报，2014，34（02）：406-410.

[69] 邓小海，曾亮，罗明义，肖洪磊.云南乌蒙山片区所属县旅游扶贫效应分析[J].生态经济，2015，31（02）：134-138.

[70] 党红艳，金媛媛.旅游精准扶贫效应及其影响因素消解——基于山西省左权县的案例分析[J].经济问题，2017（06）：108-113.

[71] 龙祖坤，杜倩文，周婷.武陵山区旅游扶贫效率的时间演进与空间分异[J].经济地理，2015，35（10）：210-217.

[72] 黄渊基.连片特困地区旅游扶贫效率评价及时空分异——以武陵山湖南片区20个县（市、区）为例[J].经济地理，2017，37（11）：229-235.

[73] 李烨.中国乡村旅游业扶贫效率研究[J].农村经济，2017（05）：72-78.

[74] 陈超群，胡伏湘.基于可持续生计的乡村旅游扶贫绩效研究——以长沙市为例[J].东北农业科学，2019，44（05）：76-81.

[75] 张伟，张建春，魏鸿雁.基于贫困人口发展的旅游扶贫效应评估——以安徽省铜锣寨风景区为例[J].旅游学刊，2005（05）：43-49.

[76] 龙梅，张扬.民族村寨社区参与旅游发展的扶贫效应研究[J].农业经济，2014（05）：48-50.

[77] 李佳，成升魁，马金刚，钟林生.基于县域要素的三江源地区旅游扶贫模式探讨[J].资源科学，2009，31（11）：1818-1824.

[78] 李清娥.5·12震后旅游扶贫的实践效应——北川羌族自治县旅游开发模式分析[J].西南民族大学学报（人文社会科学版），2012，33（05）：128-132.

[79] 胡锡茹.云南旅游扶贫的三种模式[J].经济问题探索，2003（05）：109-111.

[80] 李国平.基于政策实践的广东立体化旅游扶贫模式探析[J].旅游学刊，2004（05）：56-60.

[81] 陈琴.三峡库区旅游扶贫模式研究[J].安徽农业科学，2011，39（19）：11635-11637.

[82] 肖建红，肖江南.基于微观经济效应的面向贫困人口旅游扶贫（PPT）模式研

究——以宁夏六盘山旅游扶贫实验区为例［J］.社会科学家，2014（01）：76-80.

［83］王晓伟，戈大专.山东省旅游扶贫村发展困境与路径分析——以典型案例村为例［J］.农业现代化研究，2019，40（05）：728-735.

［84］杜青松.丝路经济带地质遗迹资源特征与旅游扶贫对策研究［J］.西北地质，2019，52（04）：279-285.

［85］杨静凤.可持续生计下民族旅游村寨农户返贫风险与阻断机制研究［D］.桂林理工大学，2020.

［86］Cantó, Olga. Climbing out of poverty, falling back in: low income stability in Spain［J］. Applied Economics, 2002, 34（15）: 1903-1916.

［87］Sharpe R.A, Machray K.E, Fleming, L.E, et al. Household energy efficiency and health: Area-level analysis of hospital admissions in England［J］.Environment International, 2019, 133: 1-13.

［88］漆敏.我国农村返贫问题根源剖析与对策研究［D］.重庆大学，2012.

［89］郑瑞强，曹国庆.脱贫人口返贫：影响因素、作用机制与风险控制［J］.农林经济管理学报，2016，15（06）：619-624.

［90］冉光荣.藏区反贫困再思考［J］.财经科学，2006（02）：107-116.

［91］丁军，陈标平.构建可持续扶贫模式　治理农村返贫顽疾［J］.社会科学，2010（01）：52-57.

［92］郑瑞强，曹国庆.脱贫人口返贫：影响因素、作用机制与风险控制［J］.农林经济管理学报，2016，15（06）：619-624.

［93］姜俊.武陵山片区湘西少数民族聚集区返贫防控研究——基于体育产业与旅游产业融合发展视角［J］.邵阳学院学报（社会科学版），2020，19（01）：62-68.

［94］曾永泉，夏玉珍.转型期社会风险预警与干预机制研究［J］.广西社会科学，2008（04）：186-189.

［95］陈超群，罗芬.乡村旅游地脱贫居民返贫风险综合模糊评判研究——基于可持续生计资本的视角［J］.中南林业科技大学学报（社会科学版），2018（05）.

［96］聂君，束锡红.青海藏区精准扶贫绩效评价及影响因素实证研究［J］.北方民族大学学报（哲学社会科学版），2019（01）：31-39.

［97］保虎.新时代边境民族乡村振兴的人本理性逻辑研究［D］.华东师范大学，2018.

［98］刘晓雪.新时代乡村振兴战略的新要求——2018年中央一号文件解读［J］.毛泽东邓小平理论研究，2018（03）：13-20, 107.

参考文献

[99] 郑琼洁,潘文轩.后脱贫时代相对贫困治理机制的构建——基于发展不平衡不充分视角[J].财经科学,2021(11):36-49.

[100] 姜德波,彭程.城市化进程中的乡村衰落现象:成因及治理——"乡村振兴战略"实施视角的分析[J].南京审计大学学报,2018,15(01):16-24.

[101] 王振波,刘亚男.新时代背景下我国乡村振兴研究述评——基于十九大以来的文献考察[J].社会主义研究,2020(04):151-158.

[102] 张志胜.多元共治:乡村振兴战略视域下的农村生态环境治理创新模式[J].重庆大学学报(社会科学版),2020,26(01):201-210.

[103] 刘志阳,李斌.乡村振兴视野下的农民工返乡创业模式研究[J].福建论坛(人文社会科学版),2017(12):17-23.

[104] 王晨光.集体化乡村旅游发展模式对乡村振兴战略的影响与启示[J].山东社会科学,2018(05):34-42.

[105] 李晓夏,赵秀凤.直播助农:乡村振兴和网络扶贫融合发展的农村电商新模式[J].商业经济研究,2020(19):131-134.

[106] 郭俊华,卢京宇.产业兴旺推动乡村振兴的模式选择与路径[J].西北大学学报(哲学社会科学版),2021,51(06):42-51.

[107] 朱成晨,闫广芬,朱德全.乡村建设与农村教育:职业教育精准扶贫融合模式与乡村振兴战略[J].华东师范大学学报(教育科学版),2019,37(02):127-135.

[108] 肖远平,王伟杰.非物质文化遗产助力乡村振兴的"西江模式"研究[J].文化遗产,2019(03):23-28.

[109] 李博,杨朔.乡村振兴中"治理有效"的实践路径与制度创新——基于陕南汉阴县"321"乡村治理模式的分析[J].云南社会科学,2019(03):55-61,187.

[110] 拜茹,尤光付.自主性与行政吸纳合作:乡村振兴中基层社会治理模式的机制分析[J].青海社会科学,2019(01):72-80.

[111] 杨园园,臧玉珠,李进涛.基于城乡转型功能分区的京津冀乡村振兴模式探析[J].地理研究,2019,38(03):684-698.

[112] 龙井然,杜姗姗,张景秋.文旅融合导向下的乡村振兴发展机制与模式[J].经济地理,2021,41(07):222-230.

[113] 武小龙,谭清美.新苏南模式:乡村振兴的一个解释框架[J].华中农业大学学报(社会科学版),2019(02):18-26,163-164.

[114] 蒋卓晔.乡村振兴,人才是关键[J].人民论坛,2018(19):62-63.

[115] 王科,王让新.乡村振兴的关键是什么[J].人民论坛,2018(17):66-67.

[116] 李韬.乡村振兴:关键领域、地方经验与实施路径——第三届中国县域治理高层论坛会议综述[J].湖北民族学院学报(哲学社会科学版),2019,37(02):36-40.

[117] 袁方成,靳永广.深化农地改革推进乡村振兴:关键问题与优化路径[J].理论与改革,2020(04):139-149.

[118] 廖彩荣,郭如良,尹琴,胡春晓.协同推进脱贫攻坚与乡村振兴:保障措施与实施路径[J].农林经济管理学报,2019,18(02):273-282.

[119] 叶兴庆.为实施乡村振兴战略提供制度保障[J].中国农村经济,2020(06):15-18.

[120] 安晓明.新时代乡村产业振兴的战略取向、实践问题与应对[J].西部论坛,2020,30(06):38-47.

[121] 王艺明.乡村产业振兴的发力点和突破口[J].人民论坛,2022(01):22-25.

[122] 李琳.乡村振兴背景下农业扶贫产业的可持续性研究——基于中部成村黄桃产业转型的思考[J/OL].中国农业大学学报(社会科学版):1-16[2022-09-12].

[123] 钟洁,皮方於.西部民族村寨旅游业发展促进乡村全面振兴的逻辑与路径[J].民族学刊,2020,11(05):1-6,127-128.

[124] 林菁.乡村旅游助推乡村振兴的内在机理与发展路径[J].农业经济,2021(11):75-76.

[125] 吴思斌,刘细发.发展旅游产业 推进乡村振兴[J].人民论坛,2018(17):72-73.

[126] 刘畅,周燕凌,何洪容.近30年国内外生态约束下农村产业适宜性研究进展[J].生态与农村环境学报,2021,37(07):852-860.

[127] 叶有华,肖冰,冯宏娟,何玉琳,陈平,陈晓意,王丹丹,曾祉祥,郭欣.乡村振兴视域下的生态产品价值实现模式路径研究[J].生态环境学报,2022,31(02):421-428.

[128] 刘智.旅游产业与农村可持续生计耦合的空间格局及驱动机制——以张家界为例[J].经济地理,2020,40(02):209-216.

[129] 张香菊,张康旭,张红喜.乡村振兴背景下乡村旅游环境正义实现途径[J].中国农业资源与区划,2019,40(11):297-302.

[130] 丁金华,陆志翎.基于生态风险评价的水网乡村适应性规划研究——以吴江三白荡片区为例[J].生态经济,2022,38(02):223-229.

[131] 王海卉.乡村土地资本化的理论借鉴与实践效应研究[J].规划师,2021,37(22):5-11.

[132] 杨艳文.乡村振兴视域下农业农村现代化面临的社会风险及化解之道[J].领导科学,2021（18）：83-86.

[133] 赵晓旭.乡村振兴背景下民族地区的农民养老风险及保障策略[J].贵州民族研究,2020,41（01）：45-50.

[134] 张广庆,刘永文,汪磊.乡村振兴背景下农村土地经营权抵押贷款风险研究[J].金融理论与实践,2021（05）：50-59.

[135] 贺林波,乔逸平.乡村振兴背景下乡村产业的风险转化及防范——以X市特色茶产业开发为例[J].南京农业大学学报（社会科学版）,2020,20（01）：99-108.

[136] 崔煜雯,郭丽芳,马家齐.乡村振兴战略视角下农业众筹风险防控研究[J].管理现代化,2019,39（03）：113-117.

[137] 邓小海,肖洪磊,云建辉.乡村振兴战略下脱贫地旅游发展"内卷化"风险及其防范对策[J].企业经济,2022,41（04）：105-114.

[138] 徐晓军,张楠楠.乡村振兴与脱贫攻坚的对接：逻辑转换与实践路径[J].湖北民族学院学报（哲学社会科学版）,2019,37（06）：101-108.

[139] 吴春来.产业扶贫与产业振兴有效衔接初探[J].西南民族大学学报（人文社会科学版）,2021,42（12）：180-189.

[140] 曾迎霄.旅游扶贫与乡村振兴有效衔接的内在逻辑及政策选择[J].农业经济,2022（03）：62-64.

[141] 张太宇,王燕红,郭美洪.脱贫攻坚同乡村振兴有效衔接的金融支持路径探析——以江苏省为例[J].江苏农业科学,2022,50（15）：216-231.

[142] 郭治安.协同学入门[M].成都：四川人民出版社,1988.

[143] 杨睿.基于协同学理论的思想政治教育方法创新研究[D].广西师范大学,2014.

[144] 马尔萨斯.人口原理[M].商务印书馆,2001.

[145] 谭崇台.发展经济学[M].上海人民出版社,1989.

[146] 康晓光.中国贫困与反贫困理论[M].广西人民出版社,1995.

[147] 夏永祥、潘未名.中国地方性贫困原因新论[J].开发研究,1993（06）.

[148] 阿马蒂亚·森.贫困与饥荒[M].商务印书馆,2001.

[149] 杨小凯.经济学原理[M].中国社会科学出版社,1998.

[150] 世界银行.2000-2001年世界发展报告—与贫困作斗争[M].中国财经出版社,2001.

[151] 孙俊楠.阿玛蒂亚·森的权利贫困理论研究[D].山东大学,2018.

[152] 杨瑚.返贫预警机制研究[D].兰州大学,2019.

[153] 陈坚.政治社会学理论范式下的农村教育分析[J].东北师大学报.2012(3):172.

[154] 丁汝俊,敏生兰.可持续发展与西北回族地区贫困问题探析[J].甘肃理论学刊,2005(05):95-99.

[155] 周胤.企业财务风险管控工作研究[J].财会通讯,2012,(11):138-139.

[156] COSO委员会,企业风险管理——整合框架[M]大连:东北财经大学出版社,2005.

[157] 国家旅游局等12部门印发《乡村旅游扶贫工程行动方案》(旅发〔2016〕121号)

[158] 刘婧娇.脱贫、发展、关联——中国农村贫困治理的反思与展望[J].云南社会科学,2018(04):25-31,186-187.

[159] 高强,曾恒源.巩固拓展脱贫攻坚成果同乡村振兴有效衔接:进展、问题与建议[J].改革,2022(04):99-109.

[160] 杨胜明.以实现"两个突破"为目标,发展旅游经济,促进脱贫致富[J].理论与当代,1997(Z1):4-6.

[161] 张雪,王怡,郭萌,张江瑶.秦巴山区(陕南)旅游可持续扶贫模式探讨[J].辽宁农业科学,2019(05):46-50.

[162] 刘思羽,王梦瑶,李凤琴.贵州"旅游脱贫模式"研究[J].农村经济与科技,2020,31(08):172-173.

[163] 何琼峰,宁志中.旅游精准扶贫助推贫困地区乡村振兴的思考[J].农业现代化研究,2019,40(05):721-727.

[164] 中办国办印发意见 加快推进乡村人才振兴[N].人民日报,2021-2-24(1).

[165] 胡鑫.乡村振兴战略人才支撑体系建设研究[D].吉林大学,2021.

[166] 周梦冉.基于贫困人口受益的旅游扶贫思考[J].合作经济与科技,2016(11):45-46.

[167] 黄燕玲,代新洋,罗盛锋.基于GRA的桂西北石漠化地区旅游扶贫适宜性评价[J].广西社会科学,2016(1):6.

[168] 黄晓庆.旅游可进入性定量评价研究——以成渝经济区(四川片)为例[D].成都.中国科学院水利部成都山地灾害与环境研究所.2008.

[169] 孔祥智.《乡村振兴的九个维度》[J].乡村振兴,2022(04):96.

[170] 刘畅,周燕凌,何洪容.近30年国内外生态约束下农村产业适宜性研究进

展［J］.生态与农村环境学报,2021,37（07）：852-860.

［171］盛德荣.试析返贫风险预警机制的内涵与逻辑［J］.天中学刊,2021,36（1）：17-26.

［172］田里.旅游驱动型区域返贫：内涵、路径与阻断［J］.湖湘论坛,2021,1（196）：86-92.

［173］胡原,曾维忠.稳定脱贫的科学内涵、现实困境与机制重构.四川师范大学学报（社会科学版）［J］,2019,46（5）：121-128.

［174］刘彦随.现代人地关系与人地系统科学［J］.地理科学,2020,40（8）：1221-1234.

［175］程钰,王亚平,张玉泽,等.黄河三角洲地区人地关系演变趋势及其影响因素［J］.经济地理,2017,37（02）：83-8997.

［176］葛全胜,方创琳,江东.美丽中国建设的地理学使命与人地系统耦合路径［J］.地理学报,2020,75（6）：1109-1119.

［177］方创琳,王振波,刘海猛.美丽中国建设的理论基础与评估方案探索［J］.地理学报,2019,74（4）：619-632.

［178］王静,翟天林,赵晓东,等.面向可持续城市生态系统管理的国土空间开发适宜性评价——以烟台市为例［J］.生态学报,2020,40（11）：3634-3645.

［179］樊杰,周侃,陈东.生态文明建设中优化国土空间开发格局的经济地理学研究创新与应用实践［J］.经济地理,2013,33（1）：1-8.

［180］南锡康,刘天科,周璞,等.土地资源建设开发承载力与适宜性评价研究［J］.中国国土资源经济,2019（10）：1-7.

［181］石龙宇,冯运双,高莉洁.长三角县域国土空间开发适宜性评价方法研究——以长兴县为例［J］.生态学报,2020,40（18）：6495-6504.

［182］陈金涛,刘文君.农村土地"三权分置"的制度设计与实现路径探析［J］.求实,2016（1）：9.

［183］荆玉平,张树文,李颖.基于景观结构的城乡交错带生态风险分析［J］,生态学杂志,2008,27（2）：229—234.

［184］刘宏斌.浅谈"十四五"农业面源污染防治［N］.中国环境报,2021-04-16（3）.

［185］张福锁.加强农业面源污染防治推进农业绿色发展［N］.中国环境报,2021-03-31（3）.

［186］孔祥智.乡村振兴的九个维度［M］,广东人民出版社,2018.

［187］杨秀玉,魏秀文.农业产业集聚、农业面源污染与农业绿色发展——基于空间

异质性视角［J］．江苏农业科学，2022（01）：244-252．

［188］崔艳琪．乡镇工业污染对农村（周边）环境的影响［J］．民营科技，2017（01）：225．

［189］代婷婷，刘加强．浅析农村生活污染综合治理模式与技术路线［J］．皮革制作与环保技，2021（11）：142-143．

［190］吴学灿．生态知识选介　生态风险评价［Z］．云南生态年鉴，2018：423．

［191］邓玲，顾金土．后扶贫时代乡村生态振兴的价值逻辑、实践路向及治理机制［J］．理论导刊，2021（5）：77-84．

［192］张进财．生态补偿机制创新建设与完善［J］．环境保护科学，2022（02）：57-61．

［193］刘超，吕稣．我国生态环境监管规范体系化之疏失与完善［J］．华侨大学学报（哲学社会科学版），2021（02）：110-122，131．

［194］陈晓红．蔡思佳，汪阳洁．我国生态环境监管体系的制度变迁逻辑与启示［J］．管理世界，2020（11）：160-172．

［195］本报编辑部．全面辩证看待当前经济形势［N］．经济日报，2022-05-26（001）．

［196］张军果．新常态下经济发展的风险与应对［J］．唯实，2016（8）：48-52．

［197］段章顺．保险支持乡村产业兴旺的路径分析与实践探索［D］．兰州财经大学，2020．

［198］邹佰峰．詹俊伟．乡村文化自信缺失及其提升对策分析［J］．山东农业工程学院学报，2020，37（11）：1-4．

［199］赵广．空间视域下乡村美学的当代生成［D］，重庆，西南大学2021．

［200］徐晓慧．人类学视域下乡村振兴的审美逻辑与艺术实践［J］．广西民族研究，2021（06）：100-108．

［201］门坤玲．鲁晓军．快速城市化背景下乡村景观的价值与审美［J］．环境艺术，2009，12.004，81-84．

［202］王民．普通高中教科书　地理　必修　第二册：中国地图出版社，2019年．

［203］李国华．风险管理原理［M］．经济管理出版社，2018．

［204］InstitutionBS.RiskManagement：PrincipleandGuidelines［M］．Geneva，Switzerland；BSIStandardsLtd.2018．

［205］闫雪．乡村振兴背景下脱贫群众返贫风险及其防控机制研究［D］．云南财经大学，2021．

［206］彭玮，龚俊梅．基于系统聚类法的返贫风险预警机制分析［J］．江汉论坛，

2021，（12）：23-31.

［207］黄国庆，刘钇，时朋飞.民族地区脱贫户返贫风险评估与预警机制构建［J］.华中农业大学学报（社会科学版），2021（04）：79-88，181-182.

［208］付少平，石广洲.乡村振兴背景下脱贫人口面临的生计风险及其防范［J］.西北农林科技大学学报（社会科学版），2021，21（01）：19-28.

［209］萧鸣政，张睿超.中国后扶贫时代中的返贫风险控制策略——基于风险源分析与人力资源开发视角［J］.中共中央党校（国家行政学院）学报，2021，25（02）：58-65.

［210］左停，苏武峥，赵梦媛.提升抗逆力：乡村振兴进程中农民生计系统"风险-脆弱性"应对策略研究［J］.云南社会科学，2020，No.236（04）：129-136，178-179.

［211］曾维和，咸鸣霞.衰落风险与村庄共同体治理——基于"金陵首富村"全面振兴的案例分析［J］.中国农村观察，2021，No.157（01）：22-39.

［212］夏支平.后脱贫时代农民贫困风险对乡村振兴的挑战［J］.江淮论坛，2020，299（01）：18-25.

［213］芦恒."抗逆力"视野下农村风险管理体系创新与乡村振兴［J］.吉林大学社会科学学报，2019，59（01）：101-110，221-222.

［214］刘合光.乡村振兴战略的关键点、发展路径与风险规避［J］.新疆师范大学学报（哲学社会科学版），2018，39（03）：25-33.

［215］罗玉杰，李会琴，侯林春，等.可持续生计视角下乡村旅游地返贫风险识别及预警机制构建——以湖北省恩施州W村为例［J］.干旱区资源与环境，2022，36（2）：186-193.

［216］王媛.后扶贫时代规模性返贫风险的诱致因素、生成机理与防范路径［J］.科学社会主义，2021，（5）：102-108.

［217］朱冬亮，殷文梅.内生与外生：巩固拓展脱贫攻坚成果同乡村振兴有效衔接的防贫治理［J］.学术研究，2022，No.446（1）：48-55，177-178.

［218］中共中央　国务院关于实施乡村振兴战略的意见［OL］.中国政府网 www.gov.cn/zhengce/2018-02/04/content_5263807.htm. 2018-02-04 21：23 来源：新华社.

［219］国务院办公厅.《国务院办公厅关于进一步动员社会各方面力量参与扶贫开发的意见》国办发〔2014〕58号［OL］. http://www.gov.cn/zhengce/content/2014-12/04/content_9289.htm，2014-12-04.

［220］澎湃新闻.习近平在贵州贵阳召开的部分省区市扶贫攻坚与"十三五"时期经济社会发展座谈会上的讲话精神（摘编）［OL］. https://www.thepaper.cn/newsDetail_forward_7163193，2020-04-27.

［221］郭晓鸣，廖海亚.建立脱贫攻坚与乡村振兴的衔接机制建立脱贫攻坚与乡村振兴的衔接机制［OL］.人民网 theory.people.com.cn/n1/2020/0605/c40531-31736222.html.2020 年 06 月 05 日 08：13 来源：经济日报．

［222］《中共中央关于制定国民经济和社会发展第十四个五年规划和二○三五年远景目标的建议》［OL］. http://www.gov.cn/zhengce/2020-11/03/content_5556991.htm 来源：新华社

［223］中共中央　国务院印发《乡村振兴战略规划（2018—2022 年）》［OL］.中国政府网 www.gov.cn：8080/zhengce/2018-09/26/content_5325534.htm. 2018-09-26 21：10 来源：新华社．

［224］吴晓燕、赵普兵.协同共治：乡村振兴中的政府、市场与农村社会.云南大学学报（社会科学版）.2019（5）：121-128.

［225］付冲"富民贷"搭起"富民桥"秀山全媒体（秀山土家族苗族自治县融媒体中心官方公众号）2022-05-26.

［226］高原丽.充分发挥文化在乡村振兴中的作用［OL］.黑龙江日报 epaper.hljnews.cn/hljrb/20181016/385777.html 2022-7-23.

［227］新华社.习近平在银川主持召开东西部扶贫协作座谈会并发表重要讲话［OL］. http://www.xinhuanet.com/politics/2016-07/21/c_1119259129.htm，2016-07-21.

［228］中新网.乡村振兴需要城乡区域协调发展. https://economy.gmw.cn/2021-03/24/content_34713248.htm.［OL］.2021-03-24 14：15.

［229］中共中央　国务院关于实现巩固拓展脱贫攻坚成果同乡村振兴有效衔接的意见［OL］.中国政府网 www.gov.cn/zhengce/2021-03/22/content_5594969.htm. 2021-03-22 19：15 来源：新华社

附 表

附表1 三峡库区26个区县的相关统计数据（对缺值进行插值计算后）

区县名称	经济规模（GDP）（亿元）	人口（万人）	城市人均收入（元）	农村人均收入（元）	旅游规模（万人次）	旅游收入（亿元）	贫困人口（人）	贫困率（%）	时间
兴山县	95.06	16.99	22478	9610	207.5	14.63	34490	20.3	2015年
	104.75	16.88	24486	10365	271	18.6	32916	19.5	2016年
	111.27	17.5	26691	11269	303.6	20.5	15505	8.86	2017年
	117.24	17.06	28855	12286	365.7	24.4	3412	2	2018年
	130.58	16.6	31611	13625	450.54	29.52	13	0.008	2019年
巴东县	88.84	49.26	21058	7893	555.6	37.8	63398	12.87	2015年
	96.21	49.27	23219	8628	652.5	45.37	32321	6.56	2016年
	103.4	49.86	25309	9491	718	53	16404	3.29	2017年
	112.87	48.8	27640	10386	869	66.6	15274	3.13	2018年
	127.46	48.6	30183	11471	1043	80.04	1652	0.34	2019年
秭归县	110.09	36.17	21810	8062	612.1	63.77	35989	9.95	2015年
	118	36.23	23725	8825	709	77.66	22716	6.27	2016年
	126	38	25829	9675	830	102	11210	2.95	2017年
	130	37.08	27843	10565	940	132.99	5488	1.48	2018年
	145	36.86	30517	11596	1093	157	0	0	2019年
宜昌市夷陵区	486.93	52.41	28202	15793	1054	105	43762	8.35	2015年
	541.38	52.53	30757	17149	1243	143	28997	5.52	2016年
	557.9	52.02	33613	18549	1505	164	13993	2.69	2017年
	573.39	53.1	36425	20044	1783.3	195.45	7169	1.35	2018年
	541.67	54.11	40322	22149	2051	223	0	0	2019年

续表

区县名称	经济规模（GDP）（亿元）	人口（万人）	城市人均收入（元）	农村人均收入（元）	旅游规模（万人次）	旅游收入（亿元）	贫困人口（人）	贫困率（%）	时间
万州区	828.2151	160.74	28459	10729	1227.2	46.44	105928	6.59	2015年
	897.39	162.33	31248	11898	1280	49.32	109573	6.75	2016年
	211.5	163.58	33967	12704	1524	84.7	35170	2.15	2017年
	982.58	164.75	36820	14318	1968.91	111.3	6755	0.41	2018年
	920.91	165.01	40171	15864	2296.35	150.91	1980	0.12	2019年
巫山县	89.66	46.23	23315	7733	1000	34.8	44982	9.73	2015年
	101.79	45.55	25483	8537	1103	39.8	45003	9.88	2016年
	116.15	44.83	27751	9357	1361	46.8	10580	2.36	2017年
	142.64	44.68	30165	10208	1599	62.6	3708	0.83	2018年
	172.97	44.53	32759	11229	1902.83	83.22	623	0.14	2019年
巫溪县	73.4	54.39	19687	7121	404.66	16.2	59720	10.98	2015年
	82.36	54.54	21380	7826	480.12	19	60976	11.18	2016年
	87.15	54.26	23112	8546	581	23.8	87413	16.11	2017年
	103.72	54.22	24938	9324	681.88	28.6	17513	3.23	2018年
	107.58	54.15	26958	10284	780.8	33.4	3520	0.65	2019年
奉节县	197.43	106.4	21633	8385	1081.37	38.3	120870	11.36	2015年
	222.56	106.63	25830	11040	1249	44.45	71442	6.7	2016年
	251.2	107.27	23634	9228	1550	58.6	14589	1.36	2017年
	287.42	105.81	28105	11146	1842.14	80.23	13120	1.24	2018年
	300	106.63	30634	12346	2250	100.6	3839	0.36	2019年
云阳县	187.9	89.66	21592	9054	503	33.9	63031	7.03	2015年
	213.1	91.28	23611	9982	1009	46	12049	1.32	2016年
	230	92.67	25830	11040	1508	61	12974	1.4	2017年
	275	93.14	27950	12001	2000	80	14716	1.58	2018年
	431.25	92.66	30410	13261	2530.7	101	2780	0.3	2019年

续表

区县名称	经济规模（GDP）（亿元）	人口（万人）	城市人均收入（元）	农村人均收入（元）	旅游规模（万人次）	旅游收入（亿元）	贫困人口（人）	贫困率（%）	时间
开州区	325.97	168.35	23984	10170	520	31	164815	9.79	2015年
	360.62	169.12	26262	11238	653	39.18	96737	5.72	2016年
	399.59	168.35	28547	12299	803	48	27778	1.65	2017年
	473.13	168.53	30945	13443	903.13	55.68	11292	0.67	2018年
	505.59	168.6	33761	14881	1069	64.57	3541	0.21	2019年
忠县	222.4	70.8	26778	10960	322	9.1	32214	4.55	2015年
	240.7	71.67	29295	12100	358.89	10.26	5590	0.78	2016年
	271.33	72.45	32107	13298	479	16.2	2826	0.39	2017年
	307.95	73.88	21471	11203	700.51	30.93	1625	0.22	2018年
	396.94	75.39	38357	16207	1001.15	51.25	302	0.04	2019年
涪陵区	813.19	116.19	28450	11089	883.69	47.8	52518	4.52	2015年
	896.22	116.42	30897	12253	1201.16	72.11	42493	3.65	2016年
	992.24	116.02	33709	13466	1549	98	41999	3.62	2017年
	1076.13	115.13	36642	14691	1931.65	122.91	25329	2.2	2018年
	1178.66	117.03	39940	16175	2150.04	161.25	468	0.04	2019年
丰都县	150.19	59.56	23902	9729	979.1	40	66826	11.22	2015年
	170.56	58.74	26268	10770	1125	48.9	7049	1.2	2016年
	187	57.86	28763	11869	1377.7	63.1	5497	0.95	2017年
	235	58.52	31352	13044	1653	76.3	3921	0.67	2018年
	305.9	59.27	34236	14518	1835	90.3	119	0.02	2019年
武隆区	131.39	41.425	27003	9562	2159.53	65.34	55468	13.39	2015年
	145.61	41.44	29703	10643	2450	751626万	7045	1.7	2016年
	159.2	41.268	32495	11744	2800	87	6768	1.64	2017年
	181.63	41.15	35290	12871	3229.27	150	3909	0.95	2018年
	209.66	41.05	38396	14274	3610.15	170	123	0.03	2019年

续表

区县名称	经济规模（GDP）（亿元）	人口（万人）	城市人均收入（元）	农村人均收入（元）	旅游规模（万人次）	旅游收入（亿元）	贫困人口（人）	贫困率（%）	时间
石柱县	129.24	54.66	25116	9642	600	30	54988	10.06	2015年
	145.42	54.8	27527	10674	683	34.15	44717	8.16	2016年
	162	54.77	30142	11741	822	48.8	19170	3.5	2017年
	175.97	54.86	32584	12845	1063	64.5	4773	0.87	2018年
	159.38	54.88	35288	14232	1517	93.24	1262	0.23	2019年
长寿区	406.13	82.43	27571	12047	700	42	53580	6.5	2015年
	450	82.57	29859	13336	770	47	36001	4.36	2016年
	509.9	83.75	32428	14418	850	52	11725	1.4	2017年
	597.5	85.5	35055	15571	935	57	1710	0.2	2018年
	701.2	89.3	38056	17019	1050	71	0	0	2019年
渝北区	1193.34	155.09	30819	13766	1891.32	60.81	18611	1.2	2015年
	1293.35	160.25	33546	15074	2141.94	70.04	14423	0.9	2016年
	1447.2	163.23	36414	16513	2501.37	80.5	13058	0.8	2017年
	1543	165.46	39546	17950	2927	98	93	0.0056	2018年
	1848.24	168.53	42749	19530	3329.29	133.23	0	0	2019年
巴南区	568.3	100.58	30339	13878	2487	77.6	43551	4.33	2015年
	635.4	105.12	32978	15252	2930	92.5	31536	3	2016年
	716.6	106.72	35864	16747	3090	101.7	11526	1.08	2017年
	902.3	108.82	36397	18248	2016.3	141.2	18499	1.7	2018年
	1036.7	109.12	42493	20125	2224.5	166.6	109	0.01	2019年
江津区	605.586	133.19	27951	13722	1267.9	76.3	68326	5.13	2015年
	674.12	135.33	30495	15177	1465.7	90.8	43982	3.25	2016年
	757.1	137.4	33331	16695	1760	114.7	25831	1.88	2017年
	902.3	138.7	36397	18248	2016.3	141.2	23579	1.7	2018年
	1036.7	140.2	39600	20128	2224.5	166.6	140	0.01	2019年

续表

区县名称	经济规模（GDP）（亿元）	人口（万人）	城市人均收入（元）	农村人均收入（元）	旅游规模（万人次）	旅游收入（亿元）	贫困人口（人）	贫困率（%）	时间
渝中区	958.2	53.1	31608	21303	4199	237.6	12744	2.4	2015年
	1050.2	52.5	34263	23980	4762	272.3	11550	2.2	2016年
	1122.2	65.9	37175	26498	5400	315	11203	1.7	2017年
	1203.9	66	40484	29016	6374.9	383.5	10560	1.6	2018年
	1301.3	66.2	44209	34534	6744.2	463.5	9930	1.5	2019年
北碚区	430.34	78.62	30261	14499	148（过夜游客）	38.88	10456	1.33	2015年
	475.41	79.61	35575	17416	181（过夜游客）	47.52	9553	1.2	2016年
	508.66	80.58	35575	17417	231（过夜游客）	60.77	9670	1.2	2017年
	551.79	81.1	38563	18897	300.36（过夜游客）	80.07	8921	1.1	2018年
	605.94	81.6	41879	20598	345.48	109.01	4080	0.5	2019年
沙坪坝区	714.3	112.83	30384	15264	3108.8	113.8	8801	0.78	2015年
	785.97	113.39	32921	16653	3213.5	121	7144	0.63	2016年
	860.2	115.08	35669	18168	3318.3	123.1	5524	0.48	2017年
	936.4	115.2	38630	19676	3467	127	2765	0.24	2018年
	976.8	116.5	40894	21388	3800.8	143.5	0	0	2019年
南岸区	679.4	85.81	30441	16366	3580	88.02	12013	1.4	2015年
	745.5	87.39	32983	17839	4185	97.15	10487	1.2	2016年
	791.6	89.1	35770	19427	4463.4	121.7	9801	1.1	2017年
	724.78	91	38703	21039	4889.5	168.2	10010	1.1	2018年
	770.6	92.8	41915	23059	5386.97	224.57	0	0	2019年

续表

区县名称	经济规模（GDP）（亿元）	人口（万人）	城市人均收入（元）	农村人均收入（元）	旅游规模（万人次）	旅游收入（亿元）	贫困人口（人）	贫困率（%）	时间
九龙坡区	1003.566	118.69	30727	15480	3187.76	101	13293	1.12	2015年
	1089.67	120.18	33431	16935	3557.54	115.96	12979	1.08	2016年
	1130.44	121.51	36339	18408	4036.46	136.38	12637	1.04	2017年
	1211.25	122.5	39391	20028	4481.63	156.95	12250	1	2018年
	1462.88	123.3	42936	21851	4936.63	181.75	12330	1	2019年
大渡口区	159.7	33.27	29546	15439	322.68	4.13	36198	10.88	2015年
	176.7	34	32057	16844	341.4	4.67	31960	9.4	2016年
	196.5	35.5	35038	18343	452.6	5.6	31950	9	2017年
	228.1	35.7	37443	19857	487.6	6.03	30988	8.68	2018年
	253.6	36.2	41096	21534	559.4	7.1	30263	8.36	2019年
江北区	687.3	84.98	31014	15594	3063.8	77	7648	0.9	2015年
	778.01	86.14	33666	16989	3461.9	88.01	6891	0.8	2016年
	879.4	87.4	36662	18552	3860	105	6118	0.7	2017年
	1027.9	88.51	39998	20110	4500	125	5311	0.6	2018年
	1200	90.28	42749	19530	5140	145	0	0	2019年

附表2 返贫风险评价指标五级加权总得分表

序号	家庭/社区/村庄	一级指标	二级指标	2分	1分	0分	-1分	-2分
0	万州长岭镇安溪村	A（主体层面）	A1（文化素养）	0.175	0.725	0.1	0	0
1	万州长岭镇安溪村	A（主体层面）	A2（工作能力）	0.25	0.75	0	0	0
2	万州长岭镇安溪村	A（主体层面）	A3（学习能力）	0.225	0.65	0.125	0	0
3	万州长岭镇安溪村	A（主体层面）	A4（管理能力）	0.25	0.75	0	0	0

续表

序号	家庭/社区/村庄	一级指标	二级指标	2分	1分	0分	−1分	−2分
4	万州长岭镇安溪村	B（产业层面）	B1（产业适宜性）	0.525	0.475	0	0	0
5	万州长岭镇安溪村	B（产业层面）	B2（市场满意度）	0.55	0.45	0	0	0
6	万州长岭镇安溪村	B（产业层面）	B3（产品竞争力）	0.575	0.425	0	0	0
7	万州长岭镇安溪村	B（产业层面）	B4（经济效应）	0.625	0.375	0	0	0
8	万州长岭镇安溪村	C（保障层面）	C1（社区管理能力）	0.725	0.275	0	0	0
9	万州长岭镇安溪村	C（保障层面）	C2（资源与环境变化）	0.775	0.225	0	0	0
10	万州长岭镇安溪村	C（保障层面）	C3（制度保障）	0.95	0.05	0	0	0
11	万州长岭镇安溪村	C（保障层面）	C4（专业支撑）	0.6	0.4	0	0	0
12	丰都县三建乡双鹰坝村	A（主体层面）	A1（文化素养）	0.06	0.68	0.26	0	0
13	丰都县三建乡双鹰坝村	A（主体层面）	A2（工作能力）	0.06	0.72	0.22	0	0
14	丰都县三建乡双鹰坝村	A（主体层面）	A3（学习能力）	0.04	0.72	0.24	0	0
15	丰都县三建乡双鹰坝村	A（主体层面）	A4（管理能力）	0.02	0.71	0.27	0	0
16	丰都县三建乡双鹰坝村	B（产业层面）	B1（产业适宜性）	0.1	0.69	0.21	0	0
17	丰都县三建乡双鹰坝村	B（产业层面）	B2（市场满意度）	0.04	0.74	0.22	0	0
18	丰都县三建乡双鹰坝村	B（产业层面）	B3（产品竞争力）	0.08	0.82	0.1	0	0
19	丰都县三建乡双鹰坝村	B（产业层面）	B4（经济效应）	0.12	0.74	0.14	0	0

续表

序号	家庭/社区/村庄	一级指标	二级指标	2分	1分	0分	-1分	-2分
20	丰都县三建乡双鹰坝村	C（保障层面）	C1（社区管理能力）	0.28	0.42	0.3	0	0
21	丰都县三建乡双鹰坝村	C（保障层面）	C2（资源与环境变化）	0.22	0.64	0.14	0	0
22	丰都县三建乡双鹰坝村	C（保障层面）	C3（制度保障）	0.97	0.03	0	0	0
23	丰都县三建乡双鹰坝村	C（保障层面）	C4（专业支撑）	0.56	0.27	0.17	0	0
24	丰都县双路镇莲花洞村	A（主体层面）	A1（文化素养）	0.49	0.51	0	0	0
25	丰都县双路镇莲花洞村	A（主体层面）	A2（工作能力）	0.75	0.25	0	0	0
26	丰都县双路镇莲花洞村	A（主体层面）	A3（学习能力）	0.58	0.42	0	0	0
27	丰都县双路镇莲花洞村	A（主体层面）	A4（管理能力）	0.54	0.46	0	0	0
28	丰都县双路镇莲花洞村	B（产业层面）	B1（产业适宜性）	0.48	0.52	0	0	0
29	丰都县双路镇莲花洞村	B（产业层面）	B2（市场满意度）	0.48	0.52	0	0	0
30	丰都县双路镇莲花洞村	B（产业层面）	B3（产品竞争力）	0.58	0.42	0	0	0
31	丰都县双路镇莲花洞村	B（产业层面）	B4（经济效应）	0.68	0.32	0	0	0
32	丰都县双路镇莲花洞村	C（保障层面）	C1（社区管理能力）	0.36	0.64	0	0	0
33	丰都县双路镇莲花洞村	C（保障层面）	C2（资源与环境变化）	0.48	0.52	0	0	0
34	丰都县双路镇莲花洞村	C（保障层面）	C3（制度保障）	0.9	0.1	0	0	0
35	丰都县双路镇莲花洞村	C（保障层面）	C4（专业支撑）	0.62	0.38	0	0	0

续表

序号	家庭/社区/村庄	一级指标	二级指标	2分	1分	0分	-1分	-2分
36	奉节县兴隆镇龙门村	A（主体层面）	A1（文化素养）	0	0.75	0.25	0	0
37	奉节县兴隆镇龙门村	A（主体层面）	A2（工作能力）	0	0.95	0.05	0	0
38	奉节县兴隆镇龙门村	A（主体层面）	A3（学习能力）	0	0.9	0.1	0	0
39	奉节县兴隆镇龙门村	A（主体层面）	A4（管理能力）	0	0.45	0.55	0	0
40	奉节县兴隆镇龙门村	B（产业层面）	B1（产业适宜性）	0.1	0.9	0	0	0
41	奉节县兴隆镇龙门村	B（产业层面）	B2（市场满意度）	0.35	0.65	0	0	0
42	奉节县兴隆镇龙门村	B（产业层面）	B3（产品竞争力）	0.25	0.75	0	0	0
43	奉节县兴隆镇龙门村	B（产业层面）	B4（经济效应）	0.2	0.8	0	0	0
44	奉节县兴隆镇龙门村	C（保障层面）	C1（社区管理能力）	0.3	0.7	0	0	0
45	奉节县兴隆镇龙门村	C（保障层面）	C2（资源与环境变化）	0.9	0.1	0	0	0
46	奉节县兴隆镇龙门村	C（保障层面）	C3（制度保障）	1	0	0	0	0
47	奉节县兴隆镇龙门村	C（保障层面）	C4（专业支撑）	1	0	0	0	0
48	巫山县骡坪镇茶园村	A（主体层面）	A1（文化素养）	0	0.7375	0.2625	0	0
49	巫山县骡坪镇茶园村	A（主体层面）	A2（工作能力）	0.475	0.5	0.025	0	0
50	巫山县骡坪镇茶园村	A（主体层面）	A3（学习能力）	0.55	0.4	0.05	0	0
51	巫山县骡坪镇茶园村	A（主体层面）	A4（管理能力）	0.3875	0.5875	0.025	0	0

续表

序号	家庭/社区/村庄	一级指标	二级指标	2分	1分	0分	-1分	-2分
52	巫山县骡坪镇茶园村	B（产业层面）	B1（产业适宜性）	0.35	0.65	0	0	0
53	巫山县骡坪镇茶园村	B（产业层面）	B2（市场满意度）	0.5	0.5	0	0	0
54	巫山县骡坪镇茶园村	B（产业层面）	B3（产品竞争力）	0.5125	0.4875	0	0	0
55	巫山县骡坪镇茶园村	B（产业层面）	B4（经济效应）	0.775	0.225	0	0	0
56	巫山县骡坪镇茶园村	C（保障层面）	C1（社区管理能力）	0.5125	0.4875	0	0	0
57	巫山县骡坪镇茶园村	C（保障层面）	C2（资源与环境变化）	0.5	0.5	0	0	0
58	巫山县骡坪镇茶园村	C（保障层面）	C3（制度保障）	0.975	0.025	0	0	0
59	巫山县骡坪镇茶园村	C（保障层面）	C4（专业支撑）	0.575	0.425	0	0	0
60	巫溪县天元乡新华村	A（主体层面）	A1（文化素养）	0	0.85	0.15	0	0
61	巫溪县天元乡新华村	A（主体层面）	A2（工作能力）	0.5	0.5	0	0	0
62	巫溪县天元乡新华村	A（主体层面）	A3（学习能力）	0	0.95	0.05	0	0
63	巫溪县天元乡新华村	A（主体层面）	A4（管理能力）	0	1	0	0	0
64	巫溪县天元乡新华村	B（产业层面）	B1（产业适宜性）	0.1	0.9	0	0	0
65	巫溪县天元乡新华村	B（产业层面）	B2（市场满意度）	0	0.9	0.1	0	0
66	巫溪县天元乡新华村	B（产业层面）	B3（产品竞争力）	0	0.8	0.2	0	0
67	巫溪县天元乡新华村	B（产业层面）	B4（经济效应）	0	1	0	0	0

续表

序号	家庭/社区/村庄	一级指标	二级指标	2分	1分	0分	-1分	-2分
68	巫溪县天元乡新华村	C（保障层面）	C1（社区管理能力）	0.65	0.35	0	0	0
69	巫溪县天元乡新华村	C（保障层面）	C2（资源与环境变化）	0.25	0.75	0	0	0
70	巫溪县天元乡新华村	C（保障层面）	C3（制度保障）	0.9	0.1	0	0	0
71	巫溪县天元乡新华村	C（保障层面）	C4（专业支撑）	0.4	0.6	0	0	0
72	巴东县东瀼口镇羊乳山村	A（主体层面）	A1（文化素养）	0.175	0.725	0.1	0	0
73	巴东县东瀼口镇羊乳山村	A（主体层面）	A2（工作能力）	0.175	0.725	0.1	0	0
74	巴东县东瀼口镇羊乳山村	A（主体层面）	A3（学习能力）	0.125	0.775	0.1	0	0
75	巴东县东瀼口镇羊乳山村	A（主体层面）	A4（管理能力）	0.1	0.85	0.05	0	0
76	巴东县东瀼口镇羊乳山村	B（产业层面）	B1（产业适宜性）	0.15	0.5125	0.3375	0	0
77	巴东县东瀼口镇羊乳山村	B（产业层面）	B2（市场满意度）	0.1125	0.6375	0.25	0	0
78	巴东县东瀼口镇羊乳山村	B（产业层面）	B3（产品竞争力）	0.1	0.7	0.2	0	0
79	巴东县东瀼口镇羊乳山村	B（产业层面）	B4（经济效应）	0.025	0.775	0.2	0	0
80	巴东县东瀼口镇羊乳山村	C（保障层面）	C1（社区管理能力）	0.1625	0.55	0.2875	0	0
81	巴东县东瀼口镇羊乳山村	C（保障层面）	C2（资源与环境变化）	0.175	0.575	0.25	0	0
82	巴东县东瀼口镇羊乳山村	C（保障层面）	C3（制度保障）	0.7	0.25	0.05	0	0
83	巴东县东瀼口镇羊乳山村	C（保障层面）	C4（专业支撑）	0.275	0.5	0.225	0	0

续表

序号	家庭/社区/村庄	一级指标	二级指标	2分	1分	0分	-1分	-2分
84	巴南区东温泉镇黄金林村	A（主体层面）	A1（文化素养）	0.158333	0.725	0.116667	0	0
85	巴南区东温泉镇黄金林村	A（主体层面）	A2（工作能力）	0.291667	0.708333	0	0	0
86	巴南区东温泉镇黄金林村	A（主体层面）	A3（学习能力）	0.2	0.733333	0.066667	0	0
87	巴南区东温泉镇黄金林村	A（主体层面）	A4（管理能力）	0.083333	0.858333	0.058333	0	0
88	巴南区东温泉镇黄金林村	B（产业层面）	B1（产业适宜性）	0.175	0.541667	0.283333	0	0
89	巴南区东温泉镇黄金林村	B（产业层面）	B2（市场满意度）	0.15	0.583333	0.266667	0	0
90	巴南区东温泉镇黄金林村	B（产业层面）	B3（产品竞争力）	0.125	0.591667	0.283333	0	0
91	巴南区东温泉镇黄金林村	B（产业层面）	B4（经济效应）	0.125	0.558333	0.316667	0	0
92	巴南区东温泉镇黄金林村	C（保障层面）	C1（社区管理能力）	0.25	0.6	0.15	0	0
93	巴南区东温泉镇黄金林村	C（保障层面）	C2（资源与环境变化）	0.175	0.508333	0.316667	0	0
94	巴南区东温泉镇黄金林村	C（保障层面）	C3（制度保障）	0.533333	0.416667	0.05	0	0
95	巴南区东温泉镇黄金林村	C（保障层面）	C4（专业支撑）	0.233333	0.641667	0.125	0	0
96	巴南区姜家镇文石村	A（主体层面）	A1（文化素养）	0	0.441667	0.558333	0	0
97	巴南区姜家镇文石村	A（主体层面）	A2（工作能力）	0	0.725	0.275	0	0
98	巴南区姜家镇文石村	A（主体层面）	A3（学习能力）	0	0.616667	0.383333	0	0
99	巴南区姜家镇文石村	A（主体层面）	A4（管理能力）	0	0.641667	0.358333	0	0

续表

序号	家庭/社区/村庄	一级指标	二级指标	2分	1分	0分	-1分	-2分
100	巴南区姜家镇文石村	B（产业层面）	B1（产业适宜性）	0	0.275	0.725	0	0
101	巴南区姜家镇文石村	B（产业层面）	B2（市场满意度）	0.016667	0.183333	0.8	0	0
102	巴南区姜家镇文石村	B（产业层面）	B3（产品竞争力）	0.025	0.15	0.825	0	0
103	巴南区姜家镇文石村	B（产业层面）	B4（经济效应）	0	0.275	0.725	0	0
104	巴南区姜家镇文石村	C（保障层面）	C1（社区管理能力）	0.05	0.616667	0.333333	0	0
105	巴南区姜家镇文石村	C（保障层面）	C2（资源与环境变化）	0.05	0.433333	0.516667	0	0
106	巴南区姜家镇文石村	C（保障层面）	C3（制度保障）	0.258333	0.741667	0	0	0
107	巴南区姜家镇文石村	C（保障层面）	C4（专业支撑）	0.025	0.616667	0.358333	0	0
108	开州区丰乐街道光芒村	A（主体层面）	A1（文化素养）	0	0.65	0.35	0	0
109	开州区丰乐街道光芒村	A（主体层面）	A2（工作能力）	0	0.5875	0.4125	0	0
110	开州区丰乐街道光芒村	A（主体层面）	A3（学习能力）	0	0.4625	0.5375	0	0
111	开州区丰乐街道光芒村	A（主体层面）	A4（管理能力）	0	0.575	0.425	0	0
112	开州区丰乐街道光芒村	B（产业层面）	B1（产业适宜性）	0	0.125	0.875	0	0
113	开州区丰乐街道光芒村	B（产业层面）	B2（市场满意度）	0	0.1875	0.8125	0	0
114	开州区丰乐街道光芒村	B（产业层面）	B3（产品竞争力）	0	0.2125	0.7875	0	0
115	开州区丰乐街道光芒村	B（产业层面）	B4（经济效应）	0	0.225	0.775	0	0

续表

序号	家庭/社区/村庄	一级指标	二级指标	2分	1分	0分	−1分	−2分
116	开州区丰乐街道光芒村	C（保障层面）	C1（社区管理能力）	0.05	0.45	0.5	0	0
117	开州区丰乐街道光芒村	C（保障层面）	C2（资源与环境变化）	0.075	0.2375	0.6875	0	0
118	开州区丰乐街道光芒村	C（保障层面）	C3（制度保障）	0.7	0.3	0	0	0
119	开州区丰乐街道光芒村	C（保障层面）	C4（专业支撑）	0	0.7	0.3	0	0
120	武隆区仙女山镇石梁子社区	A（主体层面）	A1（文化素养）	0.316667	0.55	0.133333	0	0
121	武隆区仙女山镇石梁子社区	A（主体层面）	A2（工作能力）	0.616667	0.383333	0	0	0
122	武隆区仙女山镇石梁子社区	A（主体层面）	A3（学习能力）	0.166667	0.766667	0.066667	0	0
123	武隆区仙女山镇石梁子社区	A（主体层面）	A4（管理能力）	0.5	0.5	0	0	0
124	武隆区仙女山镇石梁子社区	B（产业层面）	B1（产业适宜性）	0.183333	0.816667	0	0	0
125	武隆区仙女山镇石梁子社区	B（产业层面）	B2（市场满意度）	0.166667	0.833333	0	0	0
126	武隆区仙女山镇石梁子社区	B（产业层面）	B3（产品竞争力）	0.2	0.8	0	0	0
127	武隆区仙女山镇石梁子社区	B（产业层面）	B4（经济效应）	0.166667	0.833333	0	0	0
128	武隆区仙女山镇石梁子社区	C（保障层面）	C1（社区管理能力）	0.35	0.65	0	0	0
129	武隆区仙女山镇石梁子社区	C（保障层面）	C2（资源与环境变化）	0.15	0.816667	0.033333	0	0
130	武隆区仙女山镇石梁子社区	C（保障层面）	C3（制度保障）	0.283333	0.716667	0	0	0
131	武隆区仙女山镇石梁子社区	C（保障层面）	C4（专业支撑）	0.233333	0.766667	0	0	0

续表

序号	家庭/社区/村庄	一级指标	二级指标	2分	1分	0分	-1分	-2分
132	江津朱杨镇板桥社区	A（主体层面）	A1（文化素养）	0.033333	0.85	0.116667	0	0
133	江津朱杨镇板桥社区	A（主体层面）	A2（工作能力）	0.458333	0.508333	0.033333	0	0
134	江津朱杨镇板桥社区	A（主体层面）	A3（学习能力）	0.283333	0.666667	0.05	0	0
135	江津朱杨镇板桥社区	A（主体层面）	A4（管理能力）	0.108333	0.841667	0.05	0	0
136	江津朱杨镇板桥社区	B（产业层面）	B1（产业适宜性）	0.15	0.8	0.05	0	0
137	江津朱杨镇板桥社区	B（产业层面）	B2（市场满意度）	0.216667	0.7	0.083333	0	0
138	江津朱杨镇板桥社区	B（产业层面）	B3（产品竞争力）	0.075	0.875	0.05	0	0
139	江津朱杨镇板桥社区	B（产业层面）	B4（经济效应）	0.125	0.825	0.05	0	0
140	江津朱杨镇板桥社区	C（保障层面）	C1（社区管理能力）	0.291667	0.708333	0	0	0
141	江津朱杨镇板桥社区	C（保障层面）	C2（资源与环境变化）	0.233333	0.708333	0.058333	0	0
142	江津朱杨镇板桥社区	C（保障层面）	C3（制度保障）	0.516667	0.483333	0	0	0
143	江津朱杨镇板桥社区	C（保障层面）	C4（专业支撑）	0.166667	0.833333	0	0	0
144	沙坪坝区中梁镇庆丰山村	A（主体层面）	A1（文化素养）	0.216667	0.783333	0	0	0
145	沙坪坝区中梁镇庆丰山村	A（主体层面）	A2（工作能力）	0.45	0.55	0	0	0
146	沙坪坝区中梁镇庆丰山村	A（主体层面）	A3（学习能力）	0.15	0.816667	0.033333	0	0
147	沙坪坝区中梁镇庆丰山村	A（主体层面）	A4（管理能力）	0.15	0.683333	0.166667	0	0

续表

序号	家庭/社区/村庄	一级指标	二级指标	2分	1分	0分	-1分	-2分
148	沙坪坝区中梁镇庆丰山村	B（产业层面）	B1（产业适宜性）	0.35	0.65	0	0	0
149	沙坪坝区中梁镇庆丰山村	B（产业层面）	B2（市场满意度）	0.6	0.4	0	0	0
150	沙坪坝区中梁镇庆丰山村	B（产业层面）	B3（产品竞争力）	0.333333	0.666667	0	0	0
151	沙坪坝区中梁镇庆丰山村	B（产业层面）	B4（经济效应）	0.466667	0.533333	0	0	0
152	沙坪坝区中梁镇庆丰山村	C（保障层面）	C1（社区管理能力）	0.6	0.4	0	0	0
153	沙坪坝区中梁镇庆丰山村	C（保障层面）	C2（资源与环境变化）	0.566667	0.433333	0	0	0
154	沙坪坝区中梁镇庆丰山村	C（保障层面）	C3（制度保障）	0.9	0.1	0	0	0
155	沙坪坝区中梁镇庆丰山村	C（保障层面）	C4（专业支撑）	0.683333	0.316667	0	0	0
156	涪陵区大木乡	A（主体层面）	A1（文化素养）	0.15	0.75	0.1	0	0
157	涪陵区大木乡	A（主体层面）	A2（工作能力）	0.75	0.25	0	0	0
158	涪陵区大木乡	A（主体层面）	A3（学习能力）	0.5	0.5	0	0	0
159	涪陵区大木乡	A（主体层面）	A4（管理能力）	0.8	0.2	0	0	0
160	涪陵区大木乡	B（产业层面）	B1（产业适宜性）	0.85	0.15	0	0	0
161	涪陵区大木乡	B（产业层面）	B2（市场满意度）	0.9	0.1	0	0	0
162	涪陵区大木乡	B（产业层面）	B3（产品竞争力）	0.85	0.15	0	0	0
163	涪陵区大木乡	B（产业层面）	B4（经济效应）	1	0	0	0	0
164	涪陵区大木乡	C（保障层面）	C1（社区管理能力）	0.4	0.6	0	0	0
165	涪陵区大木乡	C（保障层面）	C2（资源与环境变化）	0.95	0.05	0	0	0
166	涪陵区大木乡	C（保障层面）	C3（制度保障）	1	0	0	0	0
167	涪陵区大木乡	C（保障层面）	C4（专业支撑）	1	0	0	0	0

续表

序号	家庭/社区/村庄	一级指标	二级指标	2分	1分	0分	-1分	-2分
168	石柱县中益乡华溪村	A（主体层面）	A1（文化素养）	0.34	0.62	0.04	0	0
169	石柱县中益乡华溪村	A（主体层面）	A2（工作能力）	0.53	0.47	0	0	0
170	石柱县中益乡华溪村	A（主体层面）	A3（学习能力）	0.73	0.27	0	0	0
171	石柱县中益乡华溪村	A（主体层面）	A4（管理能力）	0.59	0.41	0	0	0
172	石柱县中益乡华溪村	B（产业层面）	B1（产业适宜性）	0.75	0.25	0	0	0
173	石柱县中益乡华溪村	B（产业层面）	B2（市场满意度）	0.9	0.1	0	0	0
174	石柱县中益乡华溪村	B（产业层面）	B3（产品竞争力）	0.78	0.22	0	0	0
175	石柱县中益乡华溪村	B（产业层面）	B4（经济效应）	0.86	0.14	0	0	0
176	石柱县中益乡华溪村	C（保障层面）	C1（社区管理能力）	0.9	0.1	0	0	0
177	石柱县中益乡华溪村	C（保障层面）	C2（资源与环境变化）	0.89	0.11	0	0	0
178	石柱县中益乡华溪村	C（保障层面）	C3（制度保障）	0.97	0.03	0	0	0
179	石柱县中益乡华溪村	C（保障层面）	C4（专业支撑）	0.91	0.09	0	0	0
180	石柱县黄水镇金花村	A（主体层面）	A1（文化素养）	0.341667	0.641667	0.016667	0	0
181	石柱县黄水镇金花村	A（主体层面）	A2（工作能力）	0.708333	0.291667	0	0	0
182	石柱县黄水镇金花村	A（主体层面）	A3（学习能力）	0.625	0.375	0	0	0
183	石柱县黄水镇金花村	A（主体层面）	A4（管理能力）	0.641667	0.358333	0	0	0

续表

序号	家庭/社区/村庄	一级指标	二级指标	2分	1分	0分	-1分	-2分
184	石柱县黄水镇金花村	B（产业层面）	B1（产业适宜性）	0.95	0.05	0	0	0
185	石柱县黄水镇金花村	B（产业层面）	B2（市场满意度）	0.883333	0.116667	0	0	0
186	石柱县黄水镇金花村	B（产业层面）	B3（产品竞争力）	0.8	0.2	0	0	0
187	石柱县黄水镇金花村	B（产业层面）	B4（经济效应）	0.908333	0.091667	0	0	0
188	石柱县黄水镇金花村	C（保障层面）	C1（社区管理能力）	0.85	0.15	0	0	0
189	石柱县黄水镇金花村	C（保障层面）	C2（资源与环境变化）	0.883333	0.116667	0	0	0
190	石柱县黄水镇金花村	C（保障层面）	C3（制度保障）	0.966667	0.033333	0	0	0
191	石柱县黄水镇金花村	C（保障层面）	C4（专业支撑）	0.808333	0.191667	0	0	0
192	秭归县茅坪镇月亮包村	A（主体层面）	A1（文化素养）	0.125	0.7625	0.1125	0	0
193	秭归县茅坪镇月亮包村	A（主体层面）	A2（工作能力）	0.15	0.8	0.05	0	0
194	秭归县茅坪镇月亮包村	A（主体层面）	A3（学习能力）	0	0.725	0.275	0	0
195	秭归县茅坪镇月亮包村	A（主体层面）	A4（管理能力）	0	0.975	0.025	0	0
196	秭归县茅坪镇月亮包村	B（产业层面）	B1（产业适宜性）	0.0875	0.65	0.2625	0	0
197	秭归县茅坪镇月亮包村	B（产业层面）	B2（市场满意度）	0.025	0.9375	0.0375	0	0
198	秭归县茅坪镇月亮包村	B（产业层面）	B3（产品竞争力）	0.025	0.95	0.025	0	0
199	秭归县茅坪镇月亮包村	B（产业层面）	B4（经济效应）	0.1125	0.875	0.0125	0	0

续表

序号	家庭/社区/村庄	一级指标	二级指标	2分	1分	0分	-1分	-2分
200	秭归县茅坪镇月亮包村	C（保障层面）	C1（社区管理能力）	0.175	0.8	0.025	0	0
201	秭归县茅坪镇月亮包村	C（保障层面）	C2（资源与环境变化）	0.175	0.825	0	0	0
202	秭归县茅坪镇月亮包村	C（保障层面）	C3（制度保障）	0.7	0.3	0	0	0
203	秭归县茅坪镇月亮包村	C（保障层面）	C4（专业支撑）	0.15	0.775	0.075	0	0
204	长寿区云台镇八字村	A（主体层面）	A1（文化素养）	0.02	0.86	0.12	0	0
205	长寿区云台镇八字村	A（主体层面）	A2（工作能力）	0.2	0.78	0.02	0	0
206	长寿区云台镇八字村	A（主体层面）	A3（学习能力）	0.25	0.69	0.06	0	0
207	长寿区云台镇八字村	A（主体层面）	A4（管理能力）	0.25	0.69	0.06	0	0
208	长寿区云台镇八字村	B（产业层面）	B1（产业适宜性）	0.15	0.82	0.03	0	0
209	长寿区云台镇八字村	B（产业层面）	B2（市场满意度）	0.22	0.66	0.12	0	0
210	长寿区云台镇八字村	B（产业层面）	B3（产品竞争力）	0.19	0.73	0.08	0	0
211	长寿区云台镇八字村	B（产业层面）	B4（经济效应）	0.22	0.69	0.09	0	0
212	长寿区云台镇八字村	C（保障层面）	C1（社区管理能力）	0.54	0.46	0	0	0
213	长寿区云台镇八字村	C（保障层面）	C2（资源与环境变化）	0.23	0.69	0.08	0	0
214	长寿区云台镇八字村	C（保障层面）	C3（制度保障）	0.62	0.38	0	0	0
215	长寿区云台镇八字村	C（保障层面）	C4（专业支撑）	0.28	0.72	0	0	0

续表

序号	家庭/社区/村庄	一级指标	二级指标	2分	1分	0分	-1分	-2分
216	长寿区云台镇拱桥村	A（主体层面）	A1（文化素养）	0.06	0.58	0.36	0	0
217	长寿区云台镇拱桥村	A（主体层面）	A2（工作能力）	0.04	0.79	0.17	0	0
218	长寿区云台镇拱桥村	A（主体层面）	A3（学习能力）	0.06	0.52	0.42	0	0
219	长寿区云台镇拱桥村	A（主体层面）	A4（管理能力）	0	0.33	0.67	0	0
220	长寿区云台镇拱桥村	B（产业层面）	B1（产业适宜性）	0.01	0.55	0.44	0	0
221	长寿区云台镇拱桥村	B（产业层面）	B2（市场满意度）	0.01	0.31	0.68	0	0
222	长寿区云台镇拱桥村	B（产业层面）	B3（产品竞争力）	0	0.24	0.76	0	0
223	长寿区云台镇拱桥村	B（产业层面）	B4（经济效应）	0.01	0.33	0.66	0	0
224	长寿区云台镇拱桥村	C（保障层面）	C1（社区管理能力）	0.06	0.69	0.25	0	0
225	长寿区云台镇拱桥村	C（保障层面）	C2（资源与环境变化）	0.01	0.45	0.54	0	0
226	长寿区云台镇拱桥村	C（保障层面）	C3（制度保障）	0.7	0.2	0.1	0	0
227	长寿区云台镇拱桥村	C（保障层面）	C4（专业支撑）	0.1	0.52	0.38	0	0

附表3 扶贫风险评价一级模糊综合评价指标矩阵表

	2分	1分	0分	-1分	-2分
巴东县东瀼口镇羊乳山村-A	0.1458	0.7709	0.0833	0.0000	0.0000
巴东县东瀼口镇羊乳山村-B	0.1001	0.6438	0.2561	0.0000	0.0000
巴东县东瀼口镇羊乳山村-C	0.3102	0.4787	0.2112	0.0000	0.0000
巴南区东温泉镇黄金林村-A	0.1700	0.7660	0.0640	0.0000	0.0000

续表

	2分	1分	0分	−1分	−2分
巴南区东温泉镇黄金林村-B	0.1464	0.5641	0.2895	0.0000	0.0000
巴南区东温泉镇黄金林村-C	0.2847	0.5587	0.1566	0.0000	0.0000
巴南区姜家镇文石村-A	0.0000	0.5935	0.4065	0.0000	0.0000
巴南区姜家镇文石村-B	0.0084	0.2316	0.7600	0.0000	0.0000
巴南区姜家镇文石村-C	0.0828	0.6030	0.3143	0.0000	0.0000
丰都县三建乡双鹰坝村-A	0.0450	0.7033	0.2517	0.0000	0.0000
丰都县三建乡双鹰坝村-B	0.0916	0.7415	0.1669	0.0000	0.0000
丰都县三建乡双鹰坝村-C	0.5000	0.3375	0.1625	0.0000	0.0000
丰都县双路镇莲花洞村-A	0.5789	0.4211	0.0000	0.0000	0.0000
丰都县双路镇莲花洞村-B	0.5558	0.4442	0.0000	0.0000	0.0000
丰都县双路镇莲花洞村-C	0.5812	0.4188	0.0000	0.0000	0.0000
奉节县兴隆镇龙门村-A	0.0000	0.7125	0.2875	0.0000	0.0000
奉节县兴隆镇龙门村-B	0.1984	0.8016	0.0000	0.0000	0.0000
奉节县兴隆镇龙门村-C	0.8042	0.1958	0.0000	0.0000	0.0000
涪陵区大木乡-A	0.5453	0.4214	0.0333	0.0000	0.0000
涪陵区大木乡-B	0.8961	0.1039	0.0000	0.0000	0.0000
涪陵区大木乡-C	0.8396	0.1604	0.0000	0.0000	0.0000
江津朱杨镇板桥社区-A	0.1851	0.7468	0.0681	0.0000	0.0000
江津朱杨镇板桥社区-B	0.1352	0.8099	0.0549	0.0000	0.0000
江津朱杨镇板桥社区-C	0.2813	0.7065	0.0122	0.0000	0.0000
开州区丰乐街道光芒村-A	0.0000	0.5935	0.4065	0.0000	0.0000
开州区丰乐街道光芒村-B	0.0000	0.1810	0.8190	0.0000	0.0000
开州区丰乐街道光芒村-C	0.1670	0.4612	0.3718	0.0000	0.0000
沙坪坝区中梁镇庆丰山村-A	0.2467	0.6950	0.0584	0.0000	0.0000
沙坪坝区中梁镇庆丰山村-B	0.4126	0.5874	0.0000	0.0000	0.0000
沙坪坝区中梁镇庆丰山村-C	0.6810	0.3190	0.0000	0.0000	0.0000
石柱县黄水镇金花村-A	0.5567	0.4377	0.0056	0.0000	0.0000
石柱县黄水镇金花村-B	0.8934	0.1066	0.0000	0.0000	0.0000
石柱县黄水镇金花村-C	0.8659	0.1341	0.0000	0.0000	0.0000
石柱县中益乡华溪村-A	0.5037	0.4830	0.0133	0.0000	0.0000
石柱县中益乡华溪村-B	0.8076	0.1924	0.0000	0.0000	0.0000
石柱县中益乡华溪村-C	0.9152	0.0848	0.0000	0.0000	0.0000

续表

	2分	1分	0分	−1分	−2分
万州长岭镇安溪村-A	0.2229	0.7331	0.0440	0.0000	0.0000
万州长岭镇安溪村-B	0.5666	0.4334	0.0000	0.0000	0.0000
万州长岭镇安溪村-C	0.7373	0.2627	0.0000	0.0000	0.0000
巫山县骡坪镇茶园村-A	0.2938	0.5998	0.1063	0.0000	0.0000
巫山县骡坪镇茶园村-B	0.5210	0.4790	0.0000	0.0000	0.0000
巫山县骡坪镇茶园村-C	0.6230	0.3770	0.0000	0.0000	0.0000
巫溪县天元乡新华村-A	0.1241	0.8216	0.0543	0.0000	0.0000
巫溪县天元乡新华村-B	0.0355	0.9018	0.0627	0.0000	0.0000
巫溪县天元乡新华村-C	0.5301	0.4699	0.0000	0.0000	0.0000
武隆区仙女山镇石梁子社区-A	0.4394	0.5104	0.0501	0.0000	0.0000
武隆区仙女山镇石梁子社区-B	0.1806	0.8194	0.0000	0.0000	0.0000
武隆区仙女山镇石梁子社区-C	0.2549	0.7381	0.0070	0.0000	0.0000
长寿区云台镇八字村-A	0.1609	0.7690	0.0701	0.0000	0.0000
长寿区云台镇八字村-B	0.1879	0.7414	0.0707	0.0000	0.0000
长寿区云台镇八字村-C	0.4019	0.5813	0.0168	0.0000	0.0000
长寿区云台镇拱桥村-A	0.0351	0.5437	0.4212	0.0000	0.0000
长寿区云台镇拱桥村-B	0.0076	0.3835	0.6089	0.0000	0.0000
长寿区云台镇拱桥村-C	0.1901	0.4843	0.3256	0.0000	0.0000
秭归县茅坪镇月亮包村-A	0.0789	0.8394	0.0817	0.0000	0.0000
秭归县茅坪镇月亮包村-B	0.0698	0.8223	0.1078	0.0000	0.0000
秭归县茅坪镇月亮包村-C	0.2706	0.6975	0.0319	0.0000	0.0000

附表4 基于贫困户感知的旅游扶贫调研表

各位老乡：

我们是"三峡库区旅游扶贫风险与返贫干预机制研究"小组，本调查目的是了解旅游对扶贫的作用，并了解你们对旅游扶贫的态度及参与情况等。问卷采用匿名方式，只用于本研究。谢谢您的配合！

"三峡库区旅游扶贫风险与返贫干预机制研究"课题组

附 表

调研地点：_____

调研内容	序号	调研题目	选项
被调研贫困户的基本信息	1	性别	□男　□女
	2	年龄	□18岁以下　□18~35岁　□36~45岁　□46~55岁　□55岁以上
	3	家庭总人数	□1人　□2人　□3人　□4人　□5人及以上
	4	家庭劳动力人数	□1人　□2人　□3人　□4人　□5人及以上
	5	现家庭月收入	□1000元以下　□1001-2000元　□2001-3000元　□3001-4000元　□4001-5000元　□5001-6000元　□6000元以上
	6	自己贫困的原因（可以多选）	□制度原因 （□教育制度：资源缺乏、分配不公平　□医疗制度：看病难、贵等　□社会保障制度：不完善、缺陷等　□生育制度：人口结构不合理等　□劳动合同制度：企业用人成本增加，导致就业难等　□其他_____） □疾病原因 （□重大疾病　□残疾　□职业病　□身体疾病　□精神疾病　□心理疾病　□其他_____） □就业问题 （□无业，无法正常参加工作　□失业，无固定收入　□待业，无固定工作　□缺乏相应知识技能，无法适应社会发展　□其他_____） □家庭问题 （□家庭成员疾病　□家庭内部关系不和谐　□家庭人口结构不合理　□家庭人员素质低　□家庭代际贫困　□其他_） □创业投资问题 （□没有资金创业　□创业投资失败　□其他_____） □信息沟通问题 （□缺乏电视电脑等相关硬件　□缺乏相关知识技能　□缺乏信息平台　□其他_____） □区位因素 （□区位差　□交通不便利　□其他_____） □个人因素 （□不愿意就业　□消极情绪　□其他_____）
	7	旅游扶贫发展中担心的问题是	□产业发展风险　□行政区划阻碍　□政策变化 □社会保障乏力　□能力缺失风险　□知识技能低 □市场应对能力弱　□协同不足风险　□道德风险 □精神返贫　□自然灾害　□其他

续表

调研内容		序号	调研题目	选项
个体层次	文化觉悟	8	你的学历	□未上学 □小学 □初中 □高中 □大专及以上
		9	对本地开展旅游扶贫的态度	□非常不同意 □不同意 □不确定 □同意 □非常同意
		10	对目前本地旅游发展的满意度	□非常满意 □满意 □不确定 □不满意 □非常不满意
	市场能力	11	是否愿意参加旅游扶贫活动	□非常不愿意 □不愿意 □无所谓 □愿意 □非常愿意
		12	对当地政府旅游扶贫了解程度	□非常不了解 □不了解 □一般 □了解 □非常了解
		13	旅游发展增加了就业机会	□非常不同意 □不同意 □不确定 □同意 □非常同意
		14	旅游扶贫拓宽了收入渠道	□非常不同意 □不同意 □不确定 □同意 □非常同意
	身体/工作能力	15	身体健康状况	□很好 □一般 □患有慢性疾病 □残疾/重病
		16	目前的职业是	□从事农业 □个体 □企业职员 □其他_____
		17	愿意以什么角色参与旅游开发	□旅游企业经营管理者 □普通员工 □土地林地等经营权转让 □间接为旅游企业提供所需产品或服务 □其他____
	学习能力	18	愿意学习新技能来改变现状	□非常不同意 □不同意 □不确定 □同意 □非常同意
		19	通过旅游扶贫学会了新技能	□非常不同意 □不同意 □不确定 □同意 □非常同意
		20	旅游发展提高了见识和素质	□非常不同意 □不同意 □不确定 □同意 □非常同意
	经营管理能力	21	家庭的收入主要来源是	□种植业 □养殖业 □经商 □外出务工收入 □政府提供的保障资金或扶贫援助 □子女或亲戚援助 □其他_____
		22	旅游发展提高了收入	□非常不同意 □不同意 □不确定 □同意 □非常同意
		23	是否参与当地景区管理活动	□否 □是

续表

调研内容		序号	调研题目	选项
社区层次	第三方支持	24	有相应平台提供旅游开发信息	□非常不同意 □不同意 □不确定 □同意 □非常同意
			有足够外来资金注入旅游开发	□非常不同意 □不同意 □不确定 □同意 □非常同意
		25	有机会进行旅游技能培训	□非常不同意 □不同意 □不确定 □同意 □非常同意
	社区管理能力	26	是否召开村民代表大会对扶贫相关事宜进行信息公示或评议	□否 □不知道 □是
	保障机制	27	政府组织了旅游扶贫项目培训	□非常不同意 □不同意 □不确定 □同意 □非常同意
		28	政府管理规范有序	□非常不同意 □不同意 □不确定 □同意 □非常同意
		29	当地政府服务体系完善	□非常不同意 □不同意 □不确定 □同意 □非常同意
		30	政府部门办公设施设备完善	□非常不同意 □不同意 □不确定 □同意 □非常同意
		31	强化对扶贫资金的监管	□非常不同意 □不同意 □不确定 □同意 □非常同意
		32	联动机制健全	□非常不同意 □不同意 □不确定 □同意 □非常同意
		33	家庭所参与的社会保障项目有	□最低生活保障　　　　□新型农村社会养老保险 □新型农村合作医疗　□农村"五保户"政策 □农村医疗救助　　　　□其他_____
	创新能力	34	政府引入有益经济发展的项目	□非常不同意 □不同意 □不确定 □同意 □非常同意
		35	当地政府工作手段与时俱进	□非常不同意 □不同意 □不确定 □同意 □非常同意
		36	当地政府部门有管理创新氛围	□非常不同意 □不同意 □不确定 □同意 □非常同意

续表

调研内容		序号	调研题目	选项
社区层次	市场能力	37	使当地广泛群众受益	□非常不同意 □不同意 □不确定 □同意 □非常同意
		38	旅游发展使当地种植的经济作物销售更加方便	□非常不同意 □不同意 □不确定 □同意 □非常同意
		39	农副产品的附加值得到提升	□非常不同意 □不同意 □不确定 □同意 □非常同意
		40	旅游扶贫对本地文化充分挖掘和特色打造	□非常不同意 □不同意 □不确定 □同意 □非常同意
		41	旅游扶贫帮助贫困人口脱贫	□非常不同意 □不同意 □不确定 □同意 □非常同意
环境层次	环境资源变化	42	旅游发展美化了环境	□非常不同意 □不同意 □不确定 □同意 □非常同意
		43	旅游发展使得本地资源紧张	□非常不同意 □不同意 □不确定 □同意 □非常同意
		44	旅游扶贫的发展能促进当地和外界的信息交流	□非常不同意 □不同意 □不确定 □同意 □非常同意
		45	旅游发展改变了本地传统生活方式和民风民俗	□非常不同意 □不同意 □不确定 □同意 □非常同意
		46	游客干扰了本地人的生活	□非常不同意 □不同意 □不确定 □同意 □非常同意
		47	游客到来使得噪音增加	□非常不同意 □不同意 □不确定 □同意 □非常同意
		48	旅游发展带动了物价上涨	□非常不同意 □不同意 □不确定 □同意 □非常同意
		49	旅游发展提高了生活水平	□非常不同意 □不同意 □不确定 □同意 □非常同意
		50	旅游改善了本地交通	□非常不同意 □不同意 □不确定 □同意 □非常同意
	自然灾害	51	旅游活动带来了环境污染	□非常不同意 □不同意 □不确定 □同意 □非常同意

续表

调研内容		序号	调研题目	选项
环境层次	产业竞争	52	旅游发展提高了本地知名度高	□非常不同意 □不同意 □不确定 □同意 □非常同意
		53	旅游发展提高了本地美誉度高	□非常不同意 □不同意 □不确定 □同意 □非常同意
		54	旅游景区管理规范	□非常不同意 □不同意 □不确定 □同意 □非常同意
		55	旅游产业初具规模	□非常不同意 □不同意 □不确定 □同意 □非常同意
		56	旅游资源类型多样	□非常不同意 □不同意 □不确定 □同意 □非常同意
		57	能有效利用现有资源	□非常不同意 □不同意 □不确定 □同意 □非常同意
		58	旅游景点分布集中	□非常不同意 □不同意 □不确定 □同意 □非常同意
		59	与周边旅游地区形成联合效应	□非常不同意 □不同意 □不确定 □同意 □非常同意
		60	本地可进入性好	□非常不同意 □不同意 □不确定 □同意 □非常同意
		61	到本地来的外国人多	□非常不同意 □不同意 □不确定 □同意 □非常同意
		62	游客一般在这里不过夜	□非常不同意 □不同意 □不确定 □同意 □非常同意
		63	游客对本地旅游的满意度高	□非常不同意 □不同意 □不确定 □同意 □非常同意
		64	旅游企业经营能力强	□非常不同意 □不同意 □不确定 □同意 □非常同意
		65	旅游企业盈利能力强	□非常不同意 □不同意 □不确定 □同意 □非常同意
		66	村民生活满意度高	□非常不同意 □不同意 □不确定 □同意 □非常同意
		67	当地产业融合	□非常不同意 □不同意 □不确定 □同意 □非常同意
		68	相关产业联动好	□非常不同意 □不同意 □不确定 □同意 □非常同意
		69	基础设施完善	□非常不同意 □不同意 □不确定 □同意 □非常同意

续表

调研内容		序号	调研题目	选项
环境层次	市场环境	70	旅游发展使本地不良社会现象和社会犯罪率上升	□非常不同意 □不同意 □不确定 □同意 □非常同意
		71	本地社会治安好	□非常不同意 □不同意 □不确定 □同意 □非常同意
		72	本地社会保障完善	□非常不同意 □不同意 □不确定 □同意 □非常同意
		73	政府对旅游业政策扶持力度大	□非常不同意 □不同意 □不确定 □同意 □非常同意
		74	政府支持旅游业人才引进	□非常不同意 □不同意 □不确定 □同意 □非常同意
		75	村民对旅游的参与度高	□非常不同意 □不同意 □不确定 □同意 □非常同意
		76	村民对旅游的认可度高	□非常不同意 □不同意 □不确定 □同意 □非常同意
		77	旅游企业经营中遵纪守法	□非常不同意 □不同意 □不确定 □同意 □非常同意

（注：鉴于本调查对象的实际情况，请调研人员深度访谈后自行如实填写；若存在背景原因，请真实记录、标注，以便于结果分析）

项目策划：段向民
责任编辑：王守业
责任印制：钱　宬
封面设计：武爱昕

图书在版编目（CIP）数据

旅游扶贫风险管理与乡村振兴：以三峡库区为例 /
王昕等著 . -- 北京：中国旅游出版社，2024.1
　　ISBN 978-7-5032-7261-5

Ⅰ . ①旅… Ⅱ . ①王… Ⅲ . ①三峡水利工程－乡村旅
游－扶贫－风险管理－研究 Ⅳ . ① F592.7 ② F323.8

中国国家版本馆CIP数据核字(2023)第254408号

书　　名	旅游扶贫风险管理与乡村振兴：以三峡库区为例
作　　者	王　昕　续　嵩　杨渝红　张　科
出版发行	中国旅游出版社
	（北京静安东里 6 号　邮编：100028）
	http://www.cttp.net.cn　E-mail:cttp@mct.gov.cn
	营销中心电话：010-57377103，010-57377106
	读者服务部电话：010-57377107
排　　版	北京旅教文化传播有限公司
经　　销	全国各地新华书店
印　　刷	三河市灵山芝兰印刷有限公司
版　　次	2024 年 1 月第 1 版　2024 年 1 月第 1 次印刷
开　　本	720 毫米 × 970 毫米　1/16
印　　张	22.75
字　　数	331 千
定　　价	49.80 元
ISBN	978-7-5032-7261-5

版权所有　翻印必究
如发现质量问题，请直接与营销中心联系调换